Everlasting Flower: A History of Korea

Keith Pratt

キース・プラット　宋恵媛＝訳

朝鮮文化史

歴史の幕開けから現代まで

人文書院

朝鮮文化史

Everlasting Flower : A History of Korea by Keith Pratt

was first published by Reaktion Books, London, UK, 2006.

Japanese translation published by arrangement with Reaktion Books Ltd
through The English Agency (Japan) Ltd.

日本語版のための序文

世界の舞台に立つ朝鮮

本書の目的は、進歩しゆく一国の歴史において、文化が政治、経済、社会制度とどのように結びついているかを示すことである。朝鮮におけるこの相互作用は、早くも国家形成の最初期である紀元前一〇〇〇年代後半にすでに確認できる。それは、中華帝国の文化圏内での曖昧な地位に甘んじた長い期間を通して、朝鮮人、とりわけ支配階級の人々に多大な影響を与えた。二〇世紀の日本の植民地時代における生存闘争においては、朝鮮人らしさを守り、形成することは不可欠だった。

朝鮮は一九四五年に議論の余地のない、だが降って湧いたような独立を得たが、その後すぐに冷戦に巻き込まれた。独立後の朝鮮半島を覆ったのは政治、軍事的対立だった。自己アイデンティティの回復のための苦闘が引き起こしたその対立は、朝鮮戦争（一九五〇－五三年）により破壊、貧困、不確実性という不均衡状態への分裂の道をたどった。

二一世紀における政治的優先事項

独立から半世紀を経る間に、南北朝鮮は自信を高めていった。逆説的なのは、急成長したこのような自信が、軍事的緊張の緩和によって生じたわけではないということだ。世界の他の国々がグローバリゼーションに対応するために奮闘する中、この二つの国家は、中国、ロシア、米国が自国の利益のために提供した援助――これらの大国はいずれも朝鮮半島での戦争再開を望まなかったが、それは単に、脆弱ではあれ安定を保証するための既存の均衡状態のみに気を取られていたからだ――にもたれながら独立性を保ってきた。

米軍はいまだに大韓民国（以下、韓国）に駐屯している。韓国政府は二〇一七年に米国の迎撃ミサイルシステム「THAAD（サード）」を導入し、中国とロシアの怒りを買った。韓国が引き続き米国に依存するなら、朝鮮民主主義人民共和国（以下、DPRK）は自らの安全を確保するために北京とモスクワに目を向けるしかない。現在、王朝の三代目金正恩《キムジョンウン》が率いるDPRKは、政治的には旧式の軍事独裁政権をずっと維持したままだ。民主的に選出された指導者に不可欠に付随する、法的な説明責任の原則を確立しようと必死になっている韓国に対し、DPRKは、労働収容所や処刑によって国家の意思を強要する、共産党と軍事寡頭政治に現在も依拠している。

韓国は一九八〇年代後半の金融の大混乱をうまく乗り切り、一九九〇年代に欧米からの敬意を勝ち取った。それに対しDPRKは、一九九〇年代の大飢饉の際に海外から受け取った援助の多くを浪費や指示ミスで活用できず、最貧国の一つのままに留まった。また韓国は、ユネスコ、世界銀行、アジア開発銀行、G20加盟など、国際関係に関わることで多大な利益を得ている。一方のDPRKは人権の無視、反体制派への扱い、米国との定期的な協議にもかかわらず、少なくとも一九五六年からひそかに進めてきた核政策のために、批判と制裁を世界から受けている。南北朝鮮は一九九一年の同時加盟以来の国連メンバーだが、西海（黄海）では海軍同士の衝突が起こるようになった。最も深刻だったのは二〇一〇年で、三月二六日に韓国の軍艦が沈没し、多くの人命が失われた。これは、年次の韓米合同演習「フォール・イーグル」（二〇一八年に一時的に中断）にDPRKが激怒したために起きたものだ。

一九九七年の金融危機の後、韓国の生活水準は大きく上昇した。USニューズ・アンド・ワールドレポートの報告書によると、二〇一六年には人口一人当たりのGDP、企業家精神、生活の質、文化的影響力において、世界八〇か国のうち二三位となった。二〇一七年のデータによると、DPRKでは飢餓による子どもの成長不良は改善されつつあるが、国連はまだ人口の四一パーセントが栄養不足だと報告している。命の危険を冒して中国北東部へと渡る亡命者の増加、非合法の自由市場の広がり、政治的な投獄や拷問は、権力を握った年である二〇一二年に金正恩が直面した問題を思い起こさせる。金正恩はある程度の自由市場の活動を容認しようとしているといわれるが、国連による核実験計画への制裁によって充分な利益は得られていない。一方の韓国の軍事独裁から自由民主主義への道のりも、決してなだらかなものではなかった。一九九六年に全斗煥《チョンドゥファン》元大統領と盧泰愚《ノテウ》前大統領が有罪判決を受け、重い刑を科されて根絶したと思われた風土病〔権力の腐敗を指す――訳者〕は再発し、二〇一六年には朴槿恵《パククネ》大統領が弾劾され退任を迫られた。

南北朝鮮は統一の夢を抱きつづけた。一九七〇年代から二一世紀にかけて、一〇年ごとに両国の首脳会談が開かれてきた。このように、本書の序章で議論したようなナショナリズムは、ずっと朝鮮を特徴づけている。このナショナリズムは、誇張気味に称賛されてはいるが物議もかもした、金大中《キムデジュン》大統領のピョンヤンへの「太陽政策」の基礎ともなった。この政策のもと、開城《ケソン》工業地区の共同運営を通じて韓国はDPRKに経済的・技術的利益をもたらした。二〇一八年四月二七日には文在寅《ムンジェイン》と金正恩の歴史的首脳会談が開かれ、先行きを明るく照らした。

だが、政治的ナショナリズムは利益をもたらしてはいない。金日成《キムイルソン》のチュチェ（主体）思想は、孫である金正恩が二〇一八年に予想外の大転換を行ったとはいえ、反米への執念の火をともし続けた。二〇〇一年には、一九九四年一〇月に合意されたばかりだった核提携のための朝米間枠組み合意を終了すると脅した。二〇一六年二月、DPRKが衛星を打ち上げ、核開発を進めると脅したことに抗議して韓国が労働者たちを引き上げさせると、DPRKは開城工業地区を閉鎖した。DPRKが二〇一七、八年に試射したロケットとミサイルが日本の空域の上を飛ぶと、日本は大騒ぎになった。その日本も、独島《トクト》（竹島）の歴史的所有権を主張し、政府閣僚の靖国神社参拝を許可して、南北朝鮮を憤激させた。日本はまた、一九七七年から一九八三年の間にDPRK工作員に拉致された日本市民を日本に戻すよう、定期的に圧力をかけている。韓国は植民地期の日本による朝鮮女性の性的搾取に対する憤りを表明し続けている（このような性的搾取は、実は朝鮮戦争期に米軍の下でも繰り返された）。これらの問題はみな、「韓日友情年」に定められた二〇〇五年が、激烈なナショナリズムからくる非難と示威行動の年に変わった際に蒸し返され、さらに拡大された。かれらは互いに挑発と批判を行ったが、幸いなことに文化面ではこのような潮流に逆行した。ジェームス・カードが述べたように、韓国の歌手BoAは二〇〇五年に日本の音楽チャートでトップとなり、映画スター裴勇俊《ペヨンジュン》は「四月の雪」で成功を収め、韓国内では史上初めて「日本のベストセラー小説の数が韓国のそれを上回った」。

二一世紀の朝鮮文化

南北両国は朝鮮の伝統的な芸術様式を大事にし、考古学的、歴史的に重要な遺跡の保存に努めている。二一世紀初めには、韓国国立中央博物館、国立現代美術館、サムスン美術館リウム（一九八二年に開館したホアム美術館を含む）、DPRKの朝鮮中央歴史博物館、朝鮮美術博物館等、拡張中の大規模な博物館を通して、中国由来のものでない、誇り高い独自の朝鮮文化が南北でそれぞれ強調された。南北の民俗芸術博物館で展示される、昔の日常生活の詳細を示す画は、上下の社会階級の対照的な生活様式についてのそれぞれの見解を反映している。

現在の南北のもっとも大きな違いは、パフォーマンス芸術に表れている。観光客たちは、ピョンヤンでは数千の若者による行進、体操、ダンス、集団で絵を掲げるマスゲームに驚嘆し、ソウルでは朝鮮《チョソン》王朝時代の儀軌《ウィゲ》を考証して振り付けられた、徳寿宮《トクスグン》や景福宮《キョンボックン》の王宮守門将交代儀式の荘厳なパフォーマンスを見たがる。これらはいずれも色、正確さ、厳しい統制が誇示されたものだ。

ユネスコは二〇一〇年に、ピョンヤン近郊にある約四〇の高句麗古墳群を世界文化遺産に登録した。その墓の多くには、古代朝鮮王国の生活に関する貴重な情報を伝える壁画がある。ユネスコは、日本や他の近隣文化の埋葬慣行に高句麗が及ぼした「重大な影響」にも触れている。墓の中の人物やモノは、政治的正統性を示しうる。ピョンヤン近くの檀君《タングン》陵で見つかった骨の識別と遺骨のために、ＤＰＲＫ当局が壮大な霊廟建造を一九九四年に急いで行い、喧伝した理由もそこにある。

　ピョンヤン近郊の、本物であるときちんと証明がされている高句麗時代の墓は、歴史的、芸術的にかけがえのないものだ。それらは、ＤＰＲＫの訪問者が見せられる多くのプロパガンダ風の博物館や美術館の展示物、近年の革命史にゆかりのある指導者や場所への敬意、もっといえば崇拝をかきたてさせるような記念碑や彫像とは、全く異なるカテゴリーに属する。

　二〇一一年に死去した金正日《キムジョンイル》は、ピョンヤン北東にある錦繍山《クムスサン》記念宮殿内の父金日成の霊廟に葬られた。金正恩はそこを「錦繍山太陽宮殿」と改称した。参観者たちは、永久保存された二人の大理石の彫像に頭を垂れ、白頭山《ペクトウサン》を背景にして彫刻されたかれらの肖像画を見る。

　ＤＰＲＫの美術作品は、ファインアート、応用美術、パフォーマンス美術を問わずすべてが国家統制の対象となっており、美術家たちには朝鮮美術家同盟への所属が義務づけられている。ピョンヤン芸術大学の評価は高いが、一九五九年の設立以来、ＤＰＲＫでもっとも重要な美術制作施設となっているのは、ピョンヤンのすぐ外にある巨大な万寿台《マンスデ》創作社だ。風景や家族といった伝統的な主題を描いた作品では政治的ダダイズムが明らかでない場合もあるが、美術における一番の関心事はプロパガンダだ。二〇〇七年にロンドンで万寿台創作社初の海外美術展が開催されたが、ここではプロパガンダ芸術以外の作品の水準の高さを見せつけた。つづく二〇〇八年にはベルリンとウィーン、二〇一〇、一一年にはモスクワとトロントでも美術展が開かれた。万寿台の美術家たちは厳しい生産枠を満たさなくてはならないが、その作品の多くは韓国、日本、中国で販売されている。

芸術への投資や芸術的自由への寛容さにおいては、韓国の方がＤＰＲＫに勝っている。韓国は他国との文化交流をはるかに多く行っており、韓国が初めてビエンナーレ〔ヴェネツィア開催〕に参加した年に設立された光州ビエンナーレは、国際的な評判を確立している。ナムジュン・パイク〔白南準〕や一九六四年生まれのイ・ブルらトップ・アーティストたちの名は、韓国のクラシック音楽家たちと同じように世界的に知られている。

ヴァイオリニストの鄭京和《チョンギョンファ》は、二〇〇七年にニューヨークのジュリアード音楽院の教員に就任し、二〇一一年には湖巌《ホアム》賞〔韓国のノーベル賞に当たるもので、名称はサムスングループ創業者の雅号に由来する──訳者注〕を受賞した。翌年、鄭京和の弟鄭明勳《チョンミョンフン》は、パリでＤＰＲＫの銀河《ウナス》水管弦楽団とフランス放送フィルハーモニー管弦楽団による、ヨーロッパと朝鮮伝統音楽の公演で指揮棒を振った。これは鄭明勳の三〇年来の望みだった。

二〇一七年に銀河水管弦楽団は解散し、そこの歌手だった金正恩の元恋人玄松月《ヒョンソンウォル》が処刑されたと噂された。だが、二〇一八年一月の韓国での冬季オリンピックの際に、かのじょは金正恩が計画した代表団の一員としてソウルを訪れた。金正恩の妻で、ＤＰＲＫのファーストレディーの李雪主《リソルジュ》は元チアリーダーで、歌も勉強したとみられる。

二一世紀に入るやいなや「韓流」の一つとして注目を集めるようになったのは、Ｋ－ＰＯＰという全く異質な音楽だった。その筆頭は二〇一二年に日本のテレビで外国デビューを果たしたラッパーのPSY（サイ）で、その年には「江南《カンナム》スタイル」が国際チャートの一位に躍り出て、ニューヨークの潘基文《パンギムン》国連事務総長からも賛辞を贈られた。巷でささやかれているように、PSYの成功が韓国政府および商業的供給源による、ナショナリズムや金銭的利益を目的とした激烈なプロモーションの成果であるかどうかは、あまり重要ではないだろう。K－popは世界的な成功を収めた。二〇一一年に日本で「少女時代」と「The Boys」の二曲によって一躍スターとなった、少女時代のメンバー八人も同様だ。

金正恩は二〇一二年、モランボン楽団という、短めのスカートとハイヒールを履いた五名の女性陸軍軍人たちのグループ結成を指示したが、これはK－POPを意識したものだろう。中国の新華社は、「チュチェ朝鮮の新しい世紀が始まる今年、金正恩は文学芸術において劇的な転換となる壮大な計画のもとモランボン楽団を設立した」と報道した。むろんかのじょたちのスタイルはPSYとは異なるものだが、いずれにしても、DPRKの人々が韓国や海外のポップカルチャーへこっそりとアクセスするのを防ぐことは、今や警察にも不可能だ。

ポップミュージック同様、スポーツも政治的障壁を打破する力を二一世紀に入って見せた。韓国と日本は、実現不能と考えていた懐疑的な人々を尻目に、二〇〇二年のサッカーワールドカップ共催を成功させた。南北朝鮮は、北京（二〇〇八年）、ロンドン（二〇一二年）、リオ（二〇一六年）のオリンピックでそれぞれ競い合った。二〇一八年二月には、韓国の平昌《ピョンチャン》で開催された冬季オリンピックで、よく訓練された二〇〇人以上のDPRKの若い女性たちが応援するアイスホッケーの南北統一チームが競技を行った。これは南北両国、さらには朝米の外交的な急進展のきっかけとなった。

二〇一八年四月二七日に文在寅大統領と金正恩労働党委員長の間で、六月一二日には金委員長とドナルド・トランプ米大統領との間で、前代未聞の会談が立て続けに開かれた。これらが、待ち望んだ単一政府の下での朝鮮半島統一の前兆となるのか、今のところはまだ不明である。

〈追記〉

最後になるが、巨大な休火山・白頭山によって東アジア地域全体が存続の危機に直面したとき、中国、DPRK、西洋の火山学者たちが互いに連携したことを、安堵とともに記したい。九四六年、白頭山では世界史上二五番目に激しい噴火が起きた。その音は、開城のみならず奈良でも聞こえ、京都では火山灰が降ったと記録されている。偶然に吹いた西からの風が大量の火山灰を吹き飛ばし、東海《トンヘ》（日本海）に沈殿したことで、ポンペイで起きたような大災害から朝鮮半島を救った。日本の沿岸にはその跡がいまも残されている。

二〇〇二年から二〇〇九年の間に白頭山の下での火山活動の兆候がみられたことから、DPRK政府は休眠状況を調査するため、火山学者のジェームズ・ハモンド、クライヴ・オッペンハイマー、リチャード・ストーンを招請した。二〇一一年に始まった現地調査の結果、すぐに噴火が起こる可能性はないと結論づけられた。だが、中国、韓国、日本の火山学者によるその後の調査では、大規模な噴火という不測の事態に備えるべきことが強く主張されている。

＊

本書の日本語版が、日本語読者にとって朝鮮と朝鮮人の理解を深める一助となることを願う。

また翻訳出版にあたって本書を理解し、励まして下さった人文書院と翻訳者の宋恵媛氏に心より感謝したい。

二〇一八年夏、英国ダラムにて

キース・プラット

目次

I　ナショナル・アイデンティティの形成

II　不安定な世紀

III　苦難の世紀

朝鮮半島における古代諸王国

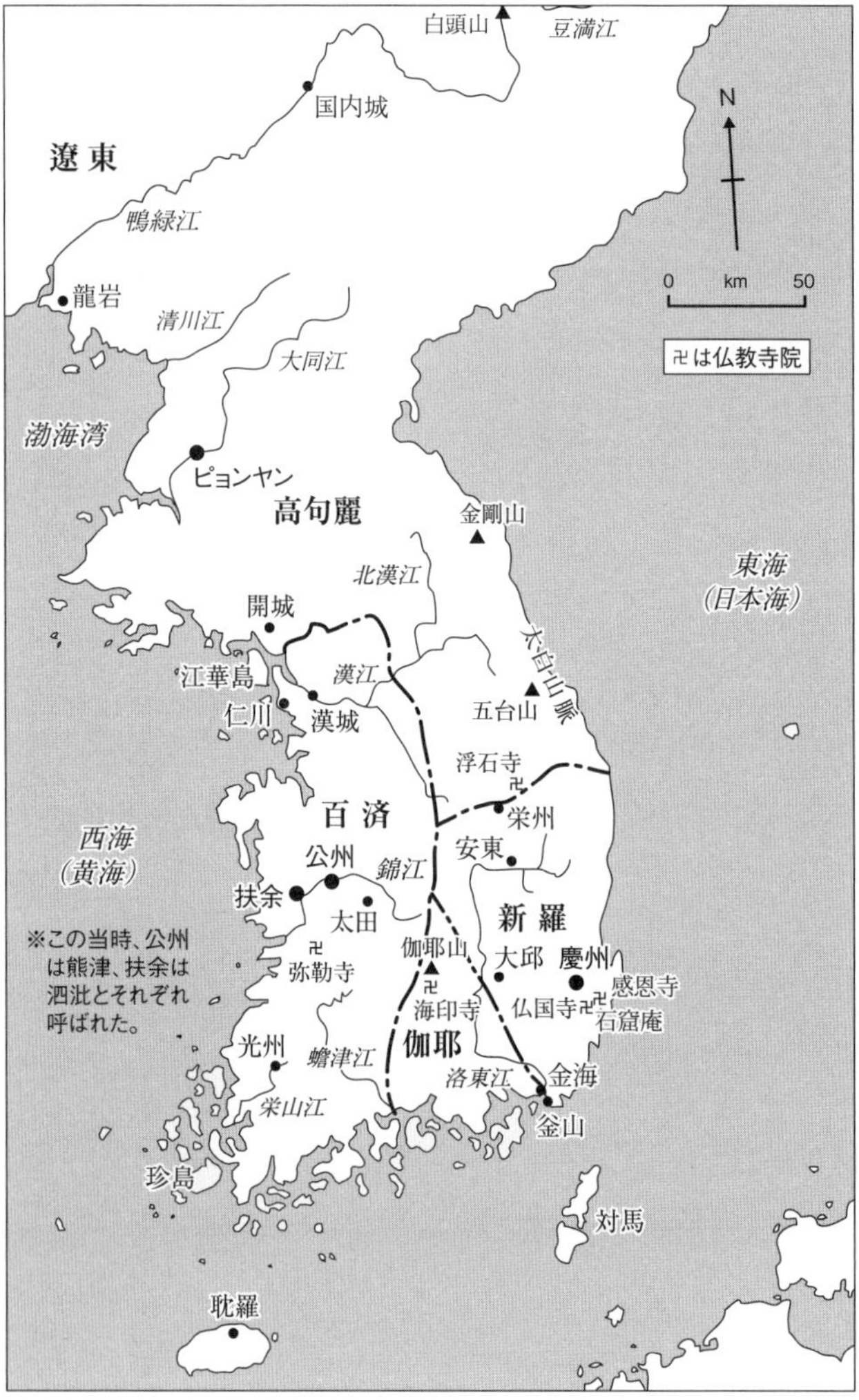

現代の朝鮮半島

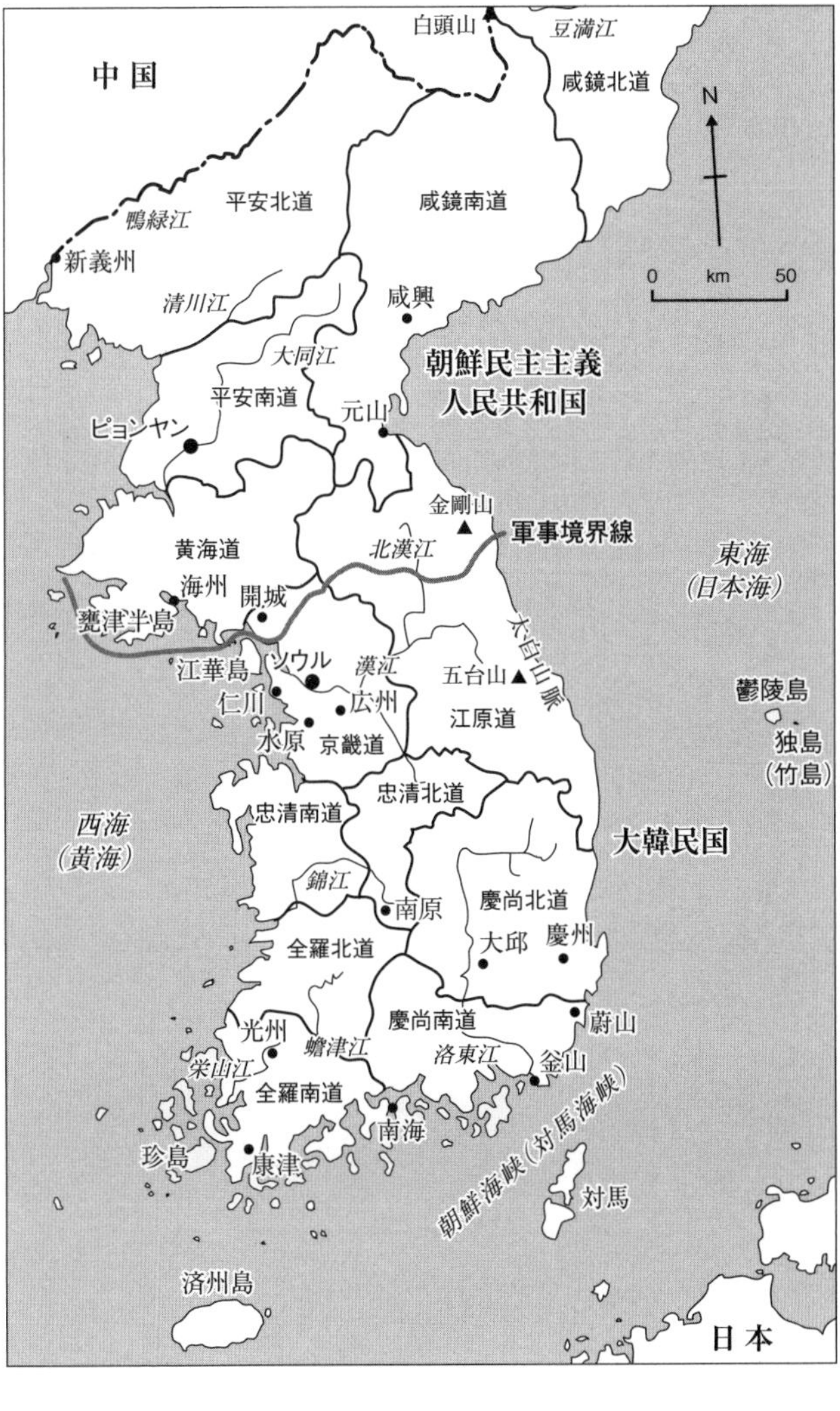

中国
白頭山
豆満江
咸鏡北道
N
0 km 50
平安北道
咸鏡南道
鴨緑江
新義州
清川江
咸興
大同江
朝鮮民主主義人民共和国
平安南道
元山
ピョンヤン
金剛山
軍事境界線
黄海道
北漢江
東海（日本海）
海州
開城
甕津半島
太白山脈
江華島
ソウル
漢江
五台山
鬱陵島
仁川
広州
江原道
独島（竹島）
水原
京畿道
忠清北道
忠清南道
西海（黄海）
大韓民国
錦江
南原
慶尚北道
全羅北道
大邱
慶州
蔚山
光州
慶尚南道
蟾津江
洛東江
釜山
栄山江
全羅南道
朝鮮海峡（対馬海峡）
南海
珍島
康津
対馬
済州島
日本

朝鮮史略年表

紀元前	
前六〇〇〇頃	新石器時代のコミュニティが発展
前二〇〇〇年代	農業の発展
前八〇〇年頃	青銅器時代の始まり
前五〇〇年頃	大同江《テドンガン》流域で古朝鮮が出現
前四〇〇年頃	鉄器時代の始まり
前二世紀初	衛満《ウィマン》〔衛氏〕朝鮮が古朝鮮を引き継ぐ
前一〇八	前漢軍、衛満朝鮮を侵略。朝鮮半島の北部一帯で郡県制が敷かれる。鴨緑江《アムノクカン》上流と豆満《トゥマン》江《ガン》区域周辺で高句麗が建国
前一世紀	楽浪郡《ナンナングン》が漢の主要な郡として発展。高句麗との対立が深まる
一－三世紀	三韓時代。朝鮮南部の辰韓《チンハン》、弁韓《ピョンハン》、馬韓《マハン》の部族連合から新羅《シルラ》、伽耶《カヤ》、百済《ペクチェ》が興る
三一三－一四	中国の楽浪郡と帯方郡《テバングン》が、高句麗《コグリョ》と百済によって滅亡
四世紀後半	仏教が高句麗と百済に伝わる
五二七年	新羅、仏教を公認
五六二年	新羅、大伽耶《テガヤ》を滅ぼす
六六〇年	新羅、唐の援助を受け百済を滅ぼす
六六八年	新羅、唐の援助を受け高句麗を征服。三国時代の終焉
六七六年	統一新羅《トンイルシルラ》、唐軍を撤収させる
八世紀	統一新羅、東アジア文明（中国、朝鮮、日本）の中心で繁栄
八九二年	尚州出身の甄萱《キョンフォン》、後百済《フベクチェ》を建国

九〇一年	弓裔《クンイェ》、開城《ケソン》で後高句麗《フコグリョ》を建国
九一八年	王建《ワンゴン》、弓裔を打倒し高麗《コリョ》を建国
九三五年	新羅、王建に降伏　九三六　高麗の旗の下に朝鮮統一
一一世紀	契丹（マンチュリア）、宋（中国）、高麗（朝鮮）の拮抗により東北アジアが不安定化
一一二二年	遼の燕京、マンチュリアと中国北部の女真・金により陥落。金軍、高麗に侵攻
一一九六年	高麗、崔氏《チェシ》の軍事独裁政権の支配下に置かれる
一二三一－五九年	モンゴルの侵略軍、朝鮮半島全域に国外司令部を確立
一二七四、一二八一年	モンゴルの日本侵略失敗、朝鮮半島が疲弊する
一三六八年	東アジアでのモンゴル勢力が衰退。明との関係で朝鮮にて新儒教が台頭
一三九二年	李成桂《イソンゲ》、高麗王朝に反乱を起こし朝鮮《チョソン》王朝を建国
一四一八－五〇年	世宗大王《セジョンテワン》の治世。経済的、文化的に発展する
一六世紀中頃	一五七五年に始まった党争が深刻化
一五九二－八年	豊臣秀吉、破滅的な朝鮮侵略（壬辰・丁酉倭乱）を指揮〔文禄・慶長の役〕。朝鮮は明の援軍とともにこれを撃退
一六二七、一六三六年	マンチュリア（女真）の後金、朝鮮侵攻〔丁卯《チョンミョ》・丙子胡乱《ピョンジャホラン》〕。朝鮮王朝、目前に迫った清朝（一六四四～）に降伏
一七世紀半ば	実学運動の始まり
一七二四－七六年	英祖《ヨンジョ》の治世
一七六二年	思悼世子《サドセジャ》の死
一七七六－一八〇〇年	正祖《チョンジョ》の治世
一七八五年	朝鮮初のキリスト教教会、ソウルでひそかに設立される

一八一一年	洪景来《ホンギョンネ》の乱。失政に対する不満の広がりの表れ
一八六三－一九〇七年	高宗《コジョン》の治世
一八六四－七三年	大院君《テウォングン》が事実上の摂政として統治
一八六六年	高宗が閔妃《ミンビ》と結婚。シャーマン号事件により、朝鮮王朝が米国の存在を認知しはじめる
一八八〇年頃	自強運動の盛り上がり
一八八二年	朝米修好通商条規（シュフェルト条約）締結。一八八三年から八六年の間に欧州八か国とも条約締結
一八八三年	米国、朝鮮初の公使を任命
一八八四年	宣教師ホレイス・アレンが朝鮮に到着。甲申政変発生、朝鮮半島での清と日本の外交的対立が露わになる
一八八五年	天津条約締結、清軍と日本軍が朝鮮半島から撤退
一八八七年	ワシントンで米国初の朝鮮領事館開設
一八九四－五年	東学の乱〔甲午農民戦争〕が日清戦争を誘発する。日清戦争で日本が勝利し、甲午改革を実施するなど朝鮮侵略への野望を高める
一八九五年	閔妃が暗殺される。高宗、ロシア公使館に避難
一八九七年	高宗が大韓帝国皇帝を宣言
一九〇四－五年	日露戦争。日本帝国主義が北東アジアでの地歩を固める
一九〇五年	乙巳保護条約〔第二次日韓協約〕締結。朝鮮における絶大な特権を日本が獲得
一九〇七年	ハーグ平和会議、朝鮮の訴えを拒絶〔ハーグ密使事件〕
一九一〇年	併合条約により、日本の植民地時代の幕開け
一九一〇－一八年	日本の朝鮮総督府、土地調査事業を実施

一九一九年	三・一運動。日本占領に対する朝鮮民衆の怒りが爆発／上海で大韓民国臨時政府樹立
一九二六年	前皇帝の純宗《スンジョン》の死をきっかけに再び独立運動が起きる〔六・一〇万歳事件〕
一九二九年	光州学生運動が起こり、反日機運が高まる
一九三一年	日本がマンチュリアで軍事侵略開始〔「満州事変」〕
一九三二年	日本、中国の東北三地方に傀儡政権「満州国」建国
一九三七年	日本、中国本土への侵略を開始
一九四〇年代	朝鮮人たちに日本式の名前が強制される〔創氏改名〕
一九四五年	植民地から解放され、三十八度線に沿って朝鮮が分裂。北朝鮮はソビエトの、南朝鮮は米軍政の影響下に組み込まれる（－一九四八）
一九四六年	秋の収穫蜂起〔大邱十月抗争〕
一九四八年	
（二月）	朝鮮人民軍創設
（四月）	済州島《チェジュド》蜂起〔済州島四・三事件〕
（五月、八月）	南北でそれぞれ選挙実施、統一政府を実現できず
（一二月）	大韓民国（以下、韓国と略記）で国家保安法制定
一九四八－六〇年	大韓民国、第一共和国（李承晩《イスンマン》大統領）が始まる
一九四八－九四年	金日成《キムイルソン》、朝鮮民主主義人民共和国（以下、ＤＰＲＫと略記）を統治
一九五〇年	朝鮮戦争勃発
一九五三年	朝鮮戦争が膠着状態で終結。休戦協定で非武装地帯に沿って朝鮮が分断される
一九六五年	韓日基本条約締結。ソ連が実験用原子炉をＤＰＲＫに供給
一九七一年	韓国でセマウル運動始まる

一九七二年	韓国で維新憲法成立
一九七九年	朴正熙《パクチョンヒ》大統領、殺される
一九八〇年	光州大虐殺が起きる
一九八八年	韓国の第六共和国が始まり民主化改革へと向かう。ソウルオリンピック開催
一九九〇年代中盤	DPRKで飢饉発生。世界食糧支援が実施される
一九九六年	前大統領の全斗煥《チョンドゥファン》と盧泰愚《ノテウ》、反逆罪等で有罪判決
一九九七年	国際通貨基金（IMF）、韓国経済の崩壊を防ぐため介入
一九九九年	DPRK、国際原子力機関の査察受け入れ
二〇〇〇年	金大中《キムデジュン》大統領と金正日《キムジョンイル》国防委員長の南北頂上会談実施
二〇〇二年	韓国と日本がサッカーワールドカップを共同開催
二〇〇三年	DPRKの核問題をめぐる六者協議（韓国、DPRK、米国、中国、ロシア、日本）開始
二〇〇五年	韓日友情年
二〇〇六年	潘基文《パンギムン》がコフィ・アナンの後任として国連事務総長に就任
二〇〇八年	DPRK、寧辺《ヨンビョン》核関連施設の廃棄を開始
二〇〇九年	盧武鉉《ノムヒョン》前韓国大統領の自殺（五月） DPRKがロケットとミサイルを発射、二回目の核実験実施
二〇一〇年	韓国海軍哨戒艦天安《チョナン》号がDPRK海軍により沈没（三月） 南北離散家族再会事業の再開
二〇一一年	金正日死去（一二月） DPRK、ミサイルとロケット試射を継続 DPRK、主要な軍人たちを追放

二〇一三年	DPRKの新たな核実験、韓米合同軍事演習「フォール・イーグル」が同時に起きる 金正恩《キムジョンウン》の叔父張成沢《チャンソンテク》処刑
二〇一五年	DPRKによる軍人たちの粛正
二〇一六年	朴槿恵《パククネ》大統領の弾劾（二〇一七年辞任） DPRK、四度目の核実験実施 韓国、開城工業地区から撤退
二〇一七年	韓国が米国の核・ミサイル防御システム導入 金正恩の異母兄金正男《キムジョンナム》、クアラルンプール空港で暗殺 DPRK、日本の空域の上を通る弾道ミサイルを試射 朝米間の緊張が高まる
二〇一八年	韓国の平昌《ピョンチャン》で冬季オリンピック開催 文在寅《ムンジェイン》と金正恩が南北首脳会談開催 金正恩－ドナルド・トランプ会談、シンガポールで開催

《凡例》

・丸括弧（　）は原著者注、〔　〕は訳者による注である。

・現在の中国東北部については、地域名を表す英語での呼び方にならって統一的に「マンチュリア」と記す。日本語で「満州」というと、一九三二年から四五年まで存在した大日本帝国の傀儡国家とその領土を限定的に指すことが多いため、本書では使用していない。

・「ピョンヤン」という地名については、二〇世紀前半に日本の植民地支配下で「平壌《へいじょう》」と呼ばれた（ソウルは「京城《けいじょう》」と改名された）という歴史的経緯を踏まえ、植民地期以外の時期はカタカナで表記した。

・本文中で引用されている碑文、銘文や文学作品は、断りのない限り全て原文（漢文、朝鮮文）からの訳者による試訳である。

・朝鮮語のルビ表記は、朝鮮民主主義共和国に関する語についてはその地での読み方に準じた。

はじめに

本書は専門的な学術研究でも、本格的な博士論文などでもない。私の人生の半分以上にわたる、主観的で愛情に満ちた（時には苛立つこともあったが）関わり合いの中で形成された、一つの国についての私の個人的な印象記といったものだ。当初は「近現代朝鮮の発展における文化の役割」という副題を付すつもりだったが、出版社にまわりくどすぎるといわれた。私の意図するところを誇張しすぎたかもしれないが、何が書かれているかを伝えられるという長所はあったと思う。本書では、近現代朝鮮の国家とその精神の形成、発展において重要な要素と思われる断片をつなぎ合わせるという方法をとった。朝鮮人たちが古くからの伝統に誇りを持っている事実を伝え、かれらが主張する東アジア史の中での自国の自立性について説明しようと努めた。どう見ても中国や日本と共通する伝統であっても、自分たちとその文化は隣国たちのものとはひじょうに異なる——このように朝鮮人たちは強調する。

南北ともにそのナショナリズムは強烈だ。それは必ずしも危惧すべきことではないが、私たちが理解する必要はあるだろう。なぜなら、そうした強いナショナリズムが、国内外で生活し、働く朝鮮人たちの性格を形成し、南北両国のイデオロギー、経済、外交政策を決定しているからだ。二千年代初めには、中国がマンチュリア東部の高句麗遺跡をユネスコ世界遺産に登録申請したり、日本が東海《トンヘ》／日本海の独島《トクト》〔竹島〕の領有権を主張したりして議論に火がつき、朝鮮のナショナリズムが何度も露わになった。

本書の執筆にあたっては、朝鮮王朝史（『三国史記』、『三国遺事』、『高麗史』、『朝鮮王朝実録』）、徐居正《ソコジョン》の『東国通鑑』（一四八四年）や一八世紀の韓致奫《ハンチユン》『海東繹史』といった早い時期の概論、『冊府元亀』などの中国王朝史や百科事典、そして徐兢《じょきょう》の『高麗図経』を参照した。朝鮮語の用語と名称の表記は、一般に通用している著名人の人名や地名の表記法および、名前表記を本人が特定している場合を除きマッキューン＝ライシャワー式（McCune-Reischauer System）〔音の正確性を優先させたハングルのラテン文字転写法。欧米で広く使用されている〕に従った。中国語のタイトルや名前の表記に関しては、ピンインに準じた。ピクチャーエッセイでは、本文中で触れているテーマの説明や、より詳細な情報を書き込んだ。

序章

ヨーロッパの地図製作者たちは、かつて朝鮮を中国の北東海岸の島として描いた。イエズス会の司祭マルティーノ・マルティーニは、一九五三年にウィーンで出版された中国地図で朝鮮を正確に描いたが、いまだに朝鮮がやや謎めいた場所だと思っている欧米人は少なくない。ユーラシア大陸の極東の端に位置することから、朝鮮半島は戦略的に最も緊張感をはらむ小国の一つとなっている。だが「コリア」という名称からは、この半島の形、大きさ、正確な場所のイメージをすぐに思い浮かべるのは難しいかもしれない。ロシア国境に向かって北東の方角に耳があり、中国を向いているウサギに似ている、あるいは中国から遠ざかるように日本列島の方向へ刺さった短剣のようだといわれたりもしてきた。だが、朝鮮よりもよく知られている、中国と日本という隣人間の架け橋や通路と形容されることが最も多い。朝鮮の長さは上から下までたった六〇〇マイル〔八八四キロメートル〕ほどと短い。軍隊が数週間で掌握できる距離だ。その端にある日本の九州と朝鮮を分かつ海峡は、ウェールズとアイルランド間のそれよりも狭く、そこを渡る際に便利な踏み台となる対馬がその間にある。

朝鮮半島は、一九四八年から北部の朝鮮民主主義人民共和国〔DPRK〕と南部の大韓民国〔韓国〕に分断されている。推定二三〇〇万人が北に、四八二五万人が南に住んでいる〔二〇一八年時点では北に二五六〇万、南に約五一六〇万人〕。ほぼ北緯三八度線に沿ってなされた分割は政治的なものである。昔ながらの、あるいは民族や地形といった合理的な分け方によるものではない。北は全面積の半分以上の四万七三〇〇平方マイル〔一二万五四〇〇平方キロメートル〕、南は三万八〇〇〇平方マイル〔一〇万二二〇〇平方キロメートル〕の面積を有している。北には豆満江《トゥマンガン》、鴨《アム》緑江《ノクカン》、清川江《チョンジンガン》、大同江《テドンガン》、南には漢江《ハンガン》、錦江《クムガン》、洛東江《ナクトンガン》などの大きな河川が流れている。これらの川は内部への交通を開き、敵味方を問わず新石器時代から人々に利用されてきた。山岳地帯が多く鉱物資源がより豊富なのが北部、豊かな農地に恵まれているのが南部の特徴だ。朝鮮半島の上端から下へ走る長白山脈は、山々の背骨をなしている。その最高峰である白頭山《ペクトゥサン》から、豆満江と鴨緑江がそれぞれ東と西に流れ、東海《トンヘ》〔日本海〕と黄海に流れ込んでいる。冬には川はかちかちに凍り、深い雪に包まれるので、中国と朝鮮の国境の要塞を突破することはとうてい無理そうだ。だが、「精神一到何事か成らざらん」。西洋に移民するいまの朝鮮人たちには川も山も障壁とはならないだろうが、一八三六年一月、フランス人宣教師ピエール・モーバンは凍てついた鴨緑江をひっそり越えて朝鮮に足を踏み入れた。ウサギの背骨にあたる太白山脈からみて南側には、有名な「ダイヤモンド山脈」金剛山《クムガンサン》を擁する山脈が連なっている。芸術家、詩人、哲学者たちによって何世紀にもわたって愛されてきたこの山は、共和国が一九九八年に一時的に門戸を開いた折に韓国人観光客に開かれた最初の地となった。

　西洋世界はこの朝鮮南北の動向を興味深く見つめてはいたが、欧米人にとっての東アジア問題においては、この出来事はあまり自分とは関係ないものだということをすぐに悟った。欧米人たちの関心は、第二次世界大戦と真珠湾、中国の国共内戦、アメジスト号〔揚子江〕事件、朝鮮戦争、国連軍の犠牲などだ。冷戦下の「自由世界」における中国共産主義の存在は、一九世紀のいわゆる黄禍（イエロー・ペリル）の記憶を甦らせてより一層危険視された。二〇世紀後半になると、その恐怖は不承不承の敬意に取って代わる。日本に加え、韓国、台湾、香港、シンガポールの「アジア四小龍」の経済が花開き、英国のトニー・ブレア元首相も、伝統的に結びついている東アジアの社会組織と経営管理システムから西洋が学ぶべきことがあるだろうと述べた。だがその称賛はまもなくして警戒に変わった。二〇〇二年に欧州経済が低迷するや、一九九七年の日本の金融危機から学ぶべきだと識者たちは指摘した。韓国の財閥系の複合企業が揺らぎはじめたときは、起亜《キア》や大宇《デウ》製の車に乗るヨーロッパ人たちも不安を募らせた。さらに、ジョージ・W・ブッシュ米大統領が「悪の枢軸」の一つと名指した「敬愛する指導者（ディア・リーダー）」の金正日《キムジョンイル》は、公民たちが飢饉に見舞われる中、核危機を煽った。扱いの難しい隣人との調節を図った金大中韓国大統領の「太陽政策」も、米国の支持を得られなかった。政治的関心の振り子は素早く振れるものだが、西洋諸国はもはや自らの未来が東アジアと無関係だとみなすことはない。朝鮮半島の南、北、そして南北間で起こることは、私たちみなに関わる重大なものなのだ。

　ヨーロッパ同様、東アジアには密接な同盟関係と苦い戦争の長い歴史がある。こんにちでは、加盟国それぞれの貢献を尊重する、経済的要請から生まれた地域保全の意識が高まっているが、まだまだ道のりは遠い。中国は、武力行使も辞さない台湾統一を渇望しているし、朝鮮戦争は未終結のままで、非武装地帯をはさんだ二国家間の敵対関係は、休戦協定によって止んでいるにすぎない。そして中国と南北朝鮮は、一八九五年以降に自分たちが受けた被害と屈辱に、日本が充分な謝罪や賠償を行っていないことに不満を抱いている。これら五か国の政治的緊張は折に触れて高まり、これまで米国、ロシア、EUはすぐ外から指揮や助言、提案をする準備を整えてきた。政治的、経済的、文化的にみて決定的に重要なこの地域の中心にあるのが朝鮮なのだ。

東アジア統合への展望を理解するためには、逆説的だが、そのナショナリスト精神をきちんと理解することが欠かせない。私たちは朝鮮の人々が考える、中国人や日本人との差異と共通点を知る必要がある。一九七二年、私の初めての朝鮮音楽史の師李恵求《イヘグ》教授はこう言った。「他の西洋人たちのように、中国や日本の文明の所蔵庫を見つけようという目的でここに来るべきではない。むろん、我々の文化はそれらの土台の上にあるし、いまだにその痕跡がみられるかもしれない。だが、その下層にある朝鮮人の土着の伝統を見るべきだ」。朝鮮の指導層が何を最善のものとみなしてきたのか、さらには何をもって昔から誇りとしてきた芸術的嗜好や技術とするのかを知るには、朝鮮の文化的政治的な特殊性を認識しなければならない。現代朝鮮を理解するためのカギ、それは過去にその地が、そこに住む人々にとって持っていた意味を知ることなのだ。

朝鮮は多くの公式的、非公式的な名前を持っている。「コリア Korea」——当初は「Corea」と表記された――という名称は、一三世紀にマルコ・ポーロが東アジアに滞在していたときに慣れ親しんでいた名を訳出したものだ。中国は、近隣諸国を統治していた王朝名で呼んだが、マルコ・ポーロは、高く美しいという意味を持つ高麗《コリョ》を「カウリ（Cauli）」と呼んだ。かつての朝鮮人たちは、一八九七年に初代皇帝となった朝鮮《チョソン》王朝最後の王高宗《コジョン》が大韓帝国を宣言し、国家イメージを立ち上げるまで、東方の国を意味する「東国」という平凡な名に満足していた。この帝国名の名残りは、大韓民国にいまでもみられる。隠者の王国、静かなる朝の国、といった一九世紀の西洋における異名は、その名が誤解に基づいたものだったとはいえよく使われた。二〇世紀の文学作品においては、「高眼鰈（カレイの一種）の国（Plaice Country）」などの別称もある。一九四八年に韓国国歌となった詩では「槿域《クンヨク》（むくげの国）」と呼ばれ、「むくげの花三千里、華麗な山河」と歌われている（朝鮮人が無窮花《ムグンファ》と呼ぶ、エバーラスティングフラワーは、韓国の国花である）〔本書の原題は『エバーラスティングフラワー（*Everlasting Flower*）』〕。

　私は部外者の立場から朝鮮を定義し、説明しようとしている。できる限り公正で、客観的に評価することを心がけることができる。というのも、私は朝鮮とそこの人々を地球の反対側から見ているし、あらゆる歴史と文化――私自身のそれも含め――には、とても合意されているとはいいがたい西洋的な先入見と偏見があると認識しているからだ。だが、東アジアから見ると、朝鮮のイメージはだいぶ違って見えることが多い。何世紀にもわたり中国人、日本人、そしてとりわけ朝鮮人は、各自が設定した前提と優先事項に沿って、中国をそれぞれ異なる角度から見てきた。漢（紀元前二〇六－紀元二二〇年）から清（一六四四－一九一一年）までの中華帝国にとって、朝鮮半島は皇帝が天命を受けて責任を負った「天下」のうちで最も近い場所の一つだった。

朝鮮は、中国帝国の世界観の基礎をなす朝貢の、最も協力的なパートナーだった。中国文明の恩恵と軍事的保護を受ける見返りに、朝貢国の長たちは中国皇帝の「龍の王座」＝玉座に——やはり両義性を持つ、曖昧な——忠誠を誓い、定期的に貢物を捧げた。朝鮮と日本の知識層は中国人がどのような礼儀を好むかを熟知しており、中国の宮廷に時候の挨拶を送ったり、中国からの勅使たちをもてなしたりなど、必要に応じてそれに則してふるまった。大多数を占める朝鮮内の下層民は古風な儀式をまるで理解せず、まったく別世界で日常生活を送っていたとはいえ、朝鮮の知識階級が立派な中国式の礼儀や文化を学び模倣することを、中国側は当然とみなしていた。漢代の古典的地理書『山海経《せんがいきょう》』は、朝鮮半島を「君子の国」と呼んでいる。

一方で日本は、より実用的に朝鮮との関係を築いた。中国との間に直接航路が運航されるまでの数百年間、日本にとって朝鮮は中国文化、経済の恵沢を得るための通り道だった。日本の大名が統治した対馬には、朝鮮人と日本人が混住していた。両者とも貿易の恩恵を受けており、互いの関係はときに心を許しあう友好的なものだった。だが日本の権力者は大陸支配を目指すための足掛かりとして、歴史上二度にわたり壊滅的影響を与えつつ朝鮮を利用した。

その最初のものは、豊臣秀吉の軍隊が侵入して部分的占領を行った、一五九二年から一五九八年までの出来事である。二番目は中国侵略の道への足掛かりとして、一九一〇年の朝鮮植民地化につながった、一九世紀後半に起きたものだ。そのいずれも、朝鮮が大きく影の役割を果たすことになった、日本の大東亜共栄圏の展望から派生したものだった。豊臣秀吉の侵略時には、後年起きた植民地主義者による朝鮮の文化的固有性への致命的な打撃を予期させるような、大規模な建築物や芸術品の破壊が行われた。

中国の帝国軍、外交官、学者たちは、すべての国が「天下」にあり、できる限り多くの国に中国の影響力を拡大することによって、その大家族に天の恵みを分配したことに満足していたかもしれない。中国の文献には、かれらがしばしば「夷」と呼んだ地域の習慣への関心がみられるとはいえ、実際には中国は、朝鮮やベトナム、ミャンマー、日本、中央アジアの人々の生活を変える気はなかった。理想的な中国式をどう活用するかは、それを学んだ周辺国の支配者たちに任されていた。それに対し、二〇世紀の日本の植民地政府は大韓帝国を併合し、日本のやり方を社会全体に押し付けようとした。日本の人類学者たちは、シベリア東部、「満州」、朝鮮の人々が日本と共通の民族的ルーツを持つという仮説をもとに、朝鮮占領の正当化を行った。自らが日本社会の中では過小評価されていたことも含め、この新しい見解が意味するところに朝鮮人たちは気づくようになった。

一方で中国に支配され、他方で日本に繰り返し悩まされる。長い間、朝鮮人はこのような地域構造の中での自らの役割を見極めるのに慣れてきた。このことを題材にした二〇世紀後半の書物には朝鮮のナショナリズムが頻出するが、それ以前の時期にもナショナリズムの気配はかすかに感じられる。その最初は一二－一三世紀のもので、儒学者で政治家の金富軾《キムプシク》によって編纂された包括的な朝鮮史『三国史記』である。僧侶一然《イリョン》は、一二八五年頃に編纂した『三国遺事』において、この正史というべきものを伝説と民話収集で補完した。『三国遺事』は何世紀にもわたって読者に愛されてきたが、そのうちの一つに、紀元前二〇〇〇年代に国の基盤を築いたとする檀君《タングン》神話がある。そこには、神話的な中国皇帝堯《ぎょう》の時代に、帝釈天である桓因《ファンイン》が息子桓雄《ファンウン》を地上に送ったと書かれている。桓雄は父親から与えられた三千の従者と三つの天符印を携え、太伯山《テベクサン》の木の下に降り立った（江原道に太白山《テベク》があるが、そこだとは考えにくい。ピョンヤン北部の妙香山《ミョヒャンサン》とする説もあるが、白頭山というのが最も有力な説である）。そこで桓雄は、雌熊を熊女《ウンニョ》という人間の女性に変えた。洞窟に熊と一緒にいた虎は、桓雄が定めた、人間になるための厳しい規則を守れなかった。桓雄は熊女と結婚し、二人の間に古朝鮮とその首都阿斯達《アサダル》を建設することになる息子の檀君が生まれた。

檀君は一五〇〇年間そこを統治したが、周の武王《ぶおう》が朝鮮の最初の王として箕子《キジャ》を封じたため、檀君は退き山の神となった（いまもこの物語を信じている人の先祖は、雌熊だということだ。朝鮮の旧石器時代の遺跡に残る動植物には、多くの野生動物にまじり熊の骨もたしかにある）。著者である一然の時代に、檀君の伝統がすでにどれだけ古いものだったかは知るよしもないが、この物語はこれまで伝えられている最古の文献に記されている。その信憑性を疑問視する向きは多いとはいえ、檀君研究はナショナリストたちの間、とくに朝鮮民主主義人民共和国ではいまだに人気がある。

第二のナショナリズムの発端は一八世紀のことだった。日本とマンチュリアの侵略、明の崩壊によって動揺する中、朝鮮人実学者たちが朝鮮が必要とするものをできる限り客観的に見直しはじめたときのことだ。中国と朝鮮の歴史書を再検討する過程で、実学者たちは前述した箕子、衛満《ウィマン》という、朝鮮王朝の創設者として檀君よりも信憑性のある代替案を思いついた。両者とも明確に中国に起源を持ち、その歴史の途に朝鮮半島をつかせるため中国式の国を興した者たちである。

箕子は、紀元前一〇四五年前後に周が中国を征服した際、北東に逃げ衰退した商〔殷〕の最後の王である紂王《ちゅうおう》の誉ある親族（おそらく叔父）だといわれる。かれの墓とみられるものがピョンヤン近郊で発見された（現在では一二世紀より古くはないと考えられている）。他方の衛満は、前二世紀初頭にピョンヤン地域に亡命し王険城《ワンゴムソン》〔いまのピョンヤン〕に王都を建設した、燕の中国北東部の軍指揮官とされている。

いずれの物語も考古学的に確証することはできないが、重要なのは中国の文人たち――すなわち後の朝鮮の歴史家たち――が、朝鮮国を中国形成初期の出来事とはっきりと結びつけたことだ。事実、実学者たちは、中国の直系だという一三九二年の李成桂《イソンゲ》の主張を、王朝の正統性を裏書きするものとみなした。このような正統化は、儒教において最優先されるべきものであり、箕子は朝鮮時代で最も重要な政治的シンボルとされた。箕子は経済発展を促したことばかりでなく、中国が最も尊重した文学、詩、占い、儀式、音楽などを網羅的に再現した、幅広い文化革新の分野でも評価されている。

衛満に関しては、天文、地理、経書、医薬、歴史科学史編纂に深い関心を寄せた実学者李瀷《イイク》（一六八一－一七六三年）はかれを余所者だと批判したが、近代朝鮮の歴史家たちは、衛満が中国東北地方の「東夷」で古朝鮮の官僚だったとして、外国人奪取者という汚名をそそいだ。衛満は大韓民国の起源とみなされている。儒教の育成と発展は、先祖が親中国だったという考えを朝鮮人知識階層が無批判に受け入れたことを意味するが、実学の擁護者たちでさえもこの傾向から完全には自由でなかった。だが中国化された朝鮮の文人たちが民衆の口承や土着の技術を鼻であしらったのに対し、実学者たちは民衆を新たな視点から見直し、その芸術、文学、音楽に朝鮮の独自性を付与して新しい価値をもたらした。

東アジアの三国で記された記録は膨大な量に上る。中国のものは紀元前千年代にまでさかのぼる。朝鮮における最初の文献は統一新羅《トンイルシルラ》時代（六六八－九三六年）、日本のそれは八世紀である。政府の記録と非公式的な評論、学者の記したもの、日記、旅行者の話、目撃者による記述、文書の論文、伝記と偉人伝、事実とフィクション、歌、散文と詩などで構成されている。その場限りの簡潔なメモから、何巻もの百科事典に至るまでさまざまなものがあり、歴史、地理、経済、哲学、宗教、芸術、美学が網羅されている。地域間のコミュニケーションはごく容易だったので、三国の人々は互いについて言及することが多かった。それらの文章を比較しさえすれば、この三国の関係について答えることはごく簡単だと思うかもしれないが、もちろん実際はその逆だ。

民族や個々の人への執筆者たちの偏見と妄想が、それらの文書の多くには盛り込まれている。こんにちの学者たちは、文書記録の確認、反論に科学的研究を適用するだろう。考古学者たちも新たな証拠をよく掘り起こしている。だが、中国であれ朝鮮であれ日本であれ、政治的に動機づけられた偏見への疑念は、依然として歴史解釈において残っている。

たとえば、日本の大和王権が紀元二五〇年から四〇〇年の間に海峡を横断した、ユーラシアの大草原の騎士たちによって創設されたという説は、もはや受け入れられない。だが、一九九四年に洪元卓《ホンウォンタク》・ソウル大学校経済学部教授は、大和は騎馬兵である扶余《プヨ》族の子孫、つまり百《ペク》済《チェ》の戦士たちによって建国されたと主張した。これは皮肉にも、「同祖」という根拠のない理由をつけて、先の日本の植民地支配を正当化した試みに重なるものとなっている。

朝鮮半島とマンチュリア地域の先史時代については、まだまだ分かっていないことが多い。戦争と産業発展の時代である二〇世紀には、考古学的、歴史的遺産が破壊された。そのため、別々の国と考えられている檀君、箕子、衛満と符合する文化的、政治的発展の証拠となるものは、発掘作業によっては今のところ明らかにできていない。それらの起源に残るもやを一掃し、朝鮮半島における初期の国家形成の真相を明らかにするのは、朝鮮人にとって重要なこととみられる。とりわけそれが、中国との関係における古代朝鮮の独立性を確認し、日本との民族問題についての長年の疑惑を葬るものであったならばなおさらだ。

しかし、独自なる存在としての朝鮮民族は、「一九世紀後半から二〇世紀初頭に形成された人種やナショナル・アイデンティティの概念を用いて、考古学的記録から推定することはできない。（中略）ナショナリズム的根拠を追い求めることで、朝鮮半島の先史解釈のための一貫した方法論を発展させるという、より大事な目標を見失うことになってしまった」（裵炯逸 Hyung-il Pai）。

長い期間、中国人、朝鮮人、日本人はまずまずの関係にあり、それぞれの独自性や伝統に対する強い誇りを培ってきた。頻繁だった互いの国への移民は、民族的、文化的な交錯をもたらしたが、そのことがそれぞれの民族精神を弱めることはなかった。当然ながら三者はしばしば異なっていた。深刻な相違点もあったが、概して一九世紀半ばまで共存のパターンを辿っていた。その後、近代化のための新しい思想や勧告を携えて欧米から外国人がやってくると、新たなナショナリズムの解釈も進展し、東アジアの伝統的秩序は変化しはじめた。ジェームス・パレ（James Palais）は、ナショナリズムが「祝福か呪いか」は通常、論者の視点によるものだという。一九世紀以降の世界的なナショナリズムの発展は帝国主義および植民地主義とともに起きたが、それは一国の内部においてさえ多様で、ときに複雑な形態を帯びた。それは本質的に不変のものでもなかったし、一定の強度を持ったものでもなかった。朝鮮人を掻き立てたナショナリズムは、一九世紀後半以来、傷ついたプライドを反映した以下の三つのものだった。

1　政治的ナショナリズム

一八九六年四月七日に出版された初のハングル新聞『独立新聞』は、日本に刺激されて行われた甲午《カボ》改革への民族主義的な応答の一端だった。明らかにこれは愛国啓蒙運動の成果だった。同年七月に独立協会が設立され、改革反対のデモを主導した。こうして緊張が高まるや、この排外主義の兆候は素早く抑え込まれた。だが、時間の経過によってその背後にある精神が失われたわけではなかった。外国から押し付けられた制度変更――近代化の観点からは必要なものだったとはいえ――への反感は、一九一〇年の韓国併合に対抗し、それを凌駕せんとする民族的敵愾心に火をつけた。一九一九年三月一日の独立宣言文では、これが決して忘れられることはないだろうと述べられたが、それは占領した日本側にとっても無視できないものだった。

一九四五年の朝鮮解放後、反外勢主義はアメリカとソ連へとその矛先が向かったが、一九五三年の朝鮮戦争休戦により、政治的ナショナリズムが新たな焦点となった。一番の敵は今や軍事境界線の向こう側におり、南と北はともに半島全体の支配権を主張した。双方が外国の支援に依存していることが明白になると、正統性は政治的ナショナリズムの第一の目的となった。反外勢主義はその次へと降格したのである。朝鮮民主主義人民共和国はソ連にも中国にも楯突くことができず、外交政策に細心の注意を払った。厳格に組織化され操られた人々は、「敬愛する指導者」、金日成《キムイルソン》への満場一致の心からの愛と支持を表明した。韓国での米国の継続的な軍事的経済的保護への感謝の念は、独裁的で圧制的な韓国政府を支持し続ける米国に対する民衆の怒りで弱まった。韓国が傷ついた過去から回復して未来志向に努めた結果、朴正熙《パクチョンヒ》から金大中までの大統領たちは、経済目標を優先させることで自らのナショナリズムを証明した。

南北統一への願いがはるか彼方に留まっている間に、南北の学者たちはそれぞれ自分たちの体制が「汎朝鮮」という正統性獲得に役立つかどうかを見極めるため、歴史の再検証を始めた。政治学者や社会学者たちは、過去の不幸やいまの政策のカギが、過去について調べ、先達たちの過ちを検証することで見つけられると信じてきた。

一九五〇年代、南北の指導者たちはソ連、中国、米国に依存していた。そのため両政権の歴史家たちは、伝統的な大国追従だ、勝ち取ったばかりの独立を放棄するものだ、と非難することで道徳的な高みに立つことはできなかった。その代わり、南北ともに古代史に遡り、支配権を継承したのが自国の側だということを証明しようとした。かくして建国神話が復活した。南北とも檀君を正式に承認したが、北側は檀君が降り立ったといわれる白頭山を擁しているおかげで、その祖先に関して有利な主張ができた。他方の韓国は、衛満の血統であることを強調した。

2　民衆ナショナリズム

伝統的に朝鮮人は、人生を上からの弾圧か自然災害との闘いだと考えてきた。それにしても、一九一〇年以降に経験した苦難と搾取はあまりにも酷いものだった。さらに悪いことに、他の国々は助けを求める朝鮮人たちの叫び声に反応しなかった。だからこそ、一九四五年八月一四日〔日本では一五日〕の突然の日本降伏は、歓喜と楽観でもって朝鮮人たちに迎えられた。だが主権回復の望みはむごくも破壊された。解放後の南北分断は、三国時代や高麗時代の分断に比せられる。政治的にみると、この二つの新たな国はともに、軍事主義の独裁体制という、中国の帝国システムへと本能的に傾いたという点においてはさほど変わらないシステムを設置することからスタートを切った。

韓国の人々はじきにこれを見透かした。一九四八年の李承晩《イスンマン》大統領から始まった一連の軍事主義体制が、民衆たちの利益をほとんど顧みなかったことから、その後半世紀にわたって育まれていくことになる怒りの世論のうねりが声を上げはじめた。後にこれは「民衆《ミンジュン》ナショナリズム」と呼ばれることになる。その不満のピークは、悪名高い一九八〇年光州《クァンジュ》における、軍によるデモ隊への血なまぐさい銃撃事件だった。

この際の抵抗の特徴および政権側の反応は、いずれも民衆ナショナリズムに誤った印象を与えているようにみえるが、それは真実ではない。民衆ナショナリズムは、古代の貴族エリート主義（朝鮮時代末期）体制、外からの侵略者（日本の植民地時代）の残虐行為、腐敗した軍事独裁政権（初期の韓国）といった積年の不満の集積として、さまざまな社会的、宗教的、文学的、芸術的な形で表出したものだ。それは、一九四六年から一九四九年の国共内戦時の中国人たちがそうだったように、しばしば暴力的ではあるが、けっして因習打破的ではないやり方で、朝鮮人がついに立ち上がる準備を整えたということを表すものだった。

政治的ナショナリズムと「民衆ナショナリズム」の境界線はか細いものにみえる。どちらも政治的抑圧に不満を表明したし、どちらもデモに関わった。政治的ナショナリズムの道を先導したのは知識層、学生、社会主義者、共産主義者など、具体的な専門用語でその対象を言い表せるような特定のグループのメンバーだったという傾向があるが、民衆ナショナリズムの場合は異なる。政治的な議論を理解したり使用したりはしなくても、自分たちの時代の到来を知っていたあらゆる人々を巻き込んだのだ。支配者が歴史を作り、導くという受動的な儒教観を覆し、一九七〇年に歴史学者孫寳基《ソンポギ》（Sohn Pow-key）が書いたところの「歴史の発展において民衆が主要な役割を果たす」ことを肯定するために、すべての階層が団結したのだ。その際、近代の民衆運動史、とくに東学蜂起とパルチザンの義兵《ウィビョン》も新たに注目された。政治的にみると、こうした視点は朝鮮も、その指導者だった中国も全く経験したことのないような民主主義への関心を示唆するものだ。それは、韓国の軍事独裁者があらゆる手段でもって弾圧したものでもあった。

3　文化的ナショナリズム

一九一〇年の併合後、日本は速やかに朝鮮人の政治的抵抗を抑えたが、文化的ナショナリズムの兆候についてはさほど懸念していなかった。日本は芸術と考古学を奨励したが、その理由は、今や朝鮮は日本の伝統の一部だからというものだった。文化活動は、一部の朝鮮人たちの日本への協力の機会を提供しもした。日本は、日本との民族的つながりの意識を高めるのとは反する、消えてしまった過去への郷愁を刺激するかもしれない活動との間の微妙なバランスを始終秤にかけながら、慎重にことを進めた。そして若い世代の感情を和らげる方法としての芸術活動を管理下に置きえたと考えていた。だまされた朝鮮人もいたが、大部分はそうでなかった。絵画、音楽、文学において、朝鮮の独自性を守るための方法がそっと探られていたのだ。

一九四五年以降、朝鮮人歴史家たちは、旧来の中国式学問を採用した朝鮮人学者や、朝鮮を乗っ取ろうとした日本によって生じた歴史の歪みを訂正するため、書籍の出版を急いだ。「朝鮮史は、王朝史的な記述を乗り越えるべきだし、日本の植民地時代に御用学者によって歪められた歴史的事実を訂正し、客観的な観点から書かれなければならないというが、私はこれに完全に同意だ」（韓沽劤《ハンウグン》）。

むろん歴史家が客観性を貫徹するのは不可能だ。「読みやすく理解しやすい朝鮮史」を目標に、「読者が朝鮮史の真実の姿を見出す」ことを願って書かれた孫、金、洪による一九七〇年刊の新しい歴史書〔英文〕は、祖国の分断を嘆くことから始まる。「力を合わせ、この不幸な分断を乗り越えるのは民族の最重要課題だ。この民族的目標のために、私たち朝鮮人はたゆまず力を養成してきた。このような自発的な努力は、朝鮮史を通してつねに成功している」。この主張がどれほど支持されているかは、読者たちの判断に委ねられるべきだろう。

一九七〇、八〇年代に韓国を訪れたとき、私は上記の三様のナショナリズムすべてに遭遇した。朴正熙《パクチョンヒ》の親日政策に反対する学生たちに投じられた催涙ガスも吸い込み、ロシアのジェット機が大韓航空〇〇七便を撃墜した際に起きた、一九八三年九月の反ソ暴動も目の当たりにした。セマウル運動の諸相に対する農民の反感や、長引く夜間外出禁止令への住民たちの憤りの声も聞いた。一九七四年の一般公開より前に、過去を浄化し、朝鮮王朝期の社会を教訓的に復元した水原《スウォン》の民俗村も見学した。

何よりも韓国の文化遺産の独特な豊かさを私に教えてくれたのは音楽だった。だが一般の人々は、驚いたことに古典音楽をあまり評価していなかった。私はカヤグム〔琴〕とピリ〔笛〕を国立国楽院で学び、多くの韓国人が難解で奇妙なものとみなしていた朝鮮音楽史の研究を始めた。当初、私は現代朝鮮語を読めなかったが、昔の楽譜や一次資料はみな中国の漢字で書かれていたので、なんとかなった。朴正煕のハングル専用政策にもかかわらず、研究書でもいまだに漢字が使われている。韓国政府は、日常的に使うものとして公式的に承認した漢字リストの改訂版を定期的に発行した。

韓国人たちはたいてい、欧米のポップやクラシックをより好んだ。一九七八年の世宗文化センターのオープン時には、それを記念して大芸術祭が開かれた。メインホールには九八列の席があり、壁から吊るされた朝鮮のコムンゴ〔玄琴、六本の弦を持つ琴〕の形に配された八〇九八のパイプを持つ、六段の鍵盤のパイプオルガンが置かれ、観客席は四二〇〇もあった。具滋春《クチャチュン》・ソウル市長は、ソウル市民が「伝統芸術をより深く意義深いものとして理解し、その保存に努める」ことを願うと述べた。しかし一七週間のフェスティバル全体を通して、古典音楽の演奏はメインホールでたった一度しか行われなかった。韓国人作曲の新しい音楽と踊りの夕べが数日間開催されはしたが、圧倒的多数は欧米人の演奏家による西洋音楽の演奏だった。それらのプログラムには多くの客が入り、温かい拍手が送られていた。一方、朝鮮の伝統的音楽は五〇〇席ちょっとの小ホールで行われた。一度きり行われたコンサートは、ステージの端に座ったテグム〔横笛〕の名人による華麗な演奏だった。だが演奏時間はかなり短く、休憩時間もなかった。演奏が終わると奏者は立ち上がり、拍手に応えてまばらな聴衆に軽くお辞儀をしてから舞台を後にした。むろん、伝統音楽の演奏にとってはここは慣れない場所だし、長い喝采も朝鮮の伝統ではないかもしれない。だが、朝鮮音楽の栄光の未来は立ち遅れていたといえそうだ。

他方で、戦後の詩人、作家たちは朝鮮の伝統をいち早く称賛した。画家たちも同様だった。芸術家たちは中国の伝統的題材や形式からの自立を宣言する道を探っており、それと同時に西洋のモダニズムに接近しすぎるのを避けようとした。だが、独特な民族文化の源をほしいがままにしているはずの音楽家たちは、明らかにベートーベンとビートルズの熱狂的ファンに屈したのだ。

時代が変わり、過去二〇年間で韓国の伝統文化をめぐる状況は変化した。いまでは店の看板、書名、書道大会の参加者以外には、誰も漢字を使用していない。韓国の民族的プライドの定義は、独自の文字であるハングルを強調するように運命づけられるだろう。子どもたちが朝鮮の楽器を、ピアノ、バイオリン、トランペットなどと同じように習うのはふつうのことになった。伝統音楽の担い手たちは、欧米の音楽家と協同することで演奏家や作曲家としての国際的名声を得てきた。自らの音楽的遺産の強みと洗練に自信を持ち、一九七〇年代には第一の目標だった保存と復活以上のものへと発展した。

おそらく韓国の音楽家たちは、一九七九年のダラム・オリエンタル音楽祭でのコメントを心に留めていたのだろう。このとき、中国人と韓国人の演奏家たちが古典音楽の演奏会に招待された。観客は、中国人の奏でる曲が機械的に西洋化されたものであることに気づきはしたが、少なくともそれらは自分たちが理解できるものだった。だが、朝鮮音楽の公演は妙に耳にひっかかった。一九七九年の時点では、「昔の音楽」への称賛をイデオロギー的理由により表明できなかった北京出身のグループは、伝統的な音楽の意義を論じるセミナーを開催した。伝統とは進化の一過程であるべきだ、このようにかれらは述べた。そして韓国人たちに「なぜあなた方はそんなに時代遅れなのか?」と尋ねた。だが今日では、「時代遅れ」というのは韓国文化を定義する際に用いるべき形容詞ではないだろう。

二一世紀、朝鮮人たちは中国と日本の帝国主義の残滓に抗する権利を擁護し、ナショナリズムを表明し続けてきた。本書の第1章では、中国東北部と朝鮮民主主義人民共和国に位置する最初の王国の一つである高句麗《コグリョ》の台頭を描く。二〇〇三年に、中国が中国側国境にある吉林省集安の古代高句麗王国の遺跡をユネスコに世界遺産登録申請すると、激しい議論が巻き起こった。韓国側は、高句麗を古代中国の一部とみなすものだとして、これに反対する激烈なキャンペーンを展開した。当時は中国、韓国ともに近代的地政学のセンスがなかったので、この論争はこんにちの朝鮮のネイションフッドの強烈さを証明しただけに終わった。最も息巻いたのは一般市民ではなく学者たちだった。二年後の二〇〇五年、島根県が小さな独島《トクト》/竹島の領土権を再確認したとき、抗議行動はより広範囲に広がった。二〇〇五年は日韓友好年――友好を祝うというよりも、友好を希望するというものだった――に定められていたが、この島の所有権については長年論争されていた。ソウル市内で反日デモが起きたのはこの年三月のことだった。ナショナリズムはかつての戦場に出没するのだ。

I

ナショナル・アイデンティティの形成

第1章　歴史の幕開けから六六八年まで
——文化様式の変動

この章では、朝鮮半島最古の社会政治組織の進化と、朝鮮における最初の有史時代である「三国」の出現とその発展についてまとめる。初期の中国本土と朝鮮半島の交流を概説し、現代の朝鮮人たちがこの初期文化のどのような点を誇っているのかを解明したい。

約四〇万年前、ホモ・エレクトスは朝鮮北部、ピョンヤン近くの黒隅里《コムンモル》の洞窟に住んでいた。そのずっと南方では、その親戚たちが南漢江《ナマンガン》沿いの金窟《クムグル》と忠清南道錦江《クムガン》近くの石荘里《ソクチャンニ》に住居を建てた。これらの人々は石器や象、虎、熊、サイ、猪、猿、野牛、鹿、馬など、獲物としていた動物の骨を残して死に絶えたか、別の場所に移動したりした。その後、ホモ・サピエンスも朝鮮の南と北に形跡を残した。かなとこやハンマー石を使った作業場の存在を示す、旧石器時代中期（一〇万～四万ＢＰ〔ＢＰすなわち放射性炭素年代は一九五〇年を始点として何年前かを表す方法」）の忠清北道垂楊介《スヤンゲ》遺蹟もその一つである。同じく石荘里の二万一〇〇〇BPと測定された旧石器時代後期の遺跡には、斧、石刃、削器を使用した狩猟集団、最大一〇名を収容した住居がある。

新石器時代の遺跡はもっと数が豊富で、こちらも朝鮮半島の端から端まで分布している。北東（豆満江《トゥマンガン》）、北西（鴨緑江《アムノクカン》）、西（清川江《チョンジンガン》）、南（洛東江《ナクトンガン》）の川沿いや流域に集落群が見つかっている。最初に放射性炭素年代測定法で認定されたのは、江原《カンウォン》道《ド》鰲山里《オサンニ》の東海岸である。これは朝鮮半島北部と東部に、紀元前六千年頃以降に南シベリアの部族が住み着いた可能性を示唆するものだ。

また、前三〇〇〇年頃以降のソウル近郊岩寺洞《アムサドン》には、遼寧方面の影響がみられる。遼寧は、紅山文化（前三五〇〇－前二〇〇〇年）と夏家店下層文化（前二五〇〇－前一五〇〇年）が渤海《パレ》に沿って広がっていた場所で、これが朝鮮定着の要因になったとみられる。

新石器時代の村は小規模集団に分かれており、そこでは狩猟、採集、漁撈が行われた。ムール貝、ハマグリ、牡蠣が人々の主食で、捨てられた貝殻の下に骨や加工物が多く残されている。かれらのゴミ捨て場はこんにちでは「貝塚」という立派な名前がつけられ、考古学者たちにとって貴重な情報源となっている。村人たちは、中央に暖炉〔石囲炉〕が備わった半地下の住居に住んでいた。

鰲山里やその北東部、それにそこから西に下った海岸でも、薄い平底土器の作り方が習得された。当初は、切り込み模様と指で挟んで作った線で装飾された。前五〇〇〇年頃から、清川江と漢江の間の地域で円錐形の深鉢が作られはじめ、人々はそこに櫛で幾何学模様をつけた。

この櫛目文は朝鮮の他の地域にも広がり、青銅器時代に入るまで土器を飾ることになる。前二〇〇〇年初頭頃には、高熱で焼く模様のない新しい様式の無文土器が登場した。これは川岸から離れた高台でみられるもので、中国黒龍江省のいくつかの地域のものとは異なっている。夏家店の遺物には、朝鮮の無文土器と類似した石と陶器製のものがある（ただし、中国の新石器遺物群に共通してみられる鼎《かなえ》（三脚釜）は、朝鮮では発見されていない）。

無文土器は、稲作を行い、穀物の収穫に半月形石庖丁を使用した農業共同体で作られたものだ。磨製石剣や石の矢頭の製作が行われたという事実からは、ここに住んだ人々が外部の人々や野生動物から身を守らねばならなかったことをうかがい知れる。すでに豚を家畜として飼っていたと主張する考古学者たちもいる。朝鮮半島の稲作の起源は、ちょうど夏家店下層文化の始まりと重なるとみられる。

京畿道の欣岩里《フナムニ》遺跡は、前一二〇〇年のものであることが科学的に証明されている（二〇〇〇年には、忠清北道の清州小魯里《ソロリ》で見つかった焦げた種籾が一万五〇〇〇－一万四〇〇〇年前のものとされたが、これはまだ論争中である）。沿岸部の交通は容易で、上海デルタや山東半島から直接船を漕がずとも、比較的楽に湾岸に沿って行くことができた。この経路はコメが朝鮮半島に初めて到達した道の一つとみられる。

新石器時代の社会では、すでに葬式がある程度慣習化していた。死者は穴、壺、石棺といった墓に埋葬され、前一〇〇〇年頃以降には墓の上に大きな上石を水平に置いて支石墓を作るようになった。マンチュリアとシベリア近くのいくつかの文化でも同様のものがみられるが、朝鮮半島には支石墓が世界最多の三万以上あるといわれており、この数の多さからこの習慣が朝鮮を起源としているという説もある。支石墓にはさまざまな様式があり、明らかに地域色のみえるものもある。多くの石は単独で存在しているが、群れをなしているものや一列に置かれたもの、歩道でつながっているものも存在する。最も重い墓は二三二トンにもなり、まだ解明されていない謎の卵形のくぼみのあるものもある。

死体が来世へと容易に入っていけるように、土器や青銅でできた短剣、曲線状のビーズの宝石曲玉《コゴク》、人面が彫刻された謎の匙型の器具などが副葬された。現時点では、これらは朝鮮最初の表現物とみられる。ただし櫛目文の遺物には、豊穣な儀式の証拠とされる、粘土でできた人型や貝殻で作られた顔といった原始的な創作物はほぼみられない。ピョンヤン国立博物館の骨笛〔鳥の足の骨で作った笛〕は二〇〇〇BPのもので、無文土器時代の支石墓にあった可能性がある。これらの貴重な出土品は、社会階層の出現を示唆している。

支石墓はふつう、新石器時代後期から青銅器時代に移行する頃に出現したものだ〔朝鮮文明の古さを判断する際に、学問的考察よりも政治に忠実なのではないかとみなされている朝鮮民主主義人民共和国の考古学者たちは、遺蹟のいくつかは前二〇〇〇年にまでさかのぼると主張する〕。青銅製の武器、矢頭、盾、鏡が支石墓の中に副葬されたが、それらはおそらく貴重な富で、交易によって得たものとも考えられる。

青銅器時代は朝鮮には遅れて訪れた。最初の遺物は前八世紀初頭のもので、夏家店上層文化と関連があるとみられる。はるか南西にある前二世紀の栄山江《ヨンサンガン》流域の石の鋳物は、証明はまだされてはいないものの、長江デルタ方面からの中国の影響を受けている可能性がある。朝鮮人がいつ青銅器の製作を始めたのかは正確には分かっていないが、前四世紀より前のことだ。ひとたび製作が始まると、朝鮮の人々はすぐにそれを習得して独自の様式を発展させた。中国の商〔殷〕では青銅の所有は王権の象徴だったが、朝鮮でも同じように特別な意味を持ったとみられる。村の集落には青銅がみられないからである。

朝鮮の青銅器の中には、特徴のある細形銅剣もある。これは腰を絞った剣で、同時代の中国の遼寧式銅剣よりも細い。中国の鏡の持ち手の輪っかは通常一つだが、朝鮮の鏡には二つ付いている。鏡の背面には幾何学模様が施されている。中国での鏡の鋳造では宇宙観が明らかに取り入れられているが、石の鋳物ではなく粘土で作られた朝鮮の鏡にはそれはみられない。

朝鮮では、小さな鈴のついた八つ手のガラガラのような独特な青銅器が鋳造された。こんにちではシャーマンの儀式的道具として使用されるが、当初もその用途で作られたのかもしれない。朝鮮南東部の岩石芸術、とくに慶州《キョンジュ》周辺の盤亀台《パングデ》岩刻画の幾何学模様や動物のモチーフは、懐疑的な見方もあるとはいえ、シベリア風のシャーマニズムのデザインであると解釈されてきた。デザインそのものからは正確な時代が同定できず、中国やシベリアでもシャーマニズムが広く普及していたため、それがいつ、どこから朝鮮に入ってきたかは分からない。中国の『管子』によると、周代に存在した国の一つで、山東半島北部から遼東半島の奥までの渤海沿岸の平原周辺に広がった燕《えん》では、シャーマニズムが盛んだったという。

燕は周後期の戦国時代にその北端にあり、中国が「東夷」と呼んで蔑んでいた部族を押しやって領土を広げた。燕はかれらとの接触を最小限に抑えようと壁を築いたが、軍の襲撃や平和的貿易を妨げることはできなかった。これに関していえば、たとえば中国は匈奴を恐れ軽蔑したが、内モンゴルの考古学調査からは、燕が北方諸国との接触から多くを学んでおり、決してかれらが野蛮ではなかったことが分かる。『管子』の著者たちは、内モンゴルの騎馬遊牧民の部族連合のいくつか、あるいはすべてを集合的に「東夷」と呼んだとみられる。すなわち、鴨緑江沿いから来たトゥングース族の濊《イェ》と貊《メク》のメンバーである鮮卑、烏桓〔『三国志』では烏丸と表記される〕、松花江《ソンファガン》の扶余《プヨ》部族である。濊と貊は前八世紀後のある時期に、松花江上流から鴨緑江流域に移動したとみられる。

一九一三年、日本の人類学者白鳥庫吉《しらとりくらきち》は、濊と貊を合わせて濊貊《イェメク》とし、かれらを高句麗《コグリョ》、百済《ペクチェ》など朝鮮諸国の祖先だと唱えた。濊貊が、燕の北と東の端に位置する「朝鮮」と名付けられた小国の建国者だという見方もある。この小国がいつ、どのように建国されたのかは正確には分からないが、二〇世紀になってこの国は最古の朝鮮建国神話と結びつけられるようになった。朝鮮人の歴史家たちはこれを、檀君《タングン》が建設したとされる古朝鮮だと主張する。とすると、朝鮮人の祖先が東夷である可能性が浮上する。

こんにちの朝鮮人の祖先は、マンチュリアを経て半島にやってきたといわれる。「朝鮮」という小さな国は、燕の支配下にあった遼東地域内かその外側にあった。だがこれらの説は、原朝鮮国（あるいは複数の国々）の創立を決定づけるものではない。最初期の文書記録はあまりに断片的だし、朝鮮古代史解釈に説得力を持たせようとする後知恵の影響も受けている。

二〇世紀の日本で研究された朝鮮学は、日本が後づけした起源に基づいて檀君神話を否定したが、ナショナリストの朝鮮人歴史家たちはこれに応戦した。中国からも日本からも独立した朝鮮民族の起源を証明せんとした申采浩《シンチェホ》（一八八〇－一九三六年）は、この神話のシャーマニズムと地形学的な要素を特定し、檀君帝国が北ははるか黒竜江、南は遼東半島と朝鮮半島にまで及んだと唱えた。優れた民族主義者崔南善《チェナムソン》（一八九〇－一九五七年）はこの神話を事実とし、さらに朝鮮が東は日本から、西は小アジアまで伸びる文化圏の起源だったと主張した。檀君を東夷文化圏の創設者と定義した李基白《イキベク》〔韓国民族史学の先駆者〕の見解は、これよりも穏健なものだが、その解釈でさえ根拠は薄弱だ。

植民地支配という状況下にあって、国の歴史が伝説から始まるという言説は、ごく魅力的な一時しのぎになった。そしてそのために、朝鮮史は歴史的体面の見せかけを身につけるようになっていった。この方法はその後、朝鮮民主主義人民共和国の歴史家たちによって限界まで追求されることになった。かれらは自国が文句なしに古い古代の支配者を継承する者であることばかりでなく、その政治哲学主体思想の卓越性をも証明しようと躍起になった。このようにして檀君は、紛れもない朝鮮人の歴史的祖先、かつ朝鮮建国者へと変貌した。

事実とは異なるが、「親愛なる指導者」金正日《キムジョンイル》は白頭山《ペクトゥサン》で生まれたとされている。南北を問わず、朝鮮人たちはこの聖なる山をナショナル・シンボルと認める。朝鮮が再統一されたあかつきに、その指導権の正統性を対抗政治勢力に示すにあたって、この白頭山で新たな「半神」が生まれたとすることの意味は明らかだろう。もし朝鮮民主主義人民共和国の人々が自国内を自由に旅行できるなら、あるいは国外から観光旅行客を呼び込むとしたら、間違いなく白頭山は朝鮮一、魅力のある場所となるだろう。一九九三年、この地の考古学者たちは、電子スピン共鳴法による測定の結果、江東邑《カンドンウプ》の墓で発見された骨が五〇一一（±二六七）BPのものだと判明したと発表した。それらの骨は、檀君とその妻のものということで関心を引いた。ここから観光事業の土台が築かれた。

三王国の発展

紀元前二世紀のあけぼのには、マンチュリアと呼ばれる地域の住民たちは混住していた。燕は東胡から自衛するために二つの壁を築いた。東寄りの壁は鴨緑江を横切って伸びるものだ。前二二〇年代に燕が秦に敗れたときにこの壁は始皇帝の万里の長城に組み込まれ、秦の北東の境界をなした。その後の一世紀かそれよりも長い間、中国の帝国はそれ以上の政治、軍事的行動に関心を持たなかった。朝鮮がどの程度勢力を伸ばしており、その政権がどれほど地盤を固めているのか、厄介な匈奴とつながりのある朝鮮が、中国にとって潜在的な味方となるか敵になるのかといったことは、こんにちの歴史家たちにもまだ分からない。それは前二〇六年に漢を建国した劉邦《りゅうほう》にとっても定かでなかった。

前一九五年の劉邦死去の一年後、衛満《ウィマン》はいまのピョンヤン近郊に新たな首都王倹城《ワンゴムソン》を建設した。この衛満朝鮮は、いまの観点からみるなら中国でも朝鮮でもなかった。その構成員たちは東西からやってきて（北から来た可能性もごく高い）、どちらの方角からも交易によって利益を得る機会が豊富にあった。

漢は長い間、衛満朝鮮および朝鮮南部の部族たちとの平和的関係を維持した。だが前一〇九年、衛満の孫にあたる右渠王《ウゴワン》が、漢の武帝の使臣を殺害し、朝鮮南部と漢王朝との交流を中断すると脅した。武帝の反応は断固としたものだった。漢軍はマンチュリアを越えて北部を掃討しながら朝鮮北部に入り、王倹城を陥落させた。そして前一〇八年に四つの郡を置いた（四つ目の玄菟郡《ヒョンドグン》の設置はその翌年）。この年は北東アジア史において決定的な年となった。

四郡のうちで重要だったのは、王倹城のあった大同江《テドンガン》流域を中心とした楽浪郡《ナンナングン》と、鴨緑江北部のかつての濊貊の地にできた玄菟郡だ。両郡は前八二年に真番《チンボン》と臨屯《イムドン》をそれぞれ吸収し、南は楽浪郡から漢江まで、東は海岸まで勢力を伸ばした。楽浪郡はしばらくの間、比較的平和だった。その南岸の城砦、楽浪土城は中国の経済、文化的影響力の発信源となり、中国の地方権威における揺らぐことない象徴として四〇〇年以上にわたって存続した。玄菟郡はこれとは対照的に、高句麗勢力の伸長にともない前七五年にはるか西方へと移動させられた。

後に生まれた神話によれば、高句麗の建国者は、前五九年頃に鴨緑江の太白山近くで不思議な卵から生まれた、弓術に優れた乗馬の名手である。その名を朱蒙《チュモン》といい、東明聖王とも呼ばれた（「北朝鮮」の高句麗が「南朝鮮」の新羅《シルラ》より古いことを示すため、金日成は歴史家たちに高句麗建国年を前二七七年と早めさせた。一九七四年には、金日成の号令で研究者たちがかれの墓をピョンヤン近郊で発掘し、そこに東明王陵を建立した）。

高句麗の起源はよく分かっていない。その民は、扶余の松花江の中心地か濊貊に居住していた人々の子孫など、北方の人々とみられる。鴨緑江岸に位置する最初の首都は丸都城《ファンドソン》（国内城《クンネソン》ともいう。建国時の首都はその北にあった卒本《チョルボン》）で、すでにこの地から楽浪郡に脅威を与えていた。その後二〇〇〇年以上にわたる、中国－朝鮮間の愛憎劇の舞台設定がなされたのだ。高句麗の指導者は、紀元一世紀に後漢から王の称号を受けた。これはかつて、中国皇帝が指定した地域の代表者たちに贈られた名誉だった。そうしながらも、中国は高句麗から楽浪郡への差し迫る抵抗を全く予想しなかった。中国は見誤ったのだ。

楽浪郡に派遣された漢の役人たちは、船で長安へ持ち帰る貢物の徴収、税の引き上げ、賦役〔奉仕労役〕を取り仕切ることになっていた。何世代にもわたって衛満朝鮮に住む中国人一族や、中国人が入る前に形成されたとおぼしき土着のエリート層たちに役人は支えられており、これらの協力者たちには称号、印、金、銀、絹などの奢侈品が与えられた。印に記されている文字からは、かれらが漢字を駆使しえたことが分かる。後の埋葬品をみると、土着の裕福な一族たちは立派な暮らしをしていたようだ。中国式の腕輪、銀とガラスの耳飾り、青銅製のベルトフック、べっ甲の髪留めを身に着け、漆塗りの器で食事をし、ろくろで作られた高温で焼かれた灰色陶器の杯で飲み物を飲んだ。灰色陶器は、地産のものよりも先進的なものだった。裕福な人々の墓には、青銅器、翡翠、漆器、馬車の部品、道具、貴重な中国の弩《ど》といった武器が一緒に埋められた。ステイタスの証として収集された中国の硬貨もみられる。当時の交易は物々交換で行われたため、これらは通貨としては使われていない。

初めて朝鮮にもたらされた鉄は燕の明刀銭で、前三世紀のことだったとみられる。その革命的影響は、社会的ステイタスに限定されたものではなかった。朝鮮南部の鉄の原鉱の出現は、中国と日本双方にこの地域の経済発展の可能性を知らせることになった。鉄の馬具、兵器、防具の生産により、朝鮮半島の軍隊は手ごわい勢力へと変質していったのだ。

三世紀初頭、中国で漢の時代が終焉を迎えようとしていることが明白になると、遼東は高句麗からの攻撃を繰り返し受けるようになった。公孫氏はこれに対抗して二〇九年頃、鴨緑江の向こう側にあった高句麗の首都卒本を国内城へと遷都させた。だが、朝鮮内の中国の郡すべてが漢江の北に置かれたので、朝鮮に駐在した中国の役人たちは気が休まらなかったに違いない。二二〇年、曹丕《そうひ》が洛陽で新たに魏王朝を開き、公孫氏を討滅して楽浪郡から排除した。曹丕が二三八年に高句麗に仕掛けた攻撃が成功し、マンチュリアと朝鮮半島北部を管轄下においた中国の権力は再び安泰なものになったかのようにみえた。高句麗の土着民と漢人亡命者は、交易や外交活動ですでになじみのあった漢江の南へと逃れた。そこはかつて真番・辰国のあった場所だった。

その歴史や領土の範囲については多くがまだ解明されていないが、紀元三世紀の間にここは南西の馬韓《マハン》、中央南の弁韓《ピョンハン》、南東の辰韓《チンハン》という三韓に取って代わられていた。その経済はもっぱら乾燥穀物、米、蚕などの農業と鋳鉄に依存していた。三韓とも楽浪郡に貢納し、その代価としてそれぞれの指導層は中国製の奢侈品を堪能した。これら南部の国々は、骨を使った占いなどシャーマニズムを取り入れていたとみられる。中国の『三国志』によれば三韓の民には騎馬技術がなかったというが、その通りだったにしても三韓は楽浪への度重なる攻撃を行った。これからは馬よりも船の時代だということを感じ取っていたのだろう。造船に必要な鉄はすでに南海岸付近で取り引きされていた。『三国志』の「魏志」はおそらく誤っていた。馬韓を引き継いだ百済が四〇四年に大和に馬を献呈した際、すでに百済はその近隣国である高句麗同様、騎射で名高かったからだ。

中国の歴史家たちが「倭」と呼んだ、海峡の向こうの原-日本の文明は、弥生時代（前三〇〇-三〇〇年）から古墳時代（三〇〇-七〇〇年）へと移行する寸前だった。中央集権国家への統合にはほど遠かったが、最初の王朝である大和朝廷が四世紀末に形成されつつあった。朝鮮と中国にやってきた倭の使節の存在を、さまざまな書物が伝えている。先取的な冒険家や岸に流されてきた沿岸の商人もそこには含まれていたが、ともかくこれは、その後数世紀にわたってこの地域で行われることになる三角外交の起こりだった。まだ日本の船は海を渡って直接中国の海岸まで航海できなかったので、朝鮮は大和朝廷の外交官たちが中国を訪れる途中に立ち寄る場として利益を得た。朝鮮の南部と北部それぞれの支配者たちは、この二つの隣国と正式に使節の遣り取りをすることの利点をはやばやと見抜いた。

だがしばらくの間、朝鮮の目は南方よりも北方にもっぱら向けられていた。中国による朝鮮半島統治は終わろうとしていた。高句麗は二三八年に魏からの攻撃を受けたが、これに服従するどころか二四七年には楽浪郡へ反撃を行った。二〇四年に楽浪郡の南部の数県を切り分けて設置された帯方郡《テバングン》もまた、新たに台頭した百済に脅かされた。三一三年の楽浪郡攻撃によってついに形勢が変わり、楽浪郡と帯方郡は三一四年までには降伏することになる。

三国時代

朝鮮半島はきわめて重要な時期に入っていった。厳しい気候と山岳地帯で鍛えられた高句麗は軍事、外交活動に妥協なく取り組み、この地域で最強の勢力となった。長寿王《チャンスワン》は四二七年、国内城の南にある、いまのピョンヤンにほど近い場所へと遷都した。そこで高句麗は、馬韓領土内で地歩を固めていた百済と対決した。百済は三六九年に高句麗との戦いに勝利した。その南東では、辰韓一二国の中で最有力だった斯盧《サロ》が新羅王国を樹立することになる。そのはるか南では、かつて弁韓連合に属していた部族たちが伽耶《カヤ》諸国を形成していた。そのうち、いまの高霊《コリョン》沿いにあった大伽耶《テガヤ》と、洛東江下流（いまの金海）の本伽耶《ポンガヤ》の二つが抜きんでていた。

　国家形成のプロセスはまだ完了しておらず、勢力間の競争は激しかった。固定された領土の境界という概念はなく、国の統治範囲は流動的だった。高句麗と百済はそれぞれ二度ずつ遷都している。一方新羅は、古代東アジアの世界では珍しく、七世紀もの間にわたって政府の場所を動かさず、七世紀もの長きにわたって現在の慶州を都とした。三国時代には斯盧と呼ばれていたが、五〇三年に国号を新羅と定めた。実利主義と利己主義がはびこり、連合が作られては互いへの侮蔑によって破綻し、戦争が頻繁に起きた。農民たちは自軍や敵軍が行進する平野でかろうじて農作業をし、地方役人たちはころころと変わる新たな主人への忠誠を求められて困惑したことだろう。農民も役人も自らがどの王国に属しているか知らなかった。気に留めもしなかったかもしれない。朝鮮半島のあちこちにいた商人たちも、苦心しながら商売を続けた。

　部族の指導者たちは、自己正当化をし影響力を強めるために、建国にまつわる超自然的な力を喧伝し、自然災害を回避して収穫量を増やそうとシャーマニズムに傾倒した。朝鮮半島の政治思想は混乱したが、しだいに統一と安定の追求に突きうごかされていった。新羅では、王朝創設者を称える儀式を通じて政治的決定がなされた。

　一方、非‐中国人たちが北朝を、中国の五王朝が南朝をそれぞれ支配したことにより、中国にも亀裂が入った。北朝の首都は大同、洛陽、鄴《ぎょう》、長安にあり、南朝の五王朝はすべて南京〔建康〕で統治を行った。使節たちは庇護と貿易を求め、南北中国、朝鮮三国、伽耶、日本の間を旅した。高句麗はその地理的条件から最も中国の宮廷——ほぼ北朝だった——と緊密に接触した。高句麗は外交と軍事対立がいつも隣り合わせだったので、多くの犠牲者を出すことに慣れていた。百済は、主に南京への危険な海路を通って二番目に多い数の使者を送り出した。遠く離れた新羅はほとんど派遣を行わなかった。五八九年に隋が中国を統一し、朝鮮三国への積極的な関与を再開すると、全体的に使節派遣の頻度は高くなっていった。朝鮮と中国の文献を総合すると、百済は三七二年から六六〇年の間に一二三の使節を送った。六世紀初頭に最も頻繁に派遣を行い、六二四年からは毎年行われたとされる。外交記録にはすべてが記されるということはなく、とくに重要とみなされたときのみ言及されることがままある。百済の使節に言及した箇所はそっけなく、ぶっきらぼうと思われるほどで、かれらの応答よりも中国側の質問の方が多く書かれていることも多い。使節たちが特別な目的があって訪れたのか、とくに貴重だった金や銀製品以外に何を貢物として持っていったのか等についても、いつも書かれたわけではなかった。百済は数多くの「光輝く甲冑」を送ったようだ。新皇帝の即位や新しい王の就任を祝う儀式ばかりではなく、実際には軍事援助の要請であっても、中国はそれらすべてを入貢として扱った。

使節団の記録をみると、国から国へと危険な旅をするにあたっての官僚の責務が強調されている。臣下である朝鮮の支配者とその周囲の人々に中国が立派な称号、服、印を与え、代わりに朝鮮は中国式の儀式や式典を採り入れ、中国の衣冠制度に従った。高句麗と百済は四世紀に儒教を正式に受け入れた。朝鮮の学者たちは、中国の礼儀作法の参考書『礼記』などの書物を主として学んだ。高句麗は三七二年に、儒教政治理念をもとにした官吏養成学校〔太学《テハク》〕を開設した。また中国の書体のうち、楷書、隷書、行書の三つを使用した。朝鮮の学者たちはその思想をつねに新しいものに保つため、中国の学者たちとじかに接触する必要があった。その恩恵は、政府の人事管理制度の効率性や、中国からやってきた使節団に感銘を与えるのに発揮されたことだろう。

中国発のインスピレーションによって活力を養う必要があったのは、儒学徒たちだけではなかった。三国でそれぞれに生まれ成長していた仏教界もまた、指導者と教義の紐帯を、その母体である中国南北の聖山との間で維持しなければならなかった。三七二年にピョンヤンに仏教をもたらしたといわれる僧侶の順道は、東晋から託されたマンチュリアで力を持っていた後燕に対抗するための同盟の要請を携えてきたという〔前秦王の符堅が送ったとの説もあり〕。

新疆の僧侶摩羅難陀《マラナンタ》は、三八四年に百済の漢城《ハンソン》（いまのソウル）に仏教を持ち込んだ。新羅の慶州政府は、隣国からすでに仏教について聞き及んでいたはずだが、シャーマニズム界隈の組織からの強硬な反対をまず克服する必要があった。そして五二七年に異次頓《イチャドン》の死という劇的な犠牲が払われた後、新羅は仏教を受容した。三王国ともに、世俗の規律を精神的権威のオーラで強化するという考えに慣れ親しんでいた。国の指導者たちが信仰をもつようになったことから、仏教は護国のための奇跡を起こすことができた。仏教を受容し、慣習となっていたシャーマニズム信仰に仏教を加えるべしという王の布告を庶民は受け入れた。仏教を庇護すれば中国の指導者たちに感銘を与えられ、思想も共有でき、審美的な好みも高く評価してもらえるだろう。三国ともこのように考えたのだった。僧院、塔、仏像がそれぞれの首都周辺に次々と建てられ、技工たちは学者たちとともに三国間を行き来するようになった。百済の聖王《ソンワン》は五四一年、経典および『詩経』を教えるための教師を中国の南朝に要求したが、このとき首都泗沘《サビ》の新宮殿建築と装飾を手掛ける職人も同時に要請したとみられる。その一二年後、新羅皇龍寺《ファンヨンサ》の建築作業を監督したのは、百済の建築家たちだった。

朝鮮の学者や技工は倭で歓迎された。朝鮮の漢文専門家たちが四〇五年に倭に漢字を伝え、それからしばらくの間、かれらは独占的に漢字を使用したとみられる。百済の聖王〔聖明王〕は、金と銅の仏像、儀式道具、経典といった貢物を携えた使節（五三八年あるいは五五二年に派遣）を通じて、日本に仏教を伝えたとされる。高句麗の僧慧慈《ヘジャ》は五九五年に海峡を渡り、聖徳太子の師となった。日本最古の寺院飛鳥寺の建設のために五八八年に移住した技工たちは、造瓦技術を伝えた。その少し後、百済の僧侶観勒《クァルルク》〔かんろく〕は奈良で暦や風水を伝えた。七世紀初頭の法隆寺の釈迦三尊像には、武寧《ムニョン》王陵で見つかった二つの銀の腕輪を作った職人と似た名前〔鞍《くら》作《つくりの》止利《とり》〕が刻まれている。ただし、それが百済で作られたのか日本で作られたのかは判別不能である。

初めて百済から大和に縫衣工女たちが送られたのは四〇三年、大量の移民の流入が起こった直後のことだった。奈良の中宮寺には、百済の師たちの監督下で地元の女性たちによって六二二年に仕上げられた刺繡〔天寿国繡帳〕が保存されている〔実物は奈良国立博物館に寄託された〕。日本の朝鮮人コミュニティには多くの職業集団があり、新羅と唐によって六六〇年に百済が最終的に滅ぼされた際に、亡命者の数は増加した。

世界中どこでも、古代史は等身大の人物より偉大な英雄と悪者で彩られるものだ。国家や帝国が建国されると、気骨があり、野心に満ちあふれ、まとめあげる能力のある男性（ときには女性）が機会を捉え名を成すのはよくあることだ。生きている間に畏敬された英雄たちは、打ち立てた功績とその徳によって、死後に伝記作家や聖人伝の作者たちの手で不滅のものとされる。中国と朝鮮では、とくにそのようなケースが多い。儒教もまた模倣すべき模範と、反面教師としての反‐英雄を掲げる。

三国いずれも英雄には事欠かない。たいていの場合、国は王たちによって興され、発展し、栄えたということになっている。高句麗の広開土王《クァンゲトワン》、百済の武寧王、新羅の法興王《ポップンワン》らの偉大な王たちがその好例だ。広開土王（在位三九一‐四一二年）は、朝鮮半島のほぼ三分の二と、はるか松花江を網羅するマンチュリアのほぼ全域にまで高句麗の領土を拡張した。南方にも目を配り、四〇〇年に百済と組んで海岸を攻撃した大和の大軍を追い払うため、新羅に援軍を送った。王が死ぬと、息子長寿《チャンス》は国内城の墓の隣に碑を建立した。長さ六・三四メートル、重さ三七トンのその碑の上には、朱蒙伝説や広開土王の功績が、隷書で刻まれた一七七五字の漢字で記されている。

その巨大さにもかかわらず、この碑は何世紀もの間、行方不明のままだった。一八八〇年代初めに再発見されると、日本軍の作成した拓本が、大和がかつて朝鮮南部を植民地化していたことの論拠として利用された。こんにちの調査では、四〇〇年に広開土王が勝利した部分の記述が解読不可能とされている。二〇世紀の植民地期に、そこの部分が意図的に摩損されたと考える朝鮮人がいるのも無理はない。

五世紀も四分の三が過ぎるころには、高句麗の勢力は抑えきれないものになっていた。北魏に援助を要請するも失敗した百済の蓋鹵王《ケロワン》（在位四五五‐四七五年）は、首都漢城（ソウル）を放

で人目を引く男として描写されている。

が五〇一年に王位に就き、五二五年に葬られた。死後の名は武寧で、『三国史記』ではハンサム

州）に避難させていた。この地で二番目の息子（『三国史記』では東城王の息子とされている）斯麻《サマ》

棄せざるをえなくなった。王は漢江の土手で自殺したが、その前に王朝を南方の熊津《ウンジン》（いまの公

百済復興の最初の立役者の一人とされる武寧王は、いくつもの要塞で北の国境を安定化させ、灌漑システムを作った。梁との同盟も結んだが、これは熊津の新たな寺院を梁の武皇帝に捧げることにもつながった。武寧王が百済の担魯《タンノ》（地方分国）である倭の封建君主だったという記録もある。担魯の王の義姉の子として九州で生まれたという説すらある。たしかに、墓の中で武寧王を取り巻く豪華な品々には、日本と中国の両方の様式のものが混在している。

武寧の治世下で、百済は東隣の新羅と平和共存していた。同時期の新羅の法興王（在位五一四－五四〇年）は、政治、社会階層化の骨品制《コルプムジェ》を導入した五二〇年の律令の大々的な改革などを通して中央集権化を強化し、中国の衣冠制度を採用した。豪族たちとともに灌漑計画も推進し、五二七年には仏教を公認した。それまで新羅ではシャーマニズムの勢力が強かったが、システムとしては総合的な構造に欠けており、村ごとですら儀式や主張はばらばらだった。仏教徒たちは、仏教を採用して以来いかに高句麗と百済が進歩を遂げているかを法興王に説き、何らかの大激変が起きた際には、仏教が社会を強固にする助けとなるだろうと進言した。動物の殺生禁止（五二九年）すら実施した社会がどんなものだったかは、推測するほかない。だが、法興王自身は正真正銘の仏教改宗者で、その治世の終わりには出家した（妻は尼寺に入った）。

五二七年は新羅における歴史と文化の相関関係の転換点であり、この重要性を過小評価する

ことはできない。新羅が伽耶、百済、高句麗を抑えて政治的覇権を増長させ、中国から冊封され（これは中国から最大の敬意をもって扱われることを意味した）、二世紀たらずの間にハンデを負った走者から先頭走者へと文化的変容を遂げるという、三つの出来事が偶然にも同時に始まった年である。

こんにち私たちが仏教の特質だと考える平和主義は結構なものだが、古代史の王たちにとっての仏教は、強大な軍隊や将軍などと同じように役立つものだったのだろうか。隋の煬帝が擁する三〇万五千の兵士が、鴨緑江と清川江を越えて復讐のために六一四年に高句麗に攻め寄せたとき、その首都を防衛したのは乙支文徳《ウルチムンドク》将軍だった。隋はその二年前、乙支文徳に大軍を撃破されており、生き延びた兵士たちが泥まみれになりながらやっとのことで故国に戻ったという経緯があった。私たちの期待通り、『三国史記』は乙支文徳を「沈着、勇敢、機知に富む」と記している（こんにちの韓国軍で、勇敢さに贈られる上から二番目の賞は乙支《ウルチ》メダルだ）。

『三国史記』が称えるところによれば、乙支文徳は高い文章能力を持っていた。ピョンヤンが包囲された際、乙支文徳は疲労困憊した中国軍の指揮官たちに宛てて、降伏するふりを装った詩を送った。

神策究天文　　神がかった策は天文を究め
妙算窮地理　　巧妙な戦術は地理に通じ
戦勝功既高　　戦功はすでに高い
知足願云止　　これに足りて撤退を願う

罠に嵌められるのを恐れた中国はこれを拒否した。だが再び申し出がされると、疲労した隋軍は窪地に退却した。乙支文徳はこのチャンスを待ち望んでいた。かれの率いる兵士たちは飛び出し、四八時間足らずで一五〇マイル〔約二四〇キロメートル〕離れた遼東の中国国境の町へと中国軍を押し戻した。『三国史記』によれば、故国に戻れた中国軍兵士はたったの二七〇〇人だったという。この乙支文徳の名声に匹敵するのは、第2章で言及する新羅の偉大な将軍、金《キム》庾信《ユシン》ただ一人だろう。

　これらの地域間交流についての記述はもともとそっけないもので、その背後の人間ドラマがほのめかされることはほとんどない。たとえば、外国の王朝に花嫁として送られた少女たちが、または三九七年に大和朝廷に人質として送られた百済の皇太子が、あるいは四〇二年に同じ運命を辿った新羅の王子が何を思ったかは、推測することしか私たちにはできない。この二人の王子がそれぞれ八年後と一六年後に日本から故郷に戻されたとき、かれらはどのような感情を抱いたのだろうか。長安にある煬帝の宮廷で演奏した一八名の高句麗の演奏家たちは、乙支文徳の勝利後、なにか被害に遭ったのだろうか。そして、何千人もの中国人捕虜たちの、六一八年に高句麗から帰国する機会を拒絶するに至るまでの精神的な混乱はいかなるものだっただろうか。戦争の危機に陥った地域を奔走し、高句麗、大和、唐を訪れたとき、新羅の大使金春《キムチュン》秋《チュ》〔後の太祖武烈王《ムヨルワン》〕（六六一没）の神経は参らなかったのだろうか。百済でなく新羅側につくよう軍事独裁者の淵蓋蘇文《ヨンゲソムン》に説得するも失敗し、高句麗で人質となった金春秋は、新羅の軍事作戦部隊によって救助された。そして六四八年に再び旅立った。今回は、三年前に遼東の安市城《アンシソン》で高句麗を攻撃するも撃退されていた唐に、援軍を求めるためだった。

それまで唐の太宗《たいそう》は、明白に朝鮮三国を均等に扱おうとしており、人間的側面を持ち合わせていることを示しすらしていた。六三一年には、「音楽と性の喜びは、美徳の愛には及ばない」と、新羅が送った二人の美しい女性演奏家を家に帰している。六四一年には、百済の武王《ムワン》の死を悼む儀式を行った。安市城の戦いの後には、一万四〇〇〇人にのぼった高句麗の捕虜を殺さず、かれらが自分たちの領土を勇敢に防衛したことに敬意を表して贈物すら送った。ただし残りの数千人は奴隷として長安へ連れていった。そこでの奴隷たちへの過酷な扱いは、この皇帝が意気地なしなどでは全くないことを物語っている。高句麗は万全を期すため、大勢の捕虜を救ってくれたことに感謝の意を表し、二人の美しい女性を贈物として送った。太宗は家族のもとを離れる悲しみに同情し、その二人を送り返した。唐の太宗を訪ねていく金春秋が、何のために自分がこのような危険な冒険をしているのか疑問に思うのももっともだった。金春秋は皇帝が情け深い側面を見せてくれることを望んだが、結局その旅は無駄に終わった。太宗は死にかけていたのだった。

だが金氏の中国への関与はここでは終わらなかった。金春秋の息子で著名な書家としても知られる金仁問《キムインムン》は、皇帝の護衛として仕えるため六五一年に長安に派遣され、その後、百済と戦う唐の大軍の副指揮官となった。六五四年に新羅の真徳女王《チンドクヨワン》が死ぬと、金春秋は二人の敵を撃退して王位に就いた。その金春秋が六六一年に死去した際、唐の高宗は哀悼の意を伝える使者を慶州に送った。その七年後、高句麗にとどめを刺すため、唐は再び新羅を支援した。このとき唐はほっと胸をなでおろしたことだろう。

文化的特徴

朝鮮半島の技工たちはみな、粘土、石、銀、金、青銅、鉄、翡翠、象牙、木、漆といった材料を用いた。だが地域主義は強く、技工たち独自の審美眼や技術が発達していくにつれ、その創作物には異なる特徴が表れるようになった。高句麗の様式は厳しい気候、険しい地形、しばしば起きる国境での衝突などによって鍛えられた、境界人たちの世界観を反映したものだった。一方、百済のそれは、製作者の真摯な仏教的信念が反映され、より優しい性格を帯びていた。外部からの影響が最も少なかった新羅は、六世紀に中国様式への劇的な転換が起きるまで、残りの二国に比べるとあまり芸術的に洗練されていなかった。ただし国立慶州博物館の宝物にみられるように、新羅は外国の高級品を収集していた。味鄒王《ミチュワン》（在位二六二－八四年）の王陵付近にある、複雑な加工が施された立派なスキタイ短剣の鞘や、五、六世紀の皇南大塚《ファンナムテチョン》で発見された、鳳凰の形をした美しい中国のガラス容器などだ。

楽浪の時代に広範囲に受け入れられ、模倣された漢文化の影響は、三一三－一四年の高句麗の侵入によって直ちに消え去るようなものではなかった。いずれにせよ高句麗には中国人たちが住んでおり、三国時代の儒教と仏教の採用は、中国との直接的接触を保つための知的、文化的義務の意味合いを帯びた。

儒教と仏教は独自の文化的発展を刺激することにもなった。たとえば朝鮮の石造りの塔（仏舎利、経典、奉納物を所蔵するために寺院の敷地内に置かれた建造物）は、大きな木やレンガ造りの中国の仏塔から発展したもので、記念碑というよりは建造物だ。弥勒寺にある塔は、百済時代である六〇〇年頃に建設されたときには七重から九重の花崗岩の建造物だったが、これは例外的なもので、通常、朝鮮型は浅く先が細くなっている三重から五重の塔である。

現存する初期の美術品や工芸品の多くは墓から出土したものだ。墓の発掘は日本の植民地期に始まった。すでにほとんどが荒らされていたが、それでも驚くようなものも残されていた。楽浪郡とその周辺の支配階級のものが最も精巧だった。当初、墓は地下に作られた木の部屋でできていた。三世紀には、一つから三つの部屋を持つレンガあるいは石の墓が流行した。これらは地上に建てられ、保護のため土塁で覆われた。ピョンヤン南東に至るまでの河川デルタには、約一五〇〇の墓が広がっている。後の墓荒らしたちは巨大な塚にさぞ感謝したことだろう。内部にはドーム型の天井があり、壁と床には装飾されたレンガが並んでいる。裕福な人々は、棺の周りを取り囲む色とりどりに装飾した墓室〔木槨墓《もっかくぼ》〕の中に納められたとみられる。同一の墓を一人以上の家族が共有し、来世に持っていく副葬品は隣室に置かれた。

紀元およそ一〇〇年以降の、二室を有する彩篋塚《チェヒョプチョン》には、男女と子どもの三つの棺が横たわっていた。革製の靴を履いた男の傍らには短剣が置かれ、三巻の黄絹も見つかった。木簡に刻まれた文言からは、かれが楽浪の高級官吏だったことが明らかだ。部分的に漆が塗られた、脚の湾曲した低い食卓は、宴席を設けるのに充分な大きさで、金、銀、べっ甲、馬、馬車、人の小彫像など、他の埋葬品も添えられた。墓の名ともなっている「彩篋《チェヒョプ》」は、側面に色鮮やかな人物坐像が描かれた漆塗りの枝編み細工で、壁には騎士の絵が数多く描かれている。

現在のところ、約一万基の高句麗時代の墓の存在が分かっている。エリート層は中国に倣って墓に金や銀製品、宝石、翡翠、漆器、鉄器、青銅の儀式道具、硬貨、絹、木製の小立像を入れ、墓をタイル、レンガ、絵画で装飾した。一般人はおそらく木製の棺に入れられることもなく、土を掘った穴の中でその一生を終えたとみられる。村の長はそれよりもよい待遇を受け、昔ながらの朝鮮の青銅製短剣とともに埋葬された。かれらは模造、あるいは真正な中国製品を来世に持っていくことを望んだようだ。

百済土着の習慣では、年少者や焼骨の二次葬のために甕棺（二つの甕を開口部で合わせるものなど）を使用した。典型的な灰色陶器がはるか南西の霊岩《ヨンアム》で見つかった。同時代の日本でのように「合口甕棺」がときに用いられ、鍵穴のような形の土塁で覆われた。百済の墓のうち最も有名で、かつ百済の諸外国重視の姿勢がよく表れているのは武寧《ムニョン》王陵だ。装飾レンガが並び、石獣に守護されたアーチ形の入り口を通って入る長方形の丸天井の玄室は、五二五年の陰暦八月の埋葬時から一九七一年の発掘まで、手つかずのまま残されていた。二七か月の服喪期間後の埋葬と、その四年後の女王の埋葬がその誌石に記録されている。武寧王は「寧東大将軍百済斯麻王」（東方の調停者である大将軍）と記され、漆塗りの棺を取り巻く華麗な遺物の中からは、中国から船積された貴重品とともに金製冠飾が見つかった。

はるか彼方の新羅では、一重あるいは二重の木棺に死者が納められた。慶州周辺で生まれたこの独特の墳丘は、盛られた土に囲まれていることから、ピョンヤン郊外のそれと同じもののようにみえる。そののち木の玄室が登場し、三〇〇年頃から王族の塚も石で守られるようになった。木の玄室はそれらの石に面しており、さらに巨石を積み上げられたところの内部に入れられ、そこに封土が盛られた。このことと、六世紀半ばまでは入り口のトンネルがなかったことから、岩の重さのせいで棺が崩壊することはしばしばあったが、墓荒らしたちの侵入は防いでいた。石室が導入されたのは、新羅時代の後期になってからのことだ。

墓の発掘は一九二〇年代から始まり、金冠塚、金鈴塚、瑞鳳塚、飾履塚、天馬塚（シラカバ樹皮製の馬具、障泥《あおり》に描かれたギャロップする馬の絵からこう呼ばれる）といった、朝鮮の一級の歴史的財宝が出土した。四世紀から五世紀半ばまでの瓢箪形の瓢形墳は、新羅初の王陵とみられる。正式名は皇南大塚（九八号墳）北墳と南墳である。誰の墓なのかは不明だが、一般的には夫婦墓とされている。女王の埋葬室を覆う北墳は、南墳より一メートル高い二三メートルで、妻が夫より年長だったことを表しているとみられる。女王の墓には金冠が、王の墓には銅に金箔を施した金銅の冠が入っていた。金のベルト、剣の柄頭、宝石の品々は、新羅の最初期の金細工だ。この副葬品の櫃の中には、中国製陶器、イランのサーサーン朝の銀、ローマのガラスといった稀少なものも含まれていた。王の墓には鉄製武器が数多く置かれていた。シャーマニズムの儀式に従い、王と女王が来世に上っていけるよう、引き具とあぶみを装着した馬の絵が、それぞれの古墳のてっぺん近くで生贄として描かれている。

ドラマティックで華やかでにぎにぎしい葬礼は、受難にも彩られていたようだ。王の棺の隣には一五歳の少女の骨がある。智証麻立干《チジュンマリプカン》が五〇二年に殉葬を禁じるまで、隣国の伽耶や倭と同じく、新羅の王族たちは来世に生者を連れていったのだ。

絵画

壁画は三国すべての墓にみられる。これらは初期朝鮮絵画の唯一の手がかりとなっている。絵の大半を占め、かつ最も詳細に描きこまれているのは高句麗の壁画だ。肖像画、社会活動の様子、宗教的シンボルが描かれている。ずっと後になって、風俗画は朝鮮に特徴的なものと位置づけられるようになるが、高句麗壁画はそれを予感させるものだ。七〇以上の壁画がピョンヤン周辺に集中している。音楽、舞踊、相撲といった四世紀の冬寿墓《トンスミョ》（*picture Essay1*）に描かれた娯楽は、優美な女性が琴とともに描かれた国内城の集安長川一号墳、五世紀から六世紀の角抵〔力士〕塚、舞踊塚にもみられる。赤い鳳凰、青龍、白虎、緑黒——中国と朝鮮の民俗宗教における四つの基本方位の神話的な守護者である四神《サシン》——の絡み合った亀と蛇が初期の墓の天井付近を飛んでいるが、五〇〇年までにはそれらが壁全体に描かれるようになる。六世紀には、仏教の神々もみられるようになる。

壁画古墳の調査はまだまだ進行中だ。二〇〇二年、朝鮮民主主義人民共和国の考古学者たちは重要な発見を二点発表した。一つは、黄海南道のセナル里《リ》にある楽浪郡の時期のものである。そのレンガの壁には、幾何学的模様と四神の断片が描かれていた。もう一つは、燕灘郡松竹里《ヨンタングンソンジュンニ》の典型的な高句麗様式の、長さ七・六メートルのスイート・ルームだ。紀元五世紀初めのものである。入り口の通路である羨門《せんもん》、前室、連結通路の羨道《せんどう》、棺を安置する後室（玄室）からなる。床は泥で覆われて木炭が散布され、そののち漆喰が塗られた。壁は削った石灰岩でできており、きれいに漆喰が塗られたところに行列、狩り、兵士、家庭内の様子を表す絵が描かれた。巨大な赤い柱が部屋の角に描かれており、住居らしい感じを醸し出している。

音楽と詩

同時代の流行を作り出した中国にとって、芸術の頂点といえば文章芸術――とくに詩と、移ろう儚い音楽だった。朝鮮人の識字者たちは中国の美的センスに精通し、漢字を用いた。朝鮮における詩の伝統の始まりの時期に、忠誠に関する内容の詩が書かれたのは驚くにあたらない。高句麗の瑠璃明王《ユリミョンワン》は早くも前一七年頃に、起源不詳の伝説的な歌「黄鳥歌《ファンジョガ》」〔黄鳥はコウライウグイスの意〕を作曲したといわれている。

翩翩黄鳥　悠々飛び交うウグイス
雌雄相依　雌と雄　互いに寄り添い
念我之独　一人ぼっちの辛さ我が身にしみる
誰其与帰　誰と一緒に帰ればいいのだろう

王族による詩とみられるもう一つの詩の作者は、新羅女王の真徳女王〔在位六四七―五四年〕だ。『三国史記』によると真徳女王はそれを自ら潤色し、六五〇年に唐の高宗に贈ったという。真徳女王が王位に就く際、高宗の父親の太宗はかのじょに本を贈ったという。この詩は真実とはかけ離れたお世辞から始まる。

偉大な唐の王業を始められたので
皇帝の志高い抱負は栄えることだろう
戦いは終わり兵士たちは憂さを忘れ
文教を鍛え磨き代々受け継がれるだろう

ふつうの人々がどのような詩歌を味わったのかは不明だが、それらが節をつけて歌われていたことは疑いない。この時期は、文学作品よりも音楽演奏についての方が分かることが多い。宮廷儀式や宴席、お祭り騒ぎ、季節ごとの祭り、農作業、寺院での祈り、軍隊の行進に音楽は欠かせないものだった（唐軍は七世紀初め、高句麗と百済の演奏家たちを捕虜にとった）。真徳女王時代の新羅には専門の楽部音声署《ウムソンソ》があり、おそらく高句麗と百済にも同様のものがあったと考えられる。いくつかの資料によれば、高句麗では一七の楽器が演奏されたという。二種類の弦楽器（*Picture Essay 2*）、ハープ、琵琶、笛、排簫《はいしょう》〔竹製縦笛〕一式、大きさの異なる三種のオーボエ、ハーモニカ一種、太鼓三種、ほら貝である。これらの楽器の特定とその起源については、まだ議論の余地が残る。その多くは中国音楽でも使用され、さらには西方の中央アジアでも使われたからだ。弦楽器のうちの一つは、長寿王《チャンスワン》（在位四一三－九一年）が東晋から受け取った中国の古琴をモデルにして作られたといわれる、朝鮮土着の玄琴《コムンゴ》の可能性がある。これは固定された駒の上に弦を張り、短い木製のつめで弾いて演奏する楽器である。

百済では、七つの楽器が使用されたことが明らかになっている。笛と琵琶が中心で、高句麗のものよりも静かで穏やかなものだったということがうかがわれる。そのうちの五つは、一九九三年に扶余で発見された、蓬莱山〔金剛山《クムガンサン》〕をかたどった美しい金銅の香炉〔金銅大香炉〕に描かれている。

百済、新羅の音楽家たちは海を越えて日本にも渡った。中国南東部で音楽、舞踊、仮面劇を学び、六一二年に日本に移住した百済の味摩之《みまし》もその一人だ（一九七〇年代、ケンブリッジ大学の音楽学者ローレンス・ピッケン Lawrence Picken は、日本で発見した資料から七世紀中国の軽快な楽曲を復元することに成功した。それは朝鮮でも口ずさまれ、口笛で吹かれたものだったとみられる）。

工芸品

朝鮮三国の陶器、彫刻、金属細工については動かぬ証拠がある。初期の陶器が数多く残っているからだ。身分を示すものとして墓に埋められた副葬品の中には、花盆形土器と呼ばれる、陶土製の土着のざらざらした多孔性の鉢が少なくとも一つは含まれている。「この器がなぜ、どのようにして、漢で生産された製品のうちで唯一、明らかに土着のものとなったのかは難問だ。（中略）儀式に使われたり、象徴的な意味があったりということは容易に推測できる。（中略）漢－楽浪郡での埋葬においてこの鉢が必ず一つはみられることから、人気があったことはたしかだ」（裵炯逸）。高熱で焼かれたこの時期の灰色陶器瓦質《ワジル》には中国の影響がみられる。一〇〇〇℃以上の温度で焼成される磁器以前の金海炻器《キメせっき》の使用は、五世紀頃の中国南部からの登り窯の流入と関連しているとみられる。これらの陶器は芸術品ではなく実用品として作られたもので、豊富で多様ではあったが、研究支援や生産施設の資金に糸目をつけなかった中国の宮廷の注目を引くものではなかった（武寧王陵内にある白い水差し一つ、壺一つ、五つのランプといった陶器は南朝（梁）のもので、百済製ではなかった）。

実用的であろうとなかろうと、その技巧は窯の製品を成形するのに間違いなく役立った。伽耶、新羅の陶工たちは、穴が開いたミシン目のある、粋な独自のデザインの基盤となるものを作り出した。それだけで単独で使われることもあれば、器の台として使われることもあった。ランプや酒瓶などに欠かせないものもあり、馬、船、荷車、家、藁で編んだ靴など身近なものも作られた。こんにちでは、三国時代に製作された品々は国家の誇りの源としてそれぞれ尊重されており、「朝鮮の芸術のうち、真に土着的なもの」と朝鮮人たちはみなす。*Picture Essay 3* で言及する石の戦士のレプリカは、ソウル仁寺洞《インサドン》の骨董品店でたくさん売られている。中国にも陶器製の騎兵が多くあるが、それとは特徴を異にする。

金属細工の腕前の独創性については、三国それぞれの墓にある王冠や飾り帯は、東アジアで他に類を見ない朝鮮最大の国宝だと評価されている（*Picture Essay 4*）。青銅の鋳造師たちは、見事な金銅製の仏像ばかりでなく、鏡、短剣、馬具の鈴、ベルトの留め金も豊富に生み出した。鉄工たちは、炉とかなとこを使った技術を発展させ、華麗な鎧や武器を作り出した。

三国時代の終盤になると、朝鮮半島のスカイラインには何千もの支石墓（ドルメン）と古墳が点在し、他方に要塞、城壁、城郭、他方に寺院、塔、仏像といった具合に、政府の建造物が陰陽の対照をなしていた。現在ではその断片が垣間みえるのみだ。その大部分は豊臣秀吉の侵略

（一五九二－九八年）と朝鮮戦争（一九五〇－五三年）によって失われた。だがそれでも、時間と人間が消滅させたと思われたものを考古学は取り戻しはじめている。これまで見てきたように、墓は宝をもたらした。百済、新羅の宮廷と行政機関を防御していた石の塁壁の名残りは、ソウル南東部の慰礼城《ウィレソン》といまの慶州中心部付近の半月城《パンウォルソン》でもみられる。百済の首都漢城（ソウル）周辺に三七五年に建てられた二聖山《イソンサン》にある城砦の一部は、その後すぐ新羅に引き継がれたとみられる。

考古学者たちはここで、硯、銑鉄、夥しい数の粘土製および鉄製の馬の小立像、高句麗軍の攻撃に言及した六世紀の木簡を発見した。国内城の城壁の基礎、その次に高句麗の首都となった平壌城《ピョンヤンソン》の立派な建物群、五五二年に大城《テソン》山近くで生まれた新たな連担都市の、二〇の門を持つ長い外壁についても解明をした。

壁や門には、ある国から別の国へと入ったことを旅行者に知らせる働きはなかったが、銘文が刻まれた記念建造物が自国領土の主張や歴史的賞揚のために建設された。新羅の真興王《チヌンワン》は、五五五年から五六八年にかけて北部、南部、西部への視察旅行を行ったが、四つの地域に建てられた碑石がこれを記録している〔真興王巡狩碑〕。その旅の終わりに磨雲嶺《マウンヨン》に立った真興王は、「管境を巡狩し民心を探り、慰労し下賜品を授けよう。忠誠と信義と誠意ある者、抜群の才能があり、災難に対処し、勇敢に戦う者、国のために忠節を尽くす功のある者に褒賞を授け、功勲を表彰しよう」と述べている。これは、来る世紀の重大な脅威の際に、新羅の王権がその勝利を助けるだろうという責任感を示した、天子にふさわしい宣言である。

鉄器時代の朝鮮は国際的に幅広く活躍していた。朝鮮三国は、東アジア地域の覇権国としての中国の役割を認めていたが、三国とも、中国や日本から重要な国として扱われた。それぞれの国が有利な位置に立とうと画策していた。隋と唐による統一は中国の力を強化したが、このとき朝鮮と日本はもはや端役などではなかった。

文化的側面に関していえば、もしも継続的な中国からの影響が変化と発展の主な触媒だとしたら、また「もしも、中国、日本、朝鮮のエリートによる東アジア高等文明に資するための共通基準の受容が、この地域全体にある程度の文化的融合を促すことに資していたとしても」、「これはその対極にある不可避の多様化という自然なプロセスへの、控えめな拮抗勢力に過ぎないものとして機能しただろう。結果的には、地域間の融合は独特で華々しい新たな文明を生み出した」（チャールズ・ホルコム Charles Holcombe）。

Picture Essay 1　安岳三号墳・冬寿の肖像

一九四七年、大同江《テドンガン》河口近くの墓が発掘された。ピョンヤン近郊にあるが、楽浪郡《ナンナングン》から中国が撤退した後、高句麗の首都と定められる前に建立されたと銘文には書かれている。この墓には、三五七年に死去した冬寿《トンス》とその妻が葬られている。墨で書かれた六八文字の銘文は、冬寿が三三六年に高句麗に逃れた前燕（遼東）の将軍で、三四三年にかつての楽浪郡と帯方郡《テバングン》で領地を治めるようになったと伝えている。冬寿が両郡陥落後にそこに留まった大勢の中国人官僚の一人だったのか、あるいはこの碑文が土着の成り上がり者が誇張したものなのかは、歴史家たちにもはっきり分かっていない。後者の説の根拠となっているのは、この墓が同時代の漢でなく、高句麗式だという事実だ。石の厚板で造られ、一八の柱で支えられた「持送り」（張り出した壁を支える）の天井を持つ羨室、東西の前室、後室からなり、封土で覆われている。

冬寿墓の顕著な特徴となっているのは、精巧に描かれた壁画である。故人とその生活の様子や故人が好んだ娯楽の絵で壁を飾る、というのは中国の習慣だったが、この壁画は朝鮮で最古のものだ。羨室と二つの前室には冬寿の家族が描かれている。冬寿とその妻、召使たちの絵の作者は、台所、馬車置き場、馬小屋など家庭内の様子も描いた。

主人の冬寿は、てっぺんに蓮のついた天蓋の下で足を組んで座っている。カーテンは引き上げられている。裾の長い中国式の絹の服をまとっているが、Vネックの下にはリボンがついている。冬寿は正装用の帽子をかぶり、羽の扇を持っている。右側の召使は筆を、左側の召使は巻物を携えているのが見える。

冬寿の肖像画、安岳三号墳の壁画、ピョンヤン、357年頃

妻は離れた場所にある天蓋の下で従者を従えて一人で座っており、その手は長い袖の中に隠されている。二組の演奏家、舞踊手、二人の力士が夫婦を楽しませている。舞踊手のいる方の楽隊は琴、琵琶、縦笛を演奏しており、もう一方の楽隊のうちの二人は、長いホルン〔カク〕を演奏している。前室に入る戸口の両側の男性が手にしている旗と同様、これは漢の娯楽図には見られないものだ。そこから五メートル離れたところに描かれた力士たちが、同じ絵の一部なのかどうかは不明だ。もしそうだったとしたら、四世紀の朝鮮の家庭での娯楽は、漢の絵画に見られるゆったりした気取った娯楽から分岐していったのだろうかと興味をそそられる。

玄室の壁の一面には、約二五〇人もの大行列が描かれている。冬寿は武装した歩兵と騎兵に両側を守られながら牛車に乗っている。冬寿墓は発見時にはひどい状態だったが、歩兵が着用した鉄製鎧と羽毛を飾った兜、馬上の薄い覆いの細部は再現できた。小さな軍楽隊が、牛車の前後を行進しながら進軍する。「前部鼓吹」は太鼓二台と鐘一台で構成されている。男性二人がそれぞれの楽器を肩の棒に載せ、演奏するのは三人目の男性のみだ。「後部鼓吹」の四名の男性は横並びになっており、逆さに持った小さなベルを、金づち（ヨー）、小さな管楽器（カ）、簫（ソ）、両面太鼓とともに鳴らす。この壁画は、漢の鼓笛音楽を描いた絵の最高傑作の一つに数えられる。

軍事境界線の南北の朝鮮人たちは、高句麗の墓をきわめて誇りにしている。かつてソウルでは、冬寿の肖像画を原寸大で再現したものが、旧朝鮮総督府庁舎（*Picture Essay 25*）を利用した、元国立博物館入り口の目立つところに展示されていた。

正統からは外れた朝鮮の民族楽器に、一二本の絹を撚った弦が張られた半筒状のカヤグムがある。床に胡坐をかいて座り膝の上に楽器の右端を置き、右手で弦をつまびき、左手を伸ばして可動式の柱の先で押手して演奏する。宮廷音楽で使用されるカヤグムには、下端に二つの「羊耳頭」という飾りがついている。アンサンブルやソロ演奏で使われる小さくて軽いカヤグムは、もともと民俗音楽のために開発されたものだ。

カヤグムは「伽耶《カヤ》の琴」の意である。『三国史記』によれば、これは伽耶国の嘉実王《カシルワン》の発明によるもので、「国々にはそれぞれ異なる言語がある。ではなぜ音楽は同じなのか」といって音楽家の于勒《ウルク》に一二曲を作るよう命じたという。嘉実王の名はこれ以外には『三国史記』に出てこないが、それはおそらく伽耶国がすぐに新羅に飲み込まれたためだろう。于勒は前五五一、二年にその新羅へと逃げ込んだ。新羅《シルラ》の真興王《チヌンワン》は于勒に住居を与え、階《ケ》古《ゴ》、法知《ポプチ》、万徳《マンドク》の三人をかれの下で学ばせた。この三人は于勒の作曲した一二曲を、新羅宮廷で演奏するため五つの新版に作り変えた。

カヤグムという名称はずっと使われ続けた。後に弦の数は増えたが、この楽器はいまも一五〇〇年前と同じものとみなされている。謎に包まれた嘉実王は、カヤグムの発明者として名を残している。写真にみられる琴の演奏者の像で飾られた壺の様式から判断すると、かれの時代のものだったのに間違いはない。だが一九九七年に光州《クァンジュ》で発見された一世紀前後の文学や芸術の文献、陶器製の小立像、琴の断片から、この頃から琴が朝鮮で演奏されていたことが明らかになった。高句麗《コグリョ》では王《ワン》

人と動物で装飾された灰色の炻器製の壺。前5世紀末から6世紀初、慶州、高さ34.2センチメートル〔土偶装飾長頸壺〕

山岳《サナク》が、中国の七絃琴を典型的な朝鮮式の六弦の琴へと改良したといわれている。嘉実王がいったいどこからインスピレーションを得たのか、なぜ別種の琴を生み出そうとしたのかは謎のままだ。それは伽耶の誇りと関わるものだったのかもしれない。

　この写真にみられる琴も六弦だが、これは嘉実王が王山岳の楽器を真似たのかもしれないし、あるいは陶工がカヤグムの弦数を知らなかっただけかもしれない。だが羊耳頭があることからして、壺に装飾されているのは明らかにカヤグムだ。カヤグムはすぐにコムンゴ、五弦の郷琵琶《ヒャンピパ》、三種の管楽器とともに、「三絃三竹」といわれる広く愛されたアンサンブルの一つに加わった。

かなりの数の楽曲が存在した。新羅だけでも、カヤグムの曲が一八五（中国のものも含む）あったという。音楽は魔力と宗教のような力を持っていると一般的に信じられていたが、この壺の首の部分についている粗削りの人間と動物の像からは、豊作を願う儀式でそれが使われたことが見て取れる。二人は性交をしており、カヤグム奏者はどう見ても妊婦だ。五五三年頃、真興王が居柒夫《コイルブ》を高句麗攻撃のために差し向けた際、かれは于勒の弟子の尼文《イムン》に演奏を命じた。その音色は、同情心を揺さぶるような犠牲的な性格を持ったものだったのだろうか。あるいは、王がこの宰相の来るべき運命から気を紛らわせるための、瞑想的なものだったのだろうか。

この小立像をみると、漢の兵士が感嘆したモンゴリアン、マンチュリアンの「野蛮人」たちの騎兵の俊敏な技術が、平地から朝鮮半島へと戦が下ってくるときまでに失われてしまったことに思いを馳せる人もいよう。それでも朝鮮人たちは、山岳地帯や川辺の地域で飼われた水牛ほどではないにしても、馬を家畜として大切に扱った。冬寿墓の壁を気取って歩いている乗用馬は、数えきれないほど多くの交戦中の国々および漢の先人たちからその技術を学んだようで、高句麗軍は騎兵隊をうまく使った。畑を耕す農民たちにとっては、馬にまたがる武装した戦士たちの光景はうんざりするほど見慣れたものだったに違いない。

楽浪やそのさらに先に存在する墓には、馬と馬車用の金、青銅、鉄製の部品が埋められていた。朝鮮南部とくに伽耶と新羅の墓には、兵士と馬用の鉄鎧や甲冑が大量にみられる。五世紀頃の金海から出土した光沢のある陶器の像からは、伽耶の兵士が戦闘時に甲冑と兜を身に着け、盾と槍を手に持っていたことがうかがえる。兵馬は、鉄か皮の板で作られたとみられる重い覆いで保護されていた。

馬車自体が墓に埋められることはなく、中国でみられるような馬車のミニチュアも朝鮮にはない。だが、死者には来世での交通手段として馬車が入り用だとみなされたことは明白だ。新羅の墓には生贄にされた馬の残骸がある。陶工が騎兵像を作っていたのと同じ時期、二組のシラカバ樹皮の鞍のたれ（フラップ）を装飾してつなぎ合わせた四つの鞍が王陵に副葬された。

慶州《キョンジュ》で最も有名な墓は天馬塚だが、この名称は、甘粛省の名高い漢代の青銅の天馬を

騎馬兵の形をした灰色の炻器製の葬礼用容器、金鈴塚、5～6世紀、23.5×29.4センチメートル〔陶器騎馬人物形明器〕

彷彿とさせる馬の絵が描かれていることに由来する。専門家たちは、この独特な新羅絵画にはスキタイ風の装飾的要素がみられると指摘する。駿馬に超自然な力を見る中央アジアの百年の伝統を新羅が継承したのだったら、その伝統が生き延びたのは特筆に値することだ。

馬を飾る青銅製の革帯の留め金は、朝鮮全域と古墳時代の日本の墓にみられる。細やかに仕上げられ装飾されたのもあれば、粗造されたものもある。リサ・ベイリー(Lisa Bailey)によると、それらもスキタイ風、とくにオルドス地域の動物の様式の影響を受けており、同時に中国の発想の柔らかさもまた備えているという。朝鮮人はもちろんそのどちらも愛でた。

新羅の法では、どの階級(骨品《コルプム》)がどの種の鞍と装飾品を使用するかが明記されている。鞍の厚板に施された透かし細工の金属装飾は、四世紀に遼寧省で使用されていたものに倣っている。写真の馬上の人物は、一九二四年に慶州の金鈴塚で発見されたものの一つだ。馬の背中の杯、胸から突き出た注ぎ口からは、これが何らかの葬礼で使用された、液体を注ぐための容器であることがうかがえる。その頭当てとライダーとあぶみ――五世紀初めに鮮卑連合を経由して朝鮮に伝わったとみられる――からは、この騎手が戦士であることが分かる。しかし、騎手も馬も戦闘用の装備は着けていない。

三国と伽耶《カヤ》の王たちは金冠を被った。いつ、いかなる機会に被ったかは不明である。発掘品はしっかりとした作りのものではないことから、来世への旅立ちのための特別仕様とみられる。新羅《シルラ》、伽耶の金冠は完全な円形のヘッドバンドで、打ち抜かれた小さな穴で装飾され、金の円盤とコンマ形〔、〕をした翡翠の曲玉《コゴク》がついている。

新羅の冠は、五本の棒状のものがヘッドバンドの内側に固定され、型にはめられた木か枝角のように着用者の頭の上方へと伸びている。新羅の冠には、一世紀のアジア西部のバクトリア王国と、三世紀から五世紀にかけてのモンゴル東部にもみられる金の円盤が付いており、側枝から曲玉がぶら下がっている。ヘッドバンド同様これらの〝木〟は板金から切り取られたものだ。とくに新羅の冠の〝木〟は精巧で、枝を伸ばして金や翡翠の装飾品をたくさんぶら下げている。それより以前のスキタイ－シベリアのシャーマンの頭飾りにも類似したものがある。最高の宗教的政治的権力を持った新羅王が、シャーマニズムの儀式に参加していたことを示唆するものだ。

伽耶の冠の装飾はそれほど洗練されていない。高句麗《コグリョ》、百済《ペクチェ》の芸術的インスピレーションは、シベリアではなく中国からもたらされた。両国の王族は、金の透かし細工で装飾された絹の帽子を被った。

一九七一年に公州の武寧《ムニョン》王陵が公開されたことで、百済の支配者層の芸術的嗜好についての新たな証拠が示された。六二歳の王とおよそ三〇歳の王妃は、百済が中国南部および日本の大和朝廷と接触していたことを明白に示す、何百もの貴重品に囲まれて横たわっ

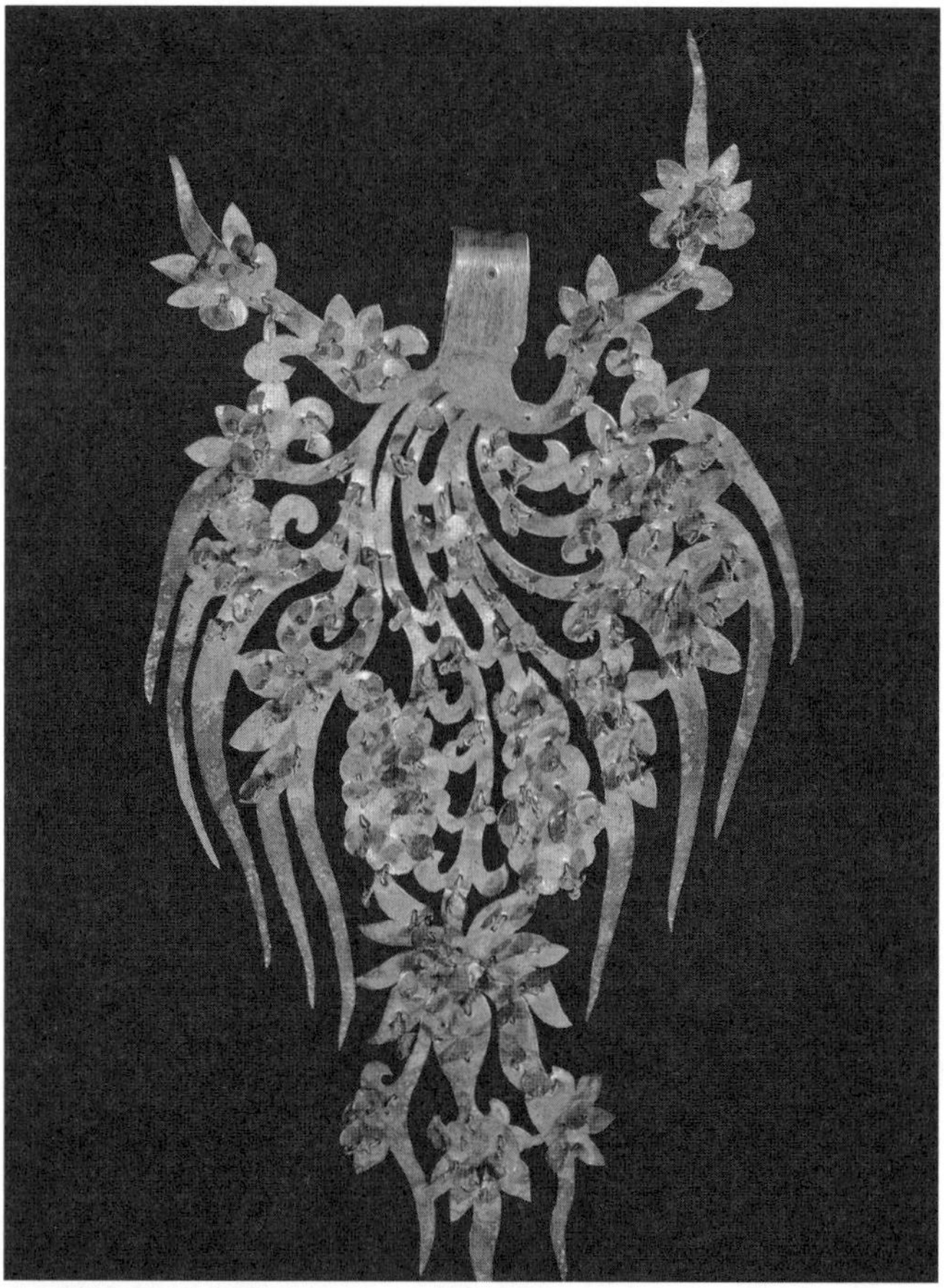

武寧王の葬礼用冠装飾、５世紀から６世紀初頭、公州、30.7×14センチメートル
〔武寧王金製冠飾〕

ていた。墓のデザインは当時の中国式で、南向きの丘陵の斜面にあるトンネルを通り抜けて主室に入るようになっており、壁のくぼみに置かれた緑色のガラスのランプで照らされた。

　ここでは百済における仏教の影響が至るところにみられる。壁は蓮の模様のついた成形レンガで覆われていた。夫婦の冠飾——王の冠は燃え上がるような蓮で、女王のそれはヤシの葉〔炎とも表現される〕が載った蓮の模様——も、仏教への信仰をうかがわせる。台と蓋つきの金銀の盃も蓮模様で豊かに飾られた。王と王妃の頭は漆塗り木製枕の、木でできた鳳凰のつがいの間に載せられていた。女王の枕には、動物と蓮の絵が精緻に描かれた。地の精霊に地代を払うため、紐を通した梁の硬貨が墓誌石の上に置かれた。陶器の容器だけが唯一の中国製だった。その他、弦楽器の両端を覆っている銀皿、青銅製の箸など朝鮮最古のものも見つかった。

　武寧王陵の建築様式は百済から日本列島へと広がった。冠のほか、スパイクのついた金銅の靴や宝石など、多くの宝物は南日本、とくに豪華に飾られた六世紀末の奈良の藤ノ木古墳で多くの類似物がみられる。藤ノ木古墳には、武寧王陵のものと全く同じように刻印された鏡がある。すべてではないが、日本で発見された金銅の冠のほとんどが朝鮮製だといわれる。

第2章　統一新羅（六六八－九三六年）

――自信の構築

アングロサクソンのイングランドが、ノーサンブリア、マーシア、ウェセックスの王国に分かれていた頃、新羅《シルラ》は伽耶《カヤ》、百済《ペクチェ》、高句麗《コグリョ》を滅ぼし、朝鮮半島の統一支配の第一期を打ち立てていた。この章では統一新羅《トンイルシルラ》の文明についてみていく。東アジア地域は中国の政治的影響力が強かったとはいえ、朝鮮が黄海周辺における交流に采配を振るい、中国本土から日本列島へと文化を伝達するのに重要な役割を果たしたことを強調したい。

事大、「偉大な者に仕える」

こんにちの朝鮮の人々にとって、新羅による統一と独立を象徴する人物は文武王《ムンムワン》（在位六六一－八一年）ではなく、ある軍人だ。慶州《キョンジュ》で自らの墓を守る金庾信《キムユシン》（五九五－六七三年）の騎馬像――古代の霊的守護を現代に強化したものだ――（*Picture Essay 5*）を前にすると、朝鮮人たちは感情を揺さぶられずにはいられない。百済と高句麗を破るために新羅が唐の援軍を必要としたこと、両国からの抵抗が何年も続いて統一が心許なくなったこと、大同江《テドンガン》北部の高句麗が新羅による支配を拒否し、対抗する王国を樹立したことを差し引いてもである。

金庾信は間違いなく軍人の誉れであり、それだけの価値のある人物だ。金庾信は金官伽耶の王族の息子で、貴族出身だった。花郎《ファラン》といわれる新羅青年のエリート集団の一員だったことから、かなりの教養もあったとみられる。なぜ、いつ花郎が生まれたのかは分かっていない。金庾信が十代半ばに参加した頃の花郎は、教育的、文化的、道徳的な訓練に励み、仏教と儒教双方の理想を反映させていた。その愛国的な目的や目標は真摯なものだったが、その活動内容は退屈なものでは全然なかったようだ。青年たちは聖山を訪れ、武道と音楽を学び、化粧をし、宝石で飾った靴を履いたという。

かつて考えられたように花郎で軍事訓練を受けたためか、昔の朝鮮人たちが信じたように天助を得たのかは定かではないが、金庾信は優れた指揮官となった。輝かしい経歴の終焉間際の六五歳のとき、新羅軍を率いて唐軍とともに陸と海から百済を猛攻し、六六〇年に百済を滅ぼしたのが金庾信その人である。翌冬には、ピョンヤンをむなしく包囲していた唐軍に、兵糧として一五〇〇トンの穀物を届けた。その後、唐軍が撤退すると、金庾信率いる兵士たちは大雪の中、孤立無援で戦いながら新羅に戻らねばならなかった。金庾信は高句麗戦に参加するにはあまりにも年老い、病んでいたが、文武王によれば金庾信はたとえ戦いに参加せずとも、心理的支柱になったという。

唐は六六八年に最終的に高句麗が鎮圧される際、新羅を支援した。だがその後、新羅は新たな国の統合をしたいという考えが唐への恩義よりも先に立ち、六七六年には唐を少なくとも遼東に追いやった。だが新羅による三国統一の直後、中国は厳しい警告を行った。武烈王《ムヨルワン》（在位六五四－六六一年）と文武王は、新羅統一前の最後の一二の王と、統一後の三名を除く二七の君主が輩出することになる金氏の出身である。このような驚くべき継続性は、法興王《ポップンワン》に負うところが大きい。

法興王が導入した社会、政治階層化を作り出す骨品制《コルプムジェ》は、かれの一族の権勢を揺るぎないものにした。新羅の王は聖骨《ソンゴル》という最上位の階層から出すべし、という五二〇年の勅令を法興王が発するまでは、すでに奈勿尼師今《ネムルイサグム》（三五六－四〇二年）以降、金氏出身の王たちが出ていた。七世紀前半に直系が絶えると聖骨の権勢は衰えたが、それに次ぐ第二位の真骨《チンゴル》出身の金氏の王族たちはその継承権を手放さず、五三二年以降には伽耶王族系の金氏の統合さえも許容した。第三位は、政府役人と軍人が輩出した貴族の頭品《トウップム》だった。九世紀になると骨品制は形骸化していった。だがそのずっと後の朝鮮《チョソン》王朝時代には、両班《ヤンバン》による社会階層化と男性優位を特徴とする新儒教の採用をスムーズに進めるため、はるか昔の新羅時代に階級の区別が重視されたことが想起させられることになった。

実際には、統一新羅においてすら、社会的不平等が不可避で正当なものであるという考えに、みなが満足していたわけではなかった。村長の采配下で暮らす農村部の小規模農家の人々は、農産物の一部を税として差し出さねばならず、使役もさせられた。農民たちにとっては「長」といえば誰であれ別世界の人であり、恐怖、畏怖、そしてしばしば嫌悪が入り混じった感情を権力者に抱いた。

骨品制の制度内にいたとしても、その特権は安全を保証するものでなかったため、それを有難がる道理はなかった。王の一族がその〝神聖さ〟という札を一度失ってしまえば、〝同輩中の首席〟にすぎなくなり、他の一族に楯突かれる可能性があった。政治的対立と陰謀は、金氏の外の人々からのみならず、金氏自体の内にもほぼ同じように無制限に内包されていた。

己の立場を確固としたものにするため、とりわけ断固とした措置を取った二人の君主がいる。その一人、真徳女王《チンドクヨワン》は六五一年、上大等《サンデドゥン》を首座とする和白《ファベク》という名の新羅貴族の族長会議を廃止し、中侍の率いる執事部《チプサブ》を設置した。その三〇年後、神文王《シンムンワン》（在位六八一－六九二年）は反対派を掃討して政権に権威主義を刻み込んだ。そして、慶州盆地の旧斯盧《サロ》社会の貴族勢力と結びついていたとみられる既存の六部《ユクブ》に代え、徴兵によるものではない軍を創設した。だが貴族の権力を抑制しようとする試みは部分的にしか成功せず、その後の朝鮮史を通して、君主（あるいはずっと後の大統領）と官僚の間の関係はずっと緊張に満ちたものとなる。

海図のない政治社会の水域を進んでいく中、王たちは国内問題に没頭していた。だが統一新羅初期の王たちは、自身の政策に対する天子としてふさわしい態度と対応について考えざるをえなかった。当初、王たちには不安になるだけの理由があった。新羅は六六六年、朝鮮半島の平和を維持するために新羅、百済、高句麗、耽羅《タムナ》（いまの済州）、倭と、中国の聖山である泰山で唐の高宗とともに行った厳粛な平和の誓い〔封禅〕を破ったからだ。

唐が朝鮮における支配権を復活させ、文武王を鶏林州大都督に就かせようとしたことに新羅は反発した。唐は文武王に代えてその弟金仁問《キムインムン》を新羅王に冊封したが、六七六年に新羅は唐軍と戦った。同年、ピョンヤンに駐屯していた二万の唐軍が追いやられ、高宗の計画は完全に失敗に終わった。一触即発の状態だったが、六七八年に高宗は新たな朝鮮侵略を行わないという決定を行った。仏教が席捲している中、仏教徒である天子がその属国と戦争を起こすという失態を演じることを高宗はかろうじて免れたのだった。

独立した一部リーグの国家になるという重圧はもちろんだが、政治統一体を扱う経験が不足していた新羅の支配者たちは、唐および奈良王朝と暫定協定を結ばねばならず、さらにはマンチュリア地域の敵国との協調も行わなければならなかった。かつての高句麗将軍で、熱河《ヨラ》（承徳）で唐臣として仕えたのち、北東に逃れた大祚栄《テジョヨン》が建国した渤海《パレ》である。

そのいまの吉林省のある場所で、靺鞨《マルカル》、濊貊、大同江北部にある高句麗故地の民を多く含む部族同盟を大祚栄は周囲に集めた。大祚栄は王を名乗り（在位六九九－七一九年）、上京臨潢府（現バイリン左旗）に遷都した。ほぼ選択の余地なく唐制を採用し、七一三年に国号を渤海国とした。日本との交渉においては、渤海政権はマンチュリアの古よりの統治者の末裔だとその正統性を主張した。鴨緑江《アムノクカン》の上流と下流を制した旧高句麗の領土の多くも統治したので、新羅の下で渤海が統一されたのではなく、統一新羅と渤海の二つの国家が併存したとし、この時期を「南北国時代」と呼ぶ韓国の歴史家もいる。渤海は唐の宗主権を認め、中国、朝鮮、日本と交易した。その権勢は大仁秀《ティンス》（在位八一八－三〇年）の統治下で絶頂に達した。九二六年、耶律阿保機《やりつあぼき》（在位八七二－九二六年）統治下にあったモンゴルの契丹に渤海が滅ぼされたとき、新羅の人々はほっと安堵のため息をついたことだろう。しかし、このとき新羅時代も終焉に向かっていた。

だがこれらの出来事は、ずっと先の話である。幸いにも、中国が朝鮮半島における帝国主義的野心を挫折させたことは、その後の唐－新羅関係の好転を損なうものではなかった。その一因として、慶州で盤石の専制統治が確立されたことで唐が安堵し、敬意を払ったことがある。これは、八世紀初頭の全盛期を通じて唐が自信をつけていったことの証でもある。よその地への好奇心と外国の共同体に対する寛容は、中国の主要都市に紛れもなくコスモポリタン的な雰囲気をもたらした。唐がチベットやアラブといった中央アジアから敵視され、七五五年、節度使だった安禄山による反乱のために唐朝廷が蜀（四川）に一時避難した際には、新羅は唐を支援した。唐はそれに感謝した。

中国との良好な関係は、新羅王たちの賢明な判断に負うところも大きい。文武王は六七五年に、新羅統一後、記録に残る限りで初めての唐への朝貢を行った。神文王は中国式に則って行政制度を再編し、中国の衣冠制度を採用し、儒学院国学《ククハク》を設立した。六八六年には唐の儀式に関する書物を唐に要請した。息子の孝昭王《ヒョソワン》（在位六九二－七〇二年）は、敬虔な仏教徒だった。かれが死んだとき、唐の女帝武則天は敬意を表して長安の宮殿の門を二日間閉ざした。孝昭王の弟聖徳王《ソンドクワン》（在位七〇二－三七年）の死にあたっては、当時の皇帝玄宗《げんそう》が敬意を示す丁重な手紙を書き送った。

聖徳王の治世は唐－新羅関係の最高潮で、玄宗は聖徳王の死後に鴻臚《こうろ》少卿《しょうきょう》・太子太保の官爵を追贈し、新羅を古来の「君子の国」だと称えた。聖徳王の息子たちのうちの二人は中国へ渡った。一人は皇帝の宿営として、もう一人は成都で禅僧となるためだ。七三四年に唐が渤海の攻撃を受けると、聖徳王は山東の蓬莱《ポンネ》を守るために援軍を送った。聖徳王は間違いなく、約二〇〇〇年の中国の冊封体制の歴史のうちで、中国の望みの実現に最も近づけた人物だった。

冊封体制は事大主義と呼ばれた。「事大」とは偉大な者に仕えるという意味で、紀元前四世紀にこの語を作り出した中国の孟子は、臣下が宗主の望みと命令に従うことを想定した。だが中華帝国の近隣諸国にとっては、超大国である中国をおだてて自国の方針を承認、支援させる方途だった。かれらは新年や誕生日の挨拶を伝える使節を送り、皇帝就任や死去を承認し、朝貢国の宮廷で起きた重要な出来事を知らせ、貢物を贈り、その見返りとして中国の寛大な態度や援助を求め、ときには要請すらした。新羅は八世紀の六三年間、ときには一年に二回以上使節を派遣した。この制度は、双方にかなりの額を支出させた。

朝貢国の使節団結成費用は大きな負担だったが、受け入れる中国側もけちけちしてはいなかった。唐の朝廷は、新羅および使節の規模と頻度で新羅を凌駕しようとした渤海地域からの両方の使節団を収容するため、蓬莱に宿所を建設した。七三一年には、使節団の団員一二〇名がそれぞれ三〇巻の絹を贈られ、故国に持ち帰っている。新羅と渤海からの使節がほぼ同時に到着すると、双方は同じ資格で平等に扱われ贈物を授けられた。だが、時が経つにつれ渤海が優位に立つようになった。渤海は七七五年にはご機嫌取りのため四種の貢物を捧げており、九世紀初めになると、遠く困難な旅を強いられた新羅よりもはるかに多く使節が派遣された。歴史書には、「金や銀製品」、「織物」など簡単に言及されているのみで贈物の量については不明確であり、どれほど費用がかかったのか概算するのは実質的に不可能だ。だが、みながそれぞれ相手に感銘を与えようとし、唐の宮廷も絹、茶、儀式用具、仏像などの贈物を惜しみなく贈った。高価なものを受け取れるのは素晴らしいことだった。朝鮮は高品質の金や銀製品、銅含有量の多い真鍮で名高かった。薬の原料となるジンセノイド、ベゾアール〔解毒剤〕などを含んだ高麗人参は上質なものだった。貢物の食品リストに載せられていたのは魚介類や松の実だ。中国の学者たちは八世紀初頭に生まれた楮紙《タクチョンイ》〔韓紙〕に一目置いた。貢物の書籍の中には仏教経典もあった。唐の宮廷は珍品も喜んで受け取った。七二三年に新羅は小型の馬一頭、七三〇年にはさらに五頭を、同じ年に渤海は並の大きさの馬を三〇頭贈った。両者とも狩猟用の鳥も贈った。新羅は孔雀とセイウチの牙を献上したが、渤海からの日本の女性舞踊手一一名にはかなわなかったことだろう。

人間を貢物とすることに不快感を持つ向きもあるだろうが、唐と新羅が奴隷所有社会〔古代ギリシャとローマほどではないにせよ〕だったことも忘れるべきではないだろう。奴隷にされた日本の少女たちを待っていた運命は、「公式の人質」として取られたり、送り込まれたりすることだった。中国の百科事典『冊府元亀《さっぷげんき》』〔一〇一三年〕には、この制度についての独立した項目が設けられている。八二五年の記録によれば、この時点までにすでに二〇〇名以上の新羅の人々が人質になっているが、運営の詳細をみるとそれは侮辱的なものではなかった。悪くても不運とでもいうもので、たいていはかなりの好待遇を受けた。人質となったのは外国の王族が多く、使節団長である場合もあった。中国の首都での滞在を強いられることは、さほどショックを受けることでもなかったようだ。それは将来の昇進を意味するものでもありえたし、善意で受け入れてもらったこともあっただろう。

武烈王の息子金仁問《キムインムン》は、唐の宿営〔皇帝の親衛隊〕で数年過ごしたが、この間に、唐の高宗から六六〇年代の唐－高句麗戦のための一三万の援軍の副指揮官に任命されている。人質たちは住処と衣服を与えられ、儒学院の崇文館で学ぶことを許可されたようだ。崇文館は朝貢国から来る学生のために、六三九年に太宗《たいそう》が設立したものだ。新羅宮廷は、青少年を学ばせるために中国への入国許可を要請することもあった。帰郷後、その経験は存分に活用されたことだろう。中国の王朝史『新唐書』は、崇文館に在籍する八千名の学生のうち、朝鮮三国の出身者たちすべてを記録している。『冊府元亀』は、外国人訪問者は中国式教育を受けねばならないという七一五年の勅令にも言及している。留学生たちは試験を課され、その結果しだいで官職を与えられた。九世紀には、王家の一族を含む八八名の新羅出身者が官職に就いたとされる。

人質たちが中国で過ごした期間については、はっきりしていない。特別に優秀な者は、唐の使節団とともに副使として朝鮮に帰ることが許されたとみられる。唐の宮廷で従五位を務めていた金士信《キムサシン》王子は、八二〇年に次の祖国への使節団とともに自分を送り返すよう求める請願書を提出している。だが金士信よりも悲惨だったのは、八三六年に請願書を出した金允夫《キムユンブ》王子だった。かれは中国で六位までの三つの官職に就き、二度副使として新羅に帰国したが、二度目の帰国までに二六年間も中国に留めおかれていた。新羅は長期滞在者たちの帰還を要請したが、故郷を再び見ることなく死んだ人質たちもいた。

九世紀初めの経済の逼迫は、唐での深刻な銅不足によって渤海と新羅から確実に銅の供給を受けようとしたことから引き起こされた。唐の財産を外国人が奪ったと批判する声が上がり、中国国内では軍閥主義が伸長していった。この頃、裕福な朝鮮人たちは山東半島に大きな影響力を行使するようになっており、その政治支配は李師道《イサド》（八〇六年から八一九年まで済王として在位）ら高句麗系の一族の手に渡った。この外国人臣民の制圧を行ったのは、同じ朝鮮人で新羅の張《チャン》保皐《ボゴ》軍中少将〔徐州節度使の配下〕だった。

張保皐が急激にのし上がっていった理由は、中国の中央権力の崩壊によるものだけではない。新羅政府自体もまた、財政問題と統治問題を抱えていたのだった。張保皐は除隊した後、仏教を保護して山東で自らの権力基盤を確立し、朝鮮半島南西岸の清海《チョンヘ》（いまの全羅南道莞島郡）に大規模な海軍を創設した。渤海湾は無法地帯だった。海賊が新羅の人々をさらい、奴隷として中国で売り飛ばしていた。張保皐の船がこの脅威を一掃し、海賊たちに〔海運業や造船業など〕安定した貿易ができるようにしてやると、新羅宮廷は張保皐に感謝の意を表し、忠誠心を得ようという思惑もあってかれを兵力一万の清海鎮大使に任命した。

中国南部の朝鮮人社会との強いつながりを利用して、三国間での強力な経済三角関係を構築した張保皐は、陶器貿易を独占した。張保皐は昨今多い超国家企業家といえる。一九九七年、韓国が経済危機後の苦難の時期にあったとき、サムスンは国際貿易における創造性を奨励する「張保皐基金」を設立し、その魂を召喚した。だが「海上貿易の王」張保皐は、臣民としては権力を持ちすぎた。八三九年、かれは弱小王族の金祐徴《キムウジン》を神武王として王位に就ける計画に関わった。軍の称号〔感義軍使〕、徴税権、さらには慶州の公邸まで与えられていたが、その四か月後に王が死ぬと、この成り上がり者を不快に思った群臣によってその立場は危うくなり、その後八四六年に張保皐は暗殺された。

慶州

慶州を訪れたら、観光客たちは普門《ポムン》観光団地に向かい、南東の角にあるホテル群近くの賑やかな場所に滞在することになる。木々から舞い落ちる、春の日差しに輝くピンク色の花吹雪の中、西海岸を歩くと、木の生い茂った丘の中腹に差しかかる。一九八八年に発見された石碑は、古都斯盧を守るために五五一年に建てられた砦、明活山城《ミョンファルサンソン》の建設について記録していた。斯盧のもう一つの名前は、森の中の黄金の小箱の中から卵から、生まれたばかりの慶州金氏の始祖金閼智《キムアルチ》が発見されたとき、白い雄鶏が鳴いたという伝説にちなんで名付けられた鶏林《ケリム》である（天馬塚の副葬品の中から発見された鉄製の大釜の中の三つの卵は、この神話に基づくものだと考えられている）。やがて斯盧は慶州となったが、住民たちはそこを金城《クムソン》と呼んだ。繁栄した首都を厳然と支配し、新羅の名前を北東アジア周辺に轟かせた金氏の名から取ったものだ。その誇り高い歴史を思わせるものが慶州のほぼ全域に広がっていることから、ここを「野外博物館」と表現するガイドブックもある。

大きな試合であればあるほど、スポーツチームが力を発揮することはよく知られている。八世紀初頭の中国の華麗な文明を目の当たりにした朝鮮と日本は、文明ゲームを開始した。それは真似したというよりはインスピレーションを得たというべきものだろう。六世紀の泗沘《サビ》（扶余《プヨ》）、七世紀の慶州、八世紀の奈良といった、方格設計に直線をなす都市を配置し、当時、世界最大の都市だった唐の都長安を称えたのだ。それはむろん模倣ではあったが、ご機嫌取りからくる従順といったものではなかった。むしろ朝鮮人と日本人は、自らの技術が中国のそれに劣らないことを実証していたのだ。

文武王の下では、慶州の新しい街並みが形成された。そこは南北約四・三キロメートル、東西四・五キロメートルで、長安のように「坊」と呼ばれる区画に分けられた。坊の大きさは一四〇メートル×一六〇メートルで、一〇〇世帯以上が住むのに充分な大きさだ。坊の数については、現代の専門家が主張するように三六だったのか、『三国遺事』にあるように一、三六〇だったかについては未解明だ。都市計画についても同様である。だが中東や日本など遠く離れた地の外国人を惹きつけた、この人でごった返していた約一千万大都市については、多くのことが分かってきた。

慶州は、支流が周囲の丘から兄山江《ヒョンサンガン》に流れ込む地点のすぐ下流の、広い平原に位置する。建設労働者たちがまず取りかかったのは、近くの鉄炉から供給された道具を使い、排水のための人工湖雁鴨池《アナプチ》を掘ることだった。その作業は六七四年に終わり、世子《セジャ》〔王の世継ぎ〕の新しい東の宮殿の敷地内における見どころになった。一九七〇年代に発掘された遺構の一部をみると、それがどれほど壮大な建造物だったかがうかがえる（*Picture Essay 6*）。宴席も頻繁に設けられた。

酒がふんだんにあるときによく行われたのは、「一度に三杯続けて酒を飲む（三盞一去）」、「「ウォルギョン」という歌を歌う（月鏡一曲）」、「二つの杯を空にする（両盞則放）」、「全員が鼻を叩く（衆人打鼻）」などと書かれた、木を磨いた八角形のサイコロで遊ぶ罰ゲームだったという。

雁鴨池は慶州バスツアーの停留所の一つとなっている。三国統一の際の戦いにおいて、もしも金庾信の指導力がなかったら、文武王の境遇はかなり違っていたのではないだろうか。その前年に死ななかったら、金庾信は東の宮殿の落成式の来賓となっていたことだろう。ほかの記念館や、かれが仕えた君主たちの墓だけでなく、金庾信の墓の前でもバスは敬意を表して停車すべきだろう。

善徳女王《ソンドクヨワン》（在位六三二－四七年）も際立った人物である。善徳女王は新羅を統治した三人の女王のうちの最初の人物であり、仏教をとくに奨励し、アジア最古の天文台である瞻星台《チョムソンデ》（「星を見上げる台」）を建てた。六三四年に完成したこの天文台（現在では天文台自体が星《スター》となっている）は、カメラを手にバスから降りてくる人々を迎える。首のすぼんだフラスコのような円形の建物は、正方形の土台の上に立っており、その高さは八・八メートルになる。二四層になっている三六五個の石の塊で構成されており、南向きの窓の下に一二層、上に一二層ある。その上にはそれぞれ四つの石塊をつなぎ合わせた二つの中空の正方形が載っている。天文学自体についてはもちろん、そのデザインの象徴的表現と数学はいまも研究者たちの興味を惹きつけている。

天文台の近くの大陵園《テヌンウォン》には、新羅王族たちが眠る二〇の大きな古墳がある。好奇心の強い向きは、ここで副葬品がみられる天馬塚の内部を覗き込もうと立ち止まるだろう。その中には黄金の冠、銀のベルト、金銅の靴、鉄の剣、槍と斧、それにこの塚の名前の由来となった馬の絵が描かれた障泥《しょうでい》〔泥よけの馬具〕もある。その後、畏敬の念を抱きながら木々の間を通ってバスに戻り、南部の丘陵地帯とその他の観光スポットへと向かう。新羅の宮廷がかつて宴会を繰り広げていた別宮鮑石亭《ポソクチョン》の建物はなくなり、古いニレの木の下に、渦巻き状のアワビの殻のような形をした花崗岩製の建造物のみが残されている。見るべきものはほとんどないが、目に見えるよりも多くのものがここにはある。朝鮮、日本、中国の学者たちは、酒杯が小川を流れて自分たちが座っているところまで達する前に詩を作るというルールで遊んだ。水力学の専門家が近年行った実験によれば、鮑石亭「レーストラック」が特殊なのは、水が不規則なコースに沿ってねじれている水路を流れる際、そこで生じる渦に杯が巻き込まれ、進行速度が予期せぬものになることだという。各地点に座る参加者は、杯が流れて行ってしまう前までに詩を作るか、さもなければ杯を飲み干した。新羅国王で朴氏一族の景哀王《キョンエワン》とその家族は、ここでくつろいでいたか祭壇で祈りにふけっていたかしているときに、後百済《フベクチェ》の甄萱《キョンフォン》の不意打ちにあった。九二七年のことだった。女性たちは強姦され、景哀王は殺害され〔自殺させられた〕、残忍極まるやり方で再び金氏の敬順王が擁立されたのだった。

統一新羅時代に慶州周辺を案内された貴賓たちも、おそらく同じ場所を訪れたことだろう。東宮にほど近い、郊外を美しく飾っていた皇龍寺《ファンニョンサ》〔黄色い龍の寺の意〕にも行ったに違いない。建設作業は五五三年から一六年間かけて行われ、その後の修復と拡張をして、四・八メートルの釈迦三尊像、金堂、九層塔、鐘楼〔七五四年に鋳造された鐘のためのもの〕、経蔵とそれらを収めた経楼、回廊を完成させた。だがモンゴル軍が一二三八年にここを破壊した後には、再建されることはなかった。近年、この寺の基礎が発掘され、もともとの大きさが仏国寺《プルグクサ》の八倍にもなることが判明した。二万点以上の遺物も出土した。

皇龍寺から道を渡ったところに芬皇寺《ブンファンサ》（名高い皇帝の寺の意）の仏塔がある。いまも残っているのは下の三層である。レンガのように切った石を使用して建てられたこの仏塔は、瞻星台と同年の六三四年に完工した。上層（数は七か九）は崩壊しており、四つの出入口から入るのは不可能だ。高僧慈藏《チャジャン》（七世紀）と元暁《ウォニョ》（六一七－八六年）は芬皇寺に滞在した。六四六年に完成した皇龍寺の九層木塔の建設を慈藏が計画したのは、この寺でのことだったかもしれない。この九層木塔は、工匠の阿非知《アビジ》の監督下で、百済の職人二〇〇名が釘を使わずに木だけで組み立てたもので、高さは八〇メートルだったとみられる。この二つの寺は緊密に連携をとり、ともに王族の庇護を受けた。それぞれの仏塔はどちらも荘厳なものだが、一方が木造で、他方が石とレンガ造りなのは、互いにバランスを取り合おうとしていたからなのだろう。

朝鮮の寺院施設の配置には、対称性と均衡がはっきりとみられる。皇龍寺の鐘がそうであるように、統一新羅文化の絶頂期を飾った景徳王《キョンドクワン》（在位七四二－六五年）の指揮でその建築作業が行われた。七五一年には、法興王《ポップンワン》の時代にさかのぼる古い華厳仏国寺を一七年かけて建て替えた。現在の寺はそれよりずっと小さいものだが、統一新羅のシンボルは何かと聞かれたら、朝鮮人たちは迷わず仏国寺だと答えるだろう。

韓国の観光広告には、決まって青々と茂る吐含山《トハムサン》の丘の中腹の松林、竹、果樹に抱かれた柔らかい色の花崗岩、白い大理石の欄干、灰色の瓦、砂の敷かれた中庭、丹青《タンチョン》（五色の意）の木工の写真が掲載されている。かつて仏国寺を包み込んだ静寂は失われてしまった。もう観光客は青雲橋、白雲橋と呼ばれる急勾配の二層になっている階段を上って正面玄関まで行く必要はなく、こぞって横門へ向かう。中に入ると、本殿にあたる大雄殿の前で写真を撮るため押し合いへし合いをする。その前にある中庭は、正門から通る石の通路で二分されている。その途中には新羅時代の素朴な石の灯籠があり、両側には花崗岩の仏塔がそびえている（*Picture Essay 7*）。どちらも七五六年の作で、百済の職人阿斯達《アサダル》〔この名は玄鎮健の小説「無影塔」（一九三九年）で使用された登場人物の名〕の作とされる。両者は似てはいないが、陽と陰でそれぞれが補完されている。右側にある多宝塔《タボタプ》は多宝如来で、高さ一〇・五メートルの洗練されたデザインである。左側にある釈迦塔《ソクカタプ》は釈迦牟尼で、高さは八・三メートル、デザインはより単純なものだ。石塔の中に遺物や宝物が隠されているのは珍しくないが、釈迦塔の内部で一九六六年に世界最古の木版印刷物「無垢浄光陀羅尼経」が発見されたときは、韓国中が興奮に包まれた。

朝鮮の寺院建造物の様式、比率、材料は当時の中国を模倣したもので、それらはその後、日本の奈良で朝鮮人と地元の工匠たちによって複製された。七四〇年以降、新羅の僧審祥《シムサン》が発展させた華厳宗の大本山、東大寺もその一つである。

実は、こんにち私たちが仏国寺で目にするものの多くはさほど古いものではない。最初の建立は、新羅景徳王の宰相金大城《キムデソン》（七〇一－七四年）の号令で行われたが、一五九三年に日本に破壊される前にもそれは一度ならず焼失した。一八世紀に再建されるも、日本の植民地時代に荒廃した。一九七〇年代になってやっと、現在のように立派に復元されたのだ。その間、記憶に頼りながら、または描写された記述から推測して寺院を再現し、過去に敬意を払おうとしてきた。新羅が宗教的体験の拠点として繁栄した時代は、どんなふうだったのだろうか。いまを生きる私たちがこのように想像をめぐらせるのは、あながち的外れなことでもないだろう。

文化の発展

儒教国家間では冊封体制が生まれた。それは中国の覇権と、属国の従属状態を属国自らに正式に承認させる権利を中国が持つことを主張する、ヒエラルキー構造を持っていた。それはまた、典礼主義でもあった。使節の行き来とそれに付随する儀式でのふるまいに関する、複雑な様式を確立したが、それはすべて文章化された。中国からの使節が朝貢国の宮廷に渡した文書には、儒学への引喩が多用された誇張表現がちりばめられていた。中国皇帝の寛大さは、中国の暦の使用許可を朝貢国に与えることで示された。孟子が考えたように、文化は洗練と慰撫を可能にする。統一新羅は真に中国の文学、音楽、舞踊、建築、彫刻を享受した、唐の最も従順な朝貢国だった。

政治的自主性を早い時期から自認したわりには、朝鮮は儒教と仏教の絶対的権威を認めた。儒教は官僚的、文学的、社会的な、仏教は視覚的、精神的な訴求力を持っていた。それぞれの教えはしだいに朝鮮独自に解釈されることになるが、朝鮮の人々はこの時点ではまだ、隣人が提供してくれるものから学ぶことで充分満足していた。中央集権的な新羅宮廷は中国の様式を称え、模倣した。礼部は太学監《テハクカム》を監督し、儒学教育を行う儒学者たちを登用した。聖徳王の息子が中国の国子監から持ち帰った宝物の中には、孔子とその弟子たちの肖像画もある。教育課程は九年間に及び、一五歳から三〇歳までの生徒が学んだ。

薛聡《ソルチョン》（六六〇－七三〇年）は、そのうちいくつかの教科を担当したとみられる。かれは高僧元暁の子で、夫を亡くした新羅の公主（姫）から生まれた。朝鮮文学における最初の説話と目される牡丹（花王《ファワン》）の創作説話を神文王に語ったことから、信頼のおける王の顧問となった人物だ。花王の説話とはこのような話である。花王はパートナーを探していた。肉体的な慰めを与えてくれる美しく魅惑的な若い女性の薔薇と、みすぼらしく老いたよぼよぼの男のオキナグサの間で悩んだ王は、オキナグサを選んだ。もちろんこれは儒教に基づいた決断である。

早い時期の朝鮮人によって書かれたものはほとんど残されていない。郷歌《ヒャンガ》と呼ばれる古代詩が『三国遺事』等にわずか二五編保存されており、そのうち花郎に関わるごくわずかの郷歌が新羅時代のものとみられる。だが幸いにも崔致遠《チェチウォン》（八五七－九一〇年頃）の作品のいくつかが残っている。崔致遠は一一歳のときに唐に渡り、国子監に入った。その六年後に科挙に合格し、八八五年まで唐王朝で働き監察官の地位にまで上った。こんにちでは詩の方がよく知られているが、散文もひじょうに素晴らしく、黄巣の乱の際に書いた檄文は、敵側の恐ろしい指揮官を恐怖に陥れて降伏させたという。崔致遠は働き盛りの二七歳で朝鮮に戻り、軍政、兵事を司る中央官庁の次官〔兵部侍郎〕の職に就いた。

音楽は、儒教文化の中ではひじょうに重視された。玄宗の宮廷には三万の外国人演奏家がおり、そこには朝鮮人も含まれていた。朝鮮では、朝鮮および中国以外の外国の音楽を郷楽《ヒャンアク》、中国の音楽と舞踊は唐楽《タンアク》というように、区別して呼んだ。六七三年作の阿弥陀仏の石碑（国立清州博物館所蔵）には、七つの中国の楽器〔琵琶、琴、二つの笛、マウスオルガン〔洞簫〕、パンパイプ

〔排簫〕の絵が刻まれている。統一新羅の楽隊はオーボエ〔唐觱篥《タンピリ》〕もこれに組み入れた。

当時の漢詩の風潮を批判し、古代の素朴な文体に回帰した元結《げんけつ》（七一九－七七二年）が七五一年に東夷について歌った詩では、朝鮮人たちが古い中国宮廷音楽を熱心に保存しようとしていることに賛辞を贈っている。

崔致遠は、八三〇年に真鑑禅師が唐から帰国したことによって、仏教の歌唱梵唄《ポムペ》（声明《しょうみょう》）と舞踊が朝鮮にもたらされたとしたが、音楽と舞踊がそれ以前からあったことはほぼ間違いない。新たな音楽と舞踊の源は西方にあった。崔致遠は唐の宮廷で実際に目撃した中央アジア起源の娯楽について、五編の詩を残している〔郷楽雑詠〕が、最初の詩〔「金丸」、硬い玉の意〕は玉を空中に投げる曲芸、五番目の詩〔「狻猊《サンイェ》」、獅子舞の意〕は獅子舞に触発されて書かれたものだ。

回身掉臂弄金丸　　体をひねり腕を振って玉を操る
月転星浮満眼看　　月は回り星は浮かぶのか、玉が目いっぱいに入ってくる
縦有宜僚那勝此　　宜僚*でもこれほどの技はあろうか
定知鯨海息波瀾　　海の波音も押し黙ろう

*宜僚――中国の有名な曲芸師

遠渉流沙万里来　　砂漠を越えはるか彼方よりやってきて
毛衣破尽着塵埃　　衣服の毛は抜け落ち砂埃が積もる
揺頭掉尾馴仁徳　　頭と尻尾を振りつつ寛大な心と徳望になじみ

雄気寧同百獣才　その勇壮な気はまさに百獣の王だ

仏教

初期の朝鮮社会と政府の発展についての状況証拠の多くは、『三国遺事』に負っている。著者の僧侶一然《イリョン》はいわゆる「よい本」を書く条件を知っていた。それらの話はミラクル、ミステリー、セックス、ユーモアに満ちている。歴史性が欠如していることがときにあっても、歴史家たちは物語の中の新羅、高句麗、百済、統一新羅の人々のカラフルで迷信的で物騒な生きざまから何かを見出そうとしてきた。

広大な土地を所有する寺院は地方を支配し、政府に影響を与えた。一然の筆は、新羅の仏教を記述するとき躍動する。たとえば『三国遺事』では、なるべきでなかったのに父親となった元暁の秘密を暴いている。元暁は貞操の誓いを破ってしまったことに打ちひしがれ、僧衣を脱ぎ捨てて瓢箪で仮面を作り、地方を回りながら歌と踊りで大勢の村人を仏教徒へと改宗させたというものだ。

いまの朝鮮伝統文化の人気演目で、卑俗な仮面舞踊劇《タルチュム》の定番となっている愉快な登場人物の一人に、ふしだらな僧侶がいる。だが歴史上の元暁は、滑稽な人物などでは全くなかった。かれは優れた朝鮮人仏教思想家の先駆者の一人で、あらゆる階層に仏教を普及させた。当初は六五〇年に義湘《ウィサン》とともに唐を訪問しようと試みたが、結局それを諦め慶州に戻った。その地で大乗仏教の経典を読み漁り、芬皇寺や皇龍寺などで、異なる伝統を統合するための注釈として知られるようになった「十門和諍論」（一〇派の議論を調和させるの意）の講義や執筆を行った。かれが設立した法性宗《ポプソンジョン》は、後に中道宗《チュンドジョン》〔芬皇宗、海東宗などともいう〕と呼ばれた。学問と教義の正統性を強調した五教のうちの一つでもある。

　義湘はその五教の一つ、華厳宗《ファオムジョン》の開祖である。帰国する唐使に同行して唐に渡り、統一直後で故国新羅の行く末が未知数だったため、六七〇年まで唐に留まりそこで学んだ。そこで義湘が、中国による支配の復活を歓迎する朝鮮人に期待を感じ取っていたことは疑いない。だが当時ピョンヤンで中国の守備隊設立に対して起きた抵抗についても、聞き及んでいたとみられる。かれは華厳経の長年にわたる分析から、自らが学んだ教義を広めることで両者の緊張を解消しようと願ったのだろう。いずれにせよ、華厳宗は朝鮮の主要な仏教宗派の一つとなった。唐僧の法蔵は六九二年、義湘に宛てて長安から次のような手紙を書いた。「別れてから二〇年以上が経ったが、あなたに対する欽慕がどうして心から去りましょうか。雲立ち込める遠い万里の道、海と陸が千重にも立ちふさがり二度とは会えないことを恨めしく思います。この思いを言葉で言い表すことなどできるでしょうか。聞くところでは、故郷へ帰られた後、上人は華厳についての説法で法界に名を轟かされ、新しい仏国〔新羅〕に広く益されたとのこと。限りない喜びです。如来の入滅後、仏日を輝かせ〔人々の無知の闇を仏の光明で照らすこと〕、法輪を甦らせ、仏法をこの世に留めさせられる方は、法師様をおいてはありません」。

　中国は仏教世界の中心であり、本場インドからの巡礼者たちまでをも惹きつけた。新羅からやってきた人々は、まず山東半島の朝鮮の寺院に滞在した後、内陸に分け入った。そこからさらに遠く南アジアまで行った人の一人が、当時一六歳だった慧超《ヘチョ》である。インド出身の知人に刺激を受けて法の起源を求めて旅に出ることを決め、広州からガンジス・デルタまで航海した。四年間ほど聖地を巡礼して七二八年、長安の僧院に陸路で戻った。そこでライフワークとなる研究と翻訳を行ったが、一九〇九年に敦煌で発見されたかれの日誌は、中世初期のインドとその宗教の貴重な記録として、中国の巡礼者である法顕（活躍期間は三九九－四一六年）や玄奘（六〇二－六四年）と並び称されている。

啓蒙のための学習と注釈への五教の傾倒は、七世紀後半に朝鮮に到達したとみられる禅《ソン》とは異なるものだ。禅思想の核心は、根源的真実は表象不可能であり、悟りは知識ばかりでなく心のあり方によって得られるというものだが、地域ごとの党派主義に陥りやすかった。九世紀を通してそれぞれ異なる宗派が地元の豪族に支持され、さまざまな地で発展した。これを九山禅門という。

一〇世紀から一一世紀にかけて禅は天台宗《チョンテジョン》に道を譲ったが、一二世紀から一三世紀に知訥《チヌル》が禅学と教学を融合して創始した曹溪宗《チョゲジョン》は、教化が修養よりも先立つとして新風を吹き込んだ。そして朝鮮王朝時代初期の困難な時期には、朝鮮の仏教教義の中心となった。その持続的な活力の証としては、最もよく知られている朝鮮独自の仏教経典の一つ、西山大師《ソサンテサ》（一五二〇－一六〇四年）による『禅家亀鑑』の編纂や、壬辰倭乱〔豊臣秀吉の侵略〕の際の抗日レジスタンスにあたって果たした重大な役割など、さまざまなものがある。

これまで朝鮮仏教の二つの主要な性格をみてきた。禁欲的生活と学問である。さらに二つを挙げると、慶州周辺の丘陵地帯にはっきりとみられる芸術的効果、そして地方との親和性である。トーマス・マートン〔Thomas Merton〔修道司祭で作家〕〕の『七階の山』〔一九四八年発表のベストセラー書籍〕では、「最上の芸術的体験とは、実は神秘的な経験にしぜんと似るものだ」という主張が鮮やかに確証された。何百という石像、塔、寺院が作られ、聖なる南山《ナムサン》の四〇もの渓谷にうず高く築かれた。保存のため、動かせるものは国立慶州博物館に移されたが、数十のものが「野外博物館」にまだ残っている。

新羅の彫刻家は卓越した技術を備えており、石窟庵でその熟練の頂点に達した。太陽が昇る東を向いた仏国寺の上部の丘の中腹から掘った洞窟に、金大城は後年ユネスコ世界遺産となるこの寺院を設計した。その中心となるのは白い花崗岩でできた如来坐像だ。高さ三メートル以上にもなり、足を組んだ蓮華座で座っている。その超越的な穏やかさは自然主義に勝るものだ。仏像の頭は、背後の壁に刻まれた雲を背景にしてドラマティックに描かれている。後ろを高く盛ったビーハイブ〔ミツバチの巣箱〕の髪型の下の額の真ん中は水晶で飾られている。目、鼻、口、耳、顎の三つのぜい肉は完全に対称に刻まれた。衣服の襞は左肩から右の胸にぴったりと横切ってたぐり寄せられており、右肩ははだけている。左手は瞑想的に膝に置かれ、右の指先は下に向けて揃えられた触地印《しょくちいん》を結んでいる。服の裾は繊細な技巧を用いて足の下部を覆っている。仏像は格式高くかつ質素で、そのためにその効果はより大きなものになっている。仏像の周りの洞窟の壁に彫られたレリーフは、一五体の菩薩などの石仏たちだ。石窟庵は八世紀半ばのもので、ちょうど唐美術の絶頂期と重なっている。新羅の職人たちの創作物は中国の様式と審美眼に背反するものかもしれないが、石とブロンズでできたそれらは、朝鮮独自の力量を物語っているといえよう。

異なる種類の技巧が、石塔や記念碑の数多くから光芒を放つ。その理由が何であれ――「なぜ中国と日本には石塔が数少なく、朝鮮にだけこんなに多いのか説明できない」（ナンシー・スタインハート Nancy Steinhardt）――、これらの建築物は朝鮮に特徴的な宝物となっている。統一新羅時代に独特なものというわけではないが、政府と社会が仏教信仰にどっぷりと浸っているときには石塔は造形美術の中心を占めていた。角灯形、釣り鐘形、八角形のものも一部にはあるが、朝鮮の石塔は通常正方形である。三つ、五つまたはそれ以上の先端の細い階段が、正方形の台座に据えられている。下の方のものは支柱、あるいは守護菩薩、僧侶、獅子などの立像である場合もあるが、ふつうは石のブロックでできている。各層の間には張り出し屋根がついている。初期の仏塔には装飾はなく、完璧なバランスと簡潔さでその効果を引き出した。八、九世紀になると、より精巧なものになる。石の表面は、蓮の紋章とうっすらとたなびく雲とともに、繊細に彫られた守護神、天女、演奏家で飾られた。

新羅寺院のもう一つの大きな特徴となっているのは、青銅製の鐘（*Picture Essay 8*）だ。こんにち知られている新羅時代の鐘は、国立慶州博物館の敷地内にある野外展示場の下に吊り下げられているもので、毎日一時間ごとに訪問者たちがそれを取り囲みその陰鬱な調べを聞こうと待っている（近頃は実際に鐘を撞くのではなく、近くのスピーカーから音が聞こえてくるので、鐘の近くに立っている必要はない。もしこの鐘の音が「生演奏」だったとしても、四〇マイル〔六四・四キロキロメートル〕離れたところからでも聞こえるといわれる。ただもしもそれが本当だとしたら、鐘はもともとの場所である奉徳寺《ポンドクサ》に吊り下げられていたことだろうが）。こういった大きな鐘は、信仰深い人々を地方から呼び集めるために、朝晩の勤めの前に鳴らされたものだ。

この鐘が設置されたときは、あまりにも大きくて何度もひび割れをしたため、七七一年まで鳴らすことができなかったという事実を、観光客は聞いたり読んだりしていることだろう。七七一年というのは、鋳造所の主人が三歳の娘〔姪ともいわれる〕を、火で溶かして炎と金属を司る龍神を宥めた出来事のあった年である。すると鐘は美しく音を出し、「エミ、エミ!(かあさん、かあさん)」という、子どもの泣き声のような悲しげな音で鳴り響いた。人柱になる子どもの話は一然による伝説の一つだが、一三九六年に据えられたソウルの鐘の話とも結びつけられる。この伝説と奉徳寺のエミレの鐘は、一九四五年以降に結びつけられるようになったとみられる。

だがエミレの鐘の名声は、終末論や覗き見趣味からのみ語られるべきではない。新羅の金属工たちの技術の高さはもっと認識されるべきだ。この鐘は高さ三・三六メートル、直径二・二メートル、重さ一八・九トンになる。景徳王は、父親の聖徳王が学問と技能を金や装飾品よりも重要視し、〔勤勉さや質素さといった〕農民や商人の美徳を勧奨したとして、その努力を称える長い刻文を脇に付した。吊り香炉を手に持った二組四人の飛天が、蓮の葉とリボン状の繊細な透かし模様に囲まれ、蓮華座にひざまずいている。

筆者が初めて慶州を訪れたときは、過去に戻ってきたかのような感覚に囚われた。仏国寺は修復中で、いまのように駐車場や観光客向けの店ではなくて畑に接していた。町から仏国寺まで行くために歩いた田舎道は、いまやほとんどさびれてしまった。道すがら松林で一息入れたものだ。七三七年に葬られて以来、軍服を着た一二獣にずっと守られていた聖徳王の墳墓を松林が覆い、影を作っていた。その沈黙は神秘的ですべてを包み込んでいた。一九七八年の訪問以来、慶州の広報担当者たちはよくやってきた。いまや慶州のホテルはどこも観光客でいっぱいだ。南山の丘陵は登山者たちであふれている。仏国寺の外にはバスとタクシーがずらりと並び、観光客は寺院に殺到し、墳墓を見物する。残念ながら二度と沈黙が訪れることはないだろうが、たしかに慶州はその人気にふさわしい場所だ。

ここは、統一朝鮮統治の始まりだと広く朝鮮人の間で認識されている、プライドを象徴する都市だ。一九五三年に分断された半島の南半分に住む人々の中には、一か所にこれだけの政治、文化の栄光が集中されているという事実を実際に目にすることのできる、インスピレーションの源泉だと考える人もいる。それが厳密な意味で適切であるかについては議論の余地がある。なぜなら統一新羅の版図は、三王朝の領土を完全に組み入れたことは一度もなかったし、新羅の人々の中には「南北分断」に不満を残す者もいたからだ。新羅の収めた成功は認めるべきだが、視界を広げると、その上部に現在に至るまでずっと脅威であり続けているものの最初の兆候が織りこまれていることも忘れてはなるまい。そう、マンチュリアに位置する敵国である。慶州は二六七年間にわたり統一新羅の首都だったが、それを引き継いだ高麗《コリョ》の首都開城《ケソン》は、四五七年とそれよりさらに長く存続した。この歴史的な都市は、現在は朝鮮民主主義人民共和国の国境の内側に位置している。

朝鮮のように天候に大きく左右され、洪水や旱魃などの自然災害も頻繁にある農耕社会では、天文学の研究と解釈は不可欠だった。道徳を導き守護する霊に依存するのも、必然的なことだった。天文学と占星術は分かちがたく結びついていた。

　中国の漢は、太陽の周りを一二年で一周する木星をもとにした方位、動物、六〇の時刻を、一〇の天干（甲・乙・丙・丁・戊・己・庚・辛・壬・癸）と地支と結びつけた。地支は、野生動物六匹と家畜六匹からなる子、丑、寅、卯、辰、巳、馬、羊、猿、鳥、犬、亥の一二獣である。それは一日の二時間、一か月、六〇年周期のうちの五回（一二年に一年ずつ）など、それが支配的な期間中の出来事に何らかの影響を及ぼすと考えられた。

　これは方角とも関連していた。最初の子（ネズミ）は北を、最後の亥（雄豚、日本では猪）は北北西を占める。隋と唐の時代には青銅の鏡、碑、墓を作る際にこれらの動物で装飾されることが多かった。

　統一新羅《トンイルシルラ》は、王族や他の重要人物の墓を一二獣が彫刻された石像で装飾し、守護した。それらを土塁の擁壁の周囲に配置し、それぞれを表現する方角に向けた。これらのシンボルは、中国よりも朝鮮でもっと重視されたが、慶州《キョンジュ》にはその格好の例が多く残っている。

　一二支神像の動物たちには細やかな彫刻が施された。たいていはレリーフとして彫られたが、丸彫りされることもあった。一二支神像は人間の体と足を持つ。衣服を身に着け、墓を守るため武器を携えている。聖徳《ソンドク》王陵は高さ約一・一五メートルの彫像で取り囲まれていた。

金庾信《キムユシン》将軍の墓はかれの名声にふさわしく、にも守られている。それらの像は蠟石で精巧平服を着た一二獣ばかりでなく、仏教寺院のに彫刻されており、珍しく保存状態もよい。入り口を守護する四天王の鎧をつけた馬、雄四天王のうち、四番目の動物は見つからな豚、兎のついた、一二獣よりも小さな飾り板かった。

金庾信の墓の蠟石製十二支像［亥］、７世紀後半、慶州、高さ40.8センチメートル

新羅《シルラ》の宮廷では、その美しい人工苑池は「月池《ウォルチ》」と呼ばれた。現在では、朝鮮《チョソン》王朝時代につけられた雁鴨池《アナプチ》の名で知られている。中国の風光明媚な聖なる山々の地である巫山を模した景観の中に作られ、エキゾチックな動植物を配した。池に作られた三つの岩の築島は、道教の仙人の閑居として造形された。

東宮は訪問した使節たちを感嘆させた。現在までに二八の建物の基礎が見つかっているが、そのうち最大のものは臨海殿だ。ここで一〇〇〇名以上の客が宴会をし、朝鮮と中国の音楽や踊りを堪能した。氷は、いまもある近辺の石造りの氷室から持ち込まれた。この臨海殿は、最後の新羅王 敬順王《キョンスンワン》が九三一年に高麗《コリョ》の王建《ワンゴン》を歓待した場所でもある。

一九七〇年代に始まった考古学の研究調査によって、木製船、農具、鎧、あぶみ、ガラスと水晶のビーズ、骨を磨いて作った装飾品など、池の底や周辺から三万点以上の実用品が発掘された。瓦も二万四〇〇〇枚以上見つかった。その中には長方形の軒平瓦《のきひらかわら》もあったが、これは下に傾斜する隅の棟に、垂直に取り付けられていたとみられる。朝鮮の瓦職人たちは七、八世紀までにその技術を完成させ、屋根の軒丸瓦《のきまるがわら》を蓮、花、雲の模様、ヒンドゥーや仏教の神、龍、実在または架空の鳥をもとにした、何百種類もの鋳造デザインで装飾した。

一九七六年に皇龍寺《ファンヨンサ》の敷地内で発見された、二等分に成形された一八二センチメートルもの巨大な瓦からは、笑っている老人の顔が現れた。建物の下にみえる鳳凰や一角獣といった神話上の生き物は、その権力を誇示しながら建物を守護している。

雁鴨池で発見された緑と茶色の釉薬で塗られた四一個の軒平瓦〔緑釉怪獣瓦〕は、悪魔を脅かして追い払わんと、宮殿の上から恐ろしい顔で前方を睨みつけている。その顔面は古代中国の四凶の一つ、饕餮《とうてつ》を連想させる人食い鬼としてひろく理解されていきた。だがよく見ると、その角《つの》と角の間に、龍や菩薩観世音の造形にみられる如意宝珠がついており、両顎からは宇宙エネルギーである気を漂わせている。それゆえ、その意図は積極的であると同時に受動的であり、姜友邦《カンウバン》はそれを鬼火を左右に吐く龍だと主張した。

装飾された陶土製の瓦(鴟尾《チミ》)、雁鴨池より出土、8世紀、慶州、33.7×28.5センチメートル

七世紀には、来世へ行くにあたっての新しい埋葬手段として、火葬が朝鮮に入ってきた。みながそれに倣ったわけではなかったが、文武王は自らの死（それは、かれの生涯の事業においては優先事項ではなかった）にかかる費用を節約するために火葬を選び、その霊魂が王国を守護できるよう自分の遺灰を海に撒くよう命じた。遺灰は石塔の下に埋められたとみられるものの一つで、聖人の舎利の一部となる、崇敬の対象だ。『三国史記』によると、五四九年に梁から真興王《チヌンワン》が受け取ったのが新羅で初めての舎利だという。

近年、貴重な舎利が多数見つかった。宝物ばかりでなく、宝物が入れられた容器自体が、優れた職人技で作られた品であることも多々ある。約六八二年に建立された感恩寺《カムンサ》の石塔からは、塔を取り囲んで笛、鳳凰の頭のついた弦楽器、太鼓、銅鑼をそれぞれ演奏する、四人のミニチュアの演奏家が上についた金銅の箱が見つかった。箱の中には、舎利を収めた小さな透明の瓶が隠されていた。この頃までには金は青銅と銀に取って代わられていたため、慶州の羅原里《ナウォルリ》から発見された七世紀後半の金の仏像は稀少なものである。

これとは意義は異なるが、仏陀の存在の物理的発現と考えられている、仏陀の言葉が記された経典の写しも貴重なものだ。これらも舎利として埋められた。

一九六六年の釈迦塔内部の調査で発見された宝物のうち、最も注目されたのは、長さ六メートル、高さ六・六五センチメートルの「無垢浄光大陀羅尼経」の木版印刷だ。紙に印刷されたものの半分が損傷していたが、残りの半分は良好な状態だった。一二の木版に

仏国寺の多宝塔と釈迦塔、751年、慶州。多宝塔の高さ10.5メートル、釈迦塔の高さ8.3メートル

彫られており、それぞれ八文字ずつ、最大六三行の文で構成されている。経典は六八〇年から七〇四年の間に、弥陀山によって長安でサンスクリット語から中国語訳されたが、これはちょうど武則天《ぶそくてん》（六二三－七〇五年）が新しい漢字〔則天文字。当初一二文字が公表され、その後一七まで増えたといわれるが、正確な数については諸説あり〕を創出した時期と重なっている。則天文字は皇后の死後すぐに使われなくなったが、そのうちの四字が釈迦塔の巻物で使用されている。印刷年については、パン・ジシン（Pan Jixing）は七〇二年としており、キム・ソンス（Kim Songsu）は慶州九黄洞の石塔で見つかった七〇六年付の文が同じ書体で書かれていると指摘する。

ともあれ、この経典が七五一年に埋

められる以前に印刷されていたことは明らかだ。七五一年に印刷されたとしても、この無垢浄光大陀羅尼経が現存する世界最古の印刷物というのは変わらない。

なお、印刷された場所については不明である。中国の学者たちは洛陽説を唱える。たしかに、善徳女王《ソンドクヨワン》の治世に中国から新羅宮廷に贈物として渡った可能性もあり、仏国寺《プルグクサ》の開山儀式の一環として埋められるほど貴重なものだとみなされていたとも考えられる。

だが韓国の学者たちは、新羅の宮廷が暦の改正（六九五－七〇〇年と短命に終わった）や新しい漢字の使用など、武則天が行った改革をすぐさま取り入れたことを指摘しつつ、これが朝鮮人たちの功績であることを強調する。かれらは、経典が印刷されたコウゾの樹皮製の楮紙《タクチョンイ》〔韓紙〕が、八世紀に特別な用途のために朝鮮で発明されたとも主張する。

中国、朝鮮のいずれが正しいかはともかく、釈迦塔の建設が始まる前に、木版が中国で最初に作られたことは疑いようがないだろう。慶州の職人たちは、すぐに自力での印刷法を習得した可能性が高い。仏教の教義を広めることは、進歩を促す強力なはずみとなったのだ。

寺鐘は伝統的な朝鮮の職人技の精華の一つであり、統一新羅時代にその芸術的頂点に達した。統一新羅の技術は、仏教が「国際化」される段階での、つまり中国やその他の場所で膨大な芸術作品への支援を促した時期における、朝鮮からの特別な貢献といえる。それは三つの点で中国のものと区別される。

中が空洞の音管を組み込んだ精巧な鐘紐、上帯のすぐ下に配された大きな九つの鐘乳のある四か所の乳廓、鐘を撞く場所の目印ともなっている、二人の奏楽飛天像および撞座の丸い蓮の模様〔八弁蓮華紋〕が配された鐘の壁の装飾だ。飾られた上帯と下帯は、肩の部分の乳廓を帯文で包み、鐘の上下の端をぐるりと巻いている。敦煌などの洞窟の壁の周りで羽ばたく精霊とよく似た飛天はふつう、仏陀に捧げるための香炉、楽器、食べ物を手にしている。九世紀まで飛天たちは膝をまっすぐに伸ばして飛んだ。その後、雲の上に胡坐をかいて座ったりもするようになった。

エミレの鐘は現存するこの種の鐘のうちで最大のものだが、最古のものといえば、江原道平昌《ピョンチャン》の聖山、五台山《オデサン》の上院寺《サンウォンサ》の鐘である。『三国遺事』によれば、僧侶の慈蔵《チャジャン》律師が中国の文殊師利菩薩の神社を巡礼しているとき、山で一万の仏を見つけるだろうと告げる龍の幻をかれは見た。六四三年に五台山に登ったときにはぶ厚い霧のために何も見えなかったが、山を下りる途中で慈蔵は文殊菩薩に出会い、寺を見つけるように促されて戒律宗の組織に着手した。

肩から下がって鐘口に至る側面の長い曲線は、自然に膨らみながら鐘の三分の二位のところで最大となり、鐘口へと下がるにつれ美

上院寺の銅鐘、五台山、江原道、725年、高さ1.7メートル。蓮華唐草模様の帯が上端と下端に巻かれ、四つの乳廊を囲む。この鐘は朝鮮で最も愛されている国宝の一つだ

しくすぼむ。この側面の曲線は、典雅な気品を漂わせている。鐘の上部には龍の形の吊り金具と朝鮮特有の煙管形の声管があり、鐘の上部と下部には広い帯が巻かれている。よく見ると、その帯には点々と多数の小型の仏像が蓮華唐草文の中に浮彫りにされ、この鐘を荘厳《しょうごん》するかのように取り巻いている。

　鐘は貴族の妻休道里《ヒュドリ》の命で取り付けられた。薄雲にひざまずく二組の飛天像がそれを飾る。四人の飛天たちは唐や統一新羅の演奏でおなじみの箜篌《コンフ》（ハープ）と笙《セン》（マウスオルガン）を手にしている。箜篌は後に朝鮮では用いられなくなるが、笙は数世紀にわたってさまざまに変化することになる。天女たちは薄くゆったりした羽衣を着て、丸いブローチで腰を絞り、手首には腕輪をはめている。髪は頭の上部にきっちりと束ねられ、渦巻くリボンと飾りふさが天女の周りと背後からたなびいている。奏楽飛天は、後々まで鐘や寺院の壁や天井を飾った。

　天女たちは、近代まではほぼ全種類の楽器を持つことになるが、新儒教的な上品さの基準からは外れていたので、後にははるかに重たい服を身に着けて飛ぶことを覚えなくてはならなかった。

第3章　高麗（九一八－一三九二年）
――独立のための闘争

高麗《コリョ》王朝がほぼ五世紀にわたって守ってきた見せかけの統一は、軍指揮官たち（一一三一－五八年）とモンゴル（一二三一－一三六八年）にそれぞれ屈するという、王族の王《ワン》氏の前に山積した問題を覆い隠した。この章では、高まりゆく国家間対立のあいまで、朝鮮がどのように困難な外交の舵取りをしようとしたかを見ていく。同時に、宮廷における仏教－儒教間の緊張と、両者がそれぞれどのように重要な文化的進歩と結びついたのかについても明らかにする。

中世のあけぼのは、東アジア史における栄光の時代だった。唐、統一新羅《トンイルシルラ》、奈良の文明は同時代の他地域の文明と遜色なく――もっと素晴らしかったかもしれない――、はるか南アジアや中東からの使節、巡礼、学者、商人たちをも惹きつけた。

だが一〇世紀の夜明けは悲惨なものだった。支配者一族が次々に没落したからだ。唐は九〇六年にその先頭を切った。短いが密度の濃いこの分裂期間を中国では「五代十国」と呼ぶが、この名がすべてを物語っている。九六〇年に宋が中国を再統一したとき、人々の間ではその厳しい新法に対する憤激よりも安堵の方が上回った。渤海《パレ》は、隆盛する耶律阿保機《やりつあぼき》の契丹帝国に吸収され九二六年に滅んだ。契丹はさらに南マンチュリアと中国北部のいくつかの地域へと拡張し、自らの王朝を「遼」と名付け、中国の地方支配に対して大胆不敵な挑戦状を叩きつけた。避難民たちは朝鮮北部に流れ込んだ。その中には渤海王の後継者もいたが、踏んだり蹴ったりの目に遭った。朝鮮では軍靴の足音がこだまし、統一新羅の下での黄金時代は過ぎ去った。専制的な反逆者甄萱《キョンフォン》は八九二年、全州で後百済《フペクチェ》の独立を宣言した。

王族の僧弓裔《クンイェ》もそれに倣って、九〇一年に開城《ケソン》で後高句麗《フコグリョ》の建国を宣言したが、自らの部下だった王建《ワンゴン》に九一八年に殺された。慶州《キョンジュ》の統一新羅政府は九三五年まで持ちこたえたが、王建に帰順した。後百済はその翌年に崩壊し、「後三国時代」と呼ばれる短く不幸な時期は終わった。

王建は昔の高句麗を人々に想起させるため、この新政権の名称を「高麗」（高く美しいの意）と名付けた。だが王建は、朝鮮半島が分断され中国がその地域を支配していた時代を思い起こすよりも、未来を見据えなければならなかった。この時期、宋、遼、高麗という三つの新興勢力が領土と地位を求めて競い合うことになった。北東アジアでは、従来の中華思想的なヒエラルキーの代わりに流動性が国際的政治システムの特徴となり、避難民たちが逃げ場と平和な生活を求めて国々を渡り歩く、長い不安定期に入った。朝鮮において王建（太祖《テジョ》）がなすべきことは、この国の統一を回復させ、ナショナル・アイデンティティを強化し、政治的自立権を確認することだった。

一〇世紀

いまの開城は、軍事境界線のすぐ北側にある。ソウルとピョンヤンの間にあるために、朝鮮戦争の際に悲惨な目に遭った人口二〇万の小さな町だ。古い建物や記念碑の多くはすでに破壊されてしまっている。ロンドン博物館は、長期的な考古学の救援プロジェクトを朝鮮民主主義人民共和国当局とともに行っているが、この国の本能的ともいえる国際観光への嫌悪感のせいで、いまの慶州の状況とは全く対照的に、現在ここでみられる史跡は過去の栄光の片鱗すらもない。二〇〇四年、小さな南北朝鮮共同の製造ベンチャーがこの地で鉄製の鍋や調理器具を作り、衆目を集めた。これは、はるか昔の朝鮮の富において鉄器が果たした役割を、象徴的に暗示するものだった（二〇〇三年には、開城の郊外にある広大な開城工業団地開発のための作業が着手された）。一〇〇〇年前の開城は、アジア中から人を惹き寄せたこの地域の主要都市の一つだった。

太祖（王建）一族は、新羅の首都とは遠く離れた松岳《ソンアク》（開城）出身で、政事ではなく商売と海運業を行っていた。甄萱と弓裔に勝利はしたものの、まだ「軍閥同盟」の長に毛の生えた程度だった。太祖は支持者たちを満足させ、打倒した政権を懐柔し、マンチュリアや中国方面からの即時の抵抗を食い止めるという、政治的綱渡りをする必要があった。

太祖は国名を「高麗」と定めた。渤海の旧支配者とかれらを征服した契丹による、「我こそが高句麗の真の後継者であり、旧高句麗の地も我がものだ」という主張に対抗するためだ。一方で、太祖が政治的正統性を主張する根拠を、九三五年に雁鴨池で太祖に降伏した新羅敬順王《キョンスンワン》に置いている。つまり高麗は、高句麗をかつて征服した新羅を継承しているというわけだ。この変則が太祖の地位の正統性を揺るがすものだとしたら、かれが引き起こしたいまの混乱状態によって、統一新羅下での発展が否定される恐れがある。

太祖は地歩を固めるために思いきった措置をとった。政治的手腕をふるい、最後の新羅王敬順に高麗貴族よりも高い称号を与え、旧官吏たちを新政府で登用することで、新羅の降伏に報いたのだ。かれらは慶州の古い権力拠点を去り、開城の新首都に移らねばならなかった。太祖は新羅王族の金氏系列の女性と結婚し、有力な貴族階級から二六人の妻を娶った。これは起こりうる意見の不一致を避け、後継者の誕生をたしかなものにするための抜け目のない政治的な行動だった。かれはまた、能力と誠実さに応じて公職への任命を行うことを定めた。地方豪族たちが、貧しい女性ら社会的弱者を相変わらず搾取し、抑圧しているのを視察時に目撃した太祖は、効果的な賞罰の重要性について繰り返し述べ、豪族たちを手厳しく批判した。

太祖は老いていったが、かれの権力掌握に力を尽くした人々の中には自らの領土の特権を手放そうとしなかった者もいた。義理の息子でさえ王の味方をしなかった。光宗《クァンジョン》（在位九四九－七五年）が奴隷の多くを解放するまで、王たちは豪族とその私兵団の勢力を壊滅させることができなかったのだ。九四三年、死期を悟った太祖は、将来の王位を継承するにあたっての原則と実行にあたって配慮すべき点を述べた「訓要十条」を公布した。第一条では、王国が仏教を重視し拠り所としていることを確認し、第六条では、いにしえの山河の精霊を無視してはならないと王位継承者に喚起した。最後の十条は、歴史と古典を現在の指針として学ぶことの重要性を説いたものだった。太祖の遺言となった「訓要十条」は、仏教、シャーマニズム、儒教を等しく奨励している。太祖の王陵を再建するのに先立ち、朝鮮民主主義人民共和国で一九九四年に墓とその周辺の発掘が行われた際、太祖の折衷的な信念が反映された金銅の王の像が発見された。それは神格化された仏像のように座り、丘、雲、太陽、月のシンボルで装飾された王冠を被った像だった。その近くには、彫刻された玉帯鉤〔帯どめ〕が置かれており、墓の壁や天井には青龍、白虎、松、竹、梅などの絵が描かれていた。

土地の神である社《サ》と穀食の神である稷《ジク》の祭壇が、六代目の成宗《ソンジョン》（在位九八一－九七年）によって設置された九九一年までには、開城〔当時の名は開京《ケギョン》〕の地位は確固たるものになった。ピョンヤン、漢陽（ソウル）、慶州がそれぞれ北、南、東の首都に指定されていたが、真に発展したのは中央首都の開城だった。開城は行政、教育、宗教の中心地であり、国内で唯一の常設市場がある場所であり、外国の使節たちが向かう先であった。儒教の公的な顔である宮廷儀式と式典も行われたが、その様式（中国式だった）の卓越ぶりは、遼の使節でさえも言及するほどだった。

だが儒教の真の強みは、その公私にわたる生活への影響を文人たちが認めたことにあった。これは生涯にわたる学習に関わるものだった。朝鮮の学者たちは教育を重視した。中国からの帰化者雙冀《サンキ》は病気療養のために開城に留まっていたが、その間の九五八年、科挙制度の設立にあたって光宗に力を貸した。その二つある科目は漢文の知識を問うものだった。文学的才能をみる製術業《チェスルオプ》と、五つの儒教経典の理解力をみる明経業《ミョンギョンオプ》である。これらは合格者を官僚制の高位に配置し、有力な地方豪族たちが合法的に政府に加われる機会を与えるものだった。第三位の雑《チャ》業《ボプ》は実用的な科目で、法律、算術、医学、天文地理を網羅した。

教育の大義は、成宗とその大臣崔承老《チェスンノ》（九二七－八九年）によってさらに推し進められた。九九二年、王は国立大学にあたる国子監《ククチャカム》を設立した。これは新羅神文王《シンムンワン》の太学監《テハクカム》を継承するもので、後の成均館《ソンギュングァン》（ソウル）の先駆けとなった。その一〇〇年後、学者たちはそれに匹敵する数十の独立した学校を設立し、今なお韓国の高等教育の特徴となっている官学と私学の分岐を生み出した（そのあいまには、やがて朝鮮《チョソン》王朝の政治を脅かすことになる、私学の学閥伸長の基盤が作られるという不吉なことも起きた）。

官学のシステムはその後、首都の総合大学である京師六学と、仁宗《インジョン》（在位一一二二－四六年）による地方の郷校の整備により、急速にはずみがついた。これらの学校の目的は、若い青年男性に儒教を学ばせ、将来の官僚を選び出すことだった。ただし、官僚を育てるという目的だけをみてこれを批判するのは的外れである。朝鮮の文人たちは、精神鍛錬の幅広い価値を充分に認識していたし、僧門へと通じる道に進むこともできた。

成宗の儒教化改革の立役者は崔承老である。それまでの五人の歴代王を知っていた崔承老は、初代太祖の意思が履行されていないことに批判的だった。かれは、王が『易』と『論語』に書かれた人道の原則に則って、臣下たちに対することの重要性を強調した。中国の模範に忠実に、だが隷属的にではなく従うよう国王に向かって主張し、宋の開封をモデルとした宋制を導入し中央政府の権限を強化することを建議した。

軍と民を網羅し、王族による行き過ぎた専制政治を防ごうとした結果生み出されたシステムは単純なものではなく、そして恒久的なものでもなかった。中枢院、三司〔財政〕、御史台《オサデ》〔監察〕、六部〔官部〔人事〕、戸部〔歳入〕、礼部〔儀式〕、兵部〔戦争〕、刑部〔処罰〕、工部〔労働〕〕などがこのシステムに含まれた。また、地方を一二の牧《モク》に分け、地方長官と郷吏が土着の豪族たちを監督する作業が九八三年に始まっていた地方に対し、成宗と顕宗《ヒョンジョン》（在位一〇〇九－三一年）は中央統治を拡大すべきという崔承老の案を踏襲した。

政治家や宗教指導者たちがそのインスピレーションの源泉を再解釈するときは、決まって恣意的になるものだ。崔承老は、政府の倫理性と権威を高める手段として、太祖が定めた原則を復活させるよう促したが、かれもまたその例外ではなかった。崔承老は、墓の中の太祖をも怒らせたであろう誠実さでもって、仏教界の勢力を抑えようとした。王朝存続のためには、なにか超自然的なものからの支持が必要であることを太祖は自覚していた。太祖は九一八年に年号を天授《チョンス》と名付けはしたが、中国の皇帝とは異なり、朝鮮の王が天命を主張することで自らの立場を補強することは一般的にはなかった。

実用的な思想は、儒教的な手段の追求に必然的につながるかもしれないが、当の儒者でさえ、宮廷内でつねに宗教の最上位を占めた仏教に共感を持っていた。王族が仏教指導者となり、仏教儀式は社会および国全体で遵守された。数えきれないほど多くの芸術家や職人たちが仏教界の後援を受けた。太祖がもしこの現状を変えようとしたなら、それは愚かなふるまいとなったことだっただろう。太祖による訓要の第一条は、「我が国家の大業は、必ず諸仏の加護による。故に禅宗や教宗の寺院を創建し、住持を派遣」〔姜在彦『歴史物語朝鮮半島』（朝日新聞社、二〇〇六年）、八七頁より引用〕せよというものだった。だが太祖は続けて、寺院をむやみに増やすと大地の恵みを損なうので注意せよと警告した。崔承老は九八二年には、仏教は人々の精神的に必要な修身を行うべきで、儒教は治国のためであると述べている。

高麗の人々は、シャーマニズムを仏教と同じように精神的充足のために必要としており、この二つを分離して考えてはいなかったようだ。宮廷は三つの祭りを国家行事として支援した。燃《ヨン》燈会《ドゥンフェ》は、冬のさなかである陰暦一月一五日の闇夜に、提灯を灯して国全体を照らす儀式だった〔現在では陰暦四月八日に釈迦の誕生日を祝う行事として行われている〕。収穫祭である八関会《パルグァンフェ》は、陰暦一一月一五日に行われ、村の共同体はそれを活気あふれる賑やかな行事に変えた。宮廷の祝典には、土着と外来両方の伝統が反映されている。

旅芸人広大《クァンデ》は地方の文化を持ち込み（*Picture Essay 9*）、中国舞踊は穏やかな色彩を加えた。一〇七三年の宮中宴会で初めて紹介されたものに、抛毬に玉を投げる試合をしながら踊る中国の抛毬楽《ポグラク》がある。これは現在でも唐楽《タンアク》として韓国国立国楽院で公演が行われている。太祖が予測したように、高麗初期の王たちは後に八関会と燃燈会を中止した。だが年末の厄除けと新年を祝う三番目の祭りの後援は引き続き行った。新羅の仮面舞踊処容舞《チョヨンム》を含む、高麗初期に始まった儺禮《ナリエ》である。

処容は東海《トンヘ》を守る龍王の息子で、新羅の憲康王《ホンガンワン》（在位八七五－八八六年）の義理の息子とされている。後の『三国遺事』版の説話ではこう歌われた。

　東都ソウルの明るい月夜に／夜遅くまで遊び／帰ってみたら／足が四本あるではないか／二本は私のものだが／二本は誰のものなのだ／もともとは私のもののはずなのに／奪われてしまっていかにすべきか

処容は、妻を誘惑した疫神を許した。疫神は謝意を表して、処容の絵を家の戸口に飾った家には近寄らないことを約束した。処容舞は朝鮮王朝でも根強い人気を誇り、王朝期を通して宴会の余興を描いた絵に登場した。

学問の面では中国が依然としてこの地域全体を牛耳っていたが、開城は政治面においては誰の従僕になるつもりもないことを示さなければならなかった。太祖の訓要第四条は次のようなものだ。

東方の我らは昔から唐の風俗を尊び、礼楽〔礼法と音楽〕文物をすべてこれに倣っているが、風土と人々の性格も異なるため必ず全く同じようにする必要はない。契丹は野蛮な国であり、風俗も言葉も異なるので衣冠制度を手本にするべきではない。

太祖自身ともゆかりのあったマンチュリアの人々へのシンパシーのしるしとして、太祖は契丹の遼から贈られた駱駝一〇頭をこれ見よがしに餓死させた。だが高麗政府は、まだ中国との外交的接触は続けていた。高麗は後唐、後晋、後漢、後周の支配者たちの暦を、九五六年には中国式の衣冠制度を採用した。科挙制度が導入されてから一年後、孝行に関する四冊の書が中国に送られた。九六〇年に宋が開封政府を開くと光宗はすぐさま使節を送り、音楽家と楽器の要請を行った。その翌年、光宗は朝鮮独自の文学と宗教の質の高さを中国に思い出させるように、混沌期に中国で失われたといわれる仏教書の写しを携えた、天台宗の僧侶諦観《チェグワン》を宋に派遣した。

宋代の最初の三二年間で高麗は開封に二〇名の使節を送り、返礼として一六名の使節を宋から迎えた。高麗は昔ながらの中国文化への畏敬と、中国に前向きに協力する姿勢を持ってはいたが、中国の期待通りに服従することはなかった。遼が九八五年に朝貢関係を脅かすような攻撃を宋に行った際、宋は高麗に援軍を要請した。成宗はこれに同意しながら実際には援軍を送らなかった。したがって、九九三年に契丹に対抗するために朝鮮の大使元郁《ウォンウク》が行った宋への援助の請願が無視されても、驚くにはあたらなかった。

このことにより、高麗にとって自らが仕えるべき「偉大な者」がどちらなのかは不明瞭なものとなった。九九四年から一〇〇三年の間に六つの使節団が中国に向かったが、遼の首都上京（いまのバイリン左旗）にも女性の歌手、鷲、地図が送られた。契丹語を学ぼうとする学生二〇名も遼に送られた。高麗は遼の暦を採用したが、ここからは高麗がどちらの国を有力とみていたかがうかがえる。

成宗は契丹の脅威に対処するため軍事機構の改革を行った。政府の官吏や僧侶を除く、一五歳から六〇歳までのすべての庶民男性が兵役の義務を負った（ただし兵役逃れはよくあることだった）。成宗は、世襲の職業軍人からの二つの国王の親衛隊〔二軍〕と、首都と国境を防衛する六つの部隊〔六衛〕を編制した。兵士の義務のうちには農業も入っていた。国家からの土地支給の約束をされたものの、その地位は農民（その数はよくでっちあげられた）も同然だった。

軍事評議会重房《チュンバン》のトップたちは、同等であるはずの中枢院の文官たちよりも格下の扱いを受けた。だが、一一世紀に契丹の侵略に遭ってこの制度が脅かされたとき、軍の能力不足が明らかになった。国内の不満分子たちによって、一二世紀までには高麗政府のシステムの脆弱さが、さらに浮き彫りになっていくことになった。

一一世紀

何十年もの戦いの末、中国の宋が一〇〇五年についに屈服し、契丹の遼に毎年銀と絹を貢ぐことで合意したことから、高麗政府が恐れていたことが現実のものとなった。勝利に勇気を得た遼は、当時の高麗王穆宗《モクチョン》の祝賀文に文句をつけ、一〇一〇年に鴨緑江《アムノクカン》と豆満江《トゥマンガン》を結んだ高麗の北の国境一帯を侵略した。これに対し、西北面行営都統使の姜邯賛《カンガムチャン》（九四八―一〇三一年）の指揮下で激しい抵抗が行われた。かれは、各地を略奪し回っていた遼を苦しめ、その野望を打ち砕いて亀州で遼軍を退けた。しかし遼は開城を略奪し、「火と剣で中国と朝鮮の臍帯を切断」（ロジャース）した。高麗は遼に朝貢を開始し、一〇三三年に防護壁〔千里長城〕を建設して自衛しようとした。この壁は、鴨緑江河口の内陸から南の国境までの線に沿って、およそ三五〇マイル〔約五六〇キロメートル〕にも伸びるものだった。

この不幸な始まりにもかかわらず、一一世紀の東シナ海周辺は、実用的な利害関係によって徐々に安定していった。マンチュリア国境地帯のような混在した文化圏においては、生存と繁栄に比べれば、地理的な国境やナショナル・アイデンティティの問題は重大事ではなかった。外交国家が統制する市場が運営され、政治的緊張にもかかわらず海上貿易が盛んに行われた。外交関係は一〇三〇年以来停止していた。だが、一〇六八年にその再開の意思を記した宋の神宗《しんそう》からの親書を海商の黄愼が開城に送ると、高麗の人々は喜んでそれに応じた。
医師、画家、彫刻家を高麗に派遣するよう宋に依頼した高麗政府は、宋からの使節のために宿泊施設を建設した。これはひじょうに豪華なもので、後に王宮として使われたほどだった。一〇七八年にここを最初に利用したのは安燾で、特別に建造された二隻の船は「神の船」と呼ばれ、衣服と織物、帯、紅茶、ティーポット、銀製の容器、お椀、酒を温める銚子、馬、作物、楽器、ろうそくを宋から運んだ。朝鮮人たちはすぐに金、銀、米、衣類、帯、馬、鞍といった贈物を中国に送った。

その後の宋－高麗関係における「黄金時代」には、宋は大量の高価な織物、茶、薬、書物を送った。儒教官吏蘇軾《そしょく》は、朝鮮人への書物や地図の提供は安全保障上の危険性があると辛辣に警告した。遼に重要な情報が漏れることを恐れたのだった。朝鮮からの訪問客を接待する際にかける費用についても、蘇軾は不満を表明している。公式的な贈答品交換の収支は、支出額としては宋の方が少なかったとみられるが、宋もまた、引き続き遼に使節を送っていた。政府間および私的な贈答品の制作は、贅沢品、文物、食料品、医薬品を互いに交換する貴重な機会となった。

このようにして朝鮮に伝えられた書物には、歴史、哲学、純文学、儀式、音楽、百科全書『太平御覧』（一一〇一年）などがある。宋、遼、高麗、日本の間では、仏典が広く交換された。文宗《ムンジョン》の四男の僧侶義天《ウィチョン》（一〇五五－一一〇一年）は、宋では失われていた何千冊もの書物を高麗から宋に持ち込んだ。義天は単に書物を運んだ人物でなく、真の愛書家だった。中国と日本から収集した『続蔵経』に組み入れられた義天の五千冊近くの書籍が、それを物語っている。一〇八六年に宋から帰国した義天は、教宗と禅宗を合わせて天台宗《チョンデジョン》を新しく甦らせた。後の知訥《チヌル》

（一一五八－一二一〇年）による禅教一致の基礎を築いたのだった。

六祖慧能大師の広東にある寺院の名にちなんで曹溪《チョゲ》と名付けられた知訥の宗派は、朝鮮で最も名高い仏教指導者の一人である太古《テゴ》（普愚《ポウ》、一三〇一－八二年）によって、恒久的な地盤が築かれた。現在、韓国で数百万の教徒を擁する曹溪宗本部のソウル曹溪寺は、かつては太古寺《テゴサ》と呼ばれていた。

一二世紀

渤海湾周辺の三角関係は、多少の緊張はあったものの、少なくともマンチュリア北部に別の脅威が現れるまでは安泰だった。女真を率いる完顔阿骨打《わんやんあくだ》が、松花江《ソンファガン》地方から遼の領土の最奥まで入って行くと、開城と開封双方に警報が鳴り響いた。高麗軍は尹瓘《ユンクァン》（一一一一年没）元帥が火薬兵器を一一〇四年に初めて採り入れ（一一〇七年に女真との戦いで使用した可能性がある）、北西の咸興近くで九つの要塞を築いた。高麗の態度硬化を恐れた北宋の皇帝徽宗《きそう》は、一一一〇年に高麗睿宗《イェジョン》に真王の称号を授与し、朝貢義務を免除するという文書を送った。

だが阿骨打は何としても高麗を従属させようとした。徽宗は恐怖に屈した。一一一四年と一一一六年、徽宗は朝鮮へ贈物として巨大な楽器を二台送り（*Picture Essay 10*）、反遼同盟について議論するため、女真の代表者たちを自分の許に連れてくるように要請したが、睿宗はこれを謝絶した。高麗宮廷は、契丹の亡命者たちが主催した娯楽を観劇しはしたものの、契丹を好まなかった。高麗は女真も野蛮人と見下したが、かれらもまた高句麗の末裔であり、女真たちが首尾よく徽宗の「天命」を力ずくで奪い取らんとしていることを高麗の人々はよく見ていた。

睿宗の次の仁宗《インジョン》は、徽宗の操り人形とみられることを望まなかったし、高麗にとって脅威となりうる同盟作りをこの段階では進めたがらなかった。阿骨打の兵が遼と北宋を圧倒すると、北宋の宮廷は開封から逃げ出し、徽宗はマンチュリアで拘束された。高麗は新しい女真政権である金への降伏を約束した。仁宗の義父李資謙《イジャギョム》は、これが「事大」の新しい解釈であると説いた。この決断は人々の承認を得られず、失敗に終わったものの僧侶妙青《ミョチョン》の乱も起きた。その後、高麗と金の関係はルーティーンとして落ち着き、毎年の使節がほぼ百年にわたって交換されることになった。

外国の諸宮廷にとって、高麗の開城〔開京〕は朝鮮と同義だった。実際、開城は首都であったばかりでなく、ほとんどの朝鮮人の故郷でもあった。当時の推計では、五〇〇万人に満たない人口のうち、開城に居住していたのは約一五〇万人にも上った。むろんこれは誇張されていると思われるが、この大都市圏がすでに朝鮮半島を支配していたことに間違いはない。二〇世紀後半の韓国がソウルに一極集中し、社会的上昇を望む人々が移住しなければならないのとちょうど同じだ。

一一二三年に開城へ赴く大使に随行した、当時三二歳の宋の学者徐兢《じょきょう》は、開城を訪れた際のことを書き記している。かれの前任者が書いた報告書が、高麗宮廷についての徐兢の好奇心を刺激したに違いない。厳しい監視と制限にもかかわらず、徐兢は一か月間の滞在の間に、首都およびその周辺地方の生活の全体像をつかんだ。徐兢が目撃した儀式の多くと文人たちの習慣は、なじみの深いものだったことだろう。かれをもてなした朝鮮人には金富軾《キムブシク》もおり、絵画や音楽への趣味を分かち合った。

朝鮮の人々はこの訪問客から情報収集することを切望したことだろうが、徐兢もそれに負けないくらい朝鮮人たちから巧みに情報を集め、帰国にあたって皇帝に献呈する『宣和奉使高麗図経』を著した。四〇章からなるこの書物では、町や都市、門、宮殿、衣冠、交通、兵器、習慣、女性、奴隷などが扱われ、約三〇〇の項目が立てられている。散文ばかりが続くのではなく、図の説明という形で記述がなされた。図は後に〔火災で〕失われたが、文章の方はいまでも残っている。

中国を模倣した点――科挙の進士《チンサ》の合格者に対し、詩や賦といった詩作能力を王が個人的に試験するなど――にのみ着目するのでなく、中国と異なっていて興味深いと感じた朝鮮人たちの日常生活の断面も、徐兢は書き留めた。朝鮮人の清潔さに感心する一方、小川での混浴の習慣に衝撃を受けている。優れた図書館の設立につながった、高麗の書物蒐集の習慣についても論評している（そのすぐ後の一一二六年に起きた李資謙の反乱により、その一部が失われたと聞いて、かれはがっかりしたことだろう）。

朝鮮の船についての項目もある。漢江《ハンガン》河口沖に二隻の「神の船」で到着した徐兢は、その後一〇隻ほどの高麗当局の船で岸に上った。徐兢の乗った船は長さが約三〇・五メートルあり、六〇名の乗組員がいた。五つの部屋があり、美しい調度を備えた主賓室の高い天井は、絹の装飾で覆われていたという。この徐兢による中国船の説明は素晴らしいものだが、朝鮮の船舶についてては全く褒めていない。これは、宋皇帝が聞きたいだろうと徐兢が考えたことのみを、皇帝に伝えていたためだったという可能性が高い。

実際には朝鮮は、はるか南京の外側からも含めて東アジアの海上貿易を長く支配していた。

だが、宋の杭州への遷都によってすぐに中国の船乗り業と造船業も活気づくことになる。一方で、朝鮮の船は、中国－日本間という利益の上がるルートから切り離されはじめていた。一三二三年に全羅道の南西岸で沈没した商船の乗組員の中には、朝鮮人がいたことを示す証拠がみられるが、一九七六年以降に修復された二万点の青磁やその他の磁器製品のうち、朝鮮製の器は三点しかなかった。

中国の使節団は開城に連れていかれたので、徐兢には地方を観察する機会もあったとみられる。理論上はすべての土地が国家に帰属するとされており、村人は地主に土地を借りて大規模農地で働き、それが地主の収入となった。地主となったのは王族、軍事や政治的業務の俸給として土地を与えられた貴族、政府機関、胥吏（地方官吏）、地方官、仏教寺院だった。かれらの多くは土地を我がものとして扱った。高麗宮廷の怠慢のためこれが見落とされたため、権限がないはずの活動や出所から収入を得る、強大な新興階級が生まれることになった。後にモンゴルの君主、ハーンの協力者となった者もいる。

自由農家は、税と労役を支払う余裕さえあれば「私田」を借りることができた。これらの土地は地主が要求する賃料よりも低かった。とはいえ、支配者側も土地所有制度における不正への憤りが政権に危険をもたらすことを承知していたので、ときおり改革が試みられた。土地調査を行った鄭道伝《チョンドジョン》（一三九八年没）は一三八九年、官僚の職位に応じて分給する、科田法に基づく土地の没収と再配分を提案した。これは、朝鮮王朝の創始者として李成桂《イソンゲ》が真っ先に行った施策の一つでもある。

徐兢は、朝鮮人が絹織りを行っていることについて、賛意を込めて記述した。実際にはそれが広く行われていたわけではないが、少なくともそう信じていた。朝鮮人は蚕の飼育に長けており、朝鮮の茶は中国の品種に比べ苦いとも評している。一方、一〇七九年に中国から大量の医者と薬が届けられるまで、高麗がシャーマン儀式や厄払いにほぼ依存していたと誤認もしており、不当にも朝鮮の医療には否定的だった。

開城にはあまり店がなかったという記述にも驚くが、これは宋の開封と比べてのことだったかもしれない。朝鮮王朝時代の開城商人たちは効率性と決断力に定評があったが、これは高麗時代に由来するものだろう。高麗の中央市場は、価格、営業時間、運営規則を定めた京市署《キョンシソ》によって管理されていた。成宗が金属製の硬貨を導入したのは九九六年のことだった。紐を通すために真中に四角い穴が開けられた、中国製のものと似た丸い銅貨が一〇九七年設立の貨幣鋳造所〔鋳銭司〕で作られたが、これはあまり流通しなかった。その後、硬貨を流通させるため開城で官立の酒店兼宿屋が作られ、一一〇二年に新たな硬貨が鋳造された。だが人々は保守的で、依然として主に布などでの物々交換を好んだ。一一一四年当時、布一匹は米八斗〔約四八リットル〕に相当した。店の数についての徐兢の見くびった、あるいは宋の面目を保つための記述とは異なり、実際には中国、契丹、日本、アラブの商人たちは開城を目指した。ムスリムの餃子店店主は、有名な大衆歌謡〔俗謡〕「双花店《サンファジョム》」〔新儒教の権威たちはこの歌を淫らとして一四九〇年に禁止した〕の第一節目に登場し、永久に名を残したほどだ。だが地方の町に関しては、概して徐兢の記述はより正確だった。ピョンヤンと漢城《ハンソン》〔いまのソウル〕には常設市があった。だが他地域や地方の市場は定期市が主で、人々はそこで薬草や薬など日用品や、海外取引の際に大きな利益が得られる馬などを入手した。

徐兢の使節団がやってきたちょうど三年後の一一二六年、政治の舞台から退くよう宣告された李資謙が、当時一七歳だった仁宗の宮殿を焼き払い、開城は混乱に陥った。その九年後、旧高句麗領土を回復するためピョンヤンを再建し遷都せよという、カリスマ僧侶妙清の忠告を仁宗が拒否すると、妙清は反乱を起こした。王に忠実な儒臣たちは金富軾を召喚し、臨時軍を率いるよう要請した。金富軾には、崔承老の霊魂がその勝利を応援する声が聞こえていたのかもしれない。

儒教政権は一一七〇年まで権力を掌握したが、毅宗《ウィジョン》（在位一一四六－七〇年）が軍民間の権力関係を窮境に追い込んだ。高価な青磁瓦で葺かれた宮殿敷地内の別宮に象徴されるように、この享楽主義的な君主は経済よりも審美的なものを好み、武官たちを格下として扱った。〔王の側近だった〕金富軾の息子が武臣鄭仲夫《チョンジュンブ》の髭に火をつける事件も起きた。武臣たちの堪忍袋の緒は切れた。鄭仲夫は、毅宗を打倒するためクーデタを起こして儒教指導者たちを殺し、君主制と王朝支配を温存した「軍政期」の到来を告げた。だが軍事支配は行わず、文民官僚制をそのまま維持した。

この新しい趨勢には、南米のバナナ共和国〔政治的に不安定な寡頭政治体制の意〕（あるいは同時代の日本の幕府）と共通する特徴がいくつかある。文民政府に服従するふりを続けながら、武臣たちが互いに競い合うというものだ。二五年の間、行政上の混乱が続いた末に崔氏が頭角を現すと、その後四世代にわたる「崔氏独裁」期を迎えた。王を選出し、うわべだけ繕った正統性を隠れ蓑にした崔忠献《チェチュンホン》、崔瑀《チェウ》、崔沆《チェハン》、崔竩《チェウィ》は、実質的には武力支配を行ったが、科挙に及第した文官たちも政権運営に多く携わった。政府内では儒教伝統は本質的なものと考えられていたため、崔忠献のような権力の強奪者ですら、仏教勢力よりも学問的に訓練された官吏たちに便宜を図ったのだった。
崔忠献は、長年苦しめられていた農民たちの処遇改善を誓った。かれは太祖の記憶を呼び起こし、次のような封事《ポンサ》十条を王に提出した。

官吏たちに贅沢を禁じ、倹約を勧めること。土地制度を整備し、不当な土地土地兼併を是正し、奪った土地をもとの住民たちに返すこと。善良で有能な官吏を選び、勢力家が百姓《ペクソン》の財産を搾取できないようにしなければならない。

だがこれらが実現することはなかった。崔忠献の独裁的な施策は、社会のいかなる分野にも影響を与えることはなかった。崔忠献自身が、かれの批判する大規模土地所有によって豊かになった「勢力家」の最たる例だったからだ。一二世紀後半から一三世紀初頭にかけ、農民、兵士、奴隷の蜂起が頻発した。事実上の正規軍三別抄《サムビョルチョ》〔左別抄・右別抄・神義軍〕は崔氏一族を護衛し、それぞれの指導者たちは、強い忠誠心を持つ大規模な家臣たちの一団によって支えられた。最終的に崔氏政権の存続を妨げたのは、国内の不満ではなかった。それは、高麗が初めて出合った恐ろしいモンゴルの軍事機構だった。

一三世紀

現代と同じく、中世でも外交は商業的機会を生み出すと同時に、政治、軍事に関連する情報収集にも利用された。一二世紀が進んで行くにつれ、スパイたちは中央アジアの発展についての見聞に注意を払わなくなっていったようだ。渤海湾周辺における平和に自己満足していたとみられる。あるいはそれは、高麗の政治家たちが深刻な国内の大変動にかかりきりになっていたせいかもしれない。その理由は何であれ、誰も――中国、女真、朝鮮、その遠戚である契丹も――モンゴルの動きを見抜けなかった。そしてその代償はこれらすべての国にとってあまりにも大きなものとなった。

遊牧民の族長たちの集団がチンギス・ハーンに忠誠を誓った一二〇六年には、モンゴルは世界最大の帝国の一つを建設する途上にあった。女真と契丹がかつて有していた――契丹は長年の定住生活でそれを失ってしまったが――卓越した騎兵技術と、中国自身が野蛮人支配のために慣習的に取り入れていた分割統治の戦術とを組み合わせたモンゴルは、マンチュリアの大部分を支配下に置いた。モンゴルは中都（いまの北京）から開封に女真の首都を避難させ、契丹の領土回復主義の望みを打ち砕き、高麗に莫大な貢物を要求した。

一二二七年にチンギス・ハーンは死ぬが、それまでにモンゴル軍は中央アジアを制し、遠くクリミアにまで進出していた。チンギス・ハーンの領土は三人の息子と孫一人に分けられたが、それにとうてい満足できなかったモンゴルは拡張主義政策を継続した。一二三一年、新たな最高君主となったチンギスの三男オゴタイは高麗への初攻撃を開始した。農民、奴隷、僧侶たちの同盟軍はこれに勇敢に抵抗したが、開城は激戦を展開することもなく陥落した。これに自信を得たモンゴルは、主要な町に守備隊、および高麗を運営するために地元権力との連絡役を担う行政官たちを残し、大勢の兵士を引き揚げた。チンギスとオゴタイは、西アジア征服時には大虐殺を行った。

兄モンケの死によって一二五九年にハーンに選出されたクビライは、東方に関心を向けた。征服のやり方が軟化したわけではなかったが、この文明化された地域を統治するにあたっては、より受け入れやすいアプローチが必要だとクビライは考えた。モンゴルは中国南部および日本侵略のための足掛かりとして朝鮮を位置づけていたため、高麗の協力がとくに望まれた。朝鮮の航海技術も不可欠だったとみられる。

だが朝鮮の対応は、種々入り混じったものだった。モンゴルが海を嫌うことを見込んで、宮廷、政府、臣下、奴隷たちは一二三二年夏に漢江河口近くの江華島《カンファド》に避難した。そこで貴族たちはそれまで通りの生活様式を維持し、現状を漠然と受け入れていたとみられる。農民と奴隷たちの支えがなかったなら、三別抄の兵士たちはモンゴルと戦い続けていなかっただろう。崔氏政権はモンゴルの覇権の脅威とはならなかったが、妥協しない姿勢を貫いたために、高麗はさらに五度モンゴルに侵略されることになった。『高麗史』によれば、最悪の侵略は一二五三、四年のもので、二〇万人の朝鮮人が捕虜になり、死者の数は多すぎて数えきれなかったという。この戦いのさなかに慶州の素晴らしい仏塔も破壊された。

崔氏政権最後の軍事指導者、崔竩が一二五八年に暗殺されると、宮廷はようやく和平を主張することができるようになった。高麗の高宗《コジョン》は、モンゴルとの協力しか道が残されていないと判断した。その頃、三別抄は新たな基地となった珍島と済州島《チェジュド》でまだ戦い続けていた。一万二千のモンゴル軍が済州島で三別抄に打撃を与えた一二七〇年、高麗宮廷は開城へと戻った。元というクビライ・ハーンの新たな首都カンバレック（大都、いまの北京）が完成しつつあった。元という中国風の王朝名が示す通り、東アジアにおける新秩序が始まる手はずができていた。

元は高麗に対して厳しい要求を出した。贅沢な貢物とモンゴルの姫たちの婿となる王族をよこすよう要求し、一二三九年以降は朝鮮の世子を人質として遼東に住まわせた。一二五九年に高宗が死んだとき、その息子〔後の元宗《ウォンジョン》〕はモンゴル西部の首都カラコラムに向かった。同年初めにモンケ・ハーンも死に、かれの弟クビライ・ハーンもまた、新しい最高指導者を選出するためカラコラムへと北上していた。二人はそこで出会い、個人的友情を長年育んだ。だが李基白《イキベク》は、これは追従だと主張する。新たに王位に就いた元宗（在位一二五九－七四年）、クビライ・ハーンの娘を朝鮮初のモンゴル人王妃として娶ったその息子忠烈王《チュンヨルワン》（在位一二七四－一三〇八年）は、モンゴルの最高指導者に個人的相談をするために長旅をするのを厭わなかった。

征服欲がいまだ満たされなかったクビライは、今度は朝鮮の軍事的援助を要求した。日本は長きにわたって天皇の権限弱体化と武家勢力の分裂に陥っていた。鎌倉幕府の執権北条時宗は、南宋の杭州からモンゴルの大都への権力交代に対する外交的承認を浅はかにも拒否し、クビライの怒りを買った。モンゴルが船旅を苦手にしていたことから、朝鮮はクビライの命じる日本侵略で大きな役割を果たさなければならなかった。朝鮮の造船所では七〇〇隻以上の船が建造された。王朝史『元史』によれば、一二七四年一一月にそれらの船に乗り込んで航海した二万三千の兵士のうち、一万四六〇〇人が朝鮮人だったという。その艦隊は日本海岸を脅かしたもののうちで最大だったが、攻撃は失敗に終わった。当初の航海予定は、六月に元宗が死んだために遅れた。九州での日本の抵抗はモンゴル侵略軍を驚かせ、大嵐がモンゴル軍の侵入を阻んだ。撤退するまでに一万三五〇〇人のモンゴル兵が死んだ。

クビライ・ハーンに異議を唱える者はなかった。だが日本は、一二七五年にモンゴルの使節のうちの二人を殺害し、モンゴルに協力しなかった。一方で、中国ですらモンゴルの騎兵には抵抗できなかった。一二七九年に最後の宋皇帝のいる杭州を攻略すると、クビライは揚子江デルタの造船場を使用することができるようになった。そこでさらに二〇〇隻の船を造らせ、朝鮮の港から航海する九〇〇隻の船の四万の中国人、モンゴル人、朝鮮人と連携するために、泉州の港から一〇万の兵士を輸送しようとした。クビライはこの計画について議論するため忠烈王を大都に招き、洪茶丘《ホンタグ》は海軍遠征の全面的な指揮を執った。だが再び失敗した。造船所は新しい船をわずか五〇隻しか造れず、航海に不向きな河川用の船を徴発せざるをえなくなった。一二八一年六月に船出したが艦隊は連携をとることができなかった。日本は再度雄々しく抵抗し、台風のためにモンゴル軍は攻撃を断念せざるをえなかった。数万名が死亡して無敵のモンゴルは傷つき、天皇の祖先たちが日本を守るために「神風」を起こしたという話が日本の神話に書き込まれた。艦船が三五〇〇隻で編成されていたという『元史』の主張は誇張かもしれないが、数百の難破船が後に九州沖で発見されるのをいまも待っている状態だ。最初の難破船は、二〇〇二年に水中考古学者によって発見された。福建で建造されたその船の長さは七〇メートル以上で、保存状態のよい豊富な遺物の中には石弓の矢、矢頭、皮製の鎧、モンゴルの兜があった。とくに重要なのは、臼砲弾の祖先で近代戦の先駆けとなる、火薬と榴散弾が詰められた爆弾が発見されたことだ（ヨーロッパでの臼砲弾使用の初めての記録は、一三五七年のイタリアにおいてである）。

クビライが多国籍帝国の創出を敢行したことで打ち出された新たな施策は、友情も追従も高麗の支配権を強化しないことを明らかにした。以後、「忠」という字が、高麗王の名に組み込まれねばならなくなった（忠烈王は「忠」がつく六名の王のうちの最初の人物である）。官職には新たな地方式の名前が与えられ、宮廷はモンゴル式の衣服を採用させられた。これらは単なる体裁上の措置ではなく、高麗を「義理の息子」の地位へと降格させるものだったと朝鮮の歴史家たちは解釈する。

チベット人、中国人、朝鮮人、日本人に認識可能な、自身の現在の権力を確証させる精神的権威を求めたクビライは、祖父チンギス・ハーンから普遍的な仏教至上権を受け継いだという理論を持ち出した。かれはチベット仏教サキャ派を霊的助言者とし、モンゴル帝国全体の仏教界に権威づけを行った。クビライの要請により、パスパは帝国内のすべての言語を記すための新しい文字を考案した。四二字からなるパスパ文字は、チベット文字をもとにしたものだ。朝鮮には一二七三年にパスパ文字が導入され、モンゴルが陥落する一三六八年まで使用されたが、漢字を崇敬する朝鮮人学者たちはそれを真面目には受け止めなかった。

その一方で、大都では文化の共有が行われた。モンゴル宮廷は朝鮮の楽器を取り入れたし、朝鮮の芸術家たちは、それまでかれらが崇敬し、そのセンスや様式から影響を受けてきた中国の書道家や画家に実際に出会うことになった。さまざまな国籍の職工たちも一堂に会した。王族の結婚を記念して一三四八年に中国と朝鮮の職工たちが敬天寺《キョンチョンサ》に建立した一〇層の塔は、この連邦内で朝鮮が全うした任務の一つだった。この塔は、現在は韓国国立中央博物館に所蔵されている。

一四世紀

高麗王の支配権は、一二七〇年に宮廷が開城に戻った際に朱雀のように頭をもたげたわけではなかった。開城は、モンゴルと協力関係にある権勢家たちの支配下にあった。宮廷が江華島に避難している間に所有地を増やした人々である。かれらは政治の舞台に登場するチャンスが到来したことを悟った。昔ながらの貴族階級は文官に敬意を持っていたが、かれらはそうではなかった。一方、武臣政権期への従属を余儀なくされた文官たちは、儒教の原理を再確認し、政策に影響を与えるときが来たことを察知した。

中国では新儒教がすでに政治、社会哲学の中心として確立されていた。宋初期の思想家朱子が唱えた理念を実際の生活様式へと具体化したものが、このとき幅広く受容されていたのだった。安珦《アンヒャン》（一二四三－一三〇六年）は中国から『朱子家礼』を持ち込み、一三〇四年に儒教教育のための国家基金を設置した。中国との友好的関係を保ってはいても、安珦は高麗王朝に忠誠心を持っていた。

モンゴルとその協力者に対抗する改革を導入し、モンゴルに対抗して北方で軍事行動を取ることすら恭愍王《コンミンワン》（在位一三五一―七四年）に建議した人のうちの一人、李穡《イセク》（一三二八―九六年）も同様だった。恭愍王は才能ある画家、書家としてこんにちでは名高いが、厄介な改革を推し進めるだけの政治能力はなかった。だが還俗した辛旽《シントン》の助けを借りてそれを行おうとして大臣たちを解任し、没収された土地をもとの所有者に返し、多数の奴隷を解放した。その結果、宮廷と文人たちは混乱の渦に投げ入れられた。それは、「（モンゴルの）偉大な者」に奉仕するか否か、あるいは単なる新興権勢家に対する学者の負け惜しみなのか、というような問題ではなかった。敵対する派閥が形成され、計略が渦巻いた。かつては互いに比較的寛容だった仏教徒と儒者の態度は、両極化していった。こうして高麗への忠誠自体が揺るいでいったのだった。

一三六八年、もと僧侶の反乱軍リーダー朱元璋《しゅげんしょう》は、中国内のモンゴル勢力にとどめの一撃を与え、元王朝を終結させた。このことによって朝鮮で最大の受益者になったのは李成桂《イソンゲ》だった。かれは高麗の軍司令官だったが、王朝に対する失望から最終的にその最後の王を亡命させ、王族の何人かを処刑するに至った。李成桂の行動は、恭愍王代以降の時代の変動期における、信念の人による苦悩の末のものだったが、広く受け入れられることはなかった。儒学院の若き師鄭　夢周《チョンモンジュ》（一三三七―九二年）は、自らの思想を行動に移すことに人生を捧げた。かれは新儒教を教える京郷《キョンヒャン》や、困窮時に人々に食糧を支給し救済するための穀倉を設立した。また日本の足利将軍や、朱子学色の濃い明王朝との間で外交任務を行った。李成桂を高く評価した鄭夢周は、その李成桂と同じく、高麗宮廷が仏教に過度に肩入れしたことが政府腐敗の根本的原因となったとみた。だが鄭夢周は高麗への忠誠を選び、李成桂への陰謀を企んだために殉国することになった。李成桂が朝鮮王朝を開いた年、鄭夢周は開城の善竹橋の傍らで李成桂の息子芳遠《パンウォン》が差し向けた人物に暗殺された。李成桂は明への忠誠を誓ったが、それは儒教への歩み出しでもあった。それが前進なのか後退なのかについては議論の余地があろう。

文化の発展

王建・太祖が創始した高麗王朝は四世紀以上も続いた。仏教を尊重せよという太祖の遺言は概ね守られたが、国家の政治的脆弱性が内外の敵にさらされるのを防ぐには不十分だった。しかしながら文化の領域では、高麗は太祖が誇りにしたであろう人々の想像力や知性への永遠の記念碑を遺した。

書籍は重要視されたが、これはステイタスを表すものでもあった。金富軾は一一三五年、仁宗から歴史書編纂の命を受けた。ピョンヤンで妙清の反乱を鎮圧したばかりだった金富軾は、むろんその政治的課題も理解していたことだろう。かれに期待されたのは、高麗政権が二世紀前に前政権を打倒したことと、統一新羅が七世紀に百済《ペクチェ》と高句麗《コグリョ》を征服したことを正当化することだった。自身の王権の正統性と平和への貢献を肯定し、北方のマンチュリアへ拡張することを唱えた妙清のような人々を沈黙させるためである。自身も新羅貴族の後裔だったことから、自らの祖先のイメージを高めるこの好機を金富軾は歓迎したとみられる。すでに官職から退いたものの、開城の宮廷内図書館の書物へのアクセスが可能で、官立の研究者集団を組織することもできたとみられる。司馬遷による初の中国史『史記』をもとに、金富軾は三国それぞれの年代記（本紀）――新羅一二巻、高句麗一〇巻、百済六巻――、年表、雑志、列伝の計五〇巻からなる『三国史記』を編んだ。

一一四五年に完成させて仁宗に提出したが、書名が示すように高句麗滅亡の六六八年で終わっているのでなく、編纂目的に沿うように統一新羅時代も網羅されている。王は儒教原理に基づいて編集された歴史を読むことになった。金富軾と編修官たちはできる限り客観的に記述したが、そこには歴史の教訓的説明も添えられていた。その内容は、王の要求を勘案して金富軾が選定したものだ。王が知る必要がないと金富軾らが考えたものは、すべて省かれている。文人たちの関心事に焦点が当てられる一方、庶民の問題は無視され、音楽や天文学など専門的な主題については当時の中国の書物から引用されている。こんにちの読者はそれらを斟酌する必要があるだろうが、当然、仁宗はこのことを熟知していた。このような事情や、日付に不正確な部分はあれ、『三国史記』は初期の朝鮮史についての情報源として大きな価値を持っている。

その一四〇年後、一然《イリョン》は『三国遺事』を著したが、その意図は異なるものだった。『三国史記』が儒教の観点から情報の取捨選択をしたのに対し、同書は主に新羅で生まれた仏教説話で『三国史記』を補うことが図られた。一然は仏教がいかにして高句麗と百済にもたらされたかを伝え、仏塔、高僧、密教の神僧、神意の感応、孝行などについて記した。このうち、「紀異」と題された項では、古朝鮮、衛満《ウィマン》朝鮮、楽浪《ナンナン》、扶余《プヨ》、高句麗、百済、伽耶《カヤ》、三韓、その他の群小部族について簡潔に紹介している。その建国神話の中には檀君《タングン》の誕生もある。これはおそらく、困難な時期にあった朝鮮人たちに向けて、高麗の祖先が新羅か高句麗かといった論争を脇に置き、より古い創始者の旗の下に団結しようと呼びかけるものだったとみられる。

東アジアの学者たちは、朝鮮製の紙と筆を長いこと珍重してきたが、高麗の人々は書物の生産において大きな成果を上げた。組版のための活字は当初は陶器製だったが、割れやすかった。そこで職人たちは金属活字で作る実験を行った。自前の炉で活字を鋳造できた寺院がこれを主導した。金属活字の組版で印刷された現存する世界最古のものが、パリの国立図書館所蔵の禅書『白雲和尚抄録仏祖直指心体要節』（一三七七年）であることは偶然ではない。初期のものは、海印寺《ヘインサ》（*Picture Essay 11*）に保存されているような手彫りの木版印刷よりも質が劣っており、洗練された木版印刷が魅力を失うことはなかった。優れた書道文化を印刷が駆逐することもなかった。経典は宮廷から鋳造の支援を受け、青色や白色の紙に印刷された。色紙を選択したのは審美的な問題ばかりでなく、インディゴ染料が楮紙に虫がつくのを防ぐという実用的な意味もあった。

金属活字についての最初の言及は李奎報《イギュボ》の著作にみられる。一一六二年の崔允儀《チェユニ》『詳定古今礼文《サンジョンコグムイェムン》』の印刷を李奎報が委託し、二八部が一二三四年から一二四一年の間に印刷されたという。李奎報は三〇歳近くになって初めて官職を得たが、政治的野心のあるタイプではなかった。文学、音楽、絵画、酒を好み――この順番は正確ではないが――、琴の演奏や酒への傾倒こそが、古代中国の詩人陶潜《とうせん》（三六五―四二七年）の弟子たるゆえんだと述べている。儒教教育を受けたとはいえ仏教への共感も公言し、一二三六年版の大蔵経の保存可能性について楽観的に記した。その率直さのために敵を作り、追放も経験したが、最終的には正二品〔門下侍郎平章事〕にまで上った。「朝鮮で最も偉大な学者であり政治家」（ジェームズ・スカース・ゲイル James Scarth Gale）という一九二〇年代の評価は誇張し過ぎかもしれないが、作家としては頂点に立つといえよう。かれは公式文書から文学史についての随筆に至るまでの、あらゆる分野における優れた散文家で、自身が好んだ韻文の手法でも幅広く書いた。

かれの最も有名な作品の一つは、神話と部族史をつないだ朱蒙《チュモン》の高句麗建国説話〔『東明王篇』〕である。これは長大なものだが、叙事詩というより抒情詩である。これとは対照的に、短詩「蛙」〔群蟲詠二〕は偉大な中国の詩人李白（七〇一－六二年）の詩と並び称されており、李白のように抒情詩人としての評判を得ている。

無怒亦無瞋　　怒りもせず目も剝かず
皤然長迸腹　　平たく長い腹がときに膨れる
両部爾莫誇　　両の頰から出る声を誇るな
人将焚牡菊　　さもなくば菊を焚くだろう＊

＊かつて菊を燃やした灰で蛙を殺した

文芸は手工芸よりも高く評価されたが、朝鮮人が東アジア地域全体で高い評価を得たのは陶器制作においてだった。朝鮮の陶工たちは、中国からの流入者たちに教わりながら作ったとみられるが、一一二七年に北宋との接触が中断されたことにより、その自立性を発揮するようになった。両国とも陶磁器製造に秀でており、種類や量の面では隣国中国に劣ったものの、高麗の陶磁器はその優れた品質や技術面では引けを取らなかった。

徐兢は朝鮮の青磁については賞賛したが、中国の定窯《ていよう》〔唐時代後期から元時代の窯〕に触発されて生まれた白磁や、鉄絵青磁には言及していない。辰砂を釉下に施した高麗後期の辰砂青磁、有名な象嵌陶器（*Picture Essay 12*）も目にしていない。これらは徐兢の訪問後に生まれたもので、こんにちでは朝鮮の文化革新の典型とされている。

中国の窯は青磁を大量生産しており、航海用の帆船の底荷としても使用されていた。それには及ばないにしても、朝鮮でも豊富に生産された。一九七八年、筆者が康津《カンジン》の高麗窯跡近くにある沙堂里《サダンニ》の田舎道を歩き回っているとき、ふと壊れた破片の舗道を歩いていることに気づいた。破片を拾おうとかがんだとき、それらが象嵌青磁のかけらだということに気づいた。それらはおそらく六〇〇〇年前に誰かに捨てられ、そこに横たわったまま人々に踏まれ続けていたのだ。

高麗の歴史には、次の世紀の朝鮮における政治社会を特徴づけ、形成することになる多くの要素がみられる。血統と男性による支配を重視した新儒教の台頭、教育、試験、文学書の尊重、ある程度の社会的流動性はあるとはいえ不均衡な社会的階層構造、文官の優位、たびたび起きた軍の反発、王座にある者が首都の貴族と在地有力者を支配するための政治的党派主義、マンチュリアからもたらされる危機、土地問題をめぐる緊張関係、頻発する農民の乱、仏教の隆盛（とくに下層社会）、社会の全階層でのシャーマニズム信仰などだ。檀君神話を記したり、大蔵経の木版を彫刻したりすることで王権を補強することが中世的だとしたら、高麗の睿宗が宋皇帝の徽宗の文化覇権主義をあしらった冷静さは、まさに近代的なものだといえよう。

高麗が近代の始まりだったというわけでは決してない。だが、朝鮮は古い時代から脱し、独立国家であること、すなわちネイションフッドの要請を経験しはじめた。私たちの時代は、進歩の探求、ときには未知の未来への探求に費やされている。だが皮肉にも、両班たちが崇めた中華思想世界では、古代からの進歩は後退かつ衰退だとみなされたのだった。過去は黄金時代を意味し、改革は古典からそれが演繹されうるよう時計の針を戻すことを追求する。徽宗は一一一四年に叡宗へ送った曲を「新曲」と呼んだ。その意味は、単旋律と多声音楽の違い、あるいはタリス〔一五〇五－八五年、イギリスの作曲家〕からモンテヴェルディ〔一五六七－一六四三年、イタリアの作曲家〕への飛躍というようなものではない。それは逆説的にも、天が喜び、再び聞きたがって中国に祝福を送ることを期待するという、古代の周、商、夏王朝の十全な儀式音楽とみなされているものを再現する、宮廷音楽学者たちの試みの内での最新のものだったのだ。徽宗によれば「国を治め、外国を統制するための我々の最初の義務は、壮麗な儀式を執り行い作曲すること」だ。一一一六年の叡宗に宛てたメッセージでは、詩経のよく知られた一節をやや軽はずみに引用しながら、「その地の邪悪な習慣を変える」のに音楽以上に適したものはないと述べている。

徽宗の音楽の新しさ——一一〇七年に開封で初演された——は、九〇歳の道士、魏漢津が徽宗の中指、薬指、小指の寸法を基準に定めた音高〔黄帝の法〕を使用したことだ。朝鮮人たちには奇妙に聞こえたかもしれないが、如才ないかれらは黙って年間を通してそれを演奏した。その後、中国からの使節団の訪問頻度がしだいに減っていくと、ほっとしてこれを朝鮮化させたとみられる。

中国では、歴史的もしくは正典化された先例を引用しつつ立証しない限り、本格的な改革の提案はなされなかった。一方、朝鮮の政治家たちにはそこまで厳しい制限はなかった。すでに私たちは、高麗王朝を正当化するという責務がどれほど重く王建・太祖にのしかかっていたか、歴史記述の積極的利用にあたって『三国史記』の金富軾がいかに儒教原則に従ったか、一然の『三国遺事』においていかに仏教の学識が昔の説話の価値を認めていたかを見てきた。

崔承老が成宗に諭したように、歴史は模倣すべき英雄と避けるべき陥穽への警告を生み出す。五代前までの王たちから学べば、唐の玄宗が先祖の太宗《たいそう》に倣おうとしたように、成宗は高麗初代王の太祖と自らを結びつけてふるまうことができるというわけだ。このことは、中国や朝鮮の社会の停滞を意味するものではない。眼前の問題を解決するための発明や革新は、長期的な発展に寄与した。陶磁器の意匠の変更が試みられ、認められた。印刷方法が改良され、土地がときどき再分配され、奴隷も解放された。

だがこれらはいずれも、真新しい世界への第一歩として認識されたのではなかった。未知のものを見据え、新しくまだ試されたことのない状況を予測して政策の基盤を作るのは、中華思想的なやり方ではなかった。農民たちの反乱の目的ですら、未来についての社会、政治的思想の根底を覆すことなどではなく、昔の幸せな時代に戻すことだったのだ。

韓国を訪れる観光客は、愉快な見世物として仮面劇を鑑賞する。朝鮮の人々もまた、はるか三国時代にさかのぼる古代文化として仮面劇を評価する。季節、収穫の儀式と関わりの深い守護神城隍《ソナン》の劇に由来するものもある。菩薩と結びつく獅子崇拝を軸にした獅子《サジャ》契《ゲ》〔獅子舞〕は、統一新羅《トンイルシルラ》時代に中央アジアから伝えられたとみられる。高麗《コリョ》時代は、演劇やアクロバットなどは広く山台都監《サンデトガム》劇と呼ばれていた。朝鮮《チョソン》王朝初期には、この名の冠された官庁で儺禮《ナリェ》が管掌されていた。

仮面劇はユーモラスな娯楽、とくに社会的風刺と結びついており、こんにちの仮面劇は通常この形をとる。話の筋はなく、一連のばか騒ぎが、ときに卑猥な描写を含んで構成される。社会における新儒教の規範を反映しつつ、さまざまな社会的地位の人々の腐敗と放蕩をからかうものだ。

仮面劇は南アジア、中央アジア、東アジアで好まれた。その伝統は国境を軽々と越え、演者たちは百済、新羅から日本へと渡った。唐の宮廷もそれを堪能した。正倉院宝庫にある絵画にも、八世紀の旅芸人の一座が描かれている。仮面の名前だったとみられる広大《クァンデ》と呼ばれる下層民の芸人たちは、高麗宮廷に気軽に出入りしていた。ソルランという一座は八関会で仮面劇を披露しているが、これは新羅時代の花郎から下ってきたものの可能性もある。

処容説話の仮面劇は九世紀に始まったとされる。宮廷では、訪ねてきた使節団が帰国前に悪霊を追い払うという意味を込めて上演した。だが道徳的雰囲気に満ちていた宮廷は、山台《サンデ》の芸人たちにことあるごとに冷や飯を食

木製の仮面、14－15世紀、河回、慶尚北道、22×21.6センチメートル〔カクシタル（新妻の仮面）〕

わせた。芸人たちが運命の変転に冷静な態度を取ることに長けるようになったのはそのためだろう。国立中央博物館にある一六二三年の絵には、宴席で処容を上演している様子が描かれている。仁祖《インジョ》は山台たちを宮廷から追放したが、その後、一七二〇年には、かれらが耆英会《キヨンフェ》のために演じている姿が再び見られる。

職人たちは瓢簞、木、竹、粘土、紙など、たやすく手に入る材料であれば何であれ利用し、仮面を作成した。それらの人物を戯画化して特徴を付与し、明るくユーモラスに彩色した。

安東市の河回《ハフェ》仮面博物館は、さまざまな地域文化の仮面を二百ほど所蔵している。その中には河回産のものもあり、新年の一五日目には別神《ピョルシン》クッ（祭祀）のための仮面劇が行われる。これは無形文化財に指定されている。高麗後期から朝鮮王朝初期に製作された九つの河回の仮面（大韓民国指定国宝第一二一号）は、朝鮮に現存する最古のものだ。学者〔ソンビ〕、貴族〔両班〕、新妻〔カクシ〕（半分閉じた目は恥ずかしがりを、小さな口は寡黙を示す）、寡婦〔ハルミ（老婆）〕、僧、浮気者の女〔プネ〕、牛の屠畜を生業とする肉屋〔白丁《ペクチョン》〕、おせっかい〔チョレンイ（下僕）〕、愚か者〔イメ〕を表現している。

ハンノキを深く刻んだ、漆塗りの痕跡を残した五つの仮面には、可動式の顎が別にある。それらは深くくぼんだ目と長い鼻を持つが、歴史家の金元龍《キムウォンリョン》によれば、これは外国からの影響だという。

中世の朝鮮人にとっての音楽とは、雅楽、唐楽、郷楽のいずれかだった。使用された楽器のほとんどは東アジア全域でなじみ深いもので、これら三種の音楽はいずれも中国の調べを含んでいた。だが土着の伝統は堅固で、輸入された音楽はすぐに朝鮮風に変えられた。宋の徽宗《きそう》が中国の儀式文化の偉大さで高麗宮廷を威圧せんと、一一一四年と一一一六年に送った唐楽と雅楽ですらそうだった。

昔ながらの儒者にとって、音楽は政府を形作る重要な要素だった。それは共産党政権であるこんにちの朝鮮民主主義人民共和国でもそうだし、大韓民国でも同様だ。韓国の宗廟《チョンミョ》で行われる王の先祖たちを祀る儀式と、成均館での孔子を祀る儀式のための演奏（これらは一二世紀からいまに受け継がれた、独特で荘厳な贈物である）は、観光客のカメラに収めるために再現された行事、という以上の意味を有する。

最後の王室の子孫を含む宗廟での儀式の参加者たちは、古代の典礼に従い、心よりの敬意をもって祖先、または精神的な祖先を敬う。朝鮮王朝時代に朝鮮人の思想や嗜好に合うように変形され、こんにちでは現代の都合に合わせて長さや形が縮小されているが、これらの儀式からは中世東アジアの儀式の神秘的で、華やかで、豊かなタペストリーを垣間見ることができる。

本家の中国ではこれらの儀式は清朝崩壊後に途絶えたが、ソウルでは専制君主制の終結後も生き延び、植民地時代をも乗り越えた。精神的気風に及ぼした儒教のパワーを称え、体制の連続性もわずかにほのめかすものだ。

一一一四年の徽宗の贈物には、一六七もの

儒教儀式の音楽、成均館

美しい楽器、楽譜一〇巻、さらに演奏の手引書一〇巻が含まれていた。楽器には方響《パンヒャン》〔打楽器の一種〕、琵琶、琴、竪琴、笛、オーボエ属の管楽器、笙、オカリナ、太鼓があった。宋の楽譜は、すでに開城《ケソン》で知られていた唐楽の音楽と舞踊に新たな風を吹き込んだ。高麗の睿宗《イェジョン》はその年の年末までに、三度もこの新しい曲を演奏させた。

この贈物の受領に加え、翌年に五名の朝鮮人が中国の「礼」と儒教儀式「雅」を学びたいと要請したことから、徽宗は一一一六年、さらに四二八の楽器を高麗に送った。これは絢爛たる贈物だった。司祭、演奏家、舞踊手のための衣装の体積と重量は言わずもがな、物理的にも運搬上も楽器を積んで輸送するのは並々ならぬ大仕事だったことだろう。それらが陸を旅したのか海上を通ったのかは不明だが――いずれにしても危険な旅だったことだろう――、みな無傷で到着したようだ。編鐘《ピョンジョン》〔音色の異なる鐘を枠に吊るした打楽器〕二〇組、石のチャイム編磬《ピョンギョン》もその中にあった。こんにちのものでさえ、編鐘は長さ一・七メートル、編磬は一・五メートルにもなる。一一一六年当時にそれよりも小さかったり軽かったりしたということはありえないだろう。木製の虎（敔《オ》）や柷《チュク》〔奏楽開始の合図に用いる木箱状の打楽器〕といった楽器と並んで、これらの鐘は雅楽に特有のものだったとみられる。

この事実は、この贈呈のもう一つの明らかな特徴を示している。それまで、洗練された雅楽は中国皇帝の儀式のためだけに使用され、「野蛮な」統治者に提供されたことはなかった。女真との対立関係の中、増幅する不安に苛まれた徽宗にとって、これ以上のご機嫌取りはなかっただろう。高麗と朝鮮王朝の王たちは雅楽の超越的なパワーを認め、国益を祈るものとしてそれを演奏し続けたのだった。

Picture Essay 11　高麗八万大蔵経の版木

政治家や政府の利益に奉仕する芸術や宗教という概念は、私たちにとってなじみ深いものだ。もし統治者の権威や支援がなかったら、西洋には偉大な建造物、記念碑、像、絵画の多くは存在しなかっただろうし、ジェームズ王の欽定訳聖書の栄光も知られないままだっただろう。

東アジアにも多くの類例がある。冊封体制によって、中国の職人の技術と芸術的技巧は国境を越え、数えきれないほど多くの称賛を受けることになった。皮肉にも支配階級を補佐するものへと変化したとはいえ、仏教は国際的に認識可能な視覚言語となった。景徳鎮《けいとくちん》の青と白の磁器は中東の権勢家の邸宅を飾り、美しい仏教彫像は西はアフガニスタンから、東は日本にまで広がり、仏教徒たちを見下ろした。既存の国境をまたいだ帝国を経営していたモンゴルの指導者たちは、朝貢を通したやりとりと宗教的イメージをいち早く利用した。

西洋がキリスト教の神を求めたように、中国、朝鮮といったアジアにおけるモンゴルの敵は、仏教の神々に魂の救済を求めた。モンゴルの指導層がチベット仏教を信奉する一方で、朝鮮人たちは仏典の完全な木版印刷という、学究的かつ費用のかかる事業によって仏の加護を得ようとした。

契丹が攻め入ってきた頃である一〇一〇年に顕宗《ヒョンジョン》がこの事業を始め、四〇年かかって高麗大蔵経を完成させた。六〇〇〇巻の本とその木版は、一一世紀末に義天《ウィチョン》が完成させた四七四〇巻の補巻とともに、大邱《テグ》近くの符仁寺《プインサ》に保存された。だがモンゴルはこの寺を一二三二年に焼き払った。仏の加護という目的は達成できなかったが、高麗大蔵経の運命は、

高麗八万大蔵経の版木、1230年、海印寺、慶尚北道

焼失した寺よりはましなものだった。

経典の救いの力をまだ信じていた高宗《コジョン》は、一二三六年に僧侶たちを集め、一五〇〇以上もの中国語、契丹語、朝鮮語版の中で最善の改定版に基づき新たに彫刻を始めた。六五センチ×二四・五センチ×六・五センチ、重さ三・五キロになる八万一二五八個のモクレン〔シラカバなど諸説あり〕の木版に、一四文字が二三列並べられた。一二五一年に完成した後、漆で塗られた。モンゴル将軍ジャラタイが二年も経たずに再びやってきて、過去最悪の破壊を行ったが、そのとき大蔵経は江華島《カンファド》に保管されていて無事だった。

一四世紀までずっと江華島に置かれ、その後まずソウルに、そして最終的には海印寺の山間の安全な場所に移された。一一四八年には、羽板のついた木の壁を用い風通しの良い環境で木版を保護する、温度、湿度による損壊を防ぐ特設図書館〔蔵経板殿〕が建設された。

荒れ狂う一〇世紀に朝鮮へ逃れてきた中国人陶工たちは、地元の職工たちに新たな工芸品と技術への情熱を伝えた。北宋の陶工たちは、朝鮮半島中部に定着したとみられる。

一方、朝鮮南西部の全羅南道康津《カンジン》周辺には、北宋の陶工たちよりもさらに大きな中国南東部からの移民集団が存在していた。木々の生い茂るその地域で、陶器の生産拠点が成長した。豊かな赤土は鉄を多く含み、豊富な木材と流水も利用できた。完成した品は西海岸を伝って首都まで楽々と運ばれた。窯は丘陵地をうねうねと登っている。一九六四年に発掘された沙堂里《サダンニ》の窯は、長さ七メートルにもなるものだった。

青磁の製造に不可欠な要素は二つだ。少量の酸化鉄を含む特殊な釉薬、それに還元焼成温度が一一〇〇℃から一二〇〇℃の間だということである。色の分布範囲は、黄味がかったオリーブグリーンから淡いグレーブルーまでで、長寿を表すヒスイのようだと称えられた。最も美しい色合いを朝鮮人たちは「翡色〔カワセミの色〕」と呼んだ。造形、彫刻、下絵付けで装飾が施され、細かい釉薬の亀裂も使用された。蓮、牡丹、菊、柳、鶴、雲、家鴨がデザインされ、フォルムの純粋さ、スタイルの幅と色で卓越した美を生み出した。

一二世紀中葉からは、朝鮮人研究者たちが美しさの極致と表現する地点に到達した。象嵌《サンガム》の発展である。下絵を彫って白や黒の泥漿《でいしょう》〔粘土を含む濁水のような懸濁液〕で埋めるという、中国では知られていなかった技術を完成させたのだった。だが象嵌がもたらしたその栄光は短命に終わった。一〇〇年も経たないうちにフォルムは野暮ったくなっていき、

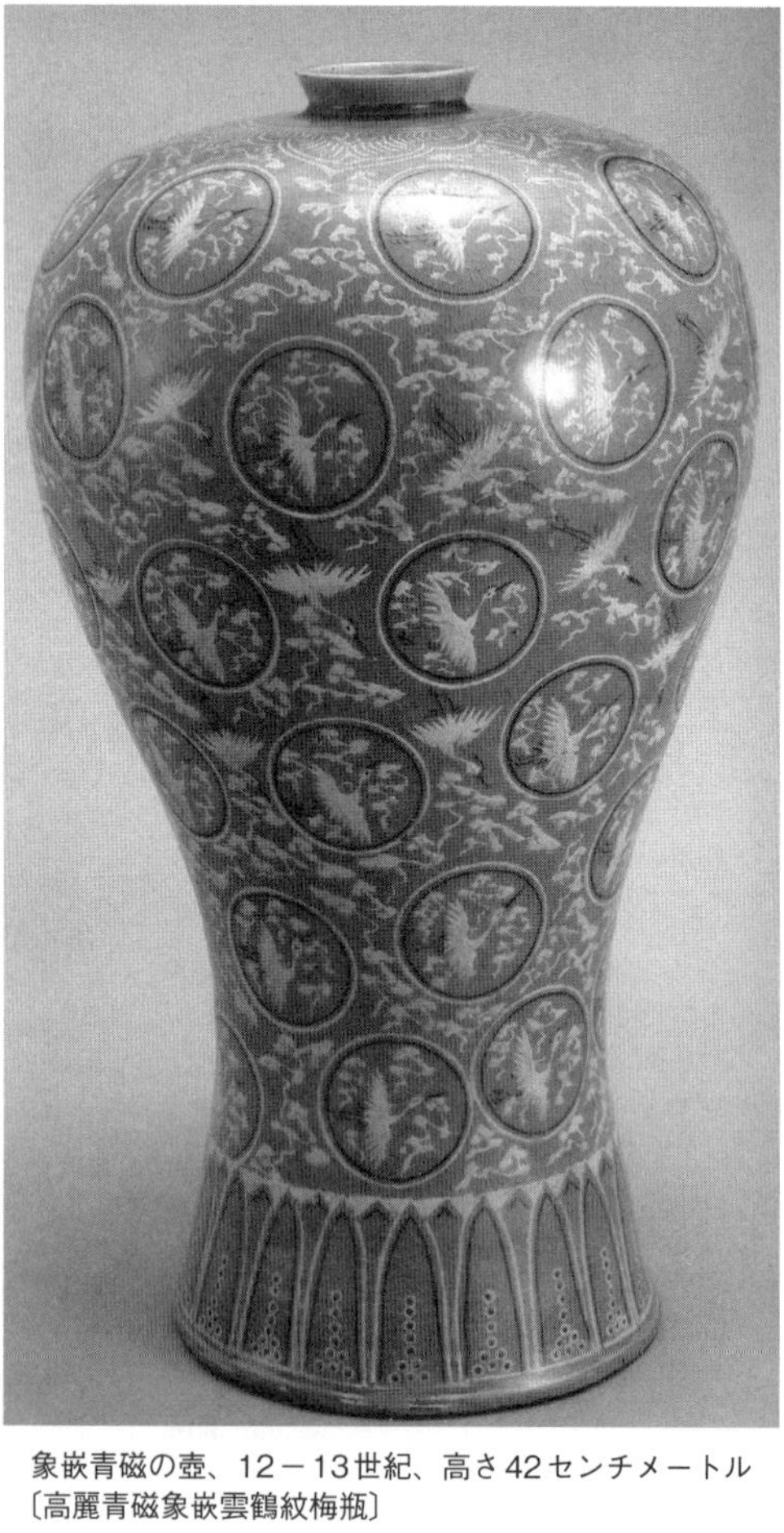

象嵌青磁の壺、12－13世紀、高さ42センチメートル
〔高麗青磁象嵌雲鶴紋梅瓶〕

独創性は失われた。モンゴルの侵略とインスピレーションの欠如により、不振になっていったのだった。

　本源的な美しさに加え、その純粋さが仏教と結びつけられていたため、高麗宮廷はありったけの青磁を求めた。だがこのことは、人々が青磁を利用することを妨げるものではなかった。儀式用、実用のあらゆる種類の青磁が全国に広がった。たとえば韓国国立中央博物館は、青銅の釉薬の下に褐色の酸化鉄で唐草模様がすっきりと描かれた、炻器の砂時計の胴体型陶器〔鉄画菊花唐草模文杖鼓〕を所蔵している。この特殊技術は中国の磁州窯のもののように見える。

　皿の中央に盛り上がった止まり木の上に載る盃と受け皿〔青銅蓮枝型柄香炉〕は、紛れもなく朝鮮特有の形をしており、青磁の皿、盃、酒器で食卓が飾られた。

　学者たちは机の上に青磁の花瓶や筆立てを置き、動物やヒトの形をした青磁の水差しを使用した。とりわけハイネックで腰のくびれた朝鮮版の美しい梅瓶《メビョン》が好まれた。

　女性たちは象嵌細工の箱に化粧道具をしまい、夜には青磁の枕に頭を載せた（大阪市立東洋陶磁美術館には、二頭の獅子の形をした青磁獅子形枕が所蔵されている）。

　仏僧たちは青磁の香炉と浄瓶（ケンディ）を用いて儀式を行い、青磁の椀でお布施を集めた。徐兢《じょきょう》は、うずくまった獅子が載っている香炉〔青磁獅子形蓋香爐〕について描写しているが、これはまさに「高麗随一の陶磁器」とゴムパーツ（Gompertz）が述べるものだ。

第4章　初期から中期朝鮮（一三九二―一八〇〇年）
――妥当な正統性を求めて

朝鮮《チョソン》王朝（支配者一族の名にちなみ「李朝」と呼ばれることもある）は三つの時期に分けられる。一三九二年から一五九二―九八年の日本の侵略までの時期、一七世紀初頭から一八六〇年代の欧米勢力の到着まで、近代化および一九一〇年の日本の侵略以前の時期である。朝鮮の指導者たちは、自国を立て直すために外国からの援助を受け入れることに関しては、中国よりも抵抗が少なかった。

仏教は政治、社会的な領域で広く普及したが、儒教の方が正統なものとされ、まもなく仏教を凌駕していった。仏教も儒教も芸術に影響を与えた。朝鮮の文人たちは、宗主国である中国の政治家たちの文化的嗜好を絶賛し模倣したが、日本との戦争という大激変の後には、朝鮮土着の伝統やヨーロッパ文化にも関心を広げるようになった。芸術面では東アジアの様式と形式が相変わらず好まれたが、一九世紀後半になると都市計画、建築、医学、宗教的信念において西洋文化の影響が顕著にみられるようになった。

一三九二年、キリスト教圏のヨーロッパでリチャード二世がイングランド王として君臨している頃、西アジアでは虐殺王ティムールが、自らの祖先と主張するチンギス・ハーンの偉大な帝国の再来を期し、虐殺した反抗者たちの頭蓋骨で高い塔を築いていた。この二人の男は、独立が自らの当然の権利だという以外には、支配者の統治権について全く異なる見解を持っていた。

ウェストミンスター寺院に所蔵されているリチャード二世の当時の肖像画からは、イングランド王が天与の王位に対する考えに過敏になっていることがうかがえるが、一三九二年にはおとなしく国内外の敵に対処していた。一方、一九四一年にサマルカンド墓地から発掘された、頭蓋骨で再構築したティムールの胸像（モスクワ市歴史博物館所蔵）からは、かれの非妥協的で無慈悲なさまが見て取れる。敵のイブン・アラブシャはティムールを恐れ知らずで、狡猾で、畏敬の念を起こさせる人物と評した。結局、英国のプランタジネット朝もティムール帝国も長続きはしなかった。

だが東アジア世界では、朝鮮で李成桂《イソンゲ》が開いた王朝が、チュルク系民族によるイスラム帝国消滅後、ティムールの子孫バーブルが創始したムガール王朝を英国が滅ぼした後、そして英国のヴィクトリア朝時代が過ぎた後にも長い間ずっと続いた。朝鮮王朝時代には二五名の王が君臨した。天と天帝に対する王（天子）の責任という儒教概念は、キリスト教徒、イスラム教徒、モンゴルの王、王子、長たちに影響を与えたものとは全く異なるものではあったが、かれらもまた天命を信じていた。

李成桂はリチャード二世よりも多くの肖像画――二六回にわたったといわれる――を描かせたが、原本あるいは初期の複写版は残っていない。一九世紀に描かれた肖像画の中の李成桂は、両足を開いて手を腹の前で組み、五つの爪を持つ竜が刺繡された青い衣服を身に着け、自信に満ちた思慮深い表情を浮かべている。

この長く続いた寡頭政治の基盤を築いたのは、初期の王たちと、かれらに仕えた両班（士大夫《サデブ》）ら儒教イデオローグの知識階級である。かれらの作り上げた文化は中国への崇敬が色濃いため、朝鮮と中国の社会と文化が全く同じ意図と目的を持っていたのではないかと思い込んでいる人々も多いだろう。だがこの章で取り上げる長い王朝期の後半には、両班たちは自分たちが称賛した中国という模範を無条件に模倣するのではなく、芸術を通して人生観を独自に解釈し直した（下層階級の芸術家たちについても同様のことがいえる。かれらもまた、中国のように景色や花鳥を好んで描いたが、それらの絵が明らかに異なる特徴を有することもままあった）。

チョン・ヘジョン（Hae-Jong Chun）は、宮廷と国境という公式的なもののみに文化交流を制限した朝貢関係がなかったなら、真の交流が進んだだろうと指摘する。だが、自由貿易という概念はむろんまだどこにもなかったし、東アジアにおいては、異なる立場の国家間の外交関係はすべて中国の支配様式に従っていた。朝鮮の宮廷は崩壊した明への忠誠心を保ってはいたが、一六四四年以降は外交的、文化的実用性の理由から清との外交関係を確立した。

国際的な階層構造の中で首尾よく二番目の位置につけると、日本と琉球王国との間での優劣関係を維持しようとした。外国に使節として赴くために厳選された教養人たちは、現地の学者たちと会うことを重要視した。少し前の秀吉による傲慢な侵略の苦い記憶が残っていたにもかかわらず、ソウルと江戸の緊密な外交により、中国の文学、哲学、芸術への関心を共有する朝鮮と日本の文人、芸術家たちの関係はすぐに回復した（ベルリンド・ユングマン Berlind Jungmann は、中国の南宗画［南画］の朝鮮式解釈が日本の南画の発展にいかに影響を及ぼしたかを明らかにしている）。

だが、知的快楽が経済的困難を覆い隠すことはできなかった。使節団は大がかりで金食い虫だった。中国が要求した献上品は高級品、とくに金、銀、織物、動物の皮などで、中国皇帝から返礼として贈られた品物の経済的価値をはるかに上回った。チョン・ヘジョンは、朝貢使節団のメンバーが個人的に銀を得ることで若干は軽減されたものの、朝貢が朝鮮の税銀の流出につながったと論じる。ジェームズ・ルイス（James Lewis）もまた、日本との国家間貿易によって朝鮮が負った「（経済的）負担の莫大さ」を指摘している。

このとき、ごく重要な役割を果たすことになったのは綿だった。徴税を担当した戸曹《ホジョ》は、一四八六年に日本の銅、錫と引き換えに毎年輸出される綿五〇万匹の流出を補うため、布税を引き上げなければならなかった。南部の港では、琉球王国に向かう船に綿と高麗人参が積み込まれた。琉球王国からは金、銅、辰砂《しんしゃ》、剣、香料、薬品（通貨の代わりに使われたコショウを含む）、サメ皮など、量はそう多くはないが種々の品物を載せた船が入港した。日本では、一七世紀中頃から綿に取って代わって米の需要が最も高まった。大量の高麗人参の贈物は、使節団の身支度の費用をさらに引き上げた。

王道（その一）

一三九二年は変化の年だった。一三世紀後半に朝鮮人学者たちが大都で初めて出合った宋学（新儒教）により、朝鮮は高い道徳観と指導者の資質を回復させることになった。その一方で、仏教勢力の経済的優勢は終わりを告げた。新しく建国された明は新儒教を強く支持し、朝鮮の政治エリートたちもその可能性を高く買った。李成桂は自らの仏教への敬意を棚上げにし、君主と国民との正しい関係を回復させる意思を表明し、中国から許可を得る必要性を認めつつ、新儒教の立場から「王」を名乗った。優れた学者李穡《イセク》と鄭夢周《チョンモンジュ》は、高麗《コリョ》王朝の転覆に反対したが、李穡の弟子鄭道伝《チョンドジョン》は箕子と朝鮮のつながりを喧伝することで、李成桂による王位簒奪の正当化を補佐した。一三九〇年、李成桂は高麗貴族や仏教界が所有していた広大な土地を解体し、官吏、行政機関、学校、儒教の孔廟に土地を再分配したが、これは鄭道伝の助言によるものだった。

新たな首都は、議論の末に無学大師《ムハクテサ》が風水で選んだ漢江《ハンガン》北の漢城《ハンソン》（ソウル）に定め、王宮と城壁を築いて一三九四年に開城《ケソン》（開京）から遷都した。李成桂は仏教、とくに社会に損害を与える個人主義を後押しするような教義を攻撃した。また、明に依拠して改正した法制度の基礎を築き、長い歴史を有する宮廷の記録保管および王朝史編纂の体系である中国の「実録」を導入し、高麗の官史編纂に取りかかった。さまざまな紆余曲折を経て、一四五一年に『高麗史』が完成した（朝鮮王朝期の実録は一八九三巻に上る。これだけの歴史原資料は世界中を見渡しても比類するものがない。なお正統な実録は、二五代の王、哲宗《チョルチョン》の死によって一八六五年に途絶えた。日本の植民地政府は一九三二、四年に純宗と高宗《コジョン》のいわゆる「実録」を作成したが、その記述は歪曲されたものと広くみなされている）。

李成桂が一三九八年に退位すると、その四人の息子の間でごく儒教的らしからぬ争いが勃発した。その一人の芳碩《パンソク》が殺害され、かれの支持者だった鄭道伝も同じ運命をたどった。その十年後に死んだ李成桂は、太祖《テジョ》（「高貴な祖先」の意）という廟号を得た。この名は中国の宋、遼、金、明王朝の始祖の諡《おくりな》である。顕著な中国化を行った王朝を創始した者にとってふさわしいものだった。

朝鮮の政治と学問を、李成桂が中国のそれと並行するように向け直して舵取りをした航路は、朝鮮社会に大きな影響を与えることになった。朝鮮人たちの間では、中国への義務について複雑な感情を抱く者が後には出てきたとはいえ、中国皇帝は、李成桂の子孫がソウルの宮殿に収まっている限り、中国には朝鮮の忠誠を要求する資格があると考えていたようだ。一四〇三年、明の太祖は古代中国とのつながりを示唆する「朝鮮」という王朝名を承認した。中国の皇帝はその授与のしるしを朝鮮に送り、その見返りとして朝鮮からの朝貢を受け入れた。朝鮮の文人たちは新儒教の書物の研究に没頭した。儒学教育や試験の重要性が繰り返し説かれ、行政官たちは新儒教の原則に従って行動するよう命じられた。中国と朝鮮の宮廷同士の関係は、それまでとは異なる親密さを帯びるようになっていった。

李成桂にとっての王権の概念は、リチャード二世やティムールほど自立的なものではなかったかもしれない。その天命や王権、特権についての考え方がどんなものであったにせよ、李成桂とその子孫たちが王座に座り続けられたのは、王の大権についての概念が王と両班階級の間で相互に合意されていたことと、その両者の妥当なパワーバランスのおかげだ。

政治の中核を形作った複雑な官僚制は、専制政治の芽を摘んだ。国内政策の実施においては、中国の皇帝に責任を問われるかもしれないという事実が、大臣たちの行き過ぎた傲慢を抑えた。庶民であれ大臣であれ親族であれ、誰もが仰々しい敬意と畏怖に満ちた敬服でもって王に接するよう気を配った。

王たちの方もまた、完璧に儒教の礼に沿って行動することがいかに難しく、時間がかかり、骨の折れることであるかをよく理解していた。社会、政治的なピラミッドの頂点に立つことは楽なことではなかった。家族や政敵から身をかわしつつ、儒学の称える中庸に従うことも容易ではなかった。公正さと平等がそこに加わることはなく、商人や奴隷たちよりも両班を満足させることが重要だという実用主義を生んだ。外交関係や経済関係とちょうど同じように、日本と琉球の犠牲によって儒教的中庸が補われるのを望みつつ、中国へ敬意を表するための高価な見世物を続けなければならなかったのだ。

朝鮮王朝という樹木が太祖・李成桂の時代に深い根を張ったとすれば、その最初のずっしりした実がなったのが、その孫の世宗《セジョン》（在位一四一八－五〇年）の治世のときだったことは、議論の余地がないだろう。「大王」と称されるだけの人物である。当時の肖像は現存していないが、近代になって描かれたものを見ると、自信に満ちた寛大な人物として描かれている。こんにちの世宗についての聖人伝によれば、真の博識家というだけに留まらず、時代を先取りする社会的、技術的進歩に刺激を与えるのにふさわしい王だった。

世宗の学識と達成を一覧にして並べるとたしかに壮観だ。王位にあった三二年間に王が話し、行ったことすべてを実際に見聞きして忠実に記録した、世宗代のきわめて詳細な実録からもこれは確証できる。それだけとってみても、ソウルの徳寿宮《トクスグン》の敷地を歩く現代の観光客たちを見下ろすかれの像の建立は、全くもって妥当なものだといえる。

世宗が最初に行った施策の一つに、中国からの学問、制度を学ぶ研究所集賢殿《チッピョンジョン》の再建がある。一四二〇年のことである。約二〇名からなる最も有望な若い文官がここに集められ、法学、歴史、文学、文化を研究した。世宗は蚕の飼育、土地税制、灌漑の改良、気象記録など農業全般にも関心を持ったが、これは庶民を思ってのことだった。雨量計を新たに考案して全国に配布し、改良版の日時計と水時計の発明を促した。『農事直説』という農業の実用書が一四二九年に出版され、悪天候時の作物管理について学ぶため宮殿の敷地で実験が行われた。一四四四年には収穫税を一〇パーセントから五パーセントに引き下げ、農民の食糧生産を最大化するよう手助けすることを地方官吏たちに指示した。実際に農業は劇的に改善された。国内外の医学研究、とくに農業の一環として天然の薬草の研究を支援しもした。その成果は、五六巻本の医学事典『郷薬集成方』として一四三三年に刊行された。一四四五年には三六五巻からなる『医方類聚《ウィバンユチュイ》』も刊行された。両班たちばかりでなく、女性や囚人を含めた一般庶民のためにと、医学教育も推進した。

世宗が委託した教育政策には、金属活字での印刷や書体の質の改良が不可欠だった。複数の写本を必要とする書籍には木版印刷が好まれたが、そうでない場合は銅と鉛が使用された（鉛は、目の悪い人々のために大きな活字で印刷するために使われた）。世宗は文字の価値を認めていた。かれの彫像は『訓民正音《フンミンジョンウン》』を手にして座っているものだ。訓民正音とは、集賢殿もしくは世宗自身が発明した朝鮮文字「ハングル」を普及させるための手引書である。ハングルは、もともと漢字を多くの人に広めるために作成されたが、大衆はこれに関心を持たず、また漢文に親しんでいた文人たちにはそもそも不要だった（*Picture Essay 13*）。ハングルの時代が来るのはずっと後になってからのことだ。

世宗は宮廷での儀式や式典を中国の水準にまで引き上げようと心を砕いたが、同時に朝鮮の習慣を保存することも重視した。そのためには、音楽と舞踊は不可欠だった。賑やかな音の太《テ》平簫《ピョンソ》（木製の軸と円錐形の金属の鐘でできたダブルリードのオーボエ）、砂時計の形をした長鼓《チャンゴ》の複雑なリズム、興奮した観客の叫び声や拍手などが市場を轟かせた一方、宮廷では王室の儀式、外交行事、社会行事が、深遠な調べに合わせて行われた。雅楽と唐楽の音色は完璧に調整されねばならず、舞踊手のゆっくりとした滑らかな動きと、それを取り仕切る司式者の整然とした荘重な動きで完全なものにされなければならなかった。

世宗は、最も純粋な儀式の演奏ができるよう、宮廷音楽の改革を命じた。人事大臣で儒学院の校長、訓民正音の補遺の著者でもある鄭麟趾《チョンインジ》と、若手官吏の朴堧《パクヨン》にその作業が委ねられた。一四三三年に演奏された新曲は高く評価され（もともと意図されたような、古代中国音楽の再現ではなかった）、朴堧は昇進した。朴による「龍飛御天歌」の記譜法は先進的な井間譜《チョンガンボ》を使ったもので、これは世宗実録にも添えられている。だが、朴堧の学識と世宗の音楽奨励のうちで後々まで残る形見となったのは、一四九三年に成宗《ソンジョン》（在位一四六九－九四年）が編集し刊行した百科事典楽学軌範《アクハククェボム》（音楽学習ガイド）だ。これは、中国－朝鮮伝統音楽を理解する上で最上の価値を持つ書である。学者たちが使用することを意図して漢字で書かれており、世宗が遺した功績を考えたら皮肉なことだが、二〇〇〇年までハングルへの翻訳はなされなかった。

世宗大王はじつに典型的な名君だった！　将来を見通したその政策の数々は、大いに肯定されるべきだ。とはいえ世宗はむろんかれの時代の人物であり、私たちの時代の人ではない。かれは姦通した官吏の妻の処刑を認め、妻が息子を生まなかった場合は夫が離婚できるとし、両班の女性たちが昼間に首都を出歩くことを禁じる命令を承認した。

世宗は祖父太祖の政治哲学に傾倒した。子孫としての尊敬と、新儒教がすべての人々に恩恵をもたらすだろうという心よりの信念からだった。仏教については、社会的、経済的利益を損なうという結論に達した。前代の太宗《テジョン》は僧侶の八割以上に対して、登録せずに叙任したという罪状でその特権を剝奪し、仏教と関連する土地と奴隷の多くを没収し、七割以上の寺院を解散させた。世宗はこれらの措置を追認したが、この国の――宮廷においてでさえ――根深い仏教信仰が直ちに消えることはないことを承知していた。その途上にあって、世宗は急いで事を進めようとした。七つの仏教宗派を禅宗と教宗の二つに統合させ、さらなる寺院の閉鎖を命じ、外部の僧侶たちのソウル立ち入りを禁じた。この聖職停止令は一九世紀後半まで続いた。だが世宗はその後も続けられた仏教儀式のいくつかについては見て見ぬふりをし、それに自ら参加することすらあった。また、仏教と儒教の教えの共通の前提を探った僧侶、後の涵虚《ハムホ》（一三七六－一四三三年）の後援も行った。世宗は外交を円滑に進める上で仏教が役立つことを知っていた。一四二九年、朝鮮通信使の朴瑞生《パクソセン》は、日本では信仰に関する書物が高く評価されると世宗に進言している。朝鮮宮廷は一五世紀の間、琉球からの要請に応え、仏教経典の複写を送った。

神話的な堯と舜に匹敵するような賢者の王の儒教的理想は、実際には達成不可能だったとはいえ、世宗は朝鮮版の適正な代理人となったようだ。世宗は世界一偉大な君主の一人だった。この素晴らしい模範に倣おうとしたかはともかく、一五世紀の朝鮮の王たちは世宗の前ではみなかすんでしまう。世祖《セジョ》(一四五五-六八年)と成宗《ソンジョン》(一四六九-九四年)も、『東国通鑑』や『楽学軌範』編集などの著作事業を推進した文化人だった。だが、人々の記憶にあるのは、世祖が一七歳だった甥の端宗《タンジョン》を殺害して復位の可能性を完全に潰した権力強奪者だったこと、一三歳だった成宗の即位が、母方の祖母で世祖の王妃尹《ユン》の力によるものだったということだ。

ここには、朝鮮王朝の寿命と可謬性という難問があった。朝鮮社会では男性は妾を持てたが、妾との間に生まれた子ども(庶孼《ソオル》あるいは庶子《ソジャ》といわれる)には、何らの権利も与えられなかった。法的な妻との間の息子たちを守るためである。一方、王位継承の場合は男系の維持が最重視された。王の長男が世継ぎに向いていないと判断された場合、長子相続の規則は放棄され、その下の息子もしくは他の男性親族を選出した――このため、朝鮮の支配者一族は、ヨーロッパの君主制における王族たちより長く王位にしがみつくことができた――。そればかりでなく、王の妾との間の息子たちも、強大な政治的影響力を手中に収めることさえできれば、王位継承の資格を得ることが可能だった。ここに競争と陰謀が生まれないはずがない。

専制、寡頭政治、民主主義といった政治体制は、どれをとっても静的なものはなく、君主制、評議会、議会のいずれの制度も代表するものとしては完全ではない。世界各地で、キリスト教、神道、儒教、マルクス・レーニン主義などのイデオロギーが、統治者のやり方に信憑性を与えるために動員されたが、自分たちの指導者から何を期待できるかは、結局のところ憲法や哲学的信念によるものと同じくらい、制度の特性によって決定されてきた。

　つまり、もし君主制が英国の政治の基盤であり、これまで主張されてきたように一五〇〇年近くもの間、国家であること（ステイトフッド）と国家（ネイション）の象徴であり続けたのだとしたら、朝鮮においてもこれは当てはまる。朝鮮の国家君主制のルーツは新羅貴族の族長会議和白《ファベク》で、この中から王が選ばれた。統一新羅《トンイルシルラ》の最盛期の王たちは、中国、日本との関係においてある程度自尊心を保つことができた。高麗時代の大部分の時期を通して、首都および地方の両班や郷吏の一族によって君主制は弱体化し、軍事支配と外国による支配の道を開いた。

　それでも君主制は生き残った。朝鮮王朝初期の王たちは新儒教を支柱とすることで原則と実用主義を結びつけ、古代の由緒ある古典で権威づけした権力、全官僚志望者の教育における指導権、全国の行政区域で（および年長男性が祖先の霊を祀り、家で）執り行った荘厳な儀式、中国宮廷の面前での対面によって、制度の復活を成し遂げたのだった。

新儒教の浸透

　諸々の主義がみなそうであるように、儒教は人々にとって重要なものだった。三国時代の指導者たちにとって儒教は、国家形成の進行とともに自らの権威を下支えする手段となった。それは統一新羅時代の上流階級にとって私的な学問の骨組みであり、都市の発展の手本だった。高麗時代の人々は、個人の救済――むろん、金貸しやがらくた市でのセールといった実用的な理由もあった――を行った仏教の方にもっと魅力を感じていたかもしれないが、それでも儒教は忠誠心、敬意、決意という素晴らしい美徳を語っていた。

「新儒教」とは、朝鮮人が単に「儒教《ユギョ》」、「道《ド》」などと呼んでいたものの西洋での呼び方で、一〇世紀から一一世紀に中国の新たな思想として発展したものだ。それまでの古い儒学が賞味期限をとっくに過ぎてしまったことに気づき、落ち込んでしまった沈滞から国を引き揚げ、想像上の古代の栄光を取り戻すことを願って生まれた。古い儒学が解体されてほこりを払われ、仏教形而上学の観点から再検証した。これは朱熹（朱子）が宇宙論的思索をまとめ、新たに明らかにされた原則を、政治と社会の調和のための実用的な規則へと組み上げるまでは考えられてこなかった、実存主義についての議論の領域へ導くものだった。

中でも最も重要なことは、宇宙が太極（「究極の根源」の意）によって支配されているというのと同じく、国家が絶対的君主に、一族や家族が家長に支配されるべきという主張だ。契丹、女真、そして後にはモンゴルが引き起こした混乱を克服するためには、専制とヒエラルキーが支配しなければならないとされた。

朝鮮への新儒教の導入は、鄭夢周、李穡、李崇仁《イスンイン》、鄭道伝、そしてむろん李成桂など、宮廷内における仏教徒勢力の支配に不満を持つ人々に新たな希望を与えた。新しい朝鮮王朝の指導者たちは、正統のシンボルとなっていく「朱子」（朱熹の敬称）の、儀典から歴史解釈に至るまでの教えを学び、受け入れた。科挙及第や家を守ることなど、公私生活における行いについての道徳律はこのうえなく神聖なものになった。

教育制度においても、朱子による『四書』の注解が基礎となった。かれらは三綱五倫、つまり臣下の君主に対する（忠義）、子の親に対する（孝行）、妻の夫に対する（献身）きずなと、君主と臣下、父と息子、兄弟、夫婦、友人と仲間という五つの関係を崇高なものとみなした。教育を受けた人々は、いや学のないその他大勢の人々ですら、家族生活における正しい実践のために朱子が定めた規則『朱子家礼《チュジャガレ》』を知っていた。冠帽、婚姻、葬儀、祖先祭祀のいわゆる「四礼」がとくに重視された。一方、長い歴史のある仏教もしくはシャーマニズムは、たとえば結婚式や葬儀の儀式を行ううえで、中国発祥の様式に完全に倣うまでにはかなりの時間がかかり、地方ではただの一度も同じようにはできなかったこともあった。

だが朝鮮王朝においては、社会組織と行動の標準化が新儒教の第一義となった。階層制の規律は厳格で、不可避的に差別を引き起こした。差別される側となったのは、婚姻の破綻した妻、再婚が許されない寡婦、科挙の受験資格のない妾の息子、学者たちの指導的地位を脅かすことのないよう、利潤の追求のための行動を制約された商人などだ。それらの規律はときに中国よりも厳密に適用され、両班階級へと社会的上昇をするのはさらに困難になった。

一五世紀には、学者たちは貴族出の功臣に官職を与えることに反対し、官の廉潔を目指し、農民たちの生活についても顧慮した「士林派《サリムパ》」という集団を形成した。みなが官職に就くことを避けたわけではないが、官僚としての出世を望まず、知的思索や研究における独自の体系を通じて社会改善を追求するため、地方へと下った人々もいた。皮肉にもこれは、新儒教を擁護する人々が社会に有害だと批判した、仏教の実践である隠遁生活とさほど変わらなかった。

この伝統の中から、最初の偉大な朝鮮の思想家、李滉《イファン》（一五〇一―七〇年）が現れた。かれの登場は「朝鮮の新儒教思想における成熟の到来」（マイケル・カルトン Michael Kalton）だった。一五四九年に退官して号を退溪《テゲ》（溪谷に戻るの意）とし、朱熹の著作に基づいた形而上学的な思索に余生を捧げた。朱子学を建設的に批判した初の朝鮮人である。退溪はとくに、理（原理）と気（物質）の宇宙二元論、およびそれが「道」にあたる新儒教の「太極」の働きにどう関わるかをめぐる、中国での大論争について考察した。

内在的性質は理と密接に関連しており、物理的エネルギーである気と力が関連する。別の言い方をするならば、すべての人間は精神と肉体からできており、人間の本質についての議論はそこから発生する。退溪は四つの始まりと七つの感情（四端七情）があると考えた。四端は孟子のいう慈愛〔惻隠〕、正義〔羞悪〕、謙虚〔辞譲〕、賢さ〔是非〕であり、七情とは『礼記』によれば喜、怒、哀、〔恐れ〕、愛、悪、欲である。退溪は、四端は理から生まれ、七情は気から生じ、精神が肉体よりも優先されると結論づけた。

一五六一年には年下の若い学者、奇大升《キデスン》（高峯《コボン》、一五二七－七二年）と長年続くことになる文通を始めた。後には次世代の最も優れた哲学者李珥《イイ》（栗谷《ユルゴク》、一五三六－八四年）とも文通をした。僧侶になろうと考えて仏教を少しかじった栗谷は、結局は官吏として成功し、四八歳で死ぬまでに政府の一番上の役職にまで上り詰めた。退溪が公的生活から退き、大きな意義を持つことになる休養の時間を得たのも四八歳のときだった。栗谷と高峯は、理と気の関係は優劣よりもむしろ相互依存の関係であり、自己充足の追求においては実践が抽象的分析と同じくらい重要だと主張した。この「四七論争」が長引き、広く知られるところとなったために、「性理学」（人間の本質と根本原理の研究の意）は、朝鮮における新儒教の二番目の意味となった。

一五四二年、慶尚南道豊基《プンギ》の郡守周世鵬《チュセブン》は、かつて近くに住んでいた性理学者安珦《アンヒャン》を祀った白雲洞書院を開設した。書院は増加していったが、宮廷はその動きを抑える施策はとらなかったばかりか、逆に多くの書堂に勅許を与えた。一六〇〇年までにほぼ百の書院が建設され、一八世紀末にはその数は四倍以上になった。書院は学術論争の拠点、儀式や文化行事を行う共同施設となり、書籍の収集と刊行を行った(一八六〇年代には、書院は貴族的特権かつ財政上の負債となっていた。大院君《テウォングン》は、政治経済に関する自立的な議論が活発すぎるとして、四七か所のみを残して他のすべての書院を閉鎖した)。

退溪による上書により、白雲洞書院には一五五〇年に「紹修書院《ソスソウォン》」という勅額が下賜された。だが退溪はこのときすでに官庁勤めに幻滅していた。退溪は派閥争いと政治的偏見を嫌っていた。そんな退溪の死の直後から派閥対立が激しく噴出したため、儀式や出世をめぐって競争を繰り広げる党派主義は、後の人々にとって新儒教の三番目の意味となった。退溪がそのありさまを見たらさぞ悲しんだことだろう。

世宗をみれば、哲学が支配者から最善のものを引き出す力を持つことが分かる。たしかに、政治と道徳間の自明の連関は学問上の議論を生み出したが、寛容はその中に含まれなかった。反目し合う党派の頑迷と偏見は、同時代のエリザベス一世統治下のイングランドにおけるカトリック教徒たち、あるいはカロリング朝期のピューリタンたちが被ったようなテロを誘発した。暗黒期のイングランド・チューダー朝やスチュアート朝のような政治、学問上の敵や反対者の残忍な排除が、王によって、あるいは王の名のもとに制度化された。

こんにち欧米の朝鮮史研究者は、「文官《リテラリ》パージ」(エド・ワグナー Ed Wagner)という用語をよく用いるが、朝鮮人学者たちはこれらを「士禍《サファ》」と呼んできた。一五世紀から一六世紀初頭にかけての士禍は、王の引き立てを拝受し、中央集権制を守ろうとした朝鮮王朝建国時の功臣たち〔勲旧派〕と、新儒教の原理をより客観的に遵守し、農業革命によって生まれた新たな富を占めようとする、在地両班の士林派たちの対立に起因する。一六世紀半ば以降は官職をめぐる争いがその諍いの主な原因となった。

一四五三年から一七二二年の間に一二の大規模な士禍が起こり、その後も始終、疑惑と恐怖が廷臣たちの間に垂れ込め、根拠薄弱な処刑と追放が行われた。王自身、あるいは王族たちもまたスパイの陰謀、内部告発者、刺客といったものとつねに隣り合わせだった。むしろ王たちはそれらの渦中にあったといえる。というのも王位継承、王権を操る一族の権力といったすべての蜘蛛の巣は、王座の周りに張り巡らされていたからだ。新儒教に基づく専制は、統治者の言動に対し監察機関〔司諫院〕を通じて建設的批判を行うことをよしとしたが、組織だっての抗争については法的規定がなかった。新儒教が祖先や血族へ最大限の忠誠を求めたことから、一族間の争いの残酷さは度を増し、穏やかな生活などはほとんど期待できなかった。

官職をめぐる一五七四年の論争を派閥主義〔党争《タンジェン》〕のはじまりとする研究者たちもいるが、その起源はそれよりも少し前にさかのぼる。実際、一二のうちの九つの士禍は一五七四年よりも前に起きている。追放された者のほとんどは士林派で、保守的な勲旧派の手に落ちた。その一人の趙光祖《チョグァンジョ》は都察院の一員として科挙制度の簡素化、儒学書籍のハングル訳の刊行、村の教化を目的とした郷約《ヒャンヤク》の施行を提案したが、勲旧派を封じ込めようとしたために反感を買い、一五一九年にたった三七歳で王の命により毒殺された。

一五七四年には二つの対立構図ができていた。沈義謙《シムウィギョム》の出世を支持したソウル西部に居住する官僚（西人）と、金孝元《キムヒョウォン》を支持したソウル東部の官僚（東人）の対立、それにかれらが四七論争で栗谷と退溪の説をそれぞれ支持したことによる学派の対立である。これにより党派的議論の範囲が拡大されていった。はじめに東人が優勢になったが、一五八九年に後継者をめぐって内部不和が起き、退溪の門人である南人と、曺植《チョシク》（一五〇一－七二年）の門人である北人に分裂した。

日本に侵略された一五九〇年代にはさらに混乱が深まった。一六二三年には北人は五つ以上の党派に分裂していたが、このときクーデタで主導権を握ったのは西人だった。だが西人もまた分岐し、そこから六〇年間は一六四九年以前とそれ以後で、中枢を占めた勢力が交代する。一六八三年に粛宗《スクチョン》（在位一六七四－一七二〇年）の王位継承者の指名をめぐる争いが起きると、さらに四つの党派が生まれた。西人から派生した老論《ノロン》と小論《ソロン》、そして南人、小北である。いかめしく四色《サセク》と名付けられたこれらの党派は、一九世紀後半まで政務を支配することになった。

一七六二年の思悼世子《サドセジャ》（荘献）の処刑がきっかけとなり、主流派だった老論は原理主義（あるいは独断主義）の僻派《ピョクパ》と、現実主義の時派《シパ》に分裂した。時派は、南人からも視野の広い学者たちを集めた。時派は実学《シラク》運動の政治的な顔だった。中華思想とその思考の型の作り替えを検討し、中国のものであれ、土着の伝統であれ、ヨーロッパのものであれ、自国にとって最善の思想を取り入れようとした人々——これぞ「新儒教学者」だ——である。これまで疑われることのなかった朱子の正統性に疑義を呈し、朱子の批判者だった王陽明の教えを探求した者もいた。陽明学は、主体性尊重の余地が与えられていたので、中国人学者たちに好まれていた。長年用いられてきた史料は、政府への新たな指針として再検討された。天文学、地理学、教育、軍事などの多様な分野に加え、イエズス会宣教師たちが中国にもたらした西洋科学と宗教の研究にも着手した。

実学者の第一人者の一人は、いっときは正祖《チョンジョ》のお気に入りとなり、社会改革を目指した丁若鏞《チョンヤギョン》（茶山《タサン》、一七六二－一八三六年）だ。道徳的信条についての議論、歴史、音楽、数学、社会秩序、理想的政府の考察など、その著作はあらゆるものを網羅している。農業改良における技術の役割を研究し、京畿道の農村の貧困についての報告書も書いた。官僚の腐敗の原因を調査し、貧困者を不当な死刑から守り、抑圧的支配者への反乱を正当化し、孟子についても考察した。

一五世紀に新儒教は積極的に革新を推し進め、一八世紀には社会、政治、経済復興のイデオロギー的支柱となった。他の政党やグループ分けを許容しなかったため、その期間には分派が増加したが、後の時代にはこの伝統は首肯しがたいものとされた。朝鮮王朝期全体を通した政治プロセスにおける長年の指導勢力が、政府に批判的な者たちによる組織的な抵抗システムの発展を徹底的に妨げるという傾向は、二〇世紀の植民地期にもはっきりみられた。朝鮮内外の抗日グループは、共通の目標のために共闘できなかった。一九八七年の軍事政権以後の韓国においても、金大中《キムデジュン》と金泳三《キムヨンサム》は、盧泰愚《ノテウ》に対抗するための大統領候補一本化ができなかった。

その一方で、二〇世紀後半の韓国に目覚ましい経済的成功をもたらした、労働倫理と社会的結束力を、新儒教の肯定面とみなす欧米の研究者もいる。「伝統的な儒教価値観が韓国の経済成長を主に支えてきた」（マイケル・ロビンソン Michael Robinson）といった海外からの評価は、韓国人たちを喜ばせた。権威主義や階級闘争などのあらゆる不幸な経験のせいで、一九六〇、七〇年代の韓国の人々は、新儒教を批判するのが常だったからだ。少なくとも一九九七年の金融危機によってバランス感覚を取り戻すまで、若手学者たちは新儒教の潜在的可能性に魅了された。これは初期の儒者たちが説き広めたような、従来の反商業主義とはかけ離れたものだった。だが現代の儒者たちは、教育と利益の双方を尊重するのだ。

日本との戦争

朝鮮は、政争の莫大な代償を一五九〇年代に支払わなければならなかった。日本を統一したばかりの豊臣秀吉は、さらなる野心を抱いた。そう、明《みん》の玉座に目を付けたのだった。豊臣秀吉は宣祖《ソンジョ》に対し、朝鮮がそのための通り道を提供し明の征服に協力せよという、慇懃だが脅迫じみた提案を一五九〇年に送った。もっともなことに宣祖は豊臣秀吉の軍事行動への参加を拒否したが、大臣たちは豊臣秀吉が危険人物であることについては否定した。東人の金誠一《キムソンイル》は西人の黄允吉《ファンユンギル》の不吉な警告に反駁したが、当時政権を握っていた東人の領袖柳成龍《ユソンニョン》は金誠一の意見を支持した。朝鮮が曖昧な態度を取っている間に、秀吉は名護屋（佐賀県唐津市鎮西町）周辺に一五万六〇〇〇（二五万ともいわれる）もの兵力を集めていた。これはこの当時、イギリスを脅かしていたスペインの無敵艦隊の五倍以上の数である。

先鋒隊は対馬を侵略のための跳躍台として利用した。朝鮮人は対馬を我がものとみなしていたが、実際には日本の宗氏に支配されており、長いこと厄介な海賊〔倭寇〕の隠れ家となっていた。海賊たちを統制するため、歴代王たちは釜山浦《プサンポ》（東莱郡）、斎浦《チェポ》（熊川《ウンチョン》）、塩浦《ヨンポ》（蔚山《ウルサン》）の港での交易を許可した。一四一九年には、沿岸部を襲撃した対馬住民に対して世宗が遠征隊を送った〔このとき軍事権を握っていたのは上王の太宗〕。この三つの港では日本人居住地が発展したが、日本人たちが一五四七年にそこで暴動を起こした後は、釜山が唯一の出入港に指定された（これは双方の商人たちにとって苛立たしいものだったが、一八七六年まで続いた）。

釜山は、陰暦一五九二年四月一二日（陽暦五月二三日）に上陸したクリスチャン大名、小西行長率いる七〇〇〇人の兵士たちの入り口にもなった。兵士の多くがクリスチャンだったが、そのキリスト教信仰は、過去四三年の間にイエズス会の宣教師たちからもたらされたものだった。日本は朝鮮にポルトガル風の鉄兜、板金甲冑、長い火縄銃を戦闘で持ち込んだ。釜山と東莱は、朝鮮の守備隊と一般人を対象にすさまじい虐殺がなされた末にすぐに陥落し、第二陣の上陸のための道がならされた。

朝鮮側の抵抗は全くもって不十分なものだった。朝鮮人指揮官の言を借りるなら、「我々の軍はろくに訓練されていない烏合の衆で、戦闘について何も知らなかった」のだった。朝鮮人は兵数、戦略、装備、士気の面で絶望的に劣っていた。立派な英雄主義もみられたにはみられたが、朝鮮の弓矢と原始的なマスケット銃が日本の武士たちの日本刀や火縄銃にかなうはずもなかった。そして何千もの敗亡者たちが斬首された。

小西行長の軍は陰暦五月三日、釜山上陸後わずか二〇日でソウルに入った。宮廷はすでに先祖の位牌を持ってピョンヤン方面に逃げており、抵抗は行われなかった。秀吉は自らの計画が確実に達成されたことを喜び、翌春に朝鮮に乗り込む計画を立てた。

　しかし朝鮮の海軍は、陸軍とは異なり大砲、追撃砲、矢の発射器でしっかりと武装していた。ソウル陥落から一週間も経たずに、李舜臣《イスンシン》将軍指揮する艦隊は日本の軍船三七隻を巨済島《コジェド》から撃退した。七月上旬の追撃戦では、装甲した亀甲船が出現した（*Picture Essay 14*）。秀吉はぬか喜びをしたのだった。宣祖は明に援助を求めたが、朝鮮の忠誠心に疑念を抱いた明は停戦に持ち込むことを目指した。だが、宣祖がピョンヤンに到着する頃には、万暦帝《ばんれきてい》はすでに援軍派遣を承認していた。朝鮮宮廷が今度ははるか国境近くの義州《ウィジュ》へと再び避難すると、最初の明の援軍が派兵された。その規模はごく小さく、小西行長の軍はピョンヤンでいとも容易にこれを待ち伏せし、虐殺した。だが、李舜臣の守る西海岸の司令部は、小西行長が必要物資を受け取れないようにし、また、小西行長のライバルで仏教徒の加藤清正が咸鏡道内をはるかに突き進んだため、日本軍の戦線は伸びきってしまった。

　朝鮮正規軍の応援は、二つの予期せぬところから現れた。全国で二万二〇〇〇と推定される朝鮮人ゲリラが日本陣営を攻撃し、その兵站を破壊したのがその一つだ。そのゲリラ兵の多くはもと奴隷で、戦が起きたときに臨時に召集された人々だ。かれらはこの戦争中に登録文書を破棄し、幸運にも奴隷から解放された。また、当時七〇代だった、詩人で書家の禅僧西山大師《ソサンテサ》（一五二〇－一六〇四年）は、侵略者への抵抗の呼びかけを行った。数千名の僧侶たちがこれに呼応して気勢を上げ、勇猛な僧軍を組織した。

　一五九三年一月には、中国からのさらなる援軍が到着した。明の李如松《りじょしょう》提督が、約四万八千の騎兵と歩兵の先頭になり、凍った鴨緑江《アムノクカン》を荷車で引いた大砲を携えて越えた。日本を出し抜いて戦いに勝ったのは、今度はかれらの側だった。激しい戦闘の末のピョンヤン奪還は、この戦争の転換点となった。日本側は一万三〇〇〇人ほどの兵を失い、五月二〇日にはソウルも手放した。軍務長官だった柳成龍は、ソウルに残ったわずかの人々は幽霊のようだったと話している。一一月、宣祖が荒廃した首都に戻ってきたときには、徳寿宮の一部しか住める場所がなかった。

一五九三年六月には日本兵が南海岸に戻ってきて、最後の戦いが晋州《チンジュ》で行われることになった。驚嘆すべき朝鮮のヒロイン、妓生《キセン》の論介《ノンゲ》は崖の上で日本の武将を抱え、下を流れる川へともろとも落ちて死んだことから不滅の存在となった。ここでは六万の守備隊と住民たちが虐殺された。この話の信憑性は明らかではないが、論介の記念碑はいまも晋州に行けばみられる。この晋州の戦は、まだ片はつけられていないという日本からの警告だった。日本軍は慶尚道の沿岸部に次々と倭城を建設した。疲れ切り、だが安堵した大勢の日本の侍たちを乗せた船が朝鮮を去って行ったが、まだ四万三〇〇〇の兵士たちが駐屯のために残された。これは、秀吉からの不吉な合図だった。だがしばらくの間、戦争は一時的に中断された。

当初から平和を望んでいた中国は、同盟国朝鮮に相談することなく、一五九三年春に停戦協議を開いた。万暦帝の勅使を偽称した明の交渉者たちは、六月には釜山を去る日本軍とともに名護屋に渡って秀吉と謁見し、秀吉からの法外な要求を携えて戻ってきた。明の皇女との結婚、勘合貿易の復活、朝鮮南部の日本への譲渡などだ。中国の王位を望んでいることは言及されなかった。妻への手紙の中で、勝利者として自軍が朝鮮から戻ってくると偽った豊臣秀吉は、欲しいものを手に入れられたら中国と朝鮮から手を引くと書いている。

万暦帝は、皇帝が秀吉に日本国王の称号を与え、冊封体制下に組み入れたら秀吉が降伏すると聞かされた。一五九六年一〇月、明の使節楊方亨が秀吉に王の称号と金印を授けるために派遣されたが、秀吉が出した条件については言及しなかった。これに激怒した秀吉は再び朝鮮に軍を差し向けた。一五九七年八月、何百何千隻もの船と一二万人の兵で行われたこの第二の侵略は、明らかに日本側に勝ち目があった。一方、柳成龍は朝鮮の軍事制度を見直し、朝鮮軍の装備の不十分さを指摘し、人口の多い奴婢階層を徴兵対象に含めるべきと主張したが、大きく改善されることはなかった。運の悪いことに、李舜臣は一五九三年九月に南部の最高司令官〔三道水軍統制使〕に昇格されてすぐ、嫉妬深いライバルの司令官元均《ウォンギュン》による虚偽の告発のせいで指揮権を奪われ、辛くも処刑を免れていたところだった。この二番目の戦における初の海戦は日本が制し、再び釜山に日本の武士たちが押し寄せた。

九月下旬、南原城《ナムオンソン》で日本側が初の大勝利を収めたが、これは六年間に朝鮮に植え付けられたトラウマのうちで最も残忍なものの一つだった。楊元主将が指揮する明軍が援軍にやってきたが、日本の左軍は膨大な数の朝鮮人の首を切り落とし、耳と鼻をそぎ落とし、それらを戦利品として秀吉に送った。その後、全州城が無血陥落し、東側のルートを通ってやってきた加藤清正の右軍と合流した。ソウルへの道は容易に開かれていた。

しかしここで再び、補給のために西海岸の海上航路へと船を進めていた部隊への依存が明らかになった。すぐに復帰した李舜臣は一〇月二六日、珍島《チンド》のすぐ北にある鳴梁《ミョンニャン》で日本軍の船を撃退した。日本側は準備が充分整わないまま、朝鮮と中国による堅牢なソウルの守備に立ち向かうこともできず東と南に追い払われた。そして安全とみられた蔚山《ウルサン》の倭城へ向かう途上、慶州《キョンジュ》を通り過ぎて仏国寺《プルグクサ》を破壊した。朝鮮軍と強大な中国軍に数で圧倒された蔚山倭城は、もはや避難所ではなくなった。両勢力とも苦戦したが、日本の援軍が到着してひとまず日本が籠城戦に勝利した。朝鮮－明同盟は、蔚山倭城西側の境界線の先で衝撃的な事件を再び経験することになった。ここには泗川城《サチョンソン》と順天城《スンチョンソン》があり、それぞれ一万名と一万三千名の日本兵が籠城していた。順天には、避難命令を待つ五〇〇隻の日本の船が停泊していた。数の上で優位にあった朝－明同盟軍だったが、泗川で中国兵三万人以上が虐殺された。小西行長による順天の防衛では、中国兵が梯子を使って壁をよじ登るのが苦手で攻城用の機械にも熟練していなかったために、また大きな代償が払われた〔順天の戦い〕。

ともあれ、最終的な勝利を手にしたのは李舜臣だった。閉じ込められた順天から逃げ出そうとする日本の船を李舜臣の船は撃破した。だがその後、李舜臣は南海島《ナメド》の向かいにある露梁津《ノリャンジン》で戦死した。その死はほろ苦いものだが、華麗な活躍に彩られた経歴の終え方としてはふさわしいものだったといえよう。皮肉なことに、実際に対面することはなかった敵の秀吉は、李舜臣の死より前の陰暦八月一八日に死去していた。戦争で勇敢に死んだのでも、朝鮮や明への大胆な作戦によってでもなく、「長い病気の末に安らかに自邸で」死んだのだった。秀吉の壮大な冒険はついに日本の海岸を越えることはなかった。

この戦での経験を目撃者たちは次のように証言している。「負傷者は打ち捨てられ、傷を負っていない、ひたすら疲弊した者たちは、うつ伏せになって道路を這いつくばらんばかりだった。……いつもは勇敢だった人々も、疲労のために山や畑の案山子のようになり果て、死者と見分けがつかなかった」。生き残った者たちは、野蛮な戦いの後には「もう二度と戦争はしない」と考えるものだ。だが朝鮮人と中国人は、ともに戦ったこのときと同じような苦難をその後も経験した。一九五三年の朝鮮民主主義人民共和国から中国への報告によると、「我々の兵士たちはいつも飢えていた。冷たい食事をとり、二日でジャガイモを二、三個しか食べられない者もいた。戦闘するための体力を維持することもできなかった。負傷者はそのまま置き去りにされた」。一五九二年から九八年にかけての壬辰倭乱と、一九五〇年から一九五三年にかけての朝鮮戦争との比較は興味深いものだ。中国が朝鮮の地で敵と対峙する。怒濤のように破壊しながら国土の上下を進軍する軍隊。土地、人々、建物への損害。中国の恐るべき「人海戦術」。双方の兵士の野蛮さ。朝鮮人以外の戦闘員の国の国益が朝鮮の利益（そんなものがもしもあったらだが）に優先される、むなしい平和交渉。戦争が負わせた長期にわたる深い傷。

歴史は繰り返すというが、もちろん本当には繰り返されない。一七世紀には、戦禍からの回復は速やかに行われたとみられる。このときの朝鮮は、秀吉が夢見た植民地化および、かれが中国に提案したような分断を免れた。日本との貿易と外交も直ちに復活した。それにひきかえ、一九五三年以後の朝鮮半島は悪い方向へと引きずられた。だが、いずれの戦後もすべてが元通りになるということは決してなかった。

朝鮮の人口は、一三九二年の五五〇〇万人から、一六世紀には一四〇〇〇万人にまで跳ね上がった（ちなみに一六世紀末のイングランドの人口は四〇〇万だった）が、一七世紀半ばには一一〇〇万人ほどにまで落ち込んだといわれる。これは、戦争中に人口調査の記録が失われたというのもあろうが、宮殿からあばら家まで破壊され尽くし、病と絶望が蔓延したためだ。一六二四年、反乱軍の指導者で両班の李适《イグァル》は仁祖《インジョ》をソウルから追い出した。その三年後、新たな侵略者となるマンチュリアンたちが朝鮮と明の同盟を解消させるために進軍し、朝鮮に後金への忠誠を要求した。このとき仁祖は言い逃れたが、後金から清と国号を改めたマンチュリアンたちは一六三六年に再びやってきた。朝廷の人々はあらかた江華島へと逃れたが、ソウル郊外の南側の要塞、南漢山城を包囲されて逃げ場を失った仁祖と昭顕《ソヒョン》世子は、雪の中でひざまずき、マンチュリアの宗主権を認めた。清が明の侵攻に没頭したので、朝鮮はモンゴルとの間での悪夢を繰り返すことは免れた。だが今回は、明は助ける立場に立っていなかった。このことは両班たちにとって、中国がいつも朝鮮の利益を守ってくれるという前提を再考する契機となった。中国への忠誠心を貫いた者もいれば、朝鮮という文脈で新儒教の再解釈を選んだ者もいた。中国のイエズス会宣教師たちがもたらした精神的、知的な革新性に触れ、カトリックとヨーロッパの科学が朝鮮にも役立つだろうと考えた者もいた（皮肉なことに、西洋の学問に関する本を一六四四年に持ち帰ったのは、人質として北京で過ごしていた昭顕世子だった）。

秀吉に明らかな勝利を収めたにもかかわらず、明もまた衰退した。戦争中、朝鮮人たちは明の兵士たちに食糧や馬を提供したが、かつてないほど大規模なものとなった属国の支援を行った明の経済は、凋落していった。最強だった明の北東部隊が陰りをみせると、清は戦の準備を始めた。朝鮮と同じように、中国にもまたその後のさらなる戦闘と苦しみが待っていたのだった。

徳川家康（一五四二－一六一六年）は一族の支配を確立し、ようやく日本に平和が根づいて積年の安定への願いはかなった。何世紀にもわたる内戦と無慈悲な殺害という、筆舌に尽くしがたい恐怖に慣れた日本の武士たちですら、朝鮮の戦闘地域は地獄絵だったと記している。日本の人々は囚人として連れてこられた職人、とくに陶工たちがもたらした新技術の恩恵を得たかもしれないが、武士たちにとってはそれは慰めとなるに足りるものではなかったことだろう。

王道（その二）

一七、一八世紀は世界各地の君主制の黄金期だった。君主たちの中には悲惨な目にあった者もいたが（強制退位させられた朝鮮の光海君《クワンヘグン》［一六二三年］、斬首されたイングランドのチャールズ王［一六四九年］、ギロチン刑に処されたフランスのルイ一六世［一七九三年］）、それとは対照的にきらびやかな一生を送った君主たちもいた。ルイ一四世と一五世、ジョージ二世と三世、ロシアのピョートルとエカチェリーナ、中国の康熙帝と乾隆帝などがその例だ。朝鮮もまた、この時期に二人の傑出した王を誇った。英祖《ヨンジョ》（在位一七二四－七六年）と正祖《チョンジョ》（一七七六－一八〇〇年）は、同時代の支配者たちのようには帝国建設を行わなかったが、ごく輝かしい文化創造の時代にその治世を通して関わった。

英祖は当初こそ不安定な出立をしたものの（老論が支配的だった政府に対し、李麟佐《イインジャ》率いる小論の過激派が反乱を起こしたが、失敗に終わった）、朝鮮王朝史において最長の治世を記録することとなった。王は庶民の生活にひじょうな関心を示し、宮殿の門に出向いて庶民たちに会い、鐘路市場を訪れて商人たちの話を聞くこともあった。貧困者や多くの放棄された農地への懸念は穀物貸与制度還穀《ファンゴク》の導入や、一七五〇年の均等税法均役法《キュンヨクポプ》の底流となった。軍事費として兵役の代わりに徴収する布〔軍布〕の量を、半分にした。この施策は歓迎されたが完全には成功しなかった。両班に対してはそれまで通り免税したことから、農民たちが余分に税負担をしなければならなかったからだ。

英祖は、父親粛宗の代を荒廃させた政治的反目や私怨を宮廷から排除しようと、各党派の指導者たちを叱責、説教し、成均館に蕩平《タンピョン》すなわち党の調和を期して石碑を建立した。党争を助長するとみなした、三〇〇か所の無許可の書院も閉鎖した。そして、老論が権力を保持し続けられるようその権限の強化を認めた。激しい敵対は続いたものの、老論は南人が被害を受けることのないようにするという王の要求を飲んだ。前途洋々だったといえる。

近年、英祖の強硬姿勢によって、老論をさらに教条主義派〔僻派〕と現実主義派〔時派〕に分裂させたことがよく批判される。苦難を緩和するための努力よりも、残酷と死の物語によって英祖が記憶されているのは悲しいことだ。長じるにつれて英祖を深く失望させた、息子荘献《チャンホン》世子（一七三五―一七六二年）のことだ。荘献は慣習に従って結婚後、一七四九年に一五歳で摂政〔代理聴政〕に指名された。それは幸先のよいことのはずだったが、その妻恵慶《ヘギョン》が後に記したところによると、「それは悲しい、悲しい日だった」（『閑〔恨〕中録』）。息子の放逸な行動に耐えかねた英祖は、一七五九年に孫、つまり荘献の息子に王位継承者を代え、荘献から世子と摂政の座を取り上げた。荘献はその後ますます手に負えなくなった。酒を痛飲し、見境なく暴力をふるい、街を彷徨い、女を宮殿に連れ込み、気に入らない者を殺すなどしたのだった。王と医者はついに荘献を狂人とみなした。荘献が毒を飲むことを拒否すると、英祖はかれを米櫃に閉じ込めた。荘献はその八日後の白昼に、もがき苦しみながら死んだ。

この英祖のふるまいをめぐって老論は分裂した。僻派はこれを支持し、時派はひそかに批判したのだった。ジャヒョン・キム・ハブーシュ（JaHyun Kim Haboush）は、現代の精神分析学者だったら、荘献（深く後悔した英祖は、すぐさま「悲しみを思う」という意の諡《おくりな》〔思悼〕をつけた。以下、思悼世子）の行動は父による拒絶への反抗として解釈されるだろうと論じる。新儒教の王子教育の理念のせいで、荘献はふだんから父との接触を禁じられていたのだった。

英祖の記憶はこの物語によって曇らされているが、孫である正祖の記憶はそれゆえに明るく輝く。貧しい人々の福祉に心を砕き、最貧困者たちに穀物を無料で配り、嘆願を受け入れ、捨て子を保護し、逃亡奴隷を捕らえる役所を廃止しようとした（奴隷制を完全に廃止しようという正祖の大志は、かれが四九歳で死ぬまで叶えられなかった。ウィリアム・ウィルバーフォースが西洋世界に見たのと同様、朝鮮の奴隷制擁護者たちは社会に深く根を張っていた）。朴斉家《パクチェガ》（一七五〇－一八一五年）の回想録によれば、正祖は何か問題が生じると「草や葦刈りをする低い身分の人々にすら相談した」という。ダムや灌漑の改善を推し進め、食糧生産高と現金作物の価値を高めた。公平な審判であった正祖は、国内の法体系を一七八四年に改訂させた。六〇代、七〇代、八〇代以上の人々を敬う宴会の開催や贈物の贈呈を頻繁に命じたことからは、年配者への関心がうかがえる。また病身の祖父英祖への心遣い（正祖自身も腫物に悩まされていた）は、かれの医学知識を深めた。

ソウルの城壁の内側に入ることは許さなかったが、正祖は仏教の人気を認めて寺院建設や再建を許可した。正祖自身も水原《スウォン》の近くに龍珠寺《ヨンジュサ》を建立した。これは、勤勉な儒者かつ親孝行という重要な美徳の優れた模範である正祖の、心の中の道徳的かつ精神的不安をうかがわせるものだ。正祖は王位にある間、京畿道周辺に散らばる王陵に七〇回以上も行列をなして墓参りした。正祖がどれほど父親の死に対する罪責感を払拭しようと思い詰めていたかを、その回数は物語っている。

一七八九年、正祖は風水的に縁起が良いソウルの南方にある華山に父の墓所を移した。その墓を守るため――同時に、敵対する政治勢力に対して自らの地歩固めをするため――、新しい都城華城《ファソン》の建設に着手した。完成後は、正祖が新設した王直属の特別部隊壮勇営《チャンヨンヨン》の兵士の半数を駐屯させた（*Picture Essay 15*）。華城に宮廷ごと移転することはなかったが、父の墓を毎年訪れ、別邸行宮《ヘングン》に滞在し、龍珠寺で僧侶が執り行う父の慰霊儀式を見守った。一七九五年、王室の小旅行は大がかりで費用もかさんだので、慎重に計画を立てる必要があった。一七九五年、寡婦である母親の還暦祝いで行った華城訪問時の様子を描いた絵には、六一〇〇もの人々と馬一四〇〇頭の行列が描かれている。

韓国の作家二人化《イインファ》は、数々の賞を受賞した小説『永遠の帝国』の中で、正祖を威厳はあるが、反目し合う大臣たちの調停のために企みや陰謀を強いられた、不安を抱えた王として描いた。英祖のように敵対する党派と協調し、実学者のように国の近代化を望んだが、新儒教の真理を信じていたため、北学派内の実学派と結びついたカトリック〔天主教〕教徒たちには冷淡だった。

正祖が毒殺されたという噂は絶えなかった。実際には皮膚がんにかかっていたとみられるが、この弑逆《しいぎゃく》論に拍車をかけているのは、正祖が中国皇帝に倣い、慈悲深い専制を行うと述べた直後に突然死んだからだ。退溪の『書経』注釈によれば、正祖のような統治者は過去を理解し、将来を予想し、天の意思に従って現在を支配できたというが、優れた儒学者でもあったかれは古代の儒学を復活させることにのめりこんだ。朱熹の書にあるような儒臣とともに働く賢明な王という、栗谷《ユルゴク》の考えをより好んだ老論僻派たちにとって、王によって自分たちの権威が暗黙のうちに格下げされるのは我慢ならないことだった。正祖の治世を通して、老論僻派たちは官職の最上位をほぼ占めており、敵対していた南人出身者のうち高位にあったのはただ一人蔡済恭《チェジェゴン》（樊巖、一七二〇－一七九九年）のみだった。だがこの頃までには、老論僻派は自らの権勢が衰退の危機に瀕しているのを感じ取っていたことだろう。

画家の使命

老論僻派は、かれらの信じる中華思想的な世界観が実学思想によって否定され、かつ英祖と正祖の改革によって政治的、経済的保証が脅かされたと考えた。たとえば、新儒教はもともと商業とは相容れなかったが、かつて徐兢《じょきょう》が開城で見た中央市場は、朝鮮王朝時代初期には政府から独占販売を許可された大商人たちの店（六矣廛《ユギジョン》）に発展していた。品物で支払われた賃料と引き換えに、政府は目抜き通りである鐘路で、綿紬、絹、綿布、カラムシと麻の布、魚、紙を扱う商人たちに敷地を貸与した。金がものをいうようになると、私商たちは当局に反発して専売商人たちと競争するようになった。財政政策が現物貨幣から推移して、通貨の必要性が高まった七世紀には、両班一族さえもが利益を得る好機とばかりにそれまでの商売に対する疑念を振り払い、お墨付きを得た専売商人たちとの内部取引を行った。都市居住者の人口は増加し、教育は拡大し、行商人たちは生活必需品と奢侈品を携え国内を行き来した。

本の売上げも増加した。金属活字で印刷された本は庶民の手には届かなかったので、人気の高い本、とくに恋愛ものには安価な木や粘土の板が使われた。実学派の朴斉家は一七八六年に、「これから世界中の書籍や絵が調達されるようになるだろう。そうすれば、直接攻撃するまでもなく、頑固で偏狭な学者たちの了見は打ち崩されるだろう」という内容の、海洋貿易拡大のための請願書を書いている。卸売と小売り市場も発展し、同業組合が形成された。英祖は一七六二年、専売権を持つ商人たちの特権を一部廃止した。正祖は一七九一年の商業均等法〔辛亥通共〕で民間商取引の拡大を認めた。鍾路、東大門、南大門のソウルの三市場が許可され、大小の地方都市でも定期市が開かれるようになった。

昔ながらの大商人たちと取引のあった両班一族は損をするようになり、今度は家具職人、印鑑彫り、宝石職人、織工などの手工業者〔工匠〕と関係を築きはじめた。工匠たちもそれまでの規制から解放され、個人の買い手向けに新たな工芸品を生産した。庶民たちは、家を飾るための安価で色あざやかな民芸品を市場で欲しがった。

この時代の文化は、必然的にこれらのことから影響を受けた。幅広い工芸品の製造を望んだのは両班ばかりでなく、豪華な儀式、宴会、歓迎会などを催した宮廷もまた同様だった。ジャヒョン・キム・ハブーシュは、朝鮮の宮廷は「明の宮殿では廃れてしまったものの精神的な相続」者を自任していたという。無礼にあたるので言葉では表現できなかったが、支配者の神聖な力を象徴する太陽、月、五つの峰〔日月五峰図〕が描かれた屛風のある王座の間は、それを物語っている。朝鮮は一種の自己欺瞞をせざるをえなかったのだった。だが欺瞞であろうとなかろうと、それは単なる中国文化の猿まねではなかった。英祖も正祖も実学の野心的な試みを支援したのだった。

英祖は政書『東国文献備考』の編纂を洪鳳漢《ホンボンハン》に委託し、正祖は昌徳宮《チャンドックン》内に図書館兼研究所の奎章閣《キュジャンガク》を設置した（康熙帝の研究院、書物の蒐集家だったジョージ三世を想起させる）。正祖はここで若い学者に個人的に教授もした。一〇万冊のコレクションの中では少なく見えるかもしれないが、百ほどもある正祖の著作からは、その古典への傾倒と法律、医学、軍事技術への学識の高さが明白にみられる。さらには、芸術家や書道家としても卓越していた。ただし、熱心な古典主義者だった正祖は、『熱河日記《ヨライルキ》』の作者朴趾源《パクチウォン》（燕巌、一七三一－一八〇五年）は認めなかった。一七八〇年に朴趾源が使節（燕行使）に随行して北京を訪れた際に記したこの紀行文には、実学者の知的好奇心がうかがえる。近代朝鮮文学の始まりは許筠《ホギュン》の作とされる『洪吉童伝《ホンギルドンジョン》』とみなされることが多いが、『熱河日記』こそがその嚆矢だともいわれる。

依然として中国という模範に縛られていたが、両班たちの文化的特質は広がりをみせていった。鄭澈《チョンチョル》（松江、一五三六－九三年）、尹善道《ユンソンド》（孤山、一五八七－一六七一年）らは時調《シジョ》を生み出した。時調は、朝鮮人の自然に対する愛情や、あらゆる種類の感情を呼び起こすのに最適な三行詩だ。最初の有名な時調撰集『青丘永言』（一七二八年）の選者は、中人《チュンイン》の金天沢《キムチョンテク》で、二番目のものは金寿長《キムスジャン》による『海東歌謡』（「朝鮮の歌」の意）だ。

それまで筆は、朝鮮人学者と中国のインスピレーションの源をきり結ぶ、目に見えない原型《プロトタイプ》の象徴だった。その筆は今や、朝鮮独自の志向性を表現する道具となった。女性作家たちはハングルの可能性を試し、画家たちは自らの目前にある日常生活から絵の主題を発見した。

筆に続いたのは声だった。時間に余裕のある両班たちは、長く難解な朝鮮の詩歌歌詞《カサ》と歌曲《カゴク》を習得した。筆者は一九八三年の調査旅行で、朝鮮の音楽制作に関する視覚資料を探していた。

その際、音楽がとくに画家たちの関心をひく主題でなかったとしても（中国の画家たちよりも関心がなかった）、そこで表現されたものの様式と内容は、典型的な中国風であると同時に、明らかに朝鮮土着のものであることが多いことがはっきりと分かってきた。初期の朝鮮絵画が残っていることはごく稀だ。もちろん絵画は長い時間の間にいつでも焼失しうるが、これに関しては秀吉の軍のせいにされることが多い。今後、墓の中から探し出されたり、個人のコレクションや骨董品店で見つけられるのを待っていたりする絵もあるだろう。

現時点で、高麗と朝鮮王朝初期の画家たちについて分かっているのは、画家たちが中国絵画の様式に心酔し、模倣したということだ。たとえば安平《アンピョン》（一四一八―一四五三年）は、趙孟頫《ちょうもうふ》の書二六点と郭熙《かくき》の絵一七点等、顧愷之《こがいし》にまでさかのぼる中国の巨匠たちの大コレクションを所持していた。現存する安堅《アンギョン》（一四一八年生）「夢遊桃源図」は、偉大な宋代の風景にたいする憧れがくっきりと反映されている。一方、一七世紀以降の絵は多く残っている。そこでは儒者たちが琴を演奏し、牛飼いが笛を吹き、水面あるいは月明かりの下で演奏されるという、いかにもの設定で音楽が描かれている。これらはみな中国でよくみられるものだ。

朝鮮の画家たちは、中国のそれとほとんど見分けのつかない絵画を生み出すことに熟達していた。図画署の画員たちは注文に応じてそうした絵を描いた。その人員は多くはなかったが、英祖は一七四六年にその数を三〇名へと倍増させた。そのうちの何人かは、いまでも朝鮮最高の画家とみなされている。画家たちのほとんどは低賃金で働き、中国の文人たちの個性的な様式を模倣することを誇りにした、宮廷内の素人画家である文官たちから見下されていた。じじつ、図画署は中国の宮廷画院ほどは様式的制約が多くなかった。図画署の画員たちは、北画（宮廷の院体画）と南画（文人画）、長寿のシンボル、仙人、神話上の守護者、根強い人気がある朝鮮虎、歳画《セファ》（新年を祝う絵）などを描くことのできる、多才な画家たちだった。そのうち鄭敾《チョンソン》（謙斎、一六七六－一七五九年）は、史上最高の朝鮮人画家の一人に数えられている。

鄭敾はもともと優れた南画の風景画家だった。だが、近世随一の画家としての名声は、観念山水という理想の景観から脱却し、慶尚北道清河で公職に就くために図画署を去ったときに見た現実の光景を画出するため、独自の技術を創出した革新性によるものだ。五〇歳代を通じて鄭敾は真景山水（真の景色）を発展させた。切り立った山々を背景に、花崗岩の露頭、勢いよく流れる滝、深い森の中の太陽に照らされた空き地を描写するため、斧を振り下ろしたような勢いのある線と点を大胆に利用した（*Picture Essay 16*）。かれはソウル郊外の家のほど近く、金剛山《クムガンサン》の高い場所、東海岸などを描いた。その先駆的なアプローチは、実学運動のインスピレーションと足並みを揃えるものだった。鄭敾が切り開いた道に朝鮮人画家、後の日本人画家たちも続いた。画家たちがみな鄭敾のように朝鮮の風景の精髄を捉えたわけではなかったが、鄭敾のように中国と朝鮮両方の様式でそれを成し遂げた画家もいた。文人画家の姜世晃《カンセファン》（豹菴《ピョアム》、一七一三－一七九一年）「松都（開城）紀行帖」（一六枚）は、鄭敾の絵画よりもさらに印象派的なスタイルを採用した。

鄭敾の風景画に心打たれた筆者が惹きつけられたのは、鄭敾作とされる一〇曲の屏風である。日本からの使節を迎える釜山の東萊府使を記録した絵だ。演奏家たちが公式の行列に加わり、倭館の壁の外の迎賓館で出し物を披露したときのものだ。一七一〇年から一七五八年までに書かれたこういった詳細な文書記録は、耆英会《キヨンフェ》の宴会での余興を描いた、情報の詰め込まれた図帖と同じスタイルのものである。宮廷の年配者たちのための耆英会は、かつて高位官職を務めた七〇歳以上の文臣を礼遇する、太祖の耆老所《キロソ》に由来している。保存状態の良い色彩豊かな絵の何点かは一六世紀にまでさかのぼる。*Picture Essay 22* にみられるような儀軌の書物や図の先駆けとなったものである。画家たちは楽隊の規模と構成を明確に描いているが、根強い人気があったのは仮面劇、とりわけ処容舞《チョヨンム》だ。

中国と朝鮮両方のスタイルで描く画家として有名なのは、鄭敾ばかりではない。朝鮮人に最高の画家が誰かを尋ねたら、たいていの人は金弘道《キムホンド》（檀園《タヌォン》、一七四五－一八一四年以降）の名を挙げるだろう。金弘道は鄭敾と同じく図画署の画員だった。金弘道が描いた自らの肖像画にいたく感心した正祖は、かれを郡司に据えた。似たような境遇にあった鄭敾にとってそうだったように、金弘道にとってこれは悟りの始まりを告げた。金弘道は中国の伝統的な風景画と花鳥画の研究、仙人、仏教の神々、宮廷での盛大な宴会の絵の第一人者（龍珠寺の仏像の後壁にみえる仏画〔後仏幀画〕も描いたといわれている）だ。だが、いまの時代の人々に金弘道が高く評価されているのは、洗濯をしたり、畑を耕したり、少年たちを教えたりなど、かれが田舎で出会ったありきたりの仕事をする人々を描いた絵画のためだ。相撲取り、楽隊と舞踊手の少年、どこか困惑したような表情を浮かべ琵琶を持つ、締まりのない儒者なども描かれた。金弘道の絵からは、三国時代の墓の壁画で初めて出現した風俗画の伝統が急激に成熟したさまが見て取れる。朝鮮人であることの自負を示す、大画家による視覚的な証拠物といえる。

金弘道と同時代の画家申潤福《シンユンボク》（蕙園《ヘウォン》、一七五八－一八二〇年頃）についても同じことがいえる。偶然にもかれの絵は、この当時、妓生によって弦が張られていたコムンゴ〔玄琴〕の最も詳細な研究となっている。女性が剣を手にくるくる回りながら踊る剣舞、妓生とともに百合の池のそばを歩く二人の男性、小川で沐浴をする少女たちを覗き見する若い僧など、風俗画、とくに広い意味での娯楽を描いた絵が中潤福の名声を押し上げた。

金弘道の絵のテーマの多くは両班で、とくにその性道徳について大胆にからかった。お堅い新儒教の両班たちの、プライベート空間のカーテンの端をひょいと持ち上げるのは愉快なことだ。こんにちの道徳的観念からいえば、後ろに立つ両班の方へと尻を持ち上げ、船べりにもたれかかっている妓生は、エロティックなどでは全くない。だが一八世紀には違った。実際にはそれが珍しいことでなかったにしても、金弘道がそれをあからさまに絵で描くと宮廷は衝撃を受けたふりをし、かれを図画署から追放したのだ。

両班たちが記録されることを望んだのは、生活とその職業生活における縁起のいい出来事を寿ぐものだった。重要視されたのは一歳の誕生日、成人式、結婚、科挙に及第し進士《チンサ》（博士）になること、仕官、還暦だった。子どもや孫たちに関する主題や結婚記念日に加え、これらが屏風のテーマとなることがあった。これを「平生図《ピョンセンド》」（一生涯の絵の意）という。

肖像画は、祠堂で位牌と並べて置くために必要とされた。だがこの平生図は正式なものではなく、周囲や通りすがりの人々などもたくさん絵に入り込んでおり、風俗画の一種に分類できよう。中国化された文化的エリート主義にもかかわらず、両班たちが広大《クワンデ》（芸人）たちの曲芸、仮面劇、人形劇を楽しんでいた様子もこれらの絵からはうかがえる。

Picture Essay 13 釈譜詳節（ハングル）

ハングル創製事業が完成したという記録は、世宗《セジョン》実録の陰暦一四四三年末にみられる。その二年後、鄭麟趾《チョンインジ》と集賢殿《チッピョンジョン》の人々が作成した手引書『訓民正音《フンミンジョンウム》解例』とともに、『訓民正音』が発表された。『解例』は、陰陽五行思想を気にする新儒教の学者たちを安心させた。

子音は五行に対応する五つのグループに分けられる（牙音（ㄱ、ㅋ、ㄲ）／木／角《カク》、舌音（ㄴ、ㄷ、ㅌ、ㄸ）／火／徴《チン》、唇音（ㅁ、ㅂ、ㅍ、ㅃ）／土／宮《クン》、歯音（ㅅ、ㅆ、ㅈ、ㅊ、ㅉ）／金／商《サン》、喉音（ㅇ、ㅎ）／水／羽《ウ》など）。三つの基本母音は天、地、人を表し、さらに八つの母音を作る（たとえば八音《パルム》は、八つの楽器の分類に対応する〔朝鮮における孔子廟の祭祀音楽はこの八音すべてを含む楽器編成となっている〕）。すべての母音は陰音か陽音かのどちらかに分けられる。

一つの字は最大で三要素からなる。最初の子音、二番に来る単一もしくは複数が組み合わされた母音、最後の子音である。書く際には、正方形の中に収められる。文字の形と正方形に配置するやり方は、チベット・モンゴルのパスパ文字から来たものともいわれる。こんにちでは当初の二八文字のうち、二四文字が使用されている。

新しい文字で印刷された最初の書物の一つは、集賢殿の学者たちによる『龍飛御天歌《ヨンビオチョンガ》』だ。世宗の祖先、とくに太祖を称える二四八編の賛歌である。一四四七年に漢字とハングルで発行されたこの書物は、いまでも初期朝鮮文学の古典の一つとなっており、世宗にしてみれば、自らが考案した文字の使用を奨励するのにうってつけのものだった（ただし、一般大衆の漢字識字率を向上させるという本来の目

的は諦めなければならなかった。支配層からすれば、このことはハングルを批判する充分な根

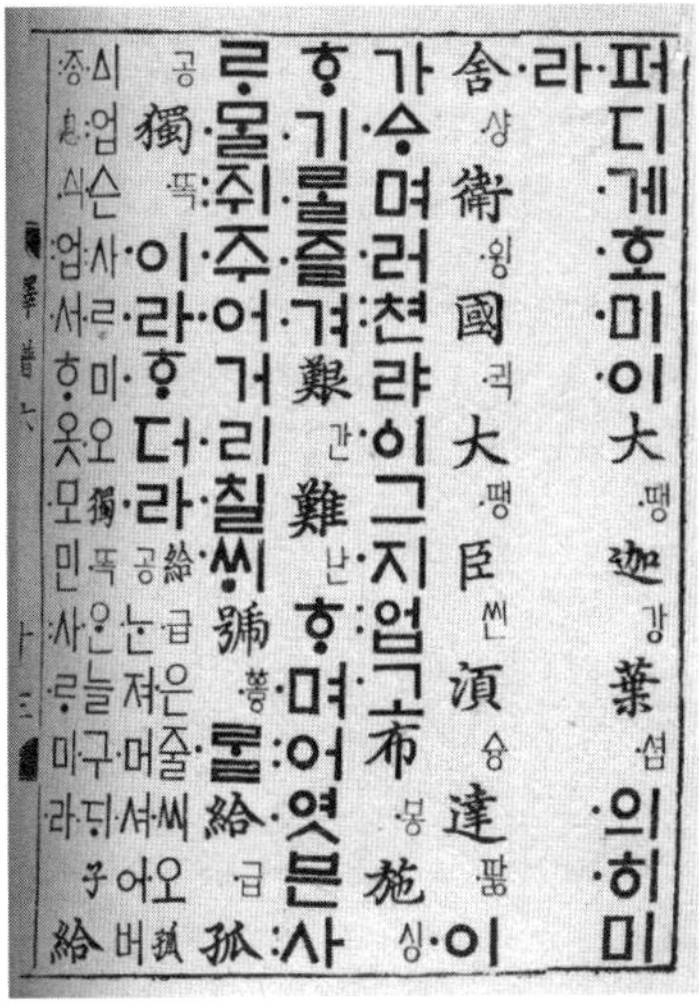

ハングル訳『釈譜詳節』の一ページ、1449年印刷

拠となるものだった)。

一八、一九世紀にハングルを使用した実学者たちもいたが、一四四四年に崔万理《チェマルリ》が諺文創製反対の上疏文で用いた「諺文」という軽蔑的な名称は二〇世紀まで残った。その後、ナショナリストの言語学者、周時経《チュシギョン》（一八七六－一九一四年）が新たに「ハングル」という名称を発明したとされる。この名は、大日本帝国の文化における朝鮮の個別性の象徴として、ハングルそのものとともに受け入れられた。

中国語と同じくハングルは縦書きで、右から左に読む。書道家たちはいまでもこのように書くこともあるが、現在ではふつうはすべて左から右に横に書かれる。写真はハングル訳『釈譜詳節《ソクポサンジョル》』である。父である世宗の命を受け、もともと漢字で書かれたものを首陽大君（後の世祖《セジョ》）が翻訳本として作ったものだ。

壬辰倭乱のさなか、朝鮮南東部の人々は李《イ》舜臣《スンシン》の功績を称え、その喜びを表現した踊りを踊った。李舜臣の道徳的指導力と忠誠心を称える歌詞とともに踊る民俗舞踊の勝戦舞《スンジョンム》は、国立国楽院でも演じられている。近現代に入って、朝鮮と日本の間の緊張が表面下に潜ることは決してなくなったが、李舜臣は間違いなくナショナル・ヒーローの筆頭だ。皮肉なことに、ソウルでは一九六八年まで、李舜臣に対してナショナリスティックな敬意が払われてこなかった。その後、儒教の英雄を称える最たるものとして、朴正熙は彫刻家金世中《キムセジュン》作の威厳あふれる銅像の除幕式を行い、帝国主義の偉大な抵抗者に対し、その評判に公式のお墨付きを与えた。このポーズは決断力と忠誠という儒教的資質を示しており、世宗路の中心部、光化門のまっすぐ南に立っているその位置は格別に重要な意味を持つ。だが交通量が多く、車が次々に通り過ぎる場所のため、残念ながら観光客はこの像を見逃しがちだ。

だが観光客は、ソウル龍山にある戦争記念館で、この偉大な将軍にまつわるもう一つの壮大な記念物である巨大な亀甲船の複製に見入る。亀甲船と李舜臣の名は分かちがたく結びついている。一八世紀のある記述によると、一五世紀と一六世紀後半のものの二種類の船があったという。全羅左水使だった李舜臣と、武官で船や兵器の製造にも関わった羅《ナ》大用《デヨン》は、日本の大編成部隊が到着するわずか数日前に昔ながらの亀甲船を改造した。この平底船は、厚さ一〇センチメートルの厚板の上に建造された。横幅三四・六メートルあるデッキからだんだん先が細くなり、竜骨にいくと二〇・六メートルとなる、同じような大

亀甲船建造を描いた絵

きさのビーム（甲板梁）が側面をなす。竜骨から船べりまでの二・三メートルを含む全体の高さは、最大で六・六メートル。口を開けた竜頭は高さ一・三メートル、幅九一・五センチで、亀の尾には回転砲塔《タレット》が据えられた。二本の帆が二〇個の櫂にさらなる推進力を加え、速力を増加させた。

凸状の防護甲板、すなわち「亀甲」開口部の一つから中に入れるようになっていた。切り込み隊員たちを撃退するために鉄の棘で覆われた屋根は、火のついた矢から防護するため、噛み合わせられた六角形の鉄板で覆われていたとみられる。デッキの下には階が二つあり、上の階は二四の区画に分かれ、船長と船員たちの居室として使用された。四つの大砲が隠された龍口および船尾から、煙がおどろおどろしく吐き出された。

一隻で約一六〇名までの人員を輸送することが可能で、航行可能距離は一日約一〇〇マイル（一六一キロメートル）以上と見積もられる。この船の最大の革新性は、木造船との衝突に耐え、激しい火力で敵艦隊に切り込める破壊槌を備えていたことだ。それは「あまりに速く動きが素早いので、回転する紡錘《つむ》のように見えた」（柳成龍）という。

亀甲船は李舜臣将軍の勝利に重大な役割を果たしたが、その数は少なかった。かれの指揮下にあった船の大半は、屋根のない板屋船《パノクソン》だった。この戦艦は甲板の下の漕ぎ手によって前に進むもので、戦闘員たちはせり上げられた船べりの背後から攻撃した。四つの大きさの異なる大砲を積載し、鉄や石の球を投じ、敵の頭に三メートルもの燃えさかる矢を降らせた。船長は高い位置にある望楼から指揮した。亀甲船のコンセプトは、このような船から進化したものだ。

Picture Essay 15　水原華城

八達（八つの方向の意）山の斜面に建設された水原華城《スウォンファソン》は、一七九四年一月に着工し、一七九六年の陰暦八月に完工した。三四〇室を有する一七八九年建設の別邸、華城行宮を拡張させた、五・七五平方キロメートルの城塞都市である。五七六の部屋、庭園や別館（あずまや）、祭壇、要塞、弓術場があり、包囲攻撃された際に住民たちの食糧を賄い、生き延びられるよう菜園も備わっていた。華城は「花の都市」を意味する。昔は木の都市とも呼ばれた。宮廷の快適な住居を意味する名前だが、ここに遷都することはなかった。

王立図書館では、朝鮮初期の城造りおよび中国と日本の工法を比較するための背景調査が行われた。蔡済恭《チェジェゴン》と趙心泰《チョシムテ》の指揮下で行われたこの建設作業の最終的な内容は、九巻本の『華城城役儀軌』に記録された。それによれば、七万人もの労働者が建設に投入され、報酬を米、豆、薬で受け取ったという。六四二名の石工、二九五名の石膏士、三三五名の大工、一万一八二〇名の装飾士もそこに含まれた。

石とレンガの城郭は丁若鏞《チョンヤギョン》の設計だ。かれが中国で学んだ西洋の機械の知識は、建設に携わる人々に大いに役に立った。丁若鏞は朝鮮初のクレーンを作り、使用した人物でもある。

壮勇営の兵士たちは時計塔で警備を行い、細長い窓から発砲した。華城での駐屯は、防衛上の目的からだけではなかった。壬辰倭乱の際に柳成龍《ユソンニョン》が設立した軍の訓練司令部訓練《フル》 都監《リョントガム》は、首都防衛を行った御営庁を含む首都周辺の五つの軍隊〔五軍営〕を指揮した。正祖《チョンジョ》は御営庁をソウルの老論僻派が支配す

水原華城、水原、京畿道

ることを懸念し、かれらを追放した。そして御営庁を大規模な城内護衛官に置きかえ、自身への潜在的な攻撃に備えて華城で二万の兵を新たに創出したのである。

こんにちでは、思悼世子《サドセジャ》のために正祖が建てた霊廟の近くに、その妻恵慶と息子である正祖自身、それに正祖の妻が眠っている。この城は日本による植民地支配期にその大部分が破壊されたが、一九九六年から再建が始まった〔二〇〇三年に第一段階の復元作業が終了し、一般公開された。第二段階の工事は二〇二〇年末に終了予定〕。この城壁は、近代になって水原《スウォン》と名付けられ、ユネスコの世界遺産となった。この城壁はいまも歩くことができる。

Picture Essay 16 鄭敾「万瀑洞」

中国、朝鮮の仏教や道教では、山岳地帯を聖山とした。人里離れた不自由な場所に、僧院、寺院、草庵を仙人の住処に近づけるように建て、詩人、哲学者、芸術家はそこに美と孤独のインスピレーションを求めた。金剛《クムガン》山《サン》という名は、無数の垂直の峰が、雷を操る金剛杵《ヴァジュラ》のイメージを喚起することから付けられたものだ。

朝鮮時代中期、南人の思想に共鳴した画家たちは、絵画は主題の外観ではなく、その内部に宿る精神を写すべきだという見解を取り入れ、理想化された様式で描く傾向があった。他方、老論を支持した画家たちは、写実主義を好んだ。

鄭敾《チョンソン》は両方の様式で描くことができた。そして金剛山を想像と写実の両方で何度も描いた。写真の中央左上にかれが書き入れ、署名したこの図帖の名は文字通り「万瀑洞《マンポクトン》（一万の滝の渓谷の意）」である。多くの川と小川が集まる有名な場所の名で、遠くでは針のようにとがった峰が、場所取りをするかのように押し合いをしている。これは、民俗画家たちが誇張したがった金剛山の風景の特徴だ。写真の中心にある明るい花崗岩の柱の上にぼんやりとみえる暗いマッス〔絵画用語で、全体の中で一つのまとまりとして把握される部分〕は、ここに住むといわれる青い鶴から取ったものだ。「洞」は精霊たちの住処である。傾斜した岩の上に立つ従者を従えた二人の学者の気を何かが引いており、八本の松の木の茂みを指さしているが、かれらの右側にある渦に流れ込む急流の音の中では、会話は難しそうだ。

この絵の主題を補完するため、鄭敾が引用した右上の端に書かれた詩は、中国の大画家

鄭歚「万瀑洞」、年代なし、墨、淡色、紙、33×22センチメートル

顧愷之《こがいし》（三四四－四〇五年？）のものだ。

千巌競秀　　千の巌が競い秀で
万壑争流　　万の渓流が遅れまいと飛び出す
草木蒙籠上　草木その上を覆い茂り
若雲興霞蔚　雲生じ陽炎立ち込める

その書体は筆遣いと完璧に調和しており、

横に多く引かれた運筆は、陰陽が調和した実質的な縦構図の感覚を生み出す。T字の木々や植物の点の塊は、強いエネルギーを伝える素早くリズミカルな独特の筆遣いで描かれており、暗く薄い一塗りでは岩の表面の巨大さが表現される。全体的に青みがかった薄い一塗りは、霧がかかったような効果を与えている。

II　不安定な世紀

第5章　隠者の王国（一八〇〇－六四年）
――伝統の制作現場

一九世紀が進むにつれて、指導層の朝鮮の生活様式に対する解釈やその保護を脅かすような、芳しくない兆候が現れはじめた。この章では、それに対してかれらが守ろうとしたものについて明らかにしていきたい。

社会と文化

正祖《チョンジョ》はカトリックに対して何の措置も取らなかったが、かれに続く三人の王、純祖《スンジョ》（在位一八〇〇－三四年）、憲宗《ホンジョン》（在位一八三四－四九年）、哲宗《チョルチョン》（一八四九－六四年）はそうはいかなかった。

この世紀の変わり目に、キリスト教に改宗したソウル内外の数千人の朝鮮人たちは、中国人宣教師周文謨《しゅうぶんぼ》の六年間にわたるひそかな布教活動を目の当たりにしていた。この頃の刑務所の環境は鳥肌が立つほどひどいもので、支配階級のイデオロギーに逆らったとして――あるいはそれよりもずっと軽い罪だったとしても――、苛烈な拷問や合法的な処刑によって、世界中で多数の命が奪われた。正統に反し、その破壊をもたらしかねない信条に対して朝鮮王朝《チョソン》が取った対応は、何も特別なものではなかった。たとえば、当時のフランスの刑務所はいい尽くせないほどひどいものだった。

朝鮮ではすでに数人のカトリック教徒たちが殉教していたが、一八〇一年に最初の大迫害が行われ、三〇〇名が見せしめのために処刑された〔辛酉《シンユ》教獄〕。周文謨もその一人だった。一八〇二年に純祖が一二歳で結婚したが、このことはいくらか救いとなった。純祖の新妻の一族安《アン》東金氏《ドンキムシ》が、実学の思想に感化されていたからだ。この機会を捉え、フランス人の司教と二人の司祭が東南アジアから移ってきた。朝鮮に赴任した初めての西洋人聖職者たちである。だが、かれらがめいめいマンチュリアから国境をひそかに越えてきた一八三六年には、すでに純宗はこの世を去っていた。憲宗の治世の初期には、安東金氏を抑えて権勢をふるっていた豊壌趙氏《プンヤンチョシ》がキリスト教の迫害を再開した。そして一八三九年、この三人の聖職者たちは、少なくとも一四〇名の朝鮮人教徒たちとともに処刑された。支配層がカトリック教徒を取り締まったのは、異端者から魂を守護するためではなく、かれらを裏切り者とみなしたからだった。

実現はしなかったものの、処刑された三人は一八〇一年にフランスの軍事的保護を求めていた。新儒教の祖先祭祀を妄信と批判し、その家族の霊を祀る位牌を叩き壊しすらしたカトリック教徒たちのひどいやり方は、朝鮮の上流階級の信条を侮辱するものだった。個人主義を謳い、自己否定と犠牲による救済を約束したこの外国のイデオロギーは、朝鮮の政治的、社会的秩序を脅かした（はるか昔には、仏教も中国や朝鮮の儒者たちから同じような非難を受けたが、仏教はこの当時にはすでに長い伝統を有しており、少なくともソウルの外ではその社会的役割と機能のおかげで容認されていた）（*Picture Essay 17*）。

文班と武班の「二つの班」という意味を持つ両班《ヤンバン》階級は、高麗《コリョ》時代末期から朝鮮王朝時代初期にかけて形成され、中期には国の政治的、社会的指導者と同義になっていた。それは中国古典の教養、中国の文人たちの生活様式、同族の系譜への誇りを特徴とする。祖先を祀ることは年配男性にとって重大な義務であり、カトリックの立場はかれらの権威に対する挑戦とみなされた。両班の多くは裕福な地主だった。兵役や賦役を免除され、税額も少なかった。身分の低い者たちへの想像を絶するような特権を持つかれらは、「空の星《ハヌレピョル》」だったのだ。

だが、当の両班たちの心配は、政治的不満、道徳規範をめぐる論争、陰謀や中傷、あるいは単なる自らの無能力により、その地位を失って恥辱や貧困に陥ることだけだった。少なくとも両班たちは下からの脅威からは免れていた。身分の上昇は、王の格別な賛意がない限り事実上不可能だったからだ。数は少ないが重要な身分である中人《チュンイン》の官吏ですら、身分上昇は望めなかった。宮廷の建築家、訳官、画員、徴税と会計を担う胥吏、宮廷つきの医官、天文学者が中人に含まれ、両班はかれらの技能に依存していた。異なる身分同士の親から生まれた子は庶孼《ソオル》の烙印を押され、両班の権利と特権を持てない一方で、両班は中人の少女たちを積極的に雇い入れた。中人の中には、自らの家系を誇りとし、中人にも開かれていた科挙の雑科《チャプクァ》の試験を受けて及第した者もあった。だが、これは古典ではなく実用的な科目で、かれらはなおも低い地位に留めおかれた。人口の大半は常民《サンミン》だった。農畜産業に携わる人、露天商、鉱山労働者、工事作業人、兵士などである。儒教理論の上では国家の基盤とされたものの、常民たちはまだそのことによって恩恵を受けることはなかった。とはいえ常民たちは社会の最底辺ではなかった。さらにその下には、広大《クワンデ》のような宮廷公認の芸人、妓生《キセン》、荷物を運ぶチゲクン、肉の屠畜業者、糞尿処理人等の賤民《チョンミン》がおり、巫堂《ムダン》さえもそこに含まれていた。そして最底辺には奴隷がいた〔日本における近年の朝鮮史研究では、もはや朝鮮王朝期の身分制が両班、中人、常民、賤民と四種から構成されているという把握はあまりされなくなってきている〕。

朝鮮は、東アジアの中で奴隷の人口比率が最も高い国だった。一六六三年の人口調査では、ソウルの人口のなんと四分の三が奴隷だった。これはソウル内の全世帯のうちの半数以上にあたる（ドン・クラークは、これはソウルに政府所有の奴隷が多いためで、ソウルの外ではその割合は三〇パーセントほどだったと論じている）。奴婢《ノビ》と呼ばれるかれらやその祖先は、たいていが戦争捕虜か重罪者だったが、金銭的に有利とみて自発的にその地位に落ちた者もいた。もちろん自由は失われ、王の功臣に代々下賜されるか動産として売買されるかした。官奴婢と私奴婢の二種類があり、官庁、宿場、学校、両班の家や農場でさまざまな労働に従事した。正祖は一八〇一年に官奴婢を廃止しようとしたが、これが老論たちの気に障ったのは無理もない。

明らかに酷い扱いを受けていた奴婢だったが、自力で社会上昇をすることもあった。土地を所有した者もいた。奴隷と常民の違いを見分けるのが難しいこともあり、一八九五年の甲午改革で公式的に奴隷解放がなされた後は、ソウル内の奴隷の割合はソウルの人口の五パーセントにまで下落した。

新儒教に内包されていた偏見は女性差別を助長した。近代以前の他地域の文化と同じく、多少の例外はあれ、女児が誕生するとたいていの人は失望した。由緒正しい家庭では、女性たちの居住空間はアンチェという表から見えない場所にあった。これは一〇歳－一二歳以上の少女たちにあてがわれる場所で、基本的な教育をそこで受け、見合い結婚をする前まで住んだ。結婚すると女性は生家を離れ、夫とともに夫の実家に住む。このときまでには、父親、夫、義理の家族に従わなければならないことを女性たちは教えられている。女性が尊重されるようになるのは年老いて自らが家母長となったときだ。愛され、尊敬された女性もいたし、名を成した女性もいたにはいたが、朝鮮王朝時代の著名な作家、芸術家、音楽家の中に女性がほとんどいなかったことは注目すべきことだ。

正妻（妻《チョ》）ならば、家計や家庭内での采配、子どもの世話、使用人の管理、祭祀の実施が、いくばくかの慰めになったかもしれない。だが二番目の妻である妾《チョプ》はそのような責任も負えなかった。家の外の世界、仕事と社交の世界は男性たちの領域だった。村落経済の性質上、共同生活において女性がより多くの役割を果たしていた農村部でさえ、女人禁制の場所があった。たとえば、毎年行われるさまざまな宗教的、社会的行事につきものだった農民たちの楽隊では、女性たちは演奏できなかった。

あらゆる階層の朝鮮人がそれぞれ自らの衣服に誇りをもっていた。身分の高い女性たちは、丈が長くウェスト位置の高いドレス〔チマ〕に、ぴったりとしていて丈の短い、左から右に交差させたリボンのついた上衣〔チョゴリ〕、薄い下着のズボン、つま先が上を向いた柔らかい靴を着用した。南北朝鮮の女性たちは、いまでもこの色彩豊かで優雅な民族衣装を特別な機会に着たがる。朝鮮の少女たちは、纏足という残酷な中国の習慣の犠牲になることはなかったが、それでも家を離れて外の世界に触れる機会は少なかった。両班の女性たちが出かけるときは、厳重に仕切られた駕籠の中に入った。市の立つ場へとつねに移動しなければならなかった常民の妻たちは、自分の顔や体を隠すために、チャンオッと呼ばれる長い外衣を頭からかぶった。

儒者たちは、ふだんは足首で絞った緩いズボン〔パジ〕に、袖がたっぷりした襟のない白い長衣を着て、布製の靴を履いた。公務や宮廷に行くときには、階級を表す重厚で色のついた正服を着た。朝鮮の官僚は中国の補子に倣い、文武の身分構造における地位を示す四角形の刺繍〔胸背《ヒュンベ》〕を服の胸と背中につけた。頭飾りも衣服と同じくらい重要だった。一〇代の少年が成人した印として冠をかぶる冠礼《クァルレ》は、重要な通過儀礼だった。式典の後、髪を切らずに頭頂にサントゥ（まげ）を結い上げたが、これはひじょうに誇らしいこととされた。サントゥは漆塗りの馬毛でできたぴったりした網巾《マンゴン》で固定され、黒い漆塗りの馬毛か竹糸の冠帽《カッ》（あるいは究極的な望みだっただろう、官吏用の羽のついた冠）で盛り上げられた。

女性にとっても男性にとっても、頭飾りの様式と装飾は社会的標識となった。古くからの、ほぼ世襲の職に従事した賤民女性たちにとっては、衣服と頭飾りはとりわけ重要だった。その身分をはるかに超えて権力を行使したのは妓生と巫堂《ムダン》（シャーマン）である。妓生には洗練と優美さが求められた。妓生は、宴で男性たちに奉仕し、会話、詩、音楽、舞踊、野外での馬術や弓術の技術でかれらを楽しませるよう訓練を受けた高級娼婦（courtesan）だった。性的奉仕をしたかもしれないが、かのじょたちが売春婦として雇われることはなかった。妓生は高く評価され、友人になることも、両班の妾になることもあった。かのじょたちは雇い主と同じように質の良い服を着て、長い髪を複雑な形に結った。

巫堂の場合はずっと低い地位に留まったが、自らの才覚で妓生に並ぶ高い地位を得もした。厳密にみれば、シャーマニズムは新儒教が優勢だった朝鮮王朝とは相容れないものだったが、女王や宮殿内の女性たちは巫堂をしょっちゅう呼んだ。白い頭巾付きの外套と、羽飾りのついた丸みを帯びた黒いフェルトの帽子や背の高い赤い帽子は、宮殿内でも見慣れた光景となった。仏教と同様、シャーマニズムを庇護したのは支配階級で、下層民にとっては生活に不可欠なものだった。貧困層は厨房、屋外、屋根、中庭など、家に憑く神霊を祀っていたが、旱魃、病気、死などの一大事が起きるたびに巫堂に助けを求めた。宮廷も両班たちも熱心に参加した新年や秋夕《チュソク》の祝いの際には、巫堂は庶民の退屈な日常に彩りをそえもした。

これらも含めた多くの儀式は民俗宗教につながるもので、地方の人々の生活は三国時代以来ほとんど変わっていなかった。これらの儀式は、活気あふれる鮮やかな社会タペストリーの根源的な一要素をなしていた。村落の入り口の内と外に設置された一対の木製の境界標（長丞《チャンスン》）は、民間信仰の象徴である。彩色された素朴に彫られた顔を持つ長丞は男女の守護神で、古木、危険な丘の中腹の道、神聖な場などに宿る精霊の一種だ。いまでも朝鮮半島のところどころで見ることができる。江原道横城《ファンソン》で発見された青銅器時代の一対の石からは、長丞の起源がずっと前にさかのぼることがうかがえる。最も広く普及した民俗神は山神《サンシン》だった。山ごとに一人ずつおり、旅行者や出産中の女性はもちろん、苦境に陥ったすべての人が山神に祈った。山神は虎や仙人として描かれることもあり、檀君《タングン》の神話と緩やかに結びつくこともあった。

朝鮮人たちの生活は、土着の神々の守護下で営まれていただけでなく、月や太陽の暦にも縛られていた。新年の祝賀は、陰暦一月一五日のテポルムナルで終わる。これは二週間にわたる凧揚げの終わりであり、男と少年たちは赤々と燃える松明の闘いを繰り広げて、野外にエネルギーを放出した。この日の夜に橋を渡ると、その年は足の病気にかからないといわれた（女性たちはその翌晩まで待たなければならなかった）。

陰暦四月八日には、ブッダの生誕を祝うために提灯が吊るされた。陰暦五月五日の端午には髪を洗い、夏の服を着て、暑くなる夏に備えて扇子を贈るという、何世紀も続く伝統に従う（朝鮮王朝初期には、手ずから彩色された数多くの美しい扇子が、朝鮮宮廷から琉球王国に公式の贈物として贈られた）。男性や少年たちは近隣の村と石投げ競争をし、その年にどちらが多く収穫ができる運を持つかを競った（日本の植民地政府は、後にこの習慣を止めさせた）。七月七日には、夏場の湿気を防ぐため本や衣服が日干しされた。九月九日には、年配者のために気持ちの良い秋の日差しの下で野遊会を開いたり、菊を見に行ったりした。

農作は一年を二週間ごと二四期に分ける節気《チョルギ》に基づいて計画された。二月四日頃の一五日間は立春である。五月八日頃は小満《ソマン》（「実りつつある穀物」）と名付けられた。一〇月八日は寒露《ハルロ》（「冷たい露」）の頃だ。一二月七日頃の大雪《テソル》の二週間は、戸を固く閉めておかねばならない。筆者は一九七二年に初めて韓国を訪れたのだが、処暑《チョソ》（「暑さの終わり」）を過ぎたから八月末は泳ぎに行ってはならないと忠告された。長い暑い夏で、気温はまだ三〇度を超えていたにもかかわらずだ。きっちりと区分化された生活がどのようなものだったのかを、私は思い知ったものだ。

祭りは息抜きと娯楽を楽しむいい機会だった。市場には、おなじみの風刺のユーモアを笑う声が響き渡った。パンソリ歌手の歌にじっと耳を傾けるおとなしい聴衆もいた。オペラによく似たこの朝鮮の口頭伝承の起源は、謎に包まれている。実学の影響を受けたとみられる文人たちが興味を示すようになってから、パンソリは文字で記録されるようになった。最も早い時期のものは、柳振漢《ユチナン》（一七一一―一七九一年）の「歌詞《カサ》　春香歌《チュニャンガ》二〇〇句」に記載されたものだ。一二のパンソリがあることが分かっており、そのうち五つが歌い継がれているが、いまでも最も人気が高いのは「春香伝《チュニャンジョン》」だ。

妓生の娘春香は、両班の息子〔李夢龍〕がソウルへ移る前に、かれとひそかに愛を育んでいた。府使があらゆる手を使って我がものとしようとするが、春香は真実の愛を貫く。その後、政府の監察官暗行御史《アメンオサ》として戻ってきた李夢龍は、府使を処罰して春香を救い出す。春香の義理深さと忠実さは、当時の儒教社会で称えられた、そしていまでも称えられている資質だ。春香は人気ある朝鮮の恋人で、愛される架空のヒロインの一人だ。一六七五年生まれとされる春香を祀る祠堂が全羅北道の南原《ナムオン》にあり、そこでは春香祭が開かれる。男性あるいは女性のパンソリ歌手は手扇とハンカチを手に持ち、語りと歌を組み合わせて演じる。プク〔胴の短い両面太鼓〕か長鼓《チャンゴ》で伴奏をする。

歌手にとっても伴奏者にとっても、「春香伝」を演じるのはかなりの体力を要する芸当だ。現在では短縮版も受け入れられているが、物語を最後まで伝えるのになんと八時間かかることもある。歌の部分は、何年もの骨の折れる訓練が必要な独特の力強い声で歌われる。大歌手の金《キム》素姫《ソヒ》は、轟く滝の前で延々と練習して独特の技法を開発した。もともとパンソリは庶民の娯楽である広大のレパートリーの一つだったが、一九世紀に入ってしばらく経つと、階層の壁を超え、両班や裕福な商人がプライベート公演を主催するようになった。二〇世紀になると、西洋式の屋内の舞台で演じられるようになった。

子どもは（そして大人も）、全く終わる気配のないパンソリから離れて、楽しい遊び（ノリ）を探すことになる。ゲームには地域や国境の壁はない。世界中で遊ばれているチェス、バックギャモン、ドミノ、ファイブなどの朝鮮版は、一九世紀初頭よりずっと以前から存在していた。日本で「碁」と呼ばれる東アジア一帯で人気のあるボードゲームは、朝鮮ではパドゥクという。新羅《シルラ》時代にはすでにあったものだ。決められた距離から三つの瓶に弓や棒を投げ入れる投壺《トゥホ》の起源は三国時代にさかのぼり、その一式は一一一六年に中国の宮廷が睿宗《イェジョン》に送った贈物に含まれていた。このゲームは宮廷内外でずっと行われ、こんにちの宮廷舞踊にも高度に様式化された形で組み込まれている。子どもも大人もユンノリで遊んだ。これは空中に投げた四本の棒あるいは豆の落ち方によって、いくつ前に進めるかを決めるすごろくだ。子どもたちはコマを回したり、ノルティギ（シーソー）をしたりして楽しいときを過ごした。エネルギーがあり余っている人々には、極太の綱を使った綱引き《チュルタリギ》が好まれた。腕に覚えのある男たちは相撲を取った（*Picture Essay 18*）。豪胆な向きは、最高七メートルの高さにもなるクネティギ（朝鮮式ブランコ）で快感を得たことだろう。強さを競うこのような遊びは、古代の軍事と何らかの関係があったとみられる。

遊びの時間が終わり人々は家路につく。中国、朝鮮、日本は「同じ屋根の下の三家族」といわれる。この三地域のいまの住人たちは、それに大いなる異議を唱えるだろうが、こと建築に関しては、似たような屋根の下に住んでいたといっても間違いではないだろう。三地域とも、入り組んだ腕木で支えるつくりで、湾曲した装飾瓦を用いた。

唐代以降、中国は朝鮮と日本の建物の様式、設計、内装に影響を与えた。中国モデルに対する朝鮮の職人たちの崇敬は、ソウルの宮殿とその造作に典型的に表れている。一九世紀初頭の宮廷は、昌徳宮《チャンドックン》、雲峴宮《ウニョングン》、徳寿宮《トクスグン》、一九一〇年に日本によって解体された慶熙宮《キョンヒグン》という、四つの宮殿のうちの三つを使用した（景福宮《キョンボックン》は朝鮮の君主制と結びつけられることが近年では多いが、一四世紀に太祖の邸宅かつ政府所在地だったこの宮殿は、壬辰倭乱の後、一八六五年になってようやく再建されたものだ）。観光客たちは砂っぽい宮殿を散策し、荘厳な謁見室、影の差した天井裏、私的な居住空間、石の台、大きな木の柱、入り組んだ模様の窓に感嘆しつつも、同時に北京で見たことがあるのと似ていると思うかもしれない。だが、火事や悪霊から建物を守護する、屋根の角に沿って並んだ独特な粘土の小像（雑像《チャプサン》）には賛辞を贈るだろう。ここも含めた重要な建物を守り、華やげている五色の塗装（丹青《タンチョン》）は、朝鮮人の職工たち独自の古代の工芸品だ。一二世紀には、宋の徐兢《じょきょう》も開城《ケソン》の丹青に感嘆した。

　宮殿と同じように、一般の家屋も地上に築かれた土台の上に建てられた。屋根の重さで倒壊するのを防ぐため、ずっしりした支柱で支えられた外壁と、耐荷重性のない網代および漆喰で隙間を埋めた壁からなる、木骨造りの家屋だ。床は夏に涼しい木製か、朝鮮人が千年以上も使っていた暖房システムであるオンドルの熱気送管を隠す、ワックスを塗った固い紙〔壮版紙《チャンパンジ》〕で覆われたセメントかだった。いまも多くの地域で使用されているオンドルは、人々が座り、働き、食べ、刺繡入りの布団の上で寝るための床を温めるものだ。両班たちの住居環境はその上等な生活の質を反映しており、タイル張りの屋根、引き戸、格子造りの窓のある家屋に住んだ。男性の寝室はふつう南側にあり、北側の女性たちとは使用人部屋を挟んで別々になっていた。プライバシーはひじょうに重要なものと考えられ、貧富を問わずみな壁や柵の内側に住むことを好んだ。この世紀の後半にやってきた米国人宣教師ホーマー・ハルバートは、朝鮮の大家族の屋敷は部屋が多すぎて門と小道も数えきれない、まったくの迷宮だと述べている。

現在では、ソウルの昌徳宮内の家屋をぶらぶらと見物することができる。これは一八二七年、常民たちの間で広がった不満に病み疲れて、息子の翼宗《イクチョン》〔孝明世子《ヒョミョンセジャ》〕に王位を譲ろうとした純祖のために建てられたものだ。水原《スウォン》の近くの民俗村では、中国式家具を備えた朝鮮人学者の書斎を復元したものを見ることができる。壁に掛けられた、儒学から引かれた格言は誠実さ、忠誠心、利他主義、粘り強さといった美徳を称えている。室内の屏風は、隙間風や通りすがりの人の目を寄せ付けないようになっている（*Picture Essay 19*）。漢字で書かれた本が低い机に置かれ、書き物机には、筆、硯、水差し、花を生けた花瓶が置かれている。朝鮮人は花を愛した。花々は色と香りをもたらし、蝶や昆虫を庭に引き寄せたばかりでなく、希望と美徳の象徴でもあった。牡丹は繁栄を、菊は尊厳を、蘭は質素を象徴した。考えにふける男の庭の植物や樹木がかれの心を刺激している間に、家庭菜園では野菜が育っていく。厳格な儒者の家庭では、話をせず静かに食事をした。男性と女性は別々の部屋で食べた。大きな茶碗に盛られたご飯と、肉と魚と野菜の数多くのおかず、スープが食べられた。多様な食べ物が食されており、一九世紀半ばまでにジャガイモ、サツマイモ、唐辛子、トマトも食卓にのぼるようになった。

王族と両班は、食卓や机に華奢な磁器を置いて使うことを好んだ。朝鮮王朝の初期には、中国の皇帝たちさえも、ソウル郊外の広州《クァンジュ》の窯で作られた美しくピュアな白い器を集めていた。朝鮮の両班たちにとって白は、かれらが仕えた王朝の誇りと、それを支える新儒教の哲学を象徴した

（青磁の緑色は仏教、そしてその滅亡を悲しむ者すらいない高麗時代と結びついていた）。単色への嗜好は長く続いた。白の色合いはさまざまだったが、華やかな清中期のそれに合わせようとはしなかった。朝鮮の上層階級は簡素を好んだ。装飾が施されるときは、自然界と人間界から題材が選ばれ、釉薬のコバルトや酸化鉄で塗装されたり、白地に青と赤の絵柄が描かれたりした。象嵌も引き続き使用された。中国や日本の多くの窯が複雑な多色彩色を施したのに対し、朝鮮は抑制とバランスに重きを置いた。

庶民も食器に関しては落ち着いた色調を好んだ。庶民たちの器は粗い粘土でできていた。時間と手間のかかる象嵌ではなく、押し型で模様が全面に刻印されたり、白い切り込みが入れられたりした。この粉青《プンチョン》沙器と呼ばれる陶器は独自の素朴な美を備えており、二〇世紀に入ってから柳宗悦や英国人バーナード・リーチといった日本人や西洋人を惹きつけ、いまでも世界の競売場で高い価格がつけられている。

庶民の家は、両班のそれに比べて不快、窮屈、不潔、不健康な状態に甘んじることがままあった。常民の家の茅葺き屋根の下――シラミの繁殖場だった――には、部屋が一つか二つしかなく、土と石の床の上に建っていた。米国人のホレイス・アレンは、このような家をみて「冬を越した干し草の束」も同然だと形容した。同じ米国人のリリアス・アンダーウッドは、「家屋は恐ろしく非衛生的で、その多くは不潔で害虫だらけだ。汚水はすべて、通りの両側にある何とも言い表しようのないドブに垂れ流されている」と不満をこぼした（もちろん、それは一九世紀初めのソウルのスラム街が、フィラデルフィアやパリのそれよりも酷く、あるいは薪ストーブから出る煙のせいで空気がどんよりとしていたソウルが、石炭の火と炉で汚染されたマンチェスターやモスクワよりも深刻だったといっているわけではない）。だが、アンダーウッド夫人が一九世紀後半に指摘したように、「ロンドンやニューヨークの最底辺の人々に比べ、ソウルで飢餓に苦しむものはほとんどいない」。

不潔さは病気をもたらす。東アジア全域では、昔から研究の多くが医学に注がれた。薬草や鍼灸で多くの症状に対処し、抵抗力を高めるために高麗人参が摂取された。しかし麻疹、天然痘、マラリア、結核、腸チフス、コレラ（コレラは一八一二年にもたらされ、恐怖とともに計り知れないほどの人命を奪った）の流行が朝鮮全土を席捲すると、階層を問わず大勢の命が奪われた。一七九九年には七四〇万人だった人口は、一八五〇年には六四〇万人へと減少しているが、これは貧困と病気のせいである。

絵画は場を明るくした。民俗画家は両班たちがもてはやす主題を模倣した。かれらは同じシンボルを用い、同じメッセージを伝えた。平和と美の安息の地としての金剛山《クムガンサン》、純粋さの比喩としての蓮、結婚の喜びを表すオシドリ、多産のお守りとして寝室の壁にかけられた鯉、年配者への尊敬の念を想起させるための松の木などだ。一方、民画においては、陽気さが正確さよりも、華々しさが優雅さよりも、明るさが繊細さよりも重視された。肖像画も描かれた。庶民たちは直近の先祖の肖像画を欲しがることもあった。戦が起きて逃げなければならないときには、その肖像画を持ち出した。

朝鮮の絵画は大部分が無署名なので、文人画と民画の境界が曖昧なことが多々ある。地方の生活習慣を高く評価した趙子庸《チョジャヨン》（一九二六－二〇〇〇年）は、絵を「純粋絵画」と「実用絵画」に分けることを提唱した。したがって、屏風を飾り隙間風を防いだ平生図などは、たとえ宮殿や離宮用に描かれたとしても「実用絵画」である。図画署で描かれた絵画のいくつかですら、通常のもったいぶった「文人画」の代わりにこの名が付けられた。

絵画のみならず、音楽と舞踊も社会的な分断を超えた。一八四四年に作曲された歌は、ソウルの人々が好んだ豊かな器楽と声楽に言及している。「最初の曲が終わったら／髪の毛を整える／眉毛の美しい若い妓生は／今度は古いうたを歌う準備をする」。妓生は、歌曲《カゴク》、歌詞《カサ》、時調《シジョ》といった難解な歌詞を持つ歌も含んだ長いプログラムを「耳に心地よく」演じる。演奏を終えると他の妓生が出てきて、ゆっくりした、あるいは素早い動きの踊りを踊る。これは宮廷での場面だが、それを満喫した人々が、宮殿の外で演奏され歌われた曲にもなじみがあっただろうことは容易に想像できる。

豊穣な民謡――土着のものもあれば、川や山の境界を越えてきた曲を朝鮮で変形させたものもあった――は農民の作業負荷を軽くし、一息つかせるのに役立った。それは、シャーマンの歌唱にそっと隠されることもあった。一九世紀初頭までに、民謡はパンソリで歌われた物語や、自由奔放な器楽合奏シナウィに組み込まれた。やがて、カヤグム奏者に卓越した技術を披露する豊富な機会を与えた、複雑なソナタ形式の独奏器楽組曲散調《サンジョ》にも民謡が用いられるようになる。宮廷音楽は権力の道具だったため、その主旋律にきっちりと従わなければならなかった。それとは対照的に、シナウィ、パンソリ、散調には個々の演者の即興技術が求められた。実学に影響されて朝鮮固有の文化への誇りを持つようになった両班は、それらを自ら演奏するか、公演を主催するかしたのだった。

社会と政府

一八〇一年、丁若鏞《チョンヤギョン》（茶山《タサン》）は安堵のため息をついたことだろう。かれは若い頃、カトリック信仰に関心を寄せ、洗礼まで受けたが、正祖の希望でそれを撤回した。この年の天主教徒の大迫害で大勢が死ぬと、かれの一七年間の流配生活が始まった。兄の丁若銓《チョンヤクチョン》も北東海岸の黒山島《フクサンド》に追放された。三人兄弟の真ん中の丁若鍾《チョンヤクチョン》〔朝鮮語読みの日本語表記は兄と同じ〕は、棄教を拒否して死刑に処された。その二人の甥も一八三九年に死刑となった。茶山の個人的な救済は、長い間の恥辱と罪悪感によって損なわれた。世論を気にかけ、家族や子孫に不名誉が及ぶのを懸念する両班にとって、流配は大ごとだった。軽い場合は故郷の町や首都からの追放で済んだが、ひどい場合には遠隔地に送られたり、済州島《チェジュド》など遠方の島に閉じ込められたりした。

流配者たちはこの劣悪な環境の中から優れたものを生み出した。茶山は蔵書を集め、中国古典について夥しい量の文を著した。晩年の多作期には、実学思想を中国史の学識から吸収した重要な本質と結びつけた。茶山の全集は統治原理、土木工学、農業技術、園芸、養蚕、医学、箴言などのさまざまなテーマを網羅している。

かつての自らのカトリック信仰についても言及しているが、司祭のシャルル・ダレが『朝鮮教会史（*Histoire de l'église de Corée*）』（一八七四年）〔「序論」が『朝鮮事情』（平凡社東洋文庫）として日本語に訳出されている〕でいうように、かれが死の前に再びクリスチャンに改宗したかどうかについては、残念ながらはっきりしない。この多作な作家が、後に銅像が建てられることになる康津《カンジン》の南西で刑期を全うする間、兄の丁若銓も海洋生物についての該博な科学的研究をまとめていた。

もう一人の有名な流配者は大画家、書家、実学史家である金正喜《キムジョンヒ》（秋史、一七八六－一八五六年）（*Picture Essay 20*）である。金正喜のたぐいまれな芸術的才能は、北学派の文臣で書道家の朴《パク》斉家《チェガ》によって少年の頃から見出されていた。金正喜は一八〇九年に北京を訪問し、文人画の表現を学んだ。そこで、帰国後に北学画家の主導的人物へとかれを押し上げることになる、経験と知的自立性を習得した。新儒教を放棄したわけではないが、その狭量で内省的な面に対しては批判的で、禅に深い充足を見出した。

同時代の中国人書家と交流するうち、それまでの筆遣いに飽き足らなくなった金正喜は、中国初期の巨匠たちを集中的に研究した末、「朝鮮で最も著名な書家」との異名を取ることになった独特な書式〔秋史体《チュサチェ》〕を発展させた。大胆かつ異端、そして強烈な表現主義で、かれの絵画のいくつかにみられる一見素朴な単純さを完璧に補完するものだ。同時代の人々は、金正喜の風景画と四君子（梅、蘭、竹、菊）の写実主義を褒め称えたが、それが風俗画の衰退を引き起こしたと批判されているほどである。こんにち最もよく知られているのは、一輪の蘭と、折れ曲がった数本の葉が描かれた絵〔不二禅蘭図〕だ。絵はそれと調和する字体の説明文に囲まれており、乾いた筆で明暗が入り混じって描かれている。

秋史は結婚によって王家とのつながりを持っており、また華々しい官職の経歴も有していた。それにもかかわらず、安東金氏との激しい対立の際に秋史の一族が豊壌趙氏《プンヤンチョシ》の味方をしたことから、かれは済州島に追放された。六〇歳近くになっていた秋史が、「米を量る器よりも小さな」

一つきりの部屋に投獄されて健康を損ない、うつ病になったのは当然といえば当然だったのかもしれない。その代わり秋史は多くの楽しみを見つけた。読書、絵画、手紙のやり取り、地元の子どもたちを教えることなどだ。妻の死後に描かれた「歳寒図」の裸木だけが、その心を苛んだ悲しみをうかがわせる。

その後、憲宗に赦免され九年ぶりにソウルに帰る準備をしていた秋史だったが、かれの苦難はそこでは終わらなかった。憲宗の予期せぬ死により、衰えつつあった安東金氏の権力が盛り返してきたのだ。安東金氏は跡継ぎとして哲宗を選出する際、秋史がそれに反対することを画策したと非難した。そこで秋史は再び追放されたが、今回は寒い北西部の地方で、釈放されるまでそこで一年過ごさねばならなかった。

丁兄弟や金正喜の物語は、近代化の途上にあった一九世紀前半の実学の運命を示すものだ。かれらと志を同じくする学者やグループは、何世紀にもわたって深く、しばしば批判的な研究を発表してきた。検討対象を押し広げ、より革新的に吟味することが朝鮮にとって重要だと考えたこの時期の人々は、伝統的な社会秩序を作り変える恐れがあるものに対する、新儒教擁護者たちの凝り固まった疑念に立ち向かった。古くからの政治哲学や既得権勢力の利益と、経済社会的進歩とを分離するような、国家発展の概念はまだ存在していなかったのだ。

王位継承をめぐる議論は、朝鮮王朝時代全体を通して厄介な問題を引き起こした。英祖《ヨンジョ》と正祖は最悪の派閥分裂は回避したが、宮廷内の権勢家一族同士が繰り広げた争いの悪影響を断つことはできなかった。三国時代の昔から、祖先と血統は政治権力獲得の上で重要だった。高麗の貴族は、父系と母系双方の血族を通して自らの地位を永続させた。一世代とばしての継承も可能だった。

　それにひきかえ、朝鮮王朝の規則はもっと厳格だった。新儒教によって与えられた国家の正統性は、法律として祖先祭祀を行うことを両班たちに要求した。そして、継承と相続という、相互に関連する原理についての高度な議論が延々と行われた。祖先を敬う儀式の存続に息子は不可欠で、息子が生まれなければ養子に頼った。歴史と記録の保存が長い間尊重されてきた国らしく、家系図族譜《チョクポ》の編集は早い時期から始まった。一五世紀までに族譜の印刷が行われており、一七世紀までには派閥主義によってその価値は増幅された。両班一族が族譜を最大限に利用するようになるにつれ、政治的覇権は、血統の顧慮や謀略と切り離せないものとなった。

　宮廷内の緊張状態のほとんどは、王に妻を提供しその対価を得ようとする、外戚の野心がもたらしたものだ。王と縁続きの外戚による、王権の去勢を意味する「勢道政治《セドチョンチ》」で最初に名が挙がるのは、恵慶宮洪氏《ヘギョングンホンシ》〔思悼世子《サドセジャ》の妻で正祖の生母〕の親戚で、正祖の幼少時の師だった洪国《ホング》栄《ギョン》である。だが正祖の死とともに没落し、老論僻派の豊壌趙氏が強硬路線を再び主張した。一八〇〇年から六四年までの間の三人の王は、すべて寡婦の王后によって指名されている。これは「垂簾聴政《スリョムチョンジョン》」といわれる古くからの特権で、屏風の背後から幼少の王に代わって摂政政治を行うというものだ。これは自らの一族の権勢を拡大するために行われた。一八〇〇年、死んだ英祖の二番目の妻だった貞純王后金氏《チョンスンワンフキムシ》によって純祖が王に選ばれたが、このとき純祖はたったの一〇歳だった。老論僻派を支持した貞純王后は、慈悲深い正祖の統治下で坦々と狙っていた大規模なカトリック迫害を仕掛けた。その貞純王后が一八〇二年に死ぬと、死去した純祖の妻純元王后《スヌォンワンフ》が、七歳だった憲宗と一八歳だった哲宗をそれぞれ指名した。純元王后は、かねてより権勢を誇っていた安東金氏の出身で、哲宗の治世期に趙氏から権力を奪い返したのだった。

血統と家族は、政治的優位に立つこと、世継ぎ問題の解決、先祖の崇拝以上のものを意味した。孝行とは死者だけでなく生者にも奉仕することで、息子と義理の娘たちには年配の親族の望みを叶える法的義務があった。祖父と父は、子や孫を自由に操ることができた。東アジアの人々は、とくに家族内の高齢者や親族、職業集団や居住地域の中の貧しい家族をみなで助けなければならないという責任感を持っていた。かつての中国政府はこれを利用し、統制と徴税の目的で一〇世帯で一つの班を編制し、一九五〇年代の中国共産党は、人々にスパイをさせて隣人を告発するために、強い結束を持つ協同組合と生活共同体の班を利用した。

朝鮮では、誠実だがやや理想主義的な学者趙光祖《チョグァンジョ》（一四八二－一五一九年）が、新儒教の原理を農民たちの生活様式に植え付けようと、村の憲章である郷約《ヒャンヤク》を導入した。共同責任の観念を高めるため、地方の長守令《スリョン》とともに働くためのイデオローグや共同体内の他の主要メンバーを指名し、少々強引に政治的指示を村人たちへと中継するものだ。

すでに六世紀初めには、自発的に作られた農民、職業集団のための相互援助機構があった。契《ケ》である。契のメンバーは、みなで取り決めた家畜や道具の購入のための貯金や、事前に定められたレートでの借入れなどに共同出資した。不満を抱える両班が、契を通して人々の政治感情を煽ろうとしたこともあった。たとえば東人《トンイン》の官僚鄭汝立《チョンヨリプ》（一五四六－八九年）は、全羅道のある契で西人《ソイン》への反抗を扇動し、その企みが露見して自殺した。

二〇世紀、金日成《キムイルソン》は朝鮮戦争によって農業が荒廃すると、相互扶助班を導入した。三～五家族を集めた牛の共同使用班「ソギョリ」（動物一頭と労働を分かち合う）、最大一〇家族の労働班

「プマシ」でともに仕事をするものだ。一九五五年の凶作の後、先進的な協同組合が強く要請され、一九五八年には百万戸以上の地方全体が「協同化」された。朝鮮労働党主流派の定義するところによれば、班の利益は個人の自由よりも重要で、それは個人の自由に対する勝利だとされた。

一八一一年一二月、洪景来《ホンギョンネ》が平安北道で一九世紀初となる農民反乱を起こした。そのための支持を集める際に活用されたのが契だった。人々の不満の原因は、地方行政の腐敗、重税、自然災害、安東金氏の政治に対する憤りなどさまざまで、どれも昔からなじみ深いものだった。これらに加え、得て然るべき官職を得られなかった没落両班の洪景来が個人的に抱えていた不満もあったことだろう。

近年、歴史家たちはこの反乱に注目してきた。ここに正祖の社会経済改革で実現できなかったことへの不満を見たり、二〇世紀後半の「民衆《ミンジュン》」の希望の予兆を見たりしている。両班、豊農、商人、さらには軍の不満分子たちが関与したことから、洪景来の乱を農民反乱と呼びうるかどうかについては疑問視されてきた。アンダシュ・カールソン（Anders Karlsson）は、これを地方社会と中央権力の間の葛藤とみなす。反乱指導者たちは、契の相互扶助と資金調達機能に加え、公的な郷約の組織力を活用した。カールソンによれば、これらのいずれもが異なる社会的立場の人々を結束しえたという。

地方の防御使だった金益淳《キムイクスン》もこの反乱に参加したが、捕らえられ処刑された。その一族は落ちぶれた。跡を継ぐことができなくなった金益淳の孫 炳淵《ピョンヨン》は放浪詩人になった。やがて頭にかぶった葬礼用の笠から、金笠《キムサッカッ》（一八〇七‐六三年）と呼ばれるようになった。一九世紀初頭の文学である韻文は、厳格に定められた中国の様式で書かれ、とくに文人たちに好まれていた。一九三〇年代に最初に収集され書き写された金笠の詩は、それらとは全く趣を異にしていた。時調《シジョ》のような簡明さ、風刺、自然への愛を含んでいるものの、その特徴はかなり異なっており、庶民的でときに世俗的な題材が用いられている。金笠は苦しみの人生を次のようにうたった。

髪毛稍長命漸奇
灰劫残門翻海桑
依無親戚世情薄
哭尽爺嬢家事荒

長じるにつれ運命は数奇なものになり
まもなく桑畑は碧海と化した*
頼れる親戚もなく人心も薄情で
父母までも亡くなり家は落ちぶれた

*桑畑が蒼海と化す…世の中が激しく変化したの意

反乱勢力は清川江《チョンジンガン》以北の広域を短期間で制圧し、定州城《チョンジュソン》で政府軍の反撃に対抗したが、洪景来が殺されてわずか四か月後に瓦解した。この事件は、一八九四、五年の東学の乱〔甲午農民戦争〕で爆発することになる導火線に点火したといわれる。一九世紀を通して頻発した他地域での反乱との因果関係、さらには朝鮮全土に広がっていた明確な目的を、これは示唆するものかもしれない。憲宗と哲宗の治世期にも暴力の勃発は続いたが、いずれも真の変革はもたらさなかった。最も重大なのは、一八六二年に済州島を含む忠清、全羅、慶尚の三南で、地税〔田政〕、布税〔軍役〕、米貸付制〔還穀〕に抗議する戦いの音が鳴り響いたときである。その反乱終結の年である一八六四年に崔済愚《チェジェウ》（一八二四－六四年）が処刑されると、同種の導火線に火がつけられた。

崔済愚は一八五〇年から一八六四年まで中国を席捲した太平天国の乱の主導者洪秀全《こうしゅうぜん》と同じく、社会的差別のせいで官職に就けなかったと考え、新たな宗教運動を起こそうとした。東学《トンハク》と名付けられたその宗教は、天道の思想を伝導した。それは儒教、仏教、シャーマニズム、そして——その反西洋的な傾向を考えると皮肉なことだが——カトリック思想の混交物だった。東学は官吏の腐敗を非難し、貧窮し抑圧された農民たちのために声を上げた。真に局面を変えたのは、詳細不明だが何か新たな成功〔後天開闢〕が一八六四年にもたらされるだろうという崔済愚の預言だった。朝鮮当局は、太平天国によって中国が荒廃したことを充分に理解していたため、崔済愚を逮捕し朝鮮で今後起きるであろうこの種のあらゆる芽を事前に摘み取ろうとした。東学は勢いを失い、政府の思惑は成功したかのようにみえた。だが、洪秀全の反乱をきっかけとして欧米の軍隊が中国政府にてこ入れするために入ってきたように、崔済愚の教義も、一九世紀最後の一〇年の間にこれとよく似た壊滅的な結果をもたらした。

じつに一八六四年という年には、朝鮮王朝にとって種々の前兆が詰め込まれていた。外国人たちが後に朝鮮を指して呼んだ「隠者の国」の支配者たちは、朝鮮の実学派とカトリック教徒の新しい思想に睨みを利かせており、昔ながらの信念、慣習、規範は無事に守られたかのように見えたかもしれない。だが、この年に予期せぬ結果をもたらしたのは崔済愚の死ばかりではなかった。一月一六日に哲宗もまたこの世を去ったのだった。

西方浄土で生まれ変わるための仏教儀式は、新儒教における祖先祭祀にあたるものだ。もし儀式を行わなかったら、悪いカルマや突然の不幸な死に必ず見舞われ、魂が行き場をなくして彷徨《さまよ》うことになるというものだ。親族の霊を天国へと送ること以上の孝行の証はなかった。群衆は、施食の儀式の際に金持ちが主催する音楽、踊り、豪華な宴会を楽しみにした。

朝鮮《チョソン》王朝初期の王たちは宮廷と首都から仏教を追い出し、両班たちは新儒教の作法を遵守することで一族の繁栄を保証した。だがソウルの外では、仏教は社会的な壁を越えて庶民と上流階級の双方に奉仕した。

ソウル西大門のすぐ外にある龍岩寺《ヨンアムサ》は、地元の住民やソウルの市民に親しまれていた〔著者は一九八〇年代にこの寺を訪れているが、現在はこの場所にはない〕。本堂の中の、通常は右側の壁に大きな壁画や懸垂幕として甘露幀《カムノテン》がある。これは「最も朝鮮的で、最も広く制作されたとみられる（一八世紀の）宗教画」（姜友邦）で、一九世紀はもちろん、二〇世紀に入ってからも描かれた。上段には寺院の様子を見守る仏教の神々がおり、中央には一匹あるいは複数の餓鬼が儀式を見ている。下段には救済されるべき人々の生死に関する場面が描かれている。

下段には人間の社会的活動のあれこれがびっしりと描かれている。行列は寺の門に向かう途中で一息つき、ほら貝〔螺角《ナガク》〕が吹かれる。露天商たちが市場で価格をめぐり大声で交渉している。子どもたちは綱渡りを見物し、大人たちはパンソリの歌い手に合の手を入れる。巫堂は恍惚状態になって踊っている。役人が犯罪人の鞭打ちを監督する。兵士が戦ってい

甘露幀（細部）、1865年、龍岩寺、ソウル

る。旅行者が虎に襲われる。女性が出産する。妓生が客を喜ばせる。農夫が畑を耕す。

芸術的な質はさておいても、これらの仏教風俗画は社会歴史学者たちにとって計り知れない価値を持っている。文人画とは異なり、ここで登場する人物たちは、中国式ではなく朝鮮式の服を着ている。これは、朝鮮独自の文化の自足への認識が高まっていたことを示すものだ。

その反対側に描かれたのが、ここに示した「甘露幀」の下段の絵である。大胆な原色で塗られ、天真爛漫な活力がある。僧侶が本を見ながら経典を唱え、尼僧たちは銅鑼と太鼓に合わせて踊る。男女の行列が前景の左から右へと横切る。手には、供え物らしきものが入った籠を持っている。

絵の中央一番下の、空中でぶらぶらしているのは曲芸師の足で、逆立ちになって綱渡りをしているところだ。反対側の生垣で、座って話し込んでいる三人の男と、藁帽子をかぶっている農民の一団は、この曲芸師には全く気づいていない。

金弘道「シルム図」

「シルム図」は庶民の男女、子どもの仕事や娯楽を描いた、金弘道《キムホンド》による二五の素晴らしいスケッチのうちの一つだ。そこで人々は瓦を葺き、井戸から水を汲み、織物をし、馬に装蹄し、畑を耕し、脱穀し、釣りをし、馬に乗り、赤子に乳を含ませ、音楽や舞踊を生み出し、絵をめぐって議論している。その舞台は鍛冶屋、村の宿屋、荷をどっさり積んだ渡し船の上、田舎道、村の学校、弓道場だ。人々は仕事に専念しており、充足している（薄い下衣を膝の上までたくし上げている、小川の四人の洗濯女たちを、扇子の内側からのぞいている男性の場合は、邪な楽しみだろうが）。

これらのささやかな場面からは、金弘道の庶民たちの集まりや相互扶助への共感力、構成の巧みさ、対象に合った様式を生み出す能力がうかがい知れる。細くはあるが薄い墨で隙間を埋めた、くっきりとした輪郭の筆致だ。精密に描かれることもあったが、たいていの絵は西洋の新聞漫画のようにさっと仕上げられた印象を与える。明の画家呉偉《ごい》（一四五九－一五〇八年）は、「人々の生活」（大英博物館所蔵）というほほえましい絵で同様の技術を使用しているが、金弘道が呉魏の作品を当時知っていたという証拠はない。

朝鮮相撲のシルムは古代のスポーツで、朝鮮王朝時代に行われた武道の種目の一つだった。金弘道の図帖と、二人の男が取っ組み合っている国内城《クンネソン》の高句麗壁画を並べてみると、何世紀もの間、シルムのやり方が変わっていないことが分かる。

力士が前足に体重をかけ、顎を相手の右肩に押し当て腕を腿の紐に固定し、相手を地面に転倒させるというものだ。これは儀式に組

金弘道「シルム図」、墨、淡色、紙、27×22・7センチメートル、宝物527号〔金弘道筆風俗図画帖〕

み入れられたもので、その雰囲気を醸成するために計算されたゆっくりとした動きの競技だ。見物人が試合結果に不満を持つことは常だった。

この絵は車輪のような構図がとられている。車輪の軸にあたる場所に力士を置き、興奮した見物人たちが丸いへりを形作っている。中央部には緊張、周縁部には弛緩がある。足でしっかり地面をつかまえられるよう、相撲取りたちは靴を履いていない。見物人の中には風通しをよくするため帽子を脱いでいる人もおり、そこからまげがのぞいている。金弘道は賢明にも、力士だけが見物人たちの視線の先になるようには描いていない。いまは目もくれられていないが、ひとたび相撲が終わったら一儲けしようと、土俵の端に辛抱強く立っている飴《ヨッ》売りもみえる。

文学芸術に高い価値を見出すのは学者の特質である。中国の型と様式への敬意は、朝鮮の文学芸術の水準と内容に大いに影響を与えた。

だが、階層を問わず朝鮮の家庭内に飾られた屏風の絵に関しては、文人画家も民俗画家も、中国の伝統と朝鮮の民画《ミンファ》の両方に題材をとった。歴史的事件（李舜臣の水軍の勝利がとくに人気だった）、狩猟の場面、童子を描いた百子図《ペクチャド》、長寿のシンボルなどである。

階級間の壁を文化的に橋渡しする最も特徴的なものの一つに、チェクコリ（文房図）がある。新儒教の文脈でみると、学者の書斎の本と家具が、筆記具、楽器、数点の陶器、厳選された骨董品といった洗練された趣味で描かれている。冠帽や煙管がそこに加わることもあり、徐々に他の家庭内にあるものなどへ

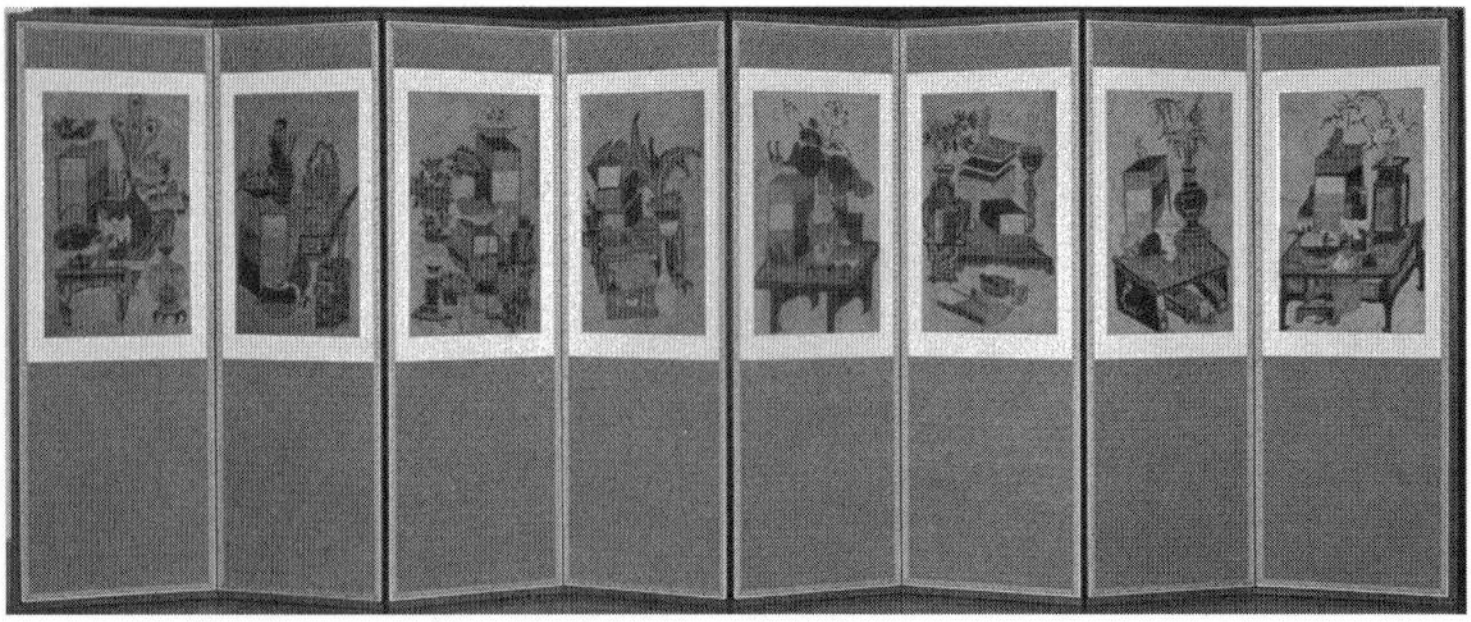

チェクコリが描かれた八曲の屏風、19世紀、墨、カラー、紙、50×140センチメートル

と範囲は広がっていった。たとえば果物や野菜の皿、花瓶、金魚鉢、香炉など、ずっと愛用されてきたものの象徴的意味が、そこに組み込まれるようになった。

その興味深く魅力的ともいえる特徴に、遠近法と比率の歪みがある。写実主義よりも、ほのめかしと装飾性が優先されたものとみられる。一八世紀にイエズス会の画家たちが清の宮廷にもたらした西洋の概念「遠近法」を、中国人画家たちが模倣し初めたばかりの頃、さらにそれを朝鮮人画家が真似したものともいわれる。チェクコリは正祖が最も好んだ絵だった。

朝鮮では中国ほどは肖像画が描かれなかった。風俗画は高句麗古墳壁画を華やかに飾ったが、それ以後は一八世紀の甘露幀までみられない（渤海文王《パレムンワン》〔在位七三七－九三年〕）の貞孝公主墓の壁画は、当時の唐の様式で王女の従者の姿を描いている）。

高麗《コリョ》時代の仏教の人物画は、彩色された写本や掛け軸の中で輝きを放っている。これらが寺院の壁や祭壇を美しく飾ったのは間違いないだろうが、仏画という性質上、写実主義よりは教師的な態度と様式化に傾きがちだった。僧侶の肖像画も重要なものだった。

個人個人の、あるいは社会状況の中の人間たちを描いた絵が、ようやく朝鮮王朝期になってある程度の市民権を勝ち取るまでには、このような非連続的な背景があった。これを促進したのが新儒教で、公式的な王の肖像画において その芸術的頂点に達することになった。

太祖《テジョ》（李成桂《イソンゲ》）は自分の肖像を描かせる習慣を作り出した。英祖《ヨンジョ》は自らの肖像画を一〇年ごとに手直しさせた。朝鮮王朝の初期には、妻と肖像画に収まるという古い高句麗の習慣が復活したが、それは再び廃れ、その後は王族や両班の男性が単独で描かれた。僧侶はすでに時代遅れの主題――すっかり忘れられたわけではないが――となり、王室出身以外の女性が描かれることはほとんどなかった。

耆老所《キロソ》や耆英会《キヨンフェ》の集まりを記録した図帖〔耆英会図〕には、名誉を受けた会員の肖像画が描かれた。祭祀の際には祖先の肖像画が子孫たちを見下ろした。厳粛な行事であるだけに、モデルは重苦しいとまではいかなくても厳めしい顔つきになった。つねにまっすぐ前を見据えている中国人とは異なり、朝鮮人たちは頭をやや右側に向け、片方の耳を見せている（なお、同時代の著名な肖像画家崔龍臣《チェヨンシン》［一八五〇－一九四一年］のモデルは、たいてい正面向きのポーズを取っている）。

絵の手法と様式は厳格に定められていたが、かといって標準化や非人格化が行われたわけではなかった。とくに一八世紀にシェーディングの技術が発展し、三次元効果が導入された際には、朝鮮の画家たちは人物の外観と性格を正確に伝えようと顔に最大の注意を払い、骨格と肌の質感を注意深く観察した。手はふつうは隠されたが、男性のひげ、顔のイボ、帽子の織り方、官位を示した胸背《ヒュンベ》が正確に描かれた。

李漢喆「金正喜像」、19世紀

金正喜《キムジョンヒ》の肖像はいくつか残っているが、そのうちの一つではひげが白くなっている。許維《ホユ》が描いたものと酷似した絵では、もっと眉が濃く描きこまれ膨らんだ頬が描写されている。金正喜はこれらの絵で、その晩年の苦難の数々などをうかがわせない、思いやりがあって我慢強い落ち着きある男性として描写された。ここに示した肖像画の作者李漢喆《イハンチョル》は、朝鮮王朝の最後の王を描いた図画署《トファソ》の画員だった。一八〇八年か一八一二年に生まれ、長生きをして一九〇〇年から一九一〇年の間に死んでいる。

二〇世紀以前は自画像は珍しかった。詩人で書家の金時習《キムシスプ》（一四三五－九三年）の自画像はそのうちの一つだ。人物を描くという、一八世紀朝鮮絵画の動きの中で大きな役割を果たした尹斗緒《ユンドゥソ》（一六六八－一七一五年）、「真眼」の画家姜世晃《カンセファン》も自画像を描いた。日本で学んだ高羲東《コフィドン》（一八八六－一九六五年）が油彩で初めて自画像を描いたときには、儒教思想における肖像画のあるべき姿に背馳したとして激しく批判された。

第6章　侵略、近代化、改革（一八六四－一九〇五年）
――追い詰められる伝統

一九世紀前半には何度か朝鮮《チョソン》に警鐘が鳴らされたものの、これまでに本書で描写してきたような思考方式や生活様式への自信を根本的に揺るがすものはなかった。しかし、この章で取り上げる四一年間――たった一人の王の統治期間とほぼ重なる――は、それまでにないほど混乱し、異様な状況に陥った。これまで野蛮人として退けられ軽蔑されていたはるか遠くの勢力が、激しい帝国主義戦争に東アジアを巻き込んだ。朝鮮のそれまでの事象や原則、王による統治の自明性、さらには国家の階層性についての前提や議論は、これまでとは異なるひねりを加えられるか、時代遅れのものになった。何世紀もの間、祖先たちが慣れ親しんできた社会習慣が問いただされた。その転換点となったのが哲宗《チョルチョン》の死だった。

改革と開発

一九世紀末に、東西の対峙に関わった英国、中国、朝鮮の政治的運勢を形作ったのは、女性たちだった。この三国の社会が家父長的性質を帯びていることを考えると、このとき女性たちが政治の舞台に一斉に登場したのは奇妙な皮肉だ。ヴィクトリア女王（一八一九－一九〇一年）だけは当然の権利として王位を占めていたが、そうでなかった清の西太后（一八三五－一九〇八年）と朝鮮の閔妃《ミンビ》（一八五一－九五年）は、新しい世界秩序のための対応や対抗措置において、ヴィクトリア女王にひけをとらないほどの責任を負っていた。ヴィクトリア女王は朝鮮とその文明をさほど称賛したわけではなかったが、閔妃については「世界の大国とその政府について、ひじょうに賢明な見識を持って」おり、女性統治者が支配するほかの国が閔妃自身にとって、あるいは閔妃自身のために何をしうるかについて公平な考え方を持っていたと述べている。ここにもう一つの、より特異な皮肉がある。というのも、政治意識といったものは――まだそれに感応する者は少なかった――、閔妃が歩むことになる将来のどこにも存在してなかったからだ。

哲宗が若死にしたとき、その一一人の子どものうちで唯一生きていたのは女の子だった。哲宗の跡継ぎの指名は、憲宗《ホンジョン》の母親である大妃豊壌趙氏《プンヤンチョシ》に委ねられ、荘献世子のひ孫にあたる興宣君《フンソングン》（一八二〇－九八年）はかれの息子を指名するよう説得した。こうして一八六四年に一二歳の少年が新たな王高宗《コジョン》となり、摂政の権限はその父親の手に落ちた。今日では大院君《テウォングン》の名でよく知られる人物だ。大院君はその二年後、妻の姪で、政治意識や私的な野心を持っていなさそうだった驪興閔《ヨフンミン》氏の家門の一〇代の少女を高宗と結婚させた。大院君はその個人的権力を長期的に維持することを望み、実際にほぼ一〇年間権力を握ったが、その終盤に二人のライバル——敵といった方が正しいだろう——が現れた。息子と義理の娘閔妃である。こうして朝鮮の政治と国家の運命は激動期に入ったのだった。

効率的な政治を行い、長年にわたって国を貧困に陥れてきた政治的混乱を収めるという大院君の決意は、非難されるものではない。とはいえ、それの達成方法に関しては、大院君はラディカルとはとてもいい難い。実学も認めていなかった。後に大院君は朝鮮王朝期における蘭の絵の第一人者と評されたが、ここからはかれがいかに伝統を愛《め》でたかがうかがえる。もし超保守派だったとしたら、王位を息子に与えようとすることは、かつてないほど多くの権限を受け渡すことを意味しただろう。

だが大院君が導入した措置はどれも、かれが権力を引き継いだやり方よりは反動的なものではなかった。王室との婚姻によって驪興閔氏が獲得した勢道政治は、一九世紀の残りの期間の政治を大きく特徴づけるものではあるが、大院君は実力ある者を政府高官として登用することによって、安東金氏《アンドンキムシ》と豊壌趙氏の影響力のバランスを取り、それを中和した。閔氏の長である閔《ミン》升鎬《スンホ》は、すぐに一族の相当数を官職につけた。大院君は腐敗した役人を首にし、暴利をむさぼる地主を罰した。また、それまで常民だけに課してきた軍布税の代わりに戸布税を導入し、両班にも課した。ソウルの書院（私塾）の大部分を閉鎖してその土地を没収したが、そこには王族の姻戚の所有地も含まれていた。その他、私有地になっている土地の税負担を引き締めたりもした。さらに、議政府《ウィジョンブ》への行政権を回復させ、最も重要な政府機関として発展した一六世紀の軍事機構備辺司《ピビョンサ》を閉鎖し、軍事全般を担う三軍府を複設、行政と軍の指令を分離させるなど、一六世紀以来の軍事システムをかつてない規模で変革させた。大院君の強みは、最も強大な既得権勢力と対決したことだが、それによって朝鮮全土で大きな人気を獲得した。

これらは合理的で効果的だったが、一八七三年末に大院君は退き、敵側が勝利した。文臣の崔益鉉《チェイッキョン》は、大院君の政策によって敗れた人々を代表して大院君を弾劾した。官庁の売却、塩、漁業、物資の移動にそれぞれ課した新たな税、平価を切り下げた通貨発行〔当百銭〕が不公正だという歴史家たちの見解は、やや不誠実なものだ。

歴史家たちは、財政難の深刻化を大院君が行った景福宮《キョンボックン》再建のせいだとする。再建は大院君の持論で、たしかに目玉が飛び出るほど高くついた。しかし太祖は、景福宮を自らの住居および一三九〇年代の朝鮮王朝政府の最初の中枢として建設した。大院君にとっては――全納税者にとってではないにしても――衰退しゆく王朝初期の威厳のシンボルの修復は、犠牲を払うだけの価値があった（一九九七年に、金泳三《キムヨンサム》大統領も全く同じように考えた。日本が景福宮の華麗な大広間、別棟、門のほとんどを再び台無しにしてから約九〇年後、金大統領は景福宮の大規模修復工事を発表した）。

景福宮が辿った運命については次項で述べるが、外国の脅威に対する明らかな無能力によってその信頼性が損なわれていなかったら、大院君はこのような非難を免れたことだろう。すでに自分が人の言いなりになるような人物ではないということを内外に示していた閔妃は、王の親政を行うことを目的として、二〇歳になった夫を王に据えるよう圧力をかけた。大院君は憤慨しつつ下野し、かれの支持者たちも職を失ったが、こんにち私たちがよく知っているような仕返しのやり方、つまり小包爆弾で閔升鎬とその息子を殺害した。この暴挙の背後に大院君がいたとされる。

高宗は、敵対的な外勢はもちろん、政権内部の対抗勢力に対処するために必要な洞察力と力強さをも欠いていた。具体的にいえば、近代化の必要性についての議論が周囲で渦巻く中で右往左往し、変化を嫌ったわけではないが、近代化の意味を理解しそれを操ることができなかった。一八七〇年代に高宗は、金玉均《キムオッキュン》（一八五一－九四年）、朴泳孝《パクヨンヒョ》（一八六一－一九三九年）、徐載弼《ソジェピル》（一八六六－一九五一年）ら開化派の文官たちに魅せられた。現在からみれば、政府情報局の設立、郵便局開設、近代的軍隊の創設など、かれらが行った改革は過激なものではなかった。近代化を決意した朝鮮政府――実際はこのような表現からは程遠いものだったが――は、どこに指針を見出すべきなのか。米国が長期的に何を意図しているのかはいまだ不明だったが、朝鮮がうまく利用できるような手本を米国が提供してくれるかもしれないとかれらは考えた。開化派は、日本が朝鮮の段階的改革のモデルとなりうると判断して学生たちを日本に留学させたが、その当時の明治日本における米国の方向転換には大きな疑いを持って見ていた。

一方で閔妃は、政策に影響力を及ぼす機会を捉え、開化派の政敵である守旧派の事大党側についた〔近年の日本や韓国での研究においては、開化派と事大党の二項対立の枠組みではなく、閔氏政権下での開化政策の推進、あるいは開化派の分化として理解されている〕。事大党の人々は改革案にすべて反対したわけではないが、対外的な忠誠という段になると日本ではなく清を支持した。一八八二年（壬午年）七月、俸給に不満を持ったソウルの兵士たちが反乱を起こすと〔壬午の軍乱〕、清と日本の対立が露わになった。大院君は日本の助けを借り、この騒ぎに乗じて義理の娘にクーデタを起こした。宮殿内の閔妃派の人々が多く殺され、閔妃自身も変装してソウルから逃げた。高宗は父親の大院君に実権掌握を要請したが、清も素早く動いた。欧米帝国主義による襲撃に見舞われた清は、朝鮮における「想像上の権力者」の権利を再び主張することで、中国の伝統的な影響力を奪回するという、面目を保つための試みをはじめた。三〇〇〇人の清の兵士たちがやってきて大院君を捕らえ、清に連行した。閔妃は宮殿に戻り、高宗は九月にこの大混乱を公式的に謝罪し、新たな出発をすることを約束した。

だが、動乱と反撃のサイクルに終止符は打たれなかった。一八八四年（甲申年）一二月四日、新たに郵便局局長〔郵征総局総弁〕となった洪英植《ホンヨンシク》が開局を祝うため夕食会を開いた。著名人士の食事中に火事が発生し、混乱する中で男が刀で洪を襲い〔洪はここでは生き延びたが後述の甲申政変の失敗直後に殺害された〕、閔氏の長であり閔妃の甥にあたる閔泳翊《ミンヨンイク》（一八六〇－一九一四年）に重傷を負わせた。男は逃げたが首都は騒然となった。このとき高宗は日本公使館にいた。日本公使館はこの企てを事前に予告されており、親清派の指導者たちへの攻撃を承認していた。高宗が自ら日本公使館へ逃げ込んだという説と、日本の警護兵が高宗を連れていったという説がある。

いずれにせよ、高宗が改革志向の新政府樹立を発表したのはまさにその翌日のことだった。だが直ちに清軍が介入し、それは事実上日の目を見ずに終わった。清軍司令官の袁世凱と閔氏が見守る中、高宗を宮殿に連れ戻す間、金玉均、徐載弼ら甲申政変の首謀者たちは日本へと逃れた。一八八五年四月、問題発生時以外はそれぞれの軍隊を朝鮮半島から撤退することを清と日本の間で約束した条約〔天津条約〕に調印したことで、朝鮮は楽観視した。だが、そこでの「問題発生時以外」という留保がきわめて重要だったことが、九年後に明らかになった。ひとまず大院君を朝鮮に戻すことで合意したが、両国ともに大院君がロシアの影響力拡大を抑えるよう高宗と閔妃を説得することを望んだ。

かつて朝鮮の孤立主義を推し進め、残酷物語である壬午軍乱で親日グループの残虐行為と連携した大院君は、いくぶんか北京主義者へと転向し（それは服装にも表れた。大院君は後に朝鮮男性の普段着として普及したマンチュリア式のゆったりした襟のない上衣、馬掛《マゴジャ》を紹介したといわれる）、亡命先から戻ってきた。清は今や高宗が大院君のいうがままになっており、東アジア全域で外交秩序が回復していることにかなり安心していた。

新たに駐箚朝鮮総理交渉通商事宜という肩書を授けられた袁世凱が高宗を退位させ、大院君を王位につかせる計画が無に帰したのは事実だ。だが清のソウルへの影響力は絶大だった。米国駐朝鮮公使のジョージ・フォーク（Gorge Foulk）は、袁世凱を「朝鮮における最重要人物」と呼んだ。実際、フォークはかれの権力がどれほどのものかすぐに思い知ることになった。朝鮮政府に米国製の蒸気船を購買するよう促したという理由で、袁世凱はフォークを三年足らずでソウルからアメリカに呼び戻させたのだ。朝鮮の首都は国際的な疑惑、非難、陰謀、敵対の巣窟となっていった。朝鮮のシャーマンたちは、朝鮮が始めたわけではない二つの大規模な戦争へと向かっていることを指導者たちに告げていただろうか。

欧米の宗教に対する疑念は、一八六〇年代初めに崔済愚《チェジェウ》の東学が出現する要因の一つだった。農民の困窮への応答という古くからのテーマは、新たな、だが相変わらず限界のある排外主義の表現と結びついた。東学運動はまた、キリスト教の神に対抗する単一神として支持を広げつつあった、ハヌニムの民間信仰を利用した。一八二四年に崔済愚は死刑に処されたが、その後継者の崔《チェ》時《シ》亨《ヒョン》（一八二九－九八年）の指導下で拡大した組織を撲滅することはできなかった。過重な税と抑圧的な地方官吏によって、全羅道と忠清道の貧しい農村の状況が悪化すると、一八九四年三月一九日にはこれに反発する人々が武器を手に立ち上がった。近代化によって、これまでの伝統的生活が変わることを恐れた朝鮮人たちから生まれたナショナリズムは、不平等でしばしば裏取引までしていた日本人商人、職人、漁師たちの拡大しつつあったコミュニティを攻撃対象にした。政府軍は反乱軍を鎮圧できなかった。五月三一日に全州が陥落すると、朝鮮政府は停戦を呼びかけ中国に援助を求めた。袁世凱の助言によって李鴻章は一五〇〇人の中国軍を派兵したが、天津条約に従い、それが「我々の属国における平和を回復するため」であることを日本に伝えた。

このとき袁世凱は、日本の説得に屈したか、罠に嵌められた可能性がある。なぜなら伊藤博文は、七〇〇〇人の兵士を時を置かずに朝鮮に派兵したからである。事実、どちらの介入も差し出がましいものだった。東学の反乱軍は直ちに散らばり、奴婢制度の廃止、腐敗した役人の処罰、今後は実績に応じて役人を任命する、といった要求を突き付けた。ヒラリー・コンロイ（Hilary Conroy）は、これを「進歩的というよりも、反動的な理由による政府への反乱」と表現する。たしかに東学教徒たちの望みは、農民反乱が一般的にそうであるように、近代的なものというよりはユートピア的なものだった。高宗と政府は、農民たちをある程度満足させて原状回復することをおそらくは期待していたようだが、これはとんだ誤算だった。

日本の大島圭介公使と袁世凱は軍隊撤収に合意したが、済物浦《チェムルポ》〔仁川《インチョン》〕に日本人が増加していったことから撤収意志への疑惑が浮上した。日本は、金玉均が一八九四年三月二八日に二人の朝鮮人同胞によって暗殺されたことに衝撃を受けた。金玉均は甲申政変の大失敗以来、一〇年間日本に居住していた。日本は金玉均を、近代化のために殉教した者と褒め称える報道を行った。朝鮮本土に足を踏み入れる好機を感じ取った日本政府は、復讐という大義でもって朝鮮の改革派を支援した。日本の内閣は六月二七日、朝鮮政府の改造、財政、軍事、法執行、教育制度の刷新、朝鮮における日本の地位を中国と同等なものにする作業に着手する、独自の計画リストを承認した。大鳥はそれを朝鮮政府に示したが拒否された。七月一六日、清の援軍八〇〇〇人が到着した。その一週間後に日本軍が景福宮に入ってきた。高宗が清の警備兵たちに向かって、勇敢なのは認めるが無駄な抵抗はやめるようにと命令すると、日本は首都の残りの地域も占領した。

閔妃とその一族への反感を持っていた大鳥は、大院君の協力を当てにし、かれを引き入れて助言を求めた（欧米人住民が創刊したばかりの定期刊行物『コリアン・リポジトリ（*The Korean Repository*）』は、大院君を「国に揉め事があって無秩序なときにだけ姿を現し矢面に立つ、ウミツバメのよう」と表現した）。大院君はためらうことなく息子を政権から排除したが、改革に賛同する用意はできていなかった。大院君は東学とつながりがあったといわれている。日本の陸奥宗光外務大臣が繰り返し朝鮮の独立権を強調したとはいえ、一八八二年のときとは異なり、必ずしも大院君が日本のやり方で物事を見ていたわけではないことを物語っているともいえる。

七月二五日、中国の威海衛から済物浦に向かう、清軍の兵士たちを乗せた英国の蒸気船三隻のうちの一隻が日本海軍に撃沈され、九〇五人の命が奪われた。伊藤博文内閣はその二週間前に清との敵対関係をはっきりと認め、八月一日、両国は相互に宣戦布告を行った〔日清戦争〕。清の北洋艦隊は日本の二倍の規模だったが、清の一二隻の新型軍艦は九月一七日、数で劣る日本の艦隊に屈辱的にも敗れた。陸上では日本はピョンヤンを占領し、清軍をマンチュリアに押し戻した。翌月、日本軍は大連と旅順を、一八九五年二月には威海衛を占領し、清の残りの艦隊を撃破した。

清は停戦を求めるほかなかったが、戦争を終結させた一八九五年四月一七日の下関条約により、遼東半島、台湾、澎湖諸島を割譲させられた。さらに朝鮮の独立を認めたことにより、中国は長年続けていた朝鮮に対する宗主権の主張をやめた。こうして日本は、朝鮮内で自由に自らの影響力と権限を拡大することができるようになった。だが、直ちにすべてを好きなようにできたわけではなかった。日本の戦利品を不正利益だと非難する、国際的圧力がかかったのだ。ロシア、フランス、ドイツのいわゆる三国干渉により、日本は清に遼東半島を返還することを強いられた。

日本は一八九四年〔甲午年〕七月、金弘集《キムホンジプ》〔一八四二－一八九六年〕、兪吉濬《ユギルチュン》〔一八五六－一九一四年〕の下で、ソウルで開かれた諮問委員会〔軍国機務処〕との合意に調印した際、朝鮮の独立を偽善者的に主張した。その後三か月の間に軍国機務処は二一〇の法令を通過させた。甲午改革の第一段階である。その中には、奴婢制度の正式な廃止〔だがあまりに根深いこの制度を根絶するには何年もかかった〕や、庶子〔非嫡出子〕差別の廃止もあった。

第二段階である一八九四年一二月から一八九五年七月六日までは、ソウルの日本公使、井上馨侯爵の任期と重なった。一一月二〇日に大鳥の代わりに朝鮮にやってきた井上は、朝鮮の政治に知悉していた。井上が最初に行ったことの一つは大院君を脇に追いやることで、一八九五年一月七日に高宗が宗廟で行った独立誓告文の宣告の背後に、井上がいたことは明らかだった。誓告文では、独立した統治者のみが朝鮮を強化しうるという意見で近隣国と朝鮮の官吏が全員一致している、と祖先たちに報告された。高宗はこれと同時に洪範一四条という新たな法律を作ったが、その第三条は国家の問題を決定する際の王の個人的責任を強調するもので、「王妃と王族の関与は認められない」というものだった。

これらの施策は朝鮮の独立性を確認するどころか、日本のさらなる支配への門戸を開いた。金弘集と朴泳孝の新たな内閣が、〔軍国機務処が廃止され代わりに設置されていた〕中枢院にとって代わって実権を握り、三月には井上が提出した二〇項目の改革条項が承認された。これは以前の絶対君主制に、疑似憲法上の制限を加えたものだ。第一項では、大院君も閔妃も官吏を任命したり降格させたりすることができないと簡潔に記された。軍を再編成してさらなる訓練を行い、軍政を定めることも唱えられた。また、札曹〔外務担当〕を除くすべての政府部門に外国人顧問が配置された。四月一九日、大院君の孫で二三歳の李埈鎔《イジュンヨン》が王の暗殺を共謀したとして逮捕され、江華島の西の先にある喬桐島《キョドンド》への流刑が処された〔一部屋のみの家がかれのために特別に建てられた。一〇年刑を受けたが、実際に服役したのはそのごく一部だった。この企みを背後で操っていたのは大院君その人だったとみられる〕。六月には、王子を訪問する途中、大院君が警察に護衛されながら夏の別荘〔雲峴宮《ウニョングン》〕に連行された。大院君は幽閉され、永久に引退することになった。一方、リウマチを患っていた井上は休暇を取って東京に戻り、そのまま三浦梧楼がその後を引き継いだ。
改革の第三段階は惨事で始まりドラマで終わった。一八九五年一〇月八日の早朝、日本人と朝鮮人からなる殺し屋たちが景福宮内の閔妃の邸内に侵入し、閔妃と女官たちを殺害した。朝鮮には衝撃と隠しようのない悲しみが広がり、国内外から王妃への心よりの称賛が送られた。『ジャパン・デイリー・アドヴァタイザー（*The Japan Daily Advertiser*）』紙ですら、閔妃は「卓越した女性…その隣人（北京の西太后）よりも注目に値する人物」で、「いかなる地位、いつの時代であれ際立った人物たらしめる」「心と意志の力」を持つ人物だと表現した。閔妃はその人生と最期によって、朝鮮ナショナリズムの永遠の象徴となった（二〇〇二から二〇〇三年、閔妃は韓国初の西洋式ミュージカル「The Last Empress（最後の女帝）」の主題となり、世界ツアーを行った）。閔妃殺人の最終的責任は三浦公使にあるとみられる。三浦は東京で事前に計画された指示に従い、おそらく大院君の黙認のもとで行動した。三浦が日本に呼び戻され、裁判で無罪放免となっても、朝鮮人たちの怒りが和らぐことはなかった。

暴力に侮辱を重ねながら新たな親日内閣が任命され、同年一二月にはさらなる改革が実施された〔乙未《ウルミ》改革〕。これらの中で最も無分別なものの一つは、男性の髷を切り落とす断髪令だった。朝鮮男性はこの「男性であることの名誉」を何よりも大切にしていたため、騒動は止まなかった。暴徒たちは金弘集総理を殺害し、兪吉濬は日本に逃亡した。混乱の中、高宗は一八九六年二月一一日に息子とともに景福宮を脱出し、ロシア公使館に逃げ込んだ〔露館播遷または俄館播遷〕。この際に樹立された親露内閣は、新しい外部〔外務〕大臣の李完用《イワニョン》（一八五八－一九二六年）にとって、出世階段の大きな一歩となった。

外国人たちは甲午改革〔一八八五、六年に行われた乙未改革も含めて「甲午改革」と呼ぶことがある〕を歓迎したものの、その大半は廃止されるかすぐに無効にされた。日本が李埈鎔を王に担ぎ上げようと企んでいるとの噂が立つと、「義兵」という名を掲げたゲリラ隊が、一五九〇年代の壬辰倭乱時の予想を覆す勝利の記憶を甦らせるようにして、日本軍派遣に抵抗して立ち上がった。日本がその名声をひどく損なったというのが、一八九五－六年の朝鮮社会および国際社会の思潮だった。

朝鮮ナショナリズム――そのすべてが日本に対する否定的感情からくるものや反発だったわけではない――の肯定的な発現の一つに、一八九六年七月の独立協会の設立がある。朝鮮の社会と政治の改革を目的とした会だ。創設者は徐載弼、尹致昊《ユンチホ》（一八六五－一九四五年）、李承晩《イスンマン》（一八七五－一九六五年）らで、李完用が議長となった。もともとは両班たちの会ではあるが、女性団体である賛襄会《チャンヤンフェ》からも公に支持された。会の目標の一つは民主化だった。自強運動は近代化において外国からのアドバイスの必要性を受け入れたことを意味したが、こんにち「外国帝国主義」と呼ばれるものを排することも同会は同時に決定した。独立協会は独立館を建て、別の啓蒙団体である協成会が主催して、教育から産業までのトピックを議論する培財討論会を毎週開催した。独立門《トンニムン》建設のために資金が集められ（*Picture Essay 21*）、国旗と国歌の使用を奨励し、ハングル紙の『独立新聞』を発行した。

高宗は独立協会を支援した。高宗が二月二一日にロシア公使館をしぶしぶ後にして新しく改装された近くの徳寿宮《トクスグン》に移り、自らを皇帝と称して中国と日本の支配者と同格に置くと、独立協会は一八九七年一〇月にこれを公認した。このとき高宗は、国号を「大韓帝国」へと格上げした（*Picture Essay 22*）。その式典は圜丘壇《ウォングダン》で執り行われた。ここは、現在ソウル・ウェスティン朝鮮ホテルが建っている場所で、圜丘壇の建物の一つはいまでも残っている。

「高宗は、朝鮮の王座に就いた者のうちで最も優雅で洗練された君主の一人だ」というのが「朝鮮人と外国人の大方の意見」だと、一八九五年に『コリアン・リポジトリ』紙は書いている。たしかに高宗は外国人顧問たちと面会し、そこから学ぶという前例のないことを行い、かれらとうまく付き合った。外国人顧問たちもそれを歓迎した。だが、個人的資質はともかく、高宗の支配者としての本質を見抜く者もいた。英国のヴィクトリア女王に見せるための写真を撮ることさえ高宗から許可されたイザベラ・バード（Isabella Bird）は、高宗に好感を抱いていた一方で、高宗を「全般的に問題への処理能力に欠けている」と評した。また、高宗がロシア公使館に逃げ込んだ際には、「統治の大混乱」を起こしたと批判し、「高宗の性格の弱さは致命的」だと書いた。

高宗がロシア公使館にいる間、ロシア以外の国々はみな不満だった。ロシア軍は朝鮮軍を訓練していたため、当然ながら日本はとくに警戒していた。そして、朝鮮の独立を繰り返し述べておきながら、どの国も同数の軍隊を朝鮮に駐留させる権利を持ち、どの国も朝鮮における利権を追求する権利があることを認める議定書に署名するよう、一八九六年五月にモスクワに迫った。このことに対する独立協会の懸念は、朝鮮中で広く共有された。

イサベラ・バードは、「ロシアと日本が朝鮮をはさんで対峙していることは、ひじょうに遺憾」としながら、一八九七年に朝鮮を後にした。ロシアは一八九〇年代にマンチュリアで勢力を拡大しており、下関条約によって遼東半島が日本に割譲されたことを憂慮した。そして露清銀行は一八九六年、マンチュリアを横断する東清鉄道の敷設許可を得た。これはシベリア鉄道の一部となるものだった。また、東清鉄道と不凍港の大連（アーサー港）、南満州鉄道支線の敷設を開始した（資金不足によりこの支線は一九一一年まで建設されなかった）。一八九八年、中国が帝国主義列強によってその勢力範囲に応じて分割されると、ロシアは工業発展の拠点としてマンチュリアを奪い、三月には大連と旅順を含む遼東半島の端の二五年間にわたる租借権を得た。

日本にとっての最重要地域は、そこから遠く離れた台湾の向かい側の中国南東部だった。だが、マンチュリアの豊かな天然資源に目をつけていた日本政府は、当然、朝鮮の双方の入り口にロシアの影響力が広がることを危惧していた。議定書は充分ではなかった。一八九八年四月二五日、西徳二郎外務大臣とローゼン駐日ロシア公使との間で、両国ともに財政的、軍事的支援をせず、ロシアは日本の大韓帝国での商業や工業化計画に干渉しないという合意が結ばれた。これは日本の勝利だったが、一〇月には形勢が逆転した。大韓帝国始動当初、高宗および二〇〇〇名以上の会員を抱えていた独立協会は、（朝鮮初の議会設立案を発表し、中枢院メンバーの半数にあたる）二五名を政府に送り込むという無茶を行った。守旧派の攻勢によってソウルの街で戦闘が起き、怖気づいた高宗は独立協会を閉鎖した。会員たちは拷問され投獄された（したがって、「残虐な刑罰と拷問は廃止された」というイザベラ・バードの主張の一つはこのとき反証された）。高宗が陥りがちだった罪、すなわち自らの信念を貫けずに前言撤回する癖がまた出たのだった。

一九〇〇年、義和団は自らの利益を守るためにマンチュリアにロシア軍を引き入れた。翌年ロシアはマンチュリアと朝鮮の国境の安東で木材資源を開発する権利を得た。今やこの地域におけるロシアの勢力拡大を問題視するのは日本だけではなかった。一九〇二年四月、英国は日本との同盟に調印し、清と朝鮮それぞれにおける利権を相互に承認し、〔二か国以上の〕他国と交戦した場合は互いに参戦することを約束した。

一年後、ロシアはマンチュリアから軍隊を撤退させるという清との取り決めを破り、逆に鴨《アム》緑江《ノクカン》河口の龍岩浦《ヨンアムポ》の土地を奪取し、そこを足場にしようとした。一九〇三年末に東京とサンクトペテルブルグの交渉が決裂すると、戦争へのカウントダウンが今度は本当に始まった。日本は朝鮮を保護するという名目で、朝鮮全土に日本軍を配置する許可を高宗から引き出した。一九〇四年一月、高宗はこの紛争における朝鮮の中立を宣言した。二月九日、日本の軍艦が大連と済物浦（いまの仁川）のロシア軍艦を警告なしに攻撃した。翌日、日本兵がソウルに進軍し、日本は宣戦布告した〔日露戦争〕。激しい地上戦が行われた。日本側の死者八万一四五五人、負傷者三八万一三一三人で、この数は日清戦争の時よりもはるかに大きかった。だがこの戦争には決着がつかず、幸いなことに長くは続かなかった。三月までには両軍とも瀋陽〔旧奉天〕周辺で行き詰まった。二か月後、ロシアのバルティック艦隊三五隻が長い旅路の末に朝鮮の海域に到着したが、この航海は無駄に終わった。対馬から攻撃した日本軍の艦隊が、三隻を除くすべてのロシア艦隊を撃沈したことに欧米は驚愕した。

戦争が実質的に終結した頃、日本政府はすでに北東アジアの地図を塗り替えるための対外攻撃の、次の段階の計画を練っていた。一九〇五年四月には、日本と英国との間で朝鮮における日本の特権を再び承認する条約〔第二次日英同盟〕が締結されたが、今回は朝鮮の独立性については触れられなかった。七月二七日のウィリアム・タフト米国特使と桂太郎首相の会談後のメモからは、同地域の平和のためには日本による朝鮮の保護が最も望ましいとタフトが見ていたことが分かる。八月に大韓帝国政府は、日本政府の指名した外交顧問と日本人財政顧問の雇用を承認させられ、すぐさま軍部、学部、警務、さらには宮内府にまで日本人顧問が配された。一九〇五年九月、ニューハンプシャー州でロシアとの講和条約が締結された時点で、日本は世界が自らに同調していることを確信した。このポーツマス条約によって、日本は旅順と大連におけるロシアの特権、マンチュリアの開発権、南満州鉄道の所有権を得た。

その二か月後、武装した日本軍は高宗を徳寿宮に閉じ込め、一一月一七日、外部大臣の朴斉《パクジェ》純《スン》に、林権助《はやしごんすけ》駐韓公使とともに条約に調印することを強要した〔乙巳《ウルサ》保護条約／第二次日韓協約〕。その一〇年前の閔妃殺害と比べれば極悪非道な犯罪ではないかもしれないが、この条約が意味するところは甚大だった。この条約によって確立した保護国化は、朝鮮への無限といっていいほどの権限を日本に与えた。

一九世紀後半から二〇世紀初頭にかけての朝鮮の急激な崩壊は、朝鮮の主権、改革、近代化の把握に対する、帝国主義国家による「三国干渉」によるものだと説明されてきた。言い換えるなら、中国や日本の儀式外交や貿易慣習を遵守する見返りとして、朝鮮は事実上の独立を享受することに長い間慣れてきた。突然復活した中国の宗主権も、日本の後見も、朝鮮は有難がらなかった。朝鮮人たちは、ゆくゆくは自ら変化を受け入れたかもしれなかった（英宗の奴隷制廃止の夢のように）。

実学派は、立派な目的を持っていたとはいえ、日本の断固とした明治の改革や、再編された朝鮮経済に対する展望と比較すると、あまりにも漸進主義的で焦点がずれていた。問題の核心は、この対照性にはっきりと表れている。近代化の実施には徹底したリーダーシップが不可欠で、それはナショナリズムを理解し操るための火急の課題だった。朝鮮の指導者たちは、前進するための最善の方法を見つけることができなかった。自強論者は宮廷にも政府にもいたし、一九世紀の後半には政治改革の必要性を認めはじめた者もいた。しかし合意に至ることはできなかった。変化すべきと最も強く主張した朝鮮人が、親日派、あるいは朝鮮発展に関する日本の見解に賛成する外国人と関わりを持つ人々だったことが、なおさら合意を難しくしたのだった。

近代化への動き

昔から朝鮮は、近隣諸国との関係においてどのように立ちふるまうか——あるいはどうふるまうことが期待されているか——知っていた。外交に関しては中国、朝鮮、日本、琉球の序列があった。朝貢でない商業においては、その条件はもっと平等なものだった。朝鮮はマンチュリアにおけるかつての経験をもとに、帝政ロシアに何を期待すべきかについてのフェアな考えすら持ち合わせていた。壬辰倭乱と蒙古の征服は朝鮮社会を大きく揺るがしたが、朝鮮は慣れ親しんだ快適なサイズと形状をすぐに取り戻した。実学とカトリックは一九世紀前半にその表層を少し引っ搔いたが、この世紀後半に差し迫った完全な破壊を、隠者の王国の住人たちに前もって警告するものは何もなかった。いかにしてこのような大激変が生じたのか、そして誰がその責任を負うのか。朝鮮の指導者たちの失敗なのか。欧米帝国主義が及ぼした中国と日本への影響が、この事態を不可避なものにしたのか。

一九世紀半ばよりはるか前に、ヨーロッパ人は朝鮮に足を踏み入れていた。その最初の人物は、一五九三年一二月二七日に小西行長のカトリック軍に奉仕するために上陸した、大村のスペイン人宣教師グレゴリオ・デ・セスペデス（Gregorio de Cespedes）だった。その次の人物はオランダの海賊ヤン・ウェルテフレー（Jan Weltevree）〔朝鮮名朴延《パクヨン》〕で、かれは一六二七年に慶州近くで中国船に放り出されて、朝鮮に住み着いた。一六五三年には、ヘンドリック・ハメル（Hendrik Hamel）を含む三六名のオランダ人が済州島《チェジュド》で難破した。

一六六九年にオランダに戻ったハメルは、ソウルを防衛する訓練都監でマスケット銃兵として勤務した時期の記述を含む冒険譚を発表した。これはヨーロッパ語で書かれた初めての朝鮮に関する書物で、フランス語と英語に翻訳された。一七九七年、ウィリアム・ブロートン（William Broughton）船長とその一団を乗せた、英国海軍艦船のスループ船プロヴィデンス号が、釜山近くに上陸した。一八三二年、プロイセンのプロテスタント宣教師、カール・ギュツラフ（Karl Friedrich August Gützlaff）は、東インド会社のロード・アマースト号で朝鮮の西海岸を航海し、そこで一か月過ごして官吏と村人たちと交流した。中国との朝貢関係の枠内でも融通がきくことを知ったギュツラフは、朝鮮での商業に明るい見通しを持った。だがその機会を生かす前に、東インド会社は東洋を独占できなくなり、欧米諸国は自由貿易の到来とともに中国と日本の商業、外交、宣教師の影響力をめぐる競争に深く巻き込まれるようになった。不吉な事件が起きた一八六六年〔丙寅《ピョンイン》洋擾〕までは、朝鮮はこのような動きと衝突することはなかった。

大院君は、摂政として朝鮮を国際的孤立から守るために努力した。かれがなぜ現状を変えることをためらったかは簡単だ。明治以前の日本は、外交、文化使節団の交換という既存のパターンに満足していたとみえ、一方で中国の関心は一八三〇年代後半以来、海岸周辺の問題によって逸らされていた。「アヘン戦争」や、英仏による一八六〇年の北京の壮麗な頤和園の破壊といった悲惨な結末は、間違いなく大院君の耳に入っていたことだろう。欧米の蜂たちは、中国北部のはちみつ壺の周りに群がっているあいだは、朝鮮周辺をぶんぶんとうなる気にはならないだろう。

一八三〇年代、四〇年代、五〇年代に数多くのささやかな外国の貿易努力が行われた後、米国商船ジェネラル・シャーマン号は一八六六年八月に中国から航行し、ピョンヤンに向けて大同江《テドンガン》に入った。シャーマン号が座礁すると、地元民たちは挑発することもなく船上で全員を殺害した。かれらの死後、さらに大きな悲劇が朝鮮中のカトリック教徒を襲った。

一八四五年以来、フランス人司教のフェレオル（Ferréol, 一八五三年死去）、ベルヌー（Berneux）、ダヴァリュイ（Daveluy）の三人は黙々と働いており、ソウルやその周辺で誰かと敵対することもなかった。大院君の妻はクリスチャンだったが、大院君にとってもっと重要だったのは、かれが反キリスト教を掲げる一族である王后の趙氏に借りがあったという事実だ。ベルヌーとの会談をめぐる誤解は、朝鮮史における最悪のキリスト教迫害を引き起こした。生き残った二人の司教を含む九人のフランス人宣教師の司祭が一八六六年に処刑され、その後二年の間に、推定二万三〇〇〇人のカトリック信者のうち約八〇〇〇人が殉教した。中国北部のフランス極東艦隊は復讐を命じられ、この不吉な年の一〇月にはローズ少将の船舶七隻が遠征を行った。目的地ソウルには到達できなかったが、代わりに江華島に大きな被害をもたらした。その約五年後の一八七一年、在中国の米国当局は、シャーマン号での損失に対する補償を得られなかったことから、ジョン・ロジャース（John Rodgers）アジア艦隊司令官の下で懲罰的な遠征を行った。フランスによる遠征後の砲艦外交によって守られていたにもかかわらず、江華島は哀れにもまた苦しむことになった。五隻の米国艦隊がソウルに向かって漢江《ハンガン》を渡ると、強く抵抗してそれを押し戻した。孤立主義はかろうじて踏ん張っていた。

だが一八六八年から始まった明治政府が、とどめを刺した。一八七五年九月には日本の軍艦雲揚《うんよう》が江華島および東莱とその周辺で事件を起こし、日本に介入の口実を与えた。黒田清隆陸軍中将は強力な海軍でもって江華島の開港交渉に持ち込み、一八七六年二月、朝鮮は近代では初となる国際条約〔江華島条約／日朝修好条規〕に調印した。ここで日本は公使館設置、在留日本人の治外法権、朝鮮への入港、日本通貨の使用権、関税の免除などを得た。

開国して外国の影響を受けることが有益だと考えた高宗は、その年の後半、調査の任務にあたらせるため金綺秀《キムギス》を〔修信使として〕日本に派遣した。これは、日本からじかに明治の近代化の先例から学ぶ最初の機会となった。金綺秀の報告はさほど熱意のみられないものだったが、一八八〇年には金弘集率いる一団が、在東京の清の外交官、黄遵憲《こうじゅんけん》の強い調子で書かれたメモを持ち帰った。それは生き残りと進歩のために、朝鮮は清、日本、米国と足並みを揃えて、明治の手本に倣わなければならないという内容だった。

一八八一年一月、高宗は外交だけでなく外国との通商、外国語の翻訳、造船などを扱う一二の部司を擁する統理機務衙門《トンニキムアムン》の創設を承認した。翌一二月には、一二名の高官が産業、通商、法律、軍事、教育、医学を調査するため、六二名の代表団〔紳士遊覧団〕を率いて日本に渡った。実学派はこれに後押しされたはずだったが、厳格な儒教伝統の擁護者たちは断固として屈しなかったので、江華島条約の五年後には両者の間で王への影響力をめぐる争いが激化した。これは、開化派と事大党の対立の背景となったもので、そこに大院君が息子と閔妃への陰謀を再び企んで割り込んできた。

これによって諸条約の混乱が起きた。一八八二年五月、米国のロバート・シュフェルト（Robert Shufeldt）提督が朝鮮との修好通商条約に調印し、朝鮮での外交、商業の機会を獲得すると、朝鮮の反外国感情に火がついた。それは七月の壬午《イモ》事件の原因となり、八月三〇日に日本と締結した済物浦《チェムルポ》条約によってもその怒りが和らぐことはなかった。なかんずく、朝鮮は殺害された一二名の日本人兵士のために五万円、日本の資産の損害に対して五〇万円、ほか日本の兵営設置費の支払いに合意し、日本軍のソウルの公使館駐留を認めた（甲申事変直前の一八八四年一一月、この債務の八〇パーセント近くが日本の貸し倒れになっていた。だが日本は、一八九四年の東学の反乱時に殺害された日本人についてもこれと同程度の補償を要求した。一八九六年五月の『独立新聞』はこれを強く非難した）。

開化派メンバーの朴泳孝、金玉均、徐光範《ソグァンボム》（一八五九－九七年）は謝罪のため東京に派遣されたが、同じ月に朝鮮が清と貿易協定を結んだので、日本は不満だった。清の李鴻章は朝鮮に、馬建忠とパウル・ゲオルク・フォン・メレンドルフ（Paul-Georg von Möllendorff）を外交顧問として推薦した。朝鮮に正式に認められた初めてのヨーロッパ人であるプロイセン人のメレンドルフは、一八八二年一二月一三日に到着した際、「何千もの群衆に注視された」という。メレンドルフは、朝鮮が一八八三年に英国およびドイツと、一八八四年にイタリアおよびロシアと条約締結をする際、高宗を補佐した。

高宗の米国顧問派遣要求を掲げ、閔泳翊《ミンヨンイク》は一八八三年の約五か月間を米国で過ごし、ヨーロッパのいくつかの首都を経由して大韓帝国に帰国した。高宗が考えていたのは主に軍事的な助言だったが、実際に提示されたのは、横浜から来たジョージ・フォーク（George Foulk）という海軍所属の図書係一人のみだった。だがフォークは、幅広い関心と教養を持つ人物だった。フォークは農業、鉱業の発展を手助けし、新しい設備づくりを推奨し、そしてかれ自身も驚いたことに朝鮮音楽を愛した。

一方、近代化を志す人々がつけた道筋は、荒波に通じていた。甲申政変は、日本式の改革に対するかれらの焦燥感を反映したものだが、その結果は嵐をさらに荒ぶるものにしただけだった。その後結ばれた漢城《ハンソン》条約では、日本の財産と被害者への損害賠償額としてさらに計一五万円の賠償が課された。一八八五年四月の李‐伊藤条約〔李鴻章と伊藤博文の間で結ばれた天津条約〕では、中国の朝鮮への宗主権は損なわれないことになった。だが一八八七年、大韓民国政府が北京への通告なしに駐日朝鮮公使を任命すると、朝鮮国内は政治的大混乱に陥り、重苦しい日中対立へと突入した。

さらに悪いことに、英露の対立も朝鮮の地平に現れた。英国政府が懸念したのは、日本に対抗するためロシア側につくよう、メレンドルフが高宗を説得するかもしれないということだった。ロシアはすでにアフガニスタンにおける英国の影響力を脅かしつつあり、いまはまだわずかなものだが、今後、英国の北東中国や朝鮮における商業的な利害と競合するかもしれない。かくして一八八五年、英国海軍の艦隊は朝鮮の南西海岸沖の小さな群島巨文島《コムンド》に上陸した。英国政府はこれで北東海岸沖からのロシア軍の動きを封じられると考えたのだった。実際ソウルでは、敏腕家のカルル・ウェーバー（Karl Waeber）〔代理公使兼総領事〕がいたにしては、英国が恐れるほどにはロシアの計画は進んでおらず、一八八七年二月にこの無益な占領は終了した。

メレンドルフは誤解されているかもしれない（あるいはされていないかもしれない）が、欧米との条約締結、〔開化政策を効率的に進めるための機構である〕統理機務衙門の英語通訳学校〔語学司。英語以外の言語の翻訳も行った〕設立、海関税務司（一八八三年）創設に際しての助言など、高宗によく仕えた。李鴻章は、メレンドルフが朝鮮独立の夢に希望を与え過ぎだと考えたが、米国代理公使のフォークも英国と同様ロシアを警戒し、一八八五年にメレンドルフを中国に呼び戻すのに手を貸した。

朝鮮の外国人コミュニティをかき回したのは、フォークとメレンドルフ間の性格の不一致による反目だが、この種の仲たがいは他にも多くあった。朝鮮という新しく開かれた地で、政府代表、派遣団、商社の男性たちや時には女性たちなど、朝鮮到達に先鞭をつけた人々は、強引な性格の持ち主であることが多かった。新たな、難しい、時には危険な状況の中で、敵意が生まれることはままあった。フォークは袁世凱の野心に不信感を抱いていたが、袁世凱がフォークの反清感情に対して不満を表明すると、一八八七年に米国国務省は袁世凱を引きずり下ろした。

米国は、朝鮮との関係よりも中国や日本との関係に気を遣った。米国にとって朝鮮は、国際的な優先順位においては一位ではなかったからだ。それでも高宗は、米国を朝鮮の近代化へと導く重要な国とみなし、一八八九年に若者たちを米国に留学させた。

日本の地域リーダーとしての自負は揺るがなかった。東学の反乱と日清戦争は、日本の朝鮮における立場を高め、その大陸への野心を増長させた。日本は甲午改革と閔妃殺害の結果、ロシアが国際的ドラマの主役に突如躍り出ることはほとんど予測できなかったが、一〇年足らずでこのことさえも自らの強みにした。こんにちの歴史家が、日本の一八六四年から一九〇五年までの動きを酷評し、その朝鮮政策を清における欧米帝国主義の模倣だというのは容易だ。しかし欧米諸国はその当時、日本の強さについて何の知識もなく、日本がはるかに強大なはずの隣国を簡単に打ち負かしたことに衝撃を受けたのを忘れてはならない。欧米は、朝鮮内の欧米人は被害を受けないという日本政府が設定した序列を受け入れ、日本が朝鮮独立のために行動しているという日本側の主張を広く認めた。もちろん清も、欧米の朝鮮に対する脅威を読み間違えることはなかった。つまり、その脅威とは清への脅威のことであり、朝鮮人とその運命にはほとんど注意を払わなかったのだ。

だが、現在の私たちのように後知恵という恩恵を持っていない当時の朝鮮内の欧米人、とくに心からこの国の近代化と進歩を思う人々は、昨今のような帝国主義への批判的視点には同調しなかった。後に井上馨《かおる》侯爵は日本人が朝鮮人に対し傲慢で、非協力的で、暴力的であったことを認めたが、欧米人たちのほとんどは、将来について疑いを抱くこともなく、日出づる国から来た日本人と仲良くやっていた（外国人の外交コミュニティは、井上の洗練された礼儀正しい態度を称賛し、高宗は井上が一八九五年に朝鮮を去る際、勲章を授けられないことを詫びた）。一八九五年五月の『コリアン・リポジトリ』は次のように書いている。「朝鮮は独立国家だ。だがこの国は独立の義務と責任について無知だ。朝鮮には教師、案内人、改革者が必要だ。日本が朝鮮の手を取った。朝鮮はすぐにこの招待を受けとった。この国は後についていかねばならないし、将来そのようにするだろう」。

後に熱烈なナショナリストと評価されることになる朝鮮人たちも、どちらの方向へ向かうべきかまだ分からなかった。尹致昊《ユンチホ》と徐載弼は若い時分に日本を訪問し、近代化と改革の考えに魅了された。両者とも一八八五年にその日本へ逃れ、米国で大学教育を受けた後、一八九〇年代に朝鮮に戻った。尹致昊は中国でも暮らし、メソジストの洗礼も受けた。自国の後進性と中国への昔ながらの依存を深く恥じ、日本の進歩性に感銘を受け、日清戦争時には「東洋世界のためにも日本が勝つことを願う」と記した。かれは日本の持つ私欲について幻想を抱いてはいなかったが、独立協会の創立者の一人として、西洋とキリスト教文明を朝鮮近代化と解放の望ましいモデルとして選んだ。

徐載弼も同様に、西洋文明は後進国である朝鮮が生き延びるために不可欠であり、日本はそれを最もよく受容し、理解するためのアジアのフィルターである、というダーウィン主義的な見方をした。たとえ日本の政治的狙いを注視しなければならないにしても、その将来のために、朝鮮がしばらくの間は日本の指導下に置かれる必要があるだろうとかれは信じた。製造業者である日本への原材料供給者としての朝鮮というのを基軸とした、北東アジアの経済復興を徐載弼は心に描いた。日本は、シルクのハンカチ、歯ブラシ、安全マッチといった多岐にわたる人気商品の市場を独占していた。かれは日本の狙いを疑いはじめてはいたが、少なくともロシアとは異なり日本はアジアの隣人だった。

じきに高宗すらもかれらの意見に辟易し、一八九八年一一月に独立協会は暴力的に閉鎖される。その六か月前に徐載弼は圧力をかけられて米国に戻り、一八九九年一二月に終刊することになる『独立新聞』編集長の職責を尹致昊に引き渡していた。近代化への意欲は止むことなく、またそれに比例して日本の勢力が増強していく間に、他の複数の朝鮮語新聞が生まれ、朝鮮人たちはナショナリズムというテーマに取り組んだ。日本は高価な高麗人参の独占権を取得し、蒸気船航路を開通させ、朝鮮初の鉄道（ソウルから済物浦の二八マイル〔四五キロメートル〕、所要時間二時間半の路線）を敷設した米国の会社からそれを購入した後、その路線を横切るソウルの新しい電気路面電車のいくつかの部分を所有しようとした。高宗の米国人顧問ウィリアム・サンズ（William Sands）は、「日本には明確な政策があり、それを邪魔するものがあってはならなかった。種々の免許、会社、他の企業体であれば、日本資本が獲得あるいは管理せねばならなかった」と述べている。

むろんこれを好機と捉えた朝鮮人もいれば、日本人と働くこと、あるいは日本人のために働くことに全く慎重でなかった朝鮮人もいた。役人たちの腐敗が進むと、農民は案の定、重税に苦しむことになった。東学の指導者孫秉熙《ソンビョンヒ》（一八六一―一九二二年）は、蜂起を後押ししたとして一九〇一年に日本に追放されたが、そこで現在も使用される名称である「天道教」と東学を改称した。少なくとも孫秉熙は、日本の政策と朝鮮の下層階級の人々の苦しみが連関していると見ていた。

他の朝鮮人たちが日本の思惑への幻滅を悟るのはもっと後のことだった。後に激烈なナショナリストになる李承晩や安重根《アンジュングン》でさえ、一九〇五年初めに日本がロシアに勝利したことを歓迎したのだ。

同時代文化の変化

米国人ルーシャス・フット（Lucius Foote）は一八八三年五月にソウルに到着し、欧米の国で初の駐朝公使館を設立した。一八八四年九月二〇日には、二六歳のホレイス・アレン（Horace Allen）が公使館付きの医師としてやってきた。上海から来たアレンは、初めて朝鮮の首都を見たときには良い印象を持たなかった。立派な城門、広大な宮殿、江華島条約後に設置された日本公使館はそれぞれに素晴らしかったが、その他の建物はほぼすべて一階建てで、ほとんどの建物は茅葺きだった。

アレンが九月に初めて朝鮮の土を踏んだときには、木々や花をつけた灌木が明るい印象を与えたが、薪の暖炉はすぐに煙のとばりで冬の街路を覆った。蓋のない下水溝の悪臭と音、そして病気が狭い路地に充満していた。夜間外出禁止の鐘の音により、人々は夜の間ずっと沈黙していた。この国と民をどうしたら愛することができるようになるのか、高宗からどう評価されるのだろうか、近代化と文化観の変化にどれだけ貢献できるのか。朝鮮初の西洋人医師であり、プロテスタント宣教師の一人でもあったアレンには考えもつかなかった。

一二月四日に郵便局事件の修羅場に呼び出されたとき、アレンは自分がなぜ来たのか自問したに違いない。閔泳翊の命を救ったのはアレンの医療技術だった。高宗はすぐに感謝の意を表し、外国人たちに専用地区を設立するための土地を授与し、欧米式の教育病院広《クァン》恵《ヘ》院《ウォン》の創設を許可した。これは、これから仕事に取りかからねばならなかった外国人にとって画期的なことだった。外国人地区の貞洞《チョンドン》は徳寿宮の近くにあった。当初、かれらは朝鮮人の土地を買ったり借りたりした。それからやがて、自分たちの教会や礼拝堂、公使館、商店、家、社交場を建てた。メソジストの宣教師メアリー・スクラントン（Mary Scranton）は一八八六年、こんにちの梨花女子大学校の前身である朝鮮初の女子学校のために「藁でできた一九の小屋と、手の付けられていない不格好な細長い土地」を買った。

欧米人のうちで最も多かったのはプロテスタント宣教師だったが、ソウルの中でキリスト教の存在を最も誇示したのは貞洞ではなく、明洞《ミョンドン》の丘の上に立つ赤レンガ造りのカトリック大聖堂だった。街の上にそびえたつゴシック様式の建物である。また貞洞集落の外側の南大門近くには、日本の飛び地があった。日本公使は「封建時代の城のような砦に住んで」おり、砲兵、騎兵、歩兵からなる「ミニチュアの軍隊」に守られていたとサンズは記している。一九〇一年の時点で、ソウルには二三六六人の日本人がいた。ソウル全域に散らばって住んでいた中国人よりは少なかったが、英国人が最多を占めた二〇〇人ほどの欧米人たちよりもかなり多い数である。

外国人たちはさまざまな立場で王朝と政府のために働いていた。高宗はホレイス・アレンを自らの主治医に任命した。閔妃はお気に入りのシャーマン真霊君《チルリョングン》のお祓いを手放しはしなかったが、それでもアニー・エラーズ・バンカー（Annie Ellers Bunker）とリリアス・アンダーウッド（Lillias Underwood）を主治医にした。アイルランド人のジョン・マクレヴィ・ブラウン（John MacLeavey Brown）は一八九三年に朝鮮海関税務司となり、一八九六年以降、政府の財務顧問としてソウルの大通り（*Picture Essay 23*）を拡張し、整備した。

イギリス人のウィリアム・ハッチンソン（William Hutchinson）は、一八九四年の高宗の改革時にロイヤル・イングリッシュ・スクールの運営者に任命された。ハッチンソンは、将来の官吏を訓練するため、伝統的な中国古典主義の代わりに欧米式の学問を導入したが、両班たちからそれを受け入れられるのに苦慮した。一八九五年に高宗を王宮からロシア公使館へとひそかに連れていくのに関わった人物の一人、米国人のウィリアム・ダイ（William Dye）は、新しく設立された侍衛隊で、日本に解任されるまで兵士たちを訓練した。

二〇世紀初めのソウルには、電灯、電車、鉄道、電信、水道、近代的病院と学校、孤児院、YMCA、朝鮮語雑誌と英語雑誌があった。民主主義の概念とプロテスタント的に解釈されたキリスト教の教えがソウルに入っていった（朝鮮人はカトリックとプロテスタントの関係性を理解しておらず、別々の宗教だと考えていた。カトリック教徒は近代化と社会福祉の慈善行為よりも、教義を教えることに力を注いだ。そのため多くの朝鮮人たちは、依然として新儒教の儀式をめぐる論争とそれを結びつけていた）。

だが、都市においてすらその変化はゆっくりとしたもので、地方となるとほとんど気づかないほどだった。たとえばソウルでは、何世紀にもわたる薬草や鍼の経験的な専門知識を持つ伝統的医学は、目新しく高価な西洋医学の処方箋を前にして転落したわけではなかった。西洋医学はプロテスタントから枝分かれしたものだったので、人々は宣教師の思惑を警戒した。だが、貧困層のための――とくに病の流行や自然災害時の――献身的な働きと、近代教育への貢献によって、欧米人の存在とその奇抜なやり方は徐々に世間に受け入れられるようになっていった。

改宗者の洗礼はもちろん重要だったが、必ずしもそれは宣教師たちの最優先事項というわけではなかった。宣教師たちの功績を示す数字に関しては、異なる情報源があり、はっきりしない。アレンは最初の四年間で、四〇名ほどにしか洗礼を授けることができなかった。リリアス・アンダーウッドは一八八九年に一〇〇名のメソジスト派と長老派について書いている。だが『コリア・レビュー（*Korea Review*）』誌によると、洗礼を受けた改宗者は一九〇五年までには二万人近くに増加したという。

欧米が到来したこと自体は、朝鮮変革の万能薬とはならなかった。たしかに西洋人たちは朝鮮を大きく変化させたが、その進歩の多くは朝鮮人たちの前向きな態度のたまものだ。朝鮮人は日本の躍進を不承不承称賛しながら眺めており、明治維新を丸ごと受け入れることは避けつつ、欧米による支援の申し出に対する清の優柔不断な対応が、日本のそれといかに大きく異なっているかを知っていた。朝鮮人たちは中国人同様、近代化と改革と自強運動に関する議論に応じた。そして、おそらく初期実学によって思考が柔軟になっていた朝鮮は、最終的な利益を見越して中国古典主義の狭小な内省的性格を和らげる準備ができていた。

もちろん、朝鮮における動員の変化の規模は中国とは全く異なっており、一八七五年の江華島事件以降の一連の出来事に直面した朝鮮にとっては、より反日的なやり方でナショナリズムの創造的エネルギーを集中させる方が容易だった。これは欧米の方が好ましいものとして考えられたというわけではない。欧米は日本と同じような特権を朝鮮に要求したが、日本よりも攻撃的なやり方はしなかっただけだ。

芸術に関しては、一九世紀の時点では時期尚早で、欧米の芸術が朝鮮文化に影響を与えることはほぼなかった。少なくとも日本には、お互い東洋の伝統の一部であるという利点があった。皮肉なことに、欧米の芸術を席捲した新しい潮流を紹介することで、朝鮮の文化習慣を劇的に変化させる触媒となったのは日本だった。だが、それは二〇世紀に入ってからのことだ。

このような中、金俊根《キムジュングン》（箕山《キサン》）は朝鮮人の仕事や娯楽の様子を簡単に描いた絵を売り、一九世紀末の終わりには欧米人の間で一定の名声を築いた。それは、従来の風俗画とはやや異なるものだったが、欧米の美術館が高く評価したのはそのためだった（*Picture Essay 24*）。

欧米人たちは油絵、新聞、賛美歌などを通して新しい概念を朝鮮に紹介した。賛美歌は主に梨花学堂と培材学堂を通じて伝えられた。だが、朝鮮の芸術家たちは圧倒的に中国の伝統的主題や様式を好んだ。高い質の風俗画と仏教の幀画《テンファ》は衰退の道を辿り、風景、花、鳥、動物、竹が多く描かれた。画家たちは南宋様式の表現主義に戻るため、真眼すらも見捨てた。

その一方で陶磁器は、色彩の幅、装飾パターン、色絵といった技術革新を発展させ、清中期のような凋落の道を辿らずに済んだ。両班たちは、朝鮮王朝初期の陶磁器と粉青《プンチョン》をくっきりと特徴づけていた、モノクロの単純な線と簡素な質感を相変わらず好んだ。職人たちは青磁、白磁、装飾的な象嵌細工を使って多様さを取り入れた。だが、朝鮮王朝初期のものに備わっていた洗練は、もはやその独創性や完璧さにおいて驚くべきものではなくなっていた。陶磁器は退廃的な芸術に特徴的な、重厚感に落ち込んだ。朝鮮の金工たちもまた、中国ではもてはやされた色彩豊かな七宝が、自分たちや顧客の嗜好に合っていないことに気づかなかった。

朝鮮王朝末期の文化的発展のうちで唯一見るべきものはミュージカル、つまり器楽の散調《サンジョ》の発展だった。散調は実際は高尚芸術ではなく、民俗芸術の領域に属するものだが、その発展と普及を紛れもなく支えていたのは、両班たちが愛好したという事実だった。『コリアン・リポジトリ』からは、ソウル在住の欧米人たちが朝鮮の優れた古来の芸術について知っており、それに関心を寄せていたことが分かる。だが市場の露店は、明るい民俗画、木彫り、刺繍された布地、入り組んだ飾り結びやタッセル（ふさ）、刺しゅう入りの袋、ピカピカした真鍮の工芸品、彩色された扇、キセルや筆筒などの竹製品、絨毯等を好んで売った。たしかに朝鮮の一九世紀後半は高尚芸術が花咲いた時期ではなかった。こんにちの欧米人は、知識階級の伝統により、同時期の成果物をさっと通り過ぎる傾向があるが、初期の朝鮮居住外国人たちのように、民俗芸術家の精神と情熱を愛でた人々にとっては、魅力的なものがたくさんあった。

率直にいえば、この時期は民俗芸術の質と多様性という点からみると特別なわけではなかったが、世界各地にある博物館のコレクションが、大部分の朝鮮人にとっての文化的アイデンティティを説明しはじめた時代だったといえる。なぜなら、こんにち展示されている朝鮮の工芸品は、それをじかに見、その証拠として買い上げた外国人の蒐集品から得たものだからだ。

外国人たちは写真も撮った。その先駆者はベネチア出身で進取的なフェリース・ベアト（Felice Beato）である。一八七一年にロジャー提督とともに航行し、六月一〇日から一一日にかけての〔ジェネラル・シャーマン号事件での〕激しい戦闘を写した劇的な写真を携えて戻ってきた人物だ。イザベラ・バードは、朝鮮の政治と社会の明敏な観察者だったばかりでなく、根っからの写真家でもあった。かのじょや長老派のホレイス・アンダーウッドらの宣教師たちは、今日広く使われている写真アーカイブの基礎を築いた。

Picture Essay 21　独立門

独立門《トンニンムン》は徐載弼《ソジェピル》が着想し、設計したものだ。ソウルの西大門のすぐ外に、到着した中国の使節たちが儀礼的な挨拶を受ける迎恩門が立つ。この門は一四三〇年に世宗大王《セジョンテワン》によって建てられたもので、約一一〇年後に拡張された。

迎恩門は一八九五年の高宗《コジョン》の独立宣言によって事実上批判を受け、翌年に解体作業が始まった。一八九六年一一月二一日、迎恩門に代わって建てられる独立門の土台が築かれるのを大勢の外国人外交官たちも目撃した。式典では、ロイヤル・イングリッシュ・スクールの少年たちによる訓練の実演や、培材学堂の学生たちの歌などが披露された。この新たな門は、下関条約によって中国との宗属関係から解放されたことを祝うもので、あるいは日本に感謝の意を表したものと解釈されたかもしれない。

ともあれそのおかげで、独立門は植民地期にはかろうじて損傷を免れた。近くの独立館は壊されたが、独立門は朝鮮総督府によって修復すらされた。

「独立門」という碑銘が、片面には知識人たちが依然として使っていた漢字で、もう片面にはハングルで刻まれ、独立協会が盛んに奨励した国旗、太極旗が両面に描かれている。

独立門、高さ12.8メートル。パリの凱旋門をモデルにしたこの門は、いまもソウルに残る数少ない朝鮮王朝時代末期の斬新な西洋式建築の一つだ（その他には、ネオ・ゴシック様式の尖塔がそびえたつ赤いレンガの明洞聖堂［1892］、J. R. ハーディング設計で、徳寿宮の一隅にあるホワイトストーンの新ルネサンス様式の建物［いまの韓国国立現代美術館、1909年建造］等がある）。当時の人々は、独立門を「朝鮮一の石造建築」だと考えた。1979年、道路建設計画のため西大門独立公園に移転した。

朝鮮《チョソン》王朝は学問、儀礼、儀式に規定されていた。儒教の古典、中国と朝鮮の歴史、それに政府の道徳主義的な政綱を模索する、いまの統治者たちの助けとなる哲学と政治関連本の分析に、毎日何時間も費やされた。過去の経験から学ぶべき教訓について学者たちが王子たちに教え、王子たちは官僚たちに教えた。

天、神、先祖のための儀式と祭儀に向けた事細かな準備とその遂行のためにも、時間が費やされた。

最も重要なのは慣例だった。儒教道徳の〝孝〟は、王朝の創始者たちにとって有益だったものは永続させられねばならないとした。したがって、典礼と儀礼のための儀軌《ウィゲ》が、将来の世代の手引きとなるように詳しく解説され、書き留められた。その内容は儀式の参加者とその装具、器具、衣装についての情報、理解の助けとなる図解などである。

楽学軌範《アクハククェボム》は朝鮮王朝初期の儀軌である。

儀軌の中で最も詳細でよく知られているのは、九巻〔巻首を含めると一〇巻〕からなる、華城《ファソン》の築造に関する記録だ。正祖《チョンジョ》が母親の還暦を記念して一七九五年に水原《スウォン》へ小旅行に出かけた様を描いた、八曲の図屏〔華城《ファソン》陵幸図屏〕に、一巻の長い巻物が添付されている。有名な風俗画家の金得臣《キムドゥクシン》〔兢齋《キョンジェ》、一七五四－一八二二年〕もその作成に関わった。儀礼を司る「礼曹」の下に置かれた図画署《トファソ》に制作の責任が与えられたことは、正確さが重視されたことを物語る。一六〇〇年から一九〇六年までに作成された儀軌の総数は、四〇〇〇から五〇〇〇ほどとみられる。

儀式は吉礼、凶礼、賓礼、家礼、軍礼の五つに分類された。軍礼以外には音楽と舞踊が

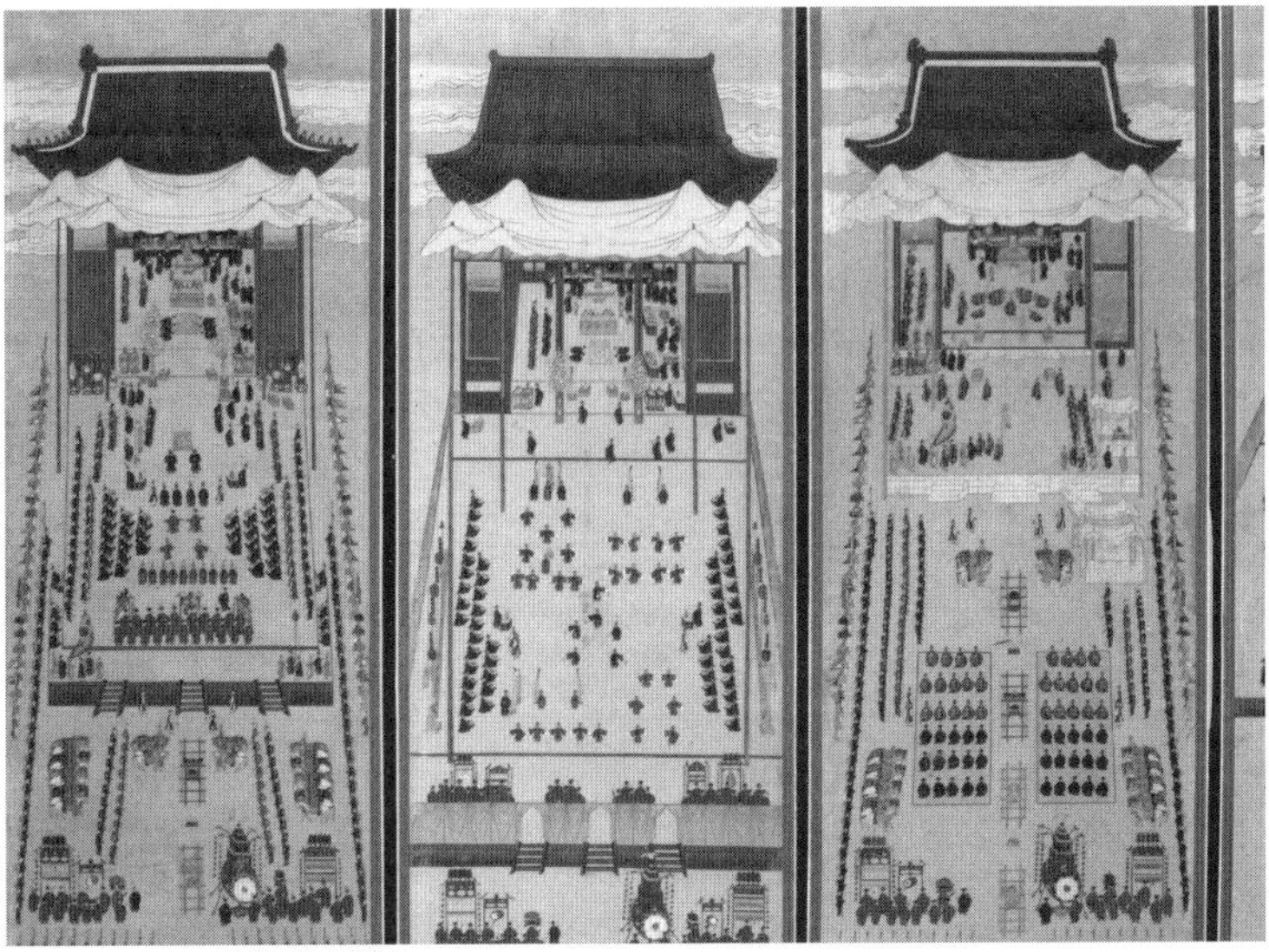

壬寅《イミン》進宴図屛《チニョントピョン》（八面）の拡大図、墨、カラー、紙、1902年

ともなったが、掌楽院《チャンアグォン》がそれらを取り仕切った。儀式とそれに続く祝宴と余興は、昼夜数日間にわたり、大量の酒が消費された。黄色の衣装を付けた軍楽隊が行列のために演奏し、儀式と余興を行う者は赤い衣装を身に着けた。

王と官吏のための宴会として「外宴」が、王妃やほかの女性王族らのためには「内宴」が催された。初めて内宴で男性舞踊手を認めたのは、ようやく正祖の治世になってからだが、舞踊家には女性も男性もいた。すべてではないが音楽家の多くは目が見えなかった。二〇世紀以前の宮廷音楽家はみな世襲だったため、この傾向が広がった。

雅楽、唐楽と呼ばれる舞踊とも

に、ゆっくりとしていて壮麗なものだった。むろんこれは朝鮮の舞踊だけの特質ではないし、真の楽しみの可能性を否定するものではない。

トーマス・モーリー（Thomas Morley）がパヴァーヌ〔一六世紀ごろにヨーロッパで始まった舞踊曲〕を「墓の前で踊るように定められた退屈な音楽」（一五九七年）と描写したこと、そして一八世紀のヨーロッパの劇場の舞踏場で、それらのダンスが大真面目に、かつひじょうに楽しく踊られたことを考えてみるとよい。

変わらぬ人気を誇る処容舞《チョヨンム》〔五人の踊り手が新羅《シルラ》の英雄、処容の仮面をかぶり、五つの方角に立って踊る宮中舞踊〕は言うまでもなく、船《ソ》遊楽《ニュラク》、扇の舞、剣舞、抛毬楽《ポグラク》、鶴蓮花台舞《ハギョナデム》などの反復運動は、儀式と娯楽の根底にある保守主義の表れだ。

だが、伝統内部での変化は不可能ではなかった。翼宗《イクチョン》は一八二〇年代後半に歌い手を排除し、振り付けを大幅に改訂した。この図屏からは、一八九五年の独立宣言後に楽器編成が変更されたことが見て取れる。近代化されても、儀式は維持されなければならなかった。

一九世紀の楽隊は一八世紀のものよりも大きなものだった。一九〇二年に演奏した二つの楽隊は、一〇四名を擁した。ピリとテグムの吹奏楽器奏者が大多数を占めた。弦楽器の中ではコムンゴとカヤグムが主で、一一一四年に初めて登場したベルや鐘の大がかりなセットもまだみられる。長さ一・五メートルにもなる絢爛な木製仏塔を戴く巨大な二面の建鼓《コンゴ》は、向かい側の三枚の屏風の最前列に位置し、演奏に権威を与えている。

この図屏は韓国の国立国楽院に所蔵されている。

Picture Essay 23 ソウル地図

王立アジア学会の朝鮮支部は、一九〇〇年に宣教師ジェームズ・スカース・ゲイル(James Scarth Gale)、ホーマー・ハルバート、国際的な外交官ジョン・マクレヴィ・ブラウンら西洋人によって結成された。同学会は『トランザクションズ（*Transactions*）』誌の出版活動を行った（このシリーズは、一九〇四－一一年、一九四一－四七年、一九五一－五六年を除いて今日まで定期的に発行されており、いまでも朝鮮文化に関する主な情報源となっている）。

最初に行った活動の一つにソウル地図作製の準備作業がある。一八世紀後半にみられたような、朝鮮の首都が描かれた地図である。朝鮮の習慣を踏まえ、一貫性には欠けるものの移動式の視点が取り入れられた。建物や文字を見る側の方に配したり、逆さまに描いたりすることもあった。地名と通りの名前は漢字とハングルで表示してあり、ローマ字は使われていない。グリッド線は地図の真ん中を横切るようには引かれてないが、地図の外縁にアルファベットと数字が書かれている。なお、地図を印刷した『トランザクションズ』誌には、グリッド照合についての説明書きは記載されていない。

朝鮮における地図作製には長い歴史があった。中国地図のような古い地図は、山河の様子を強調したが、これは方向を指示するためと同じくらい風水が重要だったからだ。地図は行政や軍事目的においても貴重なもので、朝鮮では図画署が編集を担った。

実学者たちは、イエズス会宣教師によって中国に導入された地図作りの進歩を知っており、正確さと内容を向上させる努力は最も優れた朝鮮の地図作製者、金正浩《キムジョンホ》（一八六四

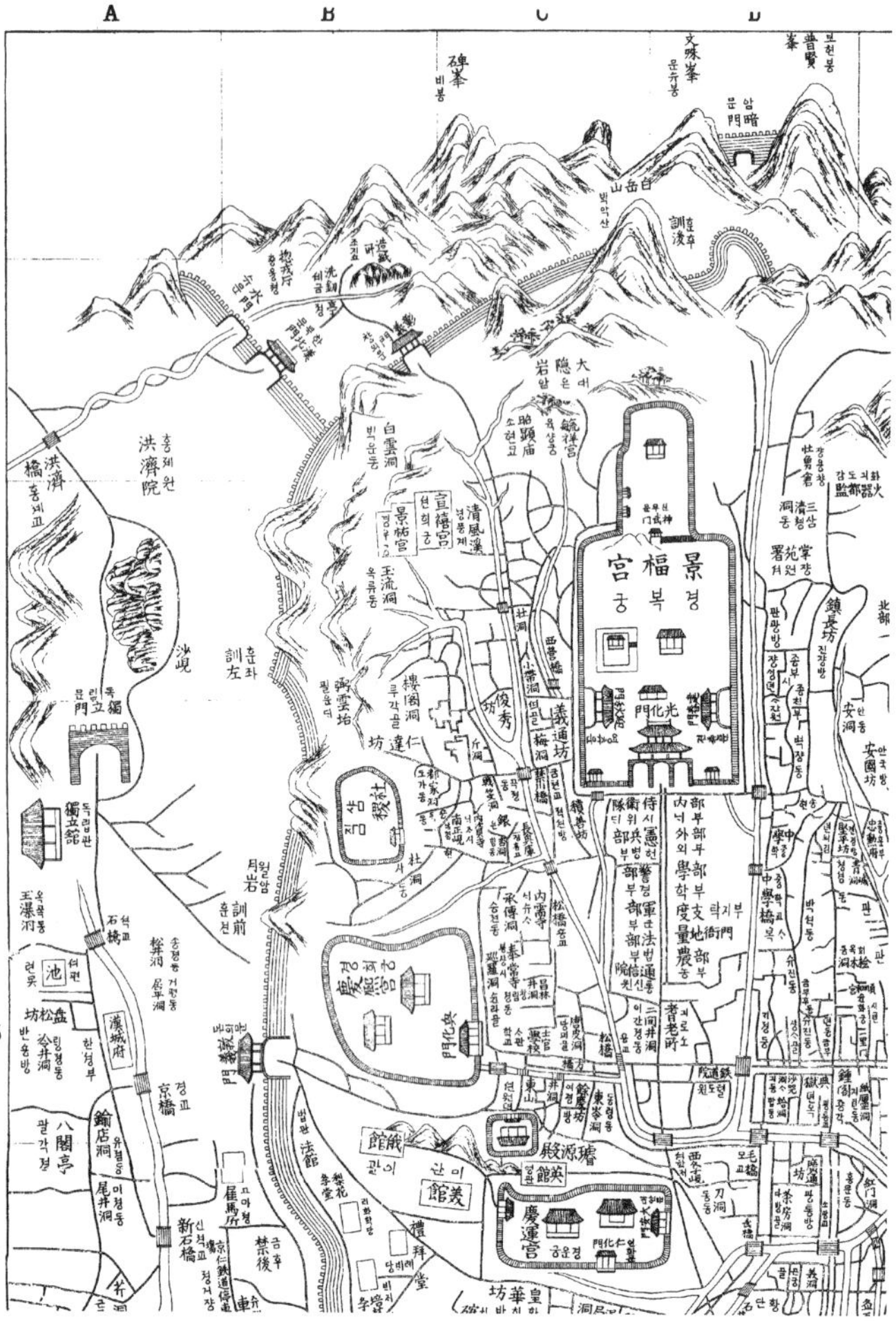

王立アジア学会のソウル地図（細部）、1902年

年没）の仕事で頂点に達した。一八八五年から外国人たちは、金の一八六一年版のソウル地図〔都城図〕を使用していた。王立アジア学会はそれを基礎とし、道路、建物、名前などの情報を加えて独自のものを作り上げたのだった。

　ソウルの城壁には八つの門と水門一つがあった。地図や公文書に記載されたそれらの正式名は華美なものだったが、一般的には単に東大門、南大門、西小門などと呼ばれていた。近年では、こんにちの大都市ソウルの中で生き延びた東と南の門を、正式名で呼ぼうとする試みがなされた。

　北門の粛靖門《スクチョンムン》は、景福宮《キョンボックン》を守るように見下ろす北岳山の南東に位置した。風水上の理由でほとんど使用されず、一四一三年以降は永久に閉ざされたままだった。

　旧市街への入り口である南門は、実際には南西の角、南山《ナムサン》の片側にあった。ぽつんと立っており、また超高層ビルに囲まれているため、こんにちでは道路の安全地帯の役割しか果たしていない。

　西門のすぐ内側（この地図の左下）には、一六一六年に離宮として建設され、日本による植民地期に取り壊された慶熙宮《キョンヒグン》があった。養蚕実験の一環として桑の木が外国人によって植樹された一八八四年以後は、外国人たちはこの離宮をマルベリーパレス（桑の宮殿）と呼んだ。

　その外側、やや北に向かって独立門が道路をまたいで見える。その下にあるのが独立協会の建物、独立館である。

Picture Essay 24　箕山「将棋」

一九七〇年代にソウル訪問を始めたころ、中流の西洋化された朝鮮人の間では、年長者や社会的地位の高い人の前で喫煙することが失礼にあたることに、筆者はすぐに気づいた。喫煙するか聞かれて吸わないと答えると、「ああ、クリスチャンでしたか」という返答が返ってきてひどく困惑したものだ。

驚くべきことに、この二つの理由、つまり習慣および、その習慣と個人的信仰の明白なつながりに関わる社会慣習は、不確実な点もあるとはいえ双方とも歴史的に説明できる。

煙草は一六一八年にヨーロッパの商人が日本にもたらし、そこから朝鮮に伝えられたといわれている。その五年後、自身も煙草中毒になった朝鮮王の光海君《クァンヘグン》は、煙草を吸うことによって品位が失われると考えた人々を息苦しくさせていた喫煙を禁止した。だがこの習慣は男女の間で急速に広まり、煙草は一八世紀初頭までには貴重な現金収入源として栽培されるようになっていた。

喫煙はとくに両班の間で人気があった。パイプの長さと質で、年長であることや優越性が明示された（*Picture Essay 29*）。儒者は従者に煙草の火をつけさせたかもしれない。議論の際に要点を強調するために煙管を利用したことも考えられる。

箕山《キサン》の一九世紀後半の風俗画の多くには、煙管を手に持つか傍らの地面に置いて盤上ゲームをしたり、音楽の演奏を聴いたり、妓生《キセン》と遊んだりする男性たちがみられる。男性労働者たちもまた、長い煙管を吸っていた。箕山の別の絵には、両手で作業ができるよう、煙管の端を天井から吊り下げられた紐や革の

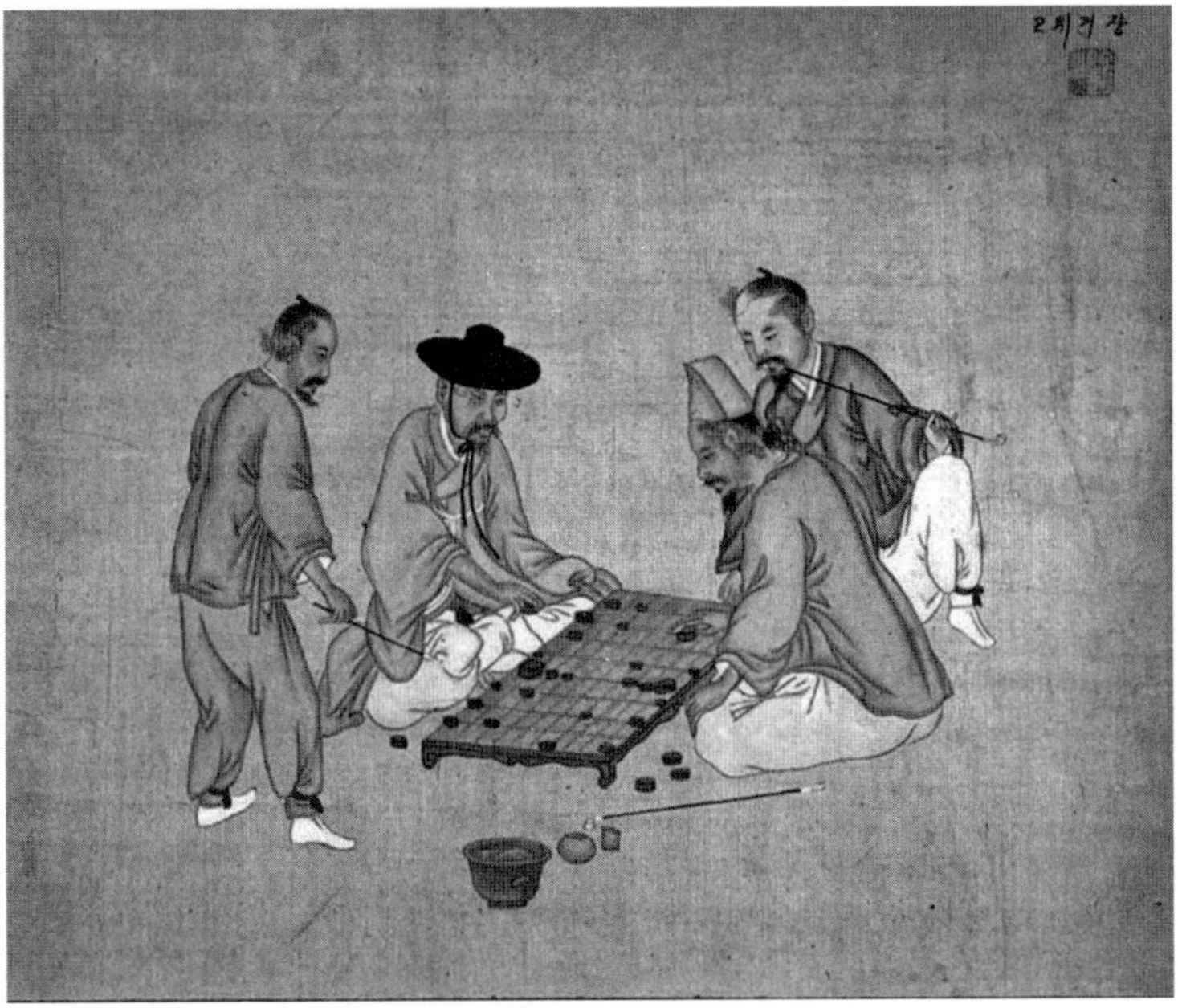

箕山「将棋」、紙、墨とカラー、19世紀後半

輪っかで支えたものも描かれている。

初期のプロテスタント宣教師の多くは、喫煙を飲酒、賭博、妾を囲うことなどと同種と考えたので、信者たちに喫煙習慣をやめさせた。個人および国全体における喫煙の経済的影響を懸念した人々もすでにいた。また（私たちはこれに疑念を持たねばならないが）、後れた民族を「改善する」手段として禁止リストに加えただけの人々もいた。

朝鮮将棋《チャンギ》は、漢王朝の創設につながった劉邦と項羽の戦いに由来する。盤には横一〇本、縦九本の線が引かれており、三二の駒をその交点に置く。駒は平らで、将軍の「漢」と「楚」以下、「士」、「馬」、「象」、「車」、「包」と刻印されている。競技者は「宮」にいる相手の将軍に王手をかけるため、駒を線に沿って移動させる。

将棋と丸い小石を使うパドゥク（碁）とは、よく混同されがちだ。パドゥクも陣取りゲームだが、パドゥクの盤は縦横に一九本の線が引かれ、白と黒の平らな石の駒を一方は一八一個、もう一方は一八〇個持つ。こちらはより知的なゲームで、パドゥクの愛好者は将棋差しよりも自分たちの方が優れていると考える傾向がある。

III　苦難の世紀

第7章　危機に瀕する文化（一九〇五－四五年）
——植民地時代

この章では、朝鮮全土が外国の占領下にあった唯一の時期について見ていきたい。いまだに朝鮮人たちが恥と怒りの感情を抱く、激しい苦しみの時期である。それでも日本の近代化はいくつかの利益をもたらし、日本への抵抗運動によって進歩の基礎が生まれた。とくに文化においてそれは顕著だった。

政治的枠組み

保護関係から併合まで（一九〇五－一〇年）

一九〇五年の乙巳《ウルサ》保護条約〔第二次日韓協約〕締結から五年後、日韓併合条約によって朝鮮は本格的に日本の植民地と化した。その二一年後の一九三一年には、日本のマンチュリア占領が行われた。「脱構築」の歴史家たちは、それを正当な根拠の全くない気軽さで第二次世界大戦の起源と見たがる。国際連盟が日本の軍国主義に対抗し損なったという点では、かれらにも一理あるが、国際社会はすでに日本の膨張政策を暗黙のうちに後押ししていた。

なぜ一九一〇年の併合を非難しなかったのだろうか。クリスチャン宣教師以外に、併合に続く厳しい植民地支配下で苦しむ朝鮮人たちと連帯しようとした者がいただろうか。なぜ一九〇七年のハーグ平和会議は、高宗《コジョン》が訴えたように日本による保護の押し付けを批判しなかったのか。そうしていたら高宗を強制退位から救えただろうに。日本がロシア帝国を破ったことで、欧米諸国があまりにも衝撃を受けたためだろうか。

桂太郎首相は一九〇五年七月二七日のタフト国務長官との会談〔桂・タフト協定成立は二九日〕で、日本の野望に対する疑念を本当に晴らしたのだろうか。日本による朝鮮の強奪に対するこんにちの反応は異なるというのなら、帝国主義と植民地主義が、半ば慈善目的のものとして広く受け入れられた遠い時代を、またローズヴェルト大統領が、日本支配下での地域の進展を太平洋の平和のための最良の方策だと、かなり本気で考えていただろうことを思い出すべきだ。そしてルーズベルトも日本も、一九世紀後半の朝鮮が帯びていた後進性と分裂のイメージを好ましく思わなかった。

保護条約は、明治時代の大政治家である伊藤博文の創案だった。一九〇四年三月にソウルを訪問した伊藤博文を歓迎し、『皇城新聞』は「朝鮮と日本はまさに今日から、心を一つにして力を合わせなければならない」と述べた。一九〇五年一一月九日に伊藤博文は戻ってきた。ホーマー・ハルバートは、自身が創刊した『コリア・レビュー（*The Korea Review*）』で、次のように一九〇五年一二月に伊藤が日本の初代統監として任命されたことを歓迎している。「伊藤の迅速な復帰は大韓帝国皇帝にとって喜ばしいばかりでない。これで一般の朝鮮人の大多数も、日本の役人や民間の代表たちからより良い処遇を受けることになろう」。だが『皇城新聞』はすぐにその論調を変え、「この条約はわが国を破壊する」と嘆き、一九〇六年一一月までには『コリア・レビュー』もまた、「朝鮮は征服された領土として扱われている。何世紀にもわたる権利があるのに、朝鮮人たちが受けている扱いは、アイヌや台湾人がここにいたら受けるであろう扱いと全く同じだ」と訴えた。

閔妃《ミンビ》の甥〔血の繋がりのない親戚〕であり、この条約に力の限り抵抗した熱烈な民族主義者で大韓帝国の元大臣閔泳煥《ミンヨンファン》は、一九〇五年一一月三〇日に自殺した。大勢の群衆がかれの葬列を見送り、商店は数日にわたって閉められたままだった。同胞たちへの遺書で、閔泳煥は「二千万同胞たちが…来るべき生存闘争で死ぬのか」と嘆いている。閔泳煥は、一九〇六年二月の伊藤博文の統監就任を目にするという恥辱を免れたのだった。

初代統監の伊藤博文には、朝鮮の外交〔外交権の行使は東京外務省が掌理〕と商業の指揮権が付与された。これは名目上、皇帝に匹敵するものだった。統監は一種の「特別大使」と表現された。日本政府は外交顧問としてアメリカの民間人ダーハム・スティーブンスを朝鮮に派遣したが、かれは裏で伊藤博文のために働いた。日本の朝鮮における保護政治を賛美したスティーブンスは、一九〇八年に二人の朝鮮人クリスチャンにサンフランシスコで暗殺された。このとき、日本の触手は朝鮮人の生活のあらゆる領域に伸びていた。内政を管理する能力さえも、朝鮮人の手の届かないところで渦巻いていた。朝鮮独立を守護するという日本の欺瞞はすぐさま消え去った。

一九〇七年六月に高宗がハーグでの第二回万国平和会議およびワシントンに特使を派遣し、むなしく保護国化反対を訴えると、日本の内閣は次の決定的な行動に踏み出した。六月二二日、高宗が無理やり退位させられ、すぐさま李坧《イチョク》皇太子（純宗《スンジョン》）が傀儡の皇帝に祭り上げられるや、一〇歳だった異母弟の李垠《イウン》は、日本式教育を受けさせるため人質のようにして日本へ連れていかれた。

昔の記憶が残っている朝鮮人だったら、これが統一新羅《トンイルシルラ》時代から「事大主義」によくみられる特徴だったことを思い起こしたかもしれない。もっともその「大」とは、少なくとも嫌われ者の日本ではなく、尊敬する中国のことだった。七月二四日、李完用《イワニョン》総理は事実上、政府の全権を統監に与えることを合法化する新しい条約〔丁未七条約／第三次日韓協約〕に署名した。

日本当局は今やこの国を実質的に支配していた。約九〇〇〇人の兵士を擁した大韓帝国政府軍は解散させられ、日本の軍警察（「憲兵隊」）は日本の法〔韓国ニ駐箚スル憲兵ノ行政警察及司法警察ニ関スル件〕を苛烈に施行した。このとき軍人たちの多くは、朝鮮およびマンチュリア地域のパルチザン勢力に加わった。その主な構成員だった農民たちは、これらの新兵たちを歓迎した。その名称である「義兵《ウィビョン》」は、一五九〇年代に日本の豊臣の兵たちを悩ませた非正規軍を想起させるものだった。

しかしながら日本当局には、一九〇八年までに計一二万七〇〇〇人にもなっていた日本人移住者と、従順な朝鮮人たちの支えがあった。自強運動〔愛国啓蒙運動〕から生まれた数多くの団体の中には、朝鮮人が自力で政治的、経済的進歩を遂げるべきと考える人々がいた一方で、朝鮮の「後進性」と「無力」に絶望し、日本の援助を受けるべきと考えた人々もいた。前者の代表は一九〇七年に安昌浩《アンチャンホ》が設立した新民会《シンミンフェ》、後者のそれは一進会である。後の朝鮮人たちは、会のメンバーたちをそれぞれ「民族主義者」、「対日協力者」と過度に単純化し、称賛あるいは非難することになった。

新民会は一九〇八年、朝鮮初の合資会社である平壌磁器会社を設立した。これに勇気づけられた愛国者たちは、日本による教育および報道統制に抗して新しい学校を開設し、新聞や親朝鮮的な書籍を発行するなどして、当局がそれらを解散するまで愛国的共同体を作った。他方の一進会は、解散の危機に瀕することはなかった。保護条約締結の前年である一九〇四年に設立された同会は、一九〇九年には日本との併合を呼びかけさえし、併合の年である一九一〇年には一四万人ほどの一進会会員が最大規模の政党を結成した。

日本は待ち望んでいた朝鮮近代化計画に着手した。産業の発展、道路や鉄道の建設を進め、財務および郵便事業の運営を行った。電信電話システムは拡張され、港湾設備も改善された。なかでも、金、銅、石炭、鉄などの天然資源の開発は優先事項だった。債券引き受けを担う半官半民の東洋拓殖株式会社は、農業の近代化と日本および朝鮮の農民たちのための新しい土地開拓を目的として、一九〇九年一月二八日にソウルで創立総会が開かれた。同社は釜山、ピョンヤン、仁川《インチョン》で新たに水道工事を行った。公衆衛生、コレラや天然痘などの風土病対策はとりわけ重視された。

各国政府と同様、朝鮮で活動していた西洋人たちに朝鮮の発展を妨害する理由はなかった。一九〇八年までは、米国人（四六四名）と英国人（一五三名）が朝鮮における最大の外国人集団だった。旅行、病気、無法、窮乏といった危険な環境のせいで、帰郷は難しいかもしれないと自覚はしていたものの、朝鮮を自らの永住の地と考える者はめったになかった。民間宗教の急な復活を警戒していた人々もいたとはいえ、西洋人の中で最大の職業集団であった宣教師たちは、日本の効率性や近代化の概念を楽観的に捉えた。操業の継続を許可された殷山と平安北道の大楡洞《テユドン》にある米国が所有する二つの金鉱と、フランスが所有する金鉱の経営者は胸をなでおろした。そしてその後三〇余年もの間、労働者たちをひどく酷使した。ダーハム・スティーブンスは、死後に日の丸に国璽をあしらった勲章を授与されたが、かれは長らく朝鮮人たちから厳しく批判された。

朝鮮の民族主義者たちにこんにちまで高く評価されている外国人は、ホーマー・ハルバートとアーネスト・ベセルだ。メソジスト宣教師のハルバートは一八八六年から朝鮮に住み着いた。日本の影響力の必要性を理解しつつも、一九〇五年以後は日本を強く非難するようになり、ハーグとワシントンで朝鮮独立の大義を訴えるに至った。だがその後、その率直さゆえに米国へと追われ、苦しみの地である朝鮮に戻ることができなかった。日露戦争を報道した英国人ジャーナリストのアーネスト・ベセルは、朝鮮に留まった。ベセルは英文紙『コリア・デイリーニュース（*The Korea Daily News*）』と、朝鮮語紙〔朝鮮語、漢字、英語の混成文〕である『大韓毎《テハンメ》日申報《イルシンボ》』の二紙を創刊したが、日本政府の企みに批判的だったために二度起訴された。一九〇九年五月のベセル死去後、共同創刊者だった梁起鐸《ヤンギテク》（一八七一－一九三八年）が『大韓毎日申報』

を引き継いだが、設置されたばかりの総督府は一九一〇年に同紙を買収し、『毎日申報』と改題して発行した。

併合――日本の定めた針路（一九一〇―一九年）

一九一〇年八月の第三週目、日本軍は宮殿内にいた大韓帝国皇帝を再び取り囲んだ。自国の独立を放棄する条約に対して皇室が黙諾することを再度強いたのだ。だが総理大臣の李完用がすでに承諾していたため、皇帝が自ら署名することはなかった。併合条約によって大韓帝国は「朝鮮」、ソウルは「京城《けいじょう》」、ピョンヤンは「平壌《へいじょう》」とそれぞれ改称された。朝鮮総督は天皇によって任じられ、内閣総理大臣を経由した立法、行政、司法権等の権限を持った。総督府は少数の朝鮮人協力者たちを含む中枢院を設置した。初代総督で元陸軍大臣の寺内正毅《まさたけ》は、一九一六年に日本の内閣総理大臣に就任するまでその任務にあたった。当初は六部・局で構成され、一九一二年には一〇部・局に増え、朝鮮は一三の道に分割された。一九一〇年以降、銀行、法務、産業、商業、土地管理を含むすべての行政幹部が日本人によって掌握されたが、大部分の日本人は朝鮮語を知らなかった。実質上の占領軍としての日本憲兵は、朝鮮を「軍営」（『ロンドン・デイリーメール』）へと変貌させ、「恐怖政治」（アンドリュー・ナーム Andrew Nahm）を始めた（*Picture Essay 25*）。

一九一〇年の年次報告書によると、朝鮮における日本人の数は一七万一五四三人で、人口のわずか一パーセント強にすぎなかった。一九三〇年代を通してみても、ずっと三パーセントを下回っていた。その控えめな全体数に比して、朝鮮経済における日本の支配は不釣り合いに大きなものだった。

一九一〇年から一九一八年にかけて、総督府は日本人の土地取得と管理を容易にするため、包括的な土地調査事業を実施した。当局に登録されていない土地は、かつて大韓帝国政府と王室が所有していた土地同様に没収された。その結果、耕作地の日本人所有率は一九一〇年の四パーセント以下から、一九三〇年には全体の三分の一近くまで増加した。生産性が上昇したとはいえ、朝鮮人たちがその恩恵に与ることはめったになかった。

一九一八年に日本でコメ不足のために騒動が起こると、朝鮮はその解決策とみなされた。朝鮮のコメ生産高のうち日本に輸出されたものの割合は、一九一〇年に四・七パーセント、一九一九年には二二パーセントになった。一九二八年には五一・九パーセントにも上った。

日本は財務を押さえて産業界を支配した。総督府は日本の国内製造者を利するために通信、船渠、稲作の改善に注力した。企業の発展も制限した。一九一〇年の会社令により、会社の新設時に総督の許可を得なければならなくなり、その結果、投資は既存の日本の財閥にほぼ振り当てられた。

第一次世界大戦後に日本の製造業者たちからの圧力が高まり、一九二〇年に会社令が廃止されると、さらなる事業の拡大が財閥に許可されるようになった。都市化が進み、伝統的な朝鮮の社会生活が変容しはじめると、急進的民族主義の種が発芽する条件も生まれた。

日本の植民地主義は、大陸支配という長年の夢を実現するための一段階としてのみならず、欧米の植民地帝国主義――明治期の日本人指導者たちはここから学んだのだが――への対抗としても理解されるべきだ。当時は、植民地主義も帝国主義も、二〇世紀後半までには積み上がっていたような辛辣な批判によって損なわれてはいなかった。植民地主義や帝国主義を擁護する人々は、自らのやり方を他に広めることで得られる恩恵を心から信じていた。自由主義的な植民地主義は、潜在的な成長が見込めることを被支配者側に申し出た。

一九一〇年九月、マニラを拠点とする『極東レビュー（*Far Eastern Review*）』誌は、朝鮮の過去五年間の進歩が鈍いとして、その「疑惑と懸念」を批判し、「新しい体制下における発展の素晴らしい時代」を見通した。その論説は次のように続く。

衰退してゆく朝鮮が日本にとって脅威であることは、広く諒解されている。朝鮮は国際的陰謀を誘惑している。朝鮮は今や大日本帝国の保全につけ加えられた安全装置である。日本の朝鮮支配によって、フィリピン諸島所有において米国が享受したような政策実行の権限を日本が得ると（日本の書き手たちは）主張する。いつかフィリピンを独立させるというのがいまのワシントンの確固たる政策だ。だが、フィリピンでの米国統治権の利点を考えると、米国撤退を求める運動を認めないだろうことはフィリピン人たちにとって明白である。

朝鮮は台湾とならんで海外領地で第二位の位置を占め、そのことを有難がるように期待された。寺内総督は一九一〇年一二月の殖民学会での演説で、日本が朝鮮を文明へと導くことを約束した。日本当局は、一四〇〇万人（あるいは閔泳煥の遺書で誇張されたように二〇〇〇万人）の朝鮮人の大部分が、まだ充分に日本に感謝してはいないことを熟知していた。

日本の植民地主義者たちはキリスト教、なかでもプロテスタントと朝鮮の民族主義とのつながりをよく知っていた。そして、平安北道で一九一〇年一二月二八日に予定された寺内総督と米国の長老派宣教師ジョージ・マッキューン（George McCune）との会合の場で、総督の暗殺計画があったとでっちあげた。警察は新民会の指導者である金九《キムグ》、尹致昊《ユンチホ》、言論人の梁起鐸ら数百名の朝鮮人を逮捕した。一九一二年六月二八日、反逆罪で告訴されたキリスト教徒を主とする被告一二三名の裁判が始まった。それは後に「朝鮮陰謀裁判」（一〇五人事件）と呼ばれるようになる。偽の証拠と拷問により一〇五名が有罪判決を受けた事件だ。一九一三年の抗告審判で世界的に知られるようになり、被告の大部分は釈放されたが、尹致昊は四年間、金九は三年間収監された。

ドナルド・クラーク（Donald Clark）の言葉に倣うなら、「明治憲法で約束された自由は、朝鮮人、とくに外国の影響を受けたクリスチャンたちには全く適用されないことが証明された」。ミッションスクールは朝鮮全土に広がっていた。それらの学校では、徐々に廃止すべしと日本が主張したキリスト教の基礎のほか、ハングルを必ず教えた。しだいに朝鮮人ナショナリストたちは、この固有文字の価値を認識するようになっていった。

保護条約の時期に誕生し、植民地期を生き延びた何校かの私立学校もハングルを教えた。崔《チェ》南善《ナムソン》の『少年』（一九〇八－一一年）や『青春』（一九一四－一八年）など、愛国的傾向を持つ雑誌ではハングルが使用された。驚くべきことに、御用新聞である『毎日申報』でもハングルは使われた。

奪取され苦しむ国を前にした朝鮮人に、一体何ができたというのだろうか。かねてより急進的なものを回避しようとしてきた旧両班の多くは、既存の特権を失うことなく新しい状況に充分適応することができた。不安定な生活を送る可能性がいっそう高まり、苦しめられた人々の大半が下層階級出身の人々だったことは、容易に予想できた。日本による迫害や経済状況の悪化によって、多くの人々が否応なく村を追われた。家を出てパルチザンに加わる人々もいた。相当数が海外に流れ、日本国内やマンチュリア、極東、中国の朝鮮人コミュニティは膨れあがっていった（一九四四年には、全朝鮮人の一〇パーセント以上が海外に居住していた）。

人々は天道教、仏教、キリスト教、シャーマニズムなど、それぞれ信仰する宗教に慰めを求めた。半世紀にわたってむごい扱いを受けてきた朝鮮人は、転落し、何らかの普遍的な絶望に陥ったかもしれなかった。一九一〇年には「朝鮮人のほとんどが抗議することもなく併合を受け入れた」。だがその「九年後には、熱情的な民族主義とともに日本に抗して立ち上がった」（ドナルド・クラーク）。よく知られている三・一運動である。

皮肉なことに、口火が切られたのは東京においてだった。朝鮮人青年たちは、朝鮮内よりも海外での方がラディカルな政治信条を自由に議論することができたのだ。一九一九年一月二一日に前皇帝の高宗死去に心を揺さぶられ——あるいは疑惑を抱き——、またウッドロウ・ウィルソン米大統領が民族自決を擁護したヴェルサイユ講和条約の影響を期待して、一九一九年二月八日、朝鮮青年独立団の名で早稲田大学留学生だった李光洙《イグァンス》（一八九二－一九五〇年）の起草した独立宣言が読み上げられた。

この魅惑的な愛国同胞たちのニュースに接し、一六名のプロテスタント、一五名の天道教徒、二名の仏教徒たちがソウルの食堂〔仁寺洞の泰和館〕で朝鮮独立宣言に署名した。宣言文は崔南善が起草し、署名者たちは勇敢にもそれを声に出して朗読した。同日の午後二時、パゴダ公園ではある教師が朝鮮国旗を振り、国歌「愛国歌」を歌う大群衆に向かって再び宣言文を読み上げた。その後、人々が万歳《マンセ》と叫びながら通りに出て行くと、場の空気は不穏なものに変わった。署名者三三名は逮捕された。非暴力の訴えは無視された。蜂起を封じ込めるためにやっきになった警察の対応は残酷なものだった。当時の記録によれば――むろんこのような記録につきものの誇張はあるだろうが――、容疑者の一斉検挙と投獄、学校や教会の建物や地所の破壊、女子学生たちのレイプ、村単位での虐殺が行われたという。

五月までに秩序は回復されたが、学生たちはその炎を燃え立たせ、より広範な抵抗運動へと転換させた。その後の一二か月の間に死者は七六四五名、負傷者は四万五五六二名に膨らんだ。

上海では、海外へ逃亡した人々によって上海で大韓民国臨時政府が樹立された。当時米国にいた李承晩《イスンマン》(一八七五-一九六五年)が首班として選出された。朝鮮人たちに対する権限を一切持たなかった臨時政府は、国際的認知を得るのにいちいち苦労した。朝鮮半島全土にわたって闘争を続けた抗日運動家たちの多くですら、この臨時政府を承認しなかった。だが臨時政府の存在は、主権の概念を生かしておくのに役立った。「国家の概念は(いまだに)不易のものとして与えられてはいなかった。[中略]それは植民地期に争われ、交渉され、再考され、再構築されたのだ」(申起旭、ロビンソン Shin and Robinson)。

民族主義、文化、政治（一九一九–三一年）

一九一九年九月、三・一運動で被った痛手を処理するという厄介な仕事のために迎えられた斎藤実《まこと》海軍大将は、寺内初代総督同様、暗殺未遂という歓待を受けて朝鮮に到着した。二人の前任者よりも文化的素養のある人士の任命は、強硬的な武断統治が失敗だったことを、少なくとも日本政府が認識していたことの表れだ。

だが、険しいマンチュリアの国境地帯の間島で日本を攻撃していた朝鮮人義兵を討伐するために直ちに派兵を命じたように、斎藤も柔軟路線を取ったわけではなかった。これは「間島事件」として悪名高い事件である。あるカナダ人宣教師の報告によれば、「朝鮮人たちは毎日のように射殺され、村ごと焼かれた」。その死者数については双方ともに誇張がみられるが、宣教師側の資料では一九二〇年の一〇月から一一月の間に三〇〇〇人以上の朝鮮人が死に、二五〇〇棟近くの家々が焼失したという。

三・一運動の苛烈さと抵抗の広がりに不意を突かれた斎藤実は手綱を緩めた。ただし、国家経営において朝鮮人に何らかの譲歩をしようとしたわけではなく、朝鮮人たちからの協力をもっと得ることを目指したのだった。こうして「共存」、「共同の福利」といった語が頻出するようになった。一九二〇年、朝鮮人による出版の制限が解除され、実業家で文化企業家の金性洙《キムソンス》らによる『東亜日報』と、申錫雨《シンソグ》が後に関わった『朝鮮日報』の二紙がすぐに創刊された。結社の自由も認められ、大きな影響力を持った朝鮮語学会（一九二一年一二月設立）など、五五〇〇以上もの新たな団体が生まれた。その三分の一以上は宗教団体だった。

総督府はむろんこの趨勢を利用した。日本に協力的な朝鮮人たちが国民協会に集められ、一九二二年には朝鮮史編纂委員会が設置された〔一九二五年に朝鮮史編修会へと改編〕。亡命ジャーナリストの朴殷植《パクウンシク》（一八五九－一九二五年）による併合に対する激烈な批判に応え、同会は古代からの朝鮮と日本とのつながりと、朝鮮の日本への依存を証明することを第一の目標とした。学校では、植民地支配勢力の主張する朝鮮統治権を擁護する、総督府認可の教科書がすでに使用されていた。崔南善ら民族主義者たちは、檀君《タングン》を朝鮮人の独自の先祖として人々に想起させることでこれに反撃した。

朝鮮のラジオ放送は一九二七年に始まった。それ以前の三年間は、外国人には短波の利用が禁じられていた。したがって新聞や雑誌は、祖国を気にかける、字の読める人々にとって必要不可欠のものだった。『東亜日報』と『朝鮮日報』は、国家の不運とそれを和らげる方法についての議論の場を直ちに提供した。両紙ともハングル使用を促進し、社会の改革を公言した。天道教が支援した知識人向け総合雑誌『開闢《ケビョク》』一九二二年五月号の「民族改造論」で李光洙は、過去の不毛で儀式的な政治社会制度を批判した。もしもこの文が民族主義的な調子をはっきりと帯びていなかったら、総督府側はこれを見て喜んだことだろう。政治的主張が両極化するにつれ検閲は増え、一九二〇年の六〇〇〇人から一九三〇年に二万人へと増加した警察には、捜索と押収の絶大な権限が与えられた。『開闢』は一九二六年に廃刊に追い込まれ、ジャーナリストたちの語調はおとなしく、より順応的になっていった。

一九二〇年代には新たな機会が生まれ、より自由にものがいえるようになった。民族主義者たちはすぐさま朝鮮経済の批判を行った。李光洙は〔国産品愛用を啓蒙する〕自作会（一九二二年一二月）、崔南善はソウル朝鮮物産奨励会（一九二三年二月）の立ち上げにそれぞれ関わり、朝鮮での製造と販売を活発化させようとした。『開闢』はこれらの団体を支持した。しかし、自らの利益のためとはいえ、朝鮮総督府はすでに「共栄」を主張し、朝鮮人資本家を迎え入れるための措置を講じていた。総督府は会社令を廃止し、産業調査委員会に加える朝鮮人企業家を選別した。関税の見直しによって日本の安価な輸入品が朝鮮人消費者の手に届きやすくなるにつれ、両団体は勢いを失った。総督府と協力し、日本語話者を雇用する朝鮮企業に総督府が補助金を出すようになると、その影響力はさらに弱体化した。

このとき容認された企業の一つが、金性洙の京城紡織株式会社だった。製造業を拡大して鉄道や金融サービスなどへと事業を多様化させた同社は、朝鮮初の「財閥《チェボル》」となった。朝鮮人労働者の雇用を促進するというプラス面はあったものの、工場の労働条件はひどく、一九二五年と一九三一年のストライキ後も改善されなかったという事実も差し引かねばならないだろう。

総督府は一九一〇年代には農業を優先した。一九二〇年代には新たな土地を開拓し、化学肥料の使用を増やし、灌漑を改善するようになったが、時が経つにつれ恩恵を受けるようになったのは産業と商業だった。土地所有者たちは、朝鮮生命保険株式会社などの金融業に投資するよう説得された。合資会社も許可された。鉄道網が拡張され、国が開かれた。野口遵《したがう》による咸鏡南道の工業団地開発は、北朝鮮地方の工業化の第一歩となった。それは窒素肥料工場から始まり、電気化学部門にまで拡大した。朝鮮人はほぼその恩恵を受けなかったが、これらは日本にとっては重要なものだった。農民たちの苦悩は深まっていった。以前よりも多くのコメを栽培したとはいえ、自らの口に入る量はどんどん減っていった。この傾向は悪化の一途を辿りつつずっと続いた。一九三〇年の時点で、七五パーセントもの農民たちが負債を抱えていた。

穏健な民族主義者たちが企業家たちの愛国心を掻き立てたことから、朝鮮の零細企業家の数は増加した。しかしその多くは、自らの直系の家族や仲間のために利益を上げる以上のことは考えていなかった。これについて李光洙は、経済成長に対する世間一般の考えは視野が狭すぎると批判した。そして一九二四年一月、最終的な独立のために、朝鮮人たちはより良い教育と経済の基礎を築かねばならないと『東亜日報』紙上で主張した。李光洙の訴えは妥協主義〔改良主義〕との非難を浴び、大半の人々には支持されなかった。

李光洙の考えが、明らかな民族主義とは相容れないことを束の間ではあれ示したのは、一九一四年に釜山で安熙済《アンフィジェ》が設立した白山《ペクサン》商会である。安は学校設立を要求し、日本などで学ぶ朝鮮人留学生に金銭的援助を行い、朝鮮とマンチュリアにまたがる独立運動の資金調達をしたが、警察の厳しい取り締まりのため一九二七年に白山商会は解散した。

総督府は一九二二年、朝鮮人にも中等教育の門戸を開き〔第二次朝鮮教育令〕、より多くの一〇代の若者が日本の大学に進学できるよう教育制度を改定した〔崔南善、金性洙、李光洙はみな早稲田の卒業生だった〕。だが、初等教育の義務化すらできず、また差別も露骨だったので、結局、教育の機会を最も得ることができたのは日本人の子どもたちだった。高等教育に関しては、一九二二年一一月に穏健派民族主義者たちが民族大学の設立を目指し、民立大学期成会を立ち上げた。総督府はかれらを出し抜くように、一九二六年に京城帝国大学を開校した。だが、その教師と学生たち〔男性ばかりだった〕の大半は日本人だった。期成会自体の目標も、伝統的なエリート主義の遺産を打ち破ることにはなかった。期成会が集めた資金は、一九〇五年に李容翊《イヨンイク》が設立し、後に高麗《コリョ》大学校となる普成《ポソン》専門学校図書館に後日、転用された。
ラディカルな民族主義思想は、日本の施策から朝鮮人が得られる制限付きの恩恵以上のものを目指した。一九二四年の新聞記事で李光洙が訴えたのは、農村部における実践的教育の拡大と基礎的な管理経営の訓練だった。真の教育は進歩的なものでなければならない。学生たちは大衆の「文盲退治運動」に参加した。女性たちもまた、民族主義政治に関わった。三・一運動で積極的に示威運動を行い、大韓民国愛国婦人会や槿友会を結成した。愛国婦人会の李恵卿《リヘギョン》副会長は、刑務所での三年間の厳しい重労働に耐えた。

穏健派民族主義者たちは独自の団体を結成しなかったが、その対極の政治勢力として、一九二五年四月に朝鮮共産党が発足した。だが早くも一一月にはその存続が危機にさらされた。創設者の一人であるソウルの朴憲永《パクホニョン》が、上海の呂運亨《ヨウニョン》に宛てた極秘書簡が新義州で傍受され、党員の多くが逮捕されたのである。一九二六年六月一〇日の最後の皇帝、純宗の葬儀に続く大規模なデモ〔六・一〇万歳運動〕の際には、さらに多数の党員が投獄された。しかし一九二七年、朝鮮共産党はラディカルと穏健派〔厳密にいうと社会主義勢力と民族主義左派〕の共同戦線である新幹会《シンガンフェ》の設立に参加した。より広範な支持基盤を持つ組織の内側からその訴えを広げようという、昔からよく行われてきた試みだった。新幹会は全国的なネットワークを築き、すぐに約三万五〇〇〇人の会員を集めた。これは共産主義の将来を安定させたばかりでなく、次の沸点に達するまで反日感情を温め続ける働きをした。

その沸点は一九二九年一〇月末に訪れた。日本人青年たちが光州駅で三名の朝鮮人女子学生を侮辱した事件をきっかけに、局地的な諍いが勃発したのだ。日本人学生がより良い施設を利用していたことや、朝鮮語と朝鮮史の教育が不十分であることにかねてより憤慨していた朝鮮中の学生たちがこの闘争に加わった〔光州学生運動〕。警察が校内になだれ込み、学生たちは追放されたり停学処分を受けたりし、多数が投獄された。この事件は、それまでの一〇年間で最大となる民族主義の示威行動だった。新幹会の左派指導者四四名が一九三〇年一月に逮捕された後、事なきを得た穏健派たちが会の実権を握ろうとしたが、共産主義者たちは革命的な勢いを失ったことに不満を持ち、一九三一年五月に同会を解消した。

一九二六年の六月一〇日万歳運動と一九二九年の光州学生運動は、斎藤実の融和策が全面的な成功を収められなかったことを露見させた。両民族の統合は計画通りには進まず、朝鮮人たちはさらなる政治的自由を求めた。またこれらの事件では、民族間対立を和らげ、短期的勝利の希望を叶えるための、穏健派民族主義者たちによる漸次的なアプローチが失敗したこともはっきりとした。穏健派指導者たちは、エリート主義である両班の伝統を知的に継承していた。かれらは長期的な救済、中流知識階級の指導、この間かれらが軽視してきた勤労大衆の最終的な再教育を重ね合わせた。かれらが認めた被植民者としての地位は甘受されねばならなかったし、その定めは当分の間遵守されねばならなかった。

「いまから見れば、文化ナショナリズムとは、日本の主権の範囲内のみでの民族文化的な自主性に甘んじる、縮小版民族主義を独占することにより、朝鮮知識人が社会的、文化的エリートとしての地位を維持できるようにするプログラムとして解釈できる」（マイケル・ロビンソン Michael Robinson）。ロビンソンによればこれは、西洋的価値観を、かつての両班が崇めた中国のインスピレーションの代わりに置きかえる、新版の「事大」である。共通の敵に抵抗するために身分制の廃止が要請されるという局面が国家にあったとしたら、今回がまさにそれだった。だが過去をみると、朝鮮人たちは政治的決定についてたやすく全員一致で決定することはできなかった。一九二〇年代に生まれた多数の小規模な諸政党や団体は、植民地勢力に結局は何らの深刻な脅威も与えられなかった。

では宗教団体はどうだっただろうか。天道教は農民の支援を続け、一九二五年には朝鮮農民社を結成して農村の生活や労働条件の改善を試みた。だが六・一〇万歳運動に関与したため多くの会員が逮捕された。日本側は同会の目的に疑念を深めた。

一方、仏教界は、政府との対話においてより豊富な経験を持っていた。それはじつに数世紀にもわたるものだった。政府からの支持を歓迎する際にも、政府の定期的な干渉に耐えたりする際にも、その経験は活かされた。かつては朝鮮の新儒教に否定されたが、いまは人々の敬意を取り戻しつつあることを仏教徒たちは肌で感じていた。併合直後に朝鮮社会を再編成して効果的に支配した総督府は、仏教徒たちの日本留学を奨励した。有力な仏教学者の一人で、後にシャーマニズムの専門家として朝鮮史編纂委員会の一員となった李能和《イヌンファ》（一八六九－一九四三年）は、伝統的朝鮮社会で民俗宗教が果たした重要な役割を知悉していた。だがこのことは、仏教徒たちがみな対日協力者だということを意味しない。一九二〇年代後半に朴重彬《パクチュンビン》が全羅南道に設立した仏法研究会と、それを継いだ円仏教《ウォンブルギョ》は、占領者たちには言いなりになっているように見えたかもしれないが、実際には自らのための物質的かつ精神的な強化を提唱した。

他方、宣教師たちは、一九世紀の前任者たちがとくに医学と教育を通してもたらした社会的問題への関心を保つために、最善を尽くした。日本の政策や個々の日本の迫害者たちからの圧力にどう対処すればいいかについては、宣教機関では意見の一致を見ることはできなかった。宣教師たちは東アジアの人々の魂の救済のために献身したが、西洋式教育をさまざまな形で受けた朝鮮人男女は、所与というよりは神によって与えられた存在である同胞への共感を持つようになった。自身の固有の文化を軽視して、アジアの価値観やその感性に順応するのは難しいだろう。中には日本がそうしたように、朝鮮の伝統的なやり方を後れているとして切り捨て、外からの変化が必要だと考える人もいた。総督府は一九二五年に布教の権利を復活させたが、朝鮮人クリスチャンと外国人牧師たちは差別と迫害を受け、一部は背教や融和派に転じた。とはいえ、朝鮮にとって必要なものや、朝鮮人の感性への無私の奉仕をしたり、社会改革の大義へ献身したりすることによって、キリスト教は着実に進歩していった。ピョンヤンはプロテスタントとカトリックの中心地となり、やや疑わしいが後には「アジアで最もキリスト教的な都市」と呼ばれた。一九三〇年代半ばまでに三〇の教会が二〇万人の人々に奉仕した。だが一九二五年、クリスチャンたちにとって不吉なことに、総督府はソウル南山《ナムサン》に神道の神社である朝鮮神宮を建設することを決定した。

文化浄化《カルチュラル・クレンジング》と戦争の到来（一九三一－四五年）

一九三〇年当時にはおよそ五二万七〇〇〇人の日本人が朝鮮に住んでいた。それよりも多くの朝鮮人（六〇万～八〇万人と推定される）がマンチュリアに住み、主にコメを栽培していた。朝鮮人と現地の中国人との関係はいつも良好というわけではなかったが、日本は地方の督軍〔一九一六―二八年の中国における地方長官の称号〕の張作霖が、一九二〇年の間島事件のように朝鮮人側についているのではないかと疑っていた。悲惨な社会的経済的状況に置かれていたマンチュリアの朝鮮人たちは、中国共産党にとっては豊かな人的資源となった。一九二五年に朝鮮総督府と奉天警察署長の間で結ばれた三矢《みつや》協定では、地方当局が朝鮮人「共産主義者」の逮捕に報酬を与えることを約束したが、これは多くの非道行為を招いた。

一九三一年九月二一日、関東軍の将校が小さな爆発を煽り、林銑十郎〔朝鮮駐屯日本軍司令官〕に鴨緑江《アムノクカン》を越えて侵略軍を派遣する口実を与えると、中国、朝鮮ともに将来の見通しは暗いものに変わった。朝鮮人ゲリラたちが日本人征服者との闘いの過程で中国人とつながると、一九三二年四月に朝鮮から間島に派兵された陸軍連隊は、共産主義者と疑われた中国人、朝鮮人合わせて一二〇〇人を殺害した。マンチュリアのこの新しい傀儡政権〔「満州国」〕は、日本にとっては朝鮮の植民地と、中国国民党―ソ連の好ましくない枢軸との間の緩衝地帯として作用した。総督府は産業生産の緊急操業に供するため、北朝鮮地域からマンチュリアへの移住を推し進めた。一九三二年から一九四五年の間に、年間約二万人の割合で農民を中心とした日本人移住者二七万人が投入された。

この日本の新しい海外領土である「外地」が実際に利益を得るまでには時間がかかった。その間、とくに軍需産業における原材料生産と製造業の成長が、宇垣一成総督時代〔一九三一―三六〕に最優先課題となった北朝鮮には、すでに産業発展の基盤が築かれていた。一九三五年に朝鮮石油株式会社が設立されると、カルテックス〔テキサスとスタンダードオイルの合弁企業〕、後にロイヤル・ダッチ・シェルとなるライジングサン、東洋鉱業開発株式会社などの欧米の石油産業、鉱業関連企業が窮地に陥ることになった。一方、野口、三菱、三井などの日本の財閥は巨額の利益を得た。南朝鮮では土地収奪が激しくなったため、飢えた農民たちが工場での雇用――低賃金ではあったが――を期待して北へと向かった。さらに何千もの朝鮮人が日本を目指して海を越えた。

穏健派民族主義者たちは、対日協力をするように圧力をかけられた。新聞、雑誌、書籍の出版業界は、拡大を許可された。大衆文化の研究者の分析によれば、「一九三〇年代の朝鮮は比較的高密度に印刷物が浸透して」おり、「朝鮮の中産階級は日本の出版物も読んでいた」（マイケル・ロビンソン）。日本はまた、同化政策である「内鮮一体」に基づいて、朝鮮人に両国の運命の結びつきを納得させようとした。朝鮮文化が日本文化の縁戚と再解釈され、共同体の利益と権力者へのために、朝鮮は犠牲精神を持つべきだと説かれた。これはむろん序列化されたものである。

大和民族への同化が、アジアが欧米民族に優越するために有効だという主張を受け入れた朝鮮人もいただろう。だが『東亜日報』の編集者たちは違った。一九三六年八月二六日、『東亜日報』はベルリンオリンピックで金メダルを獲得したマラソン選手、孫基禎《ソンギジョン》の胸の日章旗を太極旗に差し替えて発行し、物議をかもした。南次郎総督がソウルに到着したのはまさにこの日だった。『東亜日報』は直ちに廃刊処分〔厳密には無期限発行停止処分〕を受けた。

過去の伝統への郷愁も未来の独立の願望も刺激することなく、朝鮮を近代化するという作業は、日本にとっては細心の注意を要する綱渡りだった。総督府は、産業の拡大と経済発展の維持のためには、労働者たちの教育が不可欠であると考えた。工業の中心地では学校が増え、小学校にあたる普通学校への入学率（主に男子生徒）は一九三一年の二五・五パーセントから一九三九年の五五パーセントへと増加した〔約三五パーセントとする研究もある〕。しかし一九三九年には、京城帝国大学へは朝鮮人志願者の一二・六パーセントしか入学許可をされなかった。日本では約四〇〇〇人の朝鮮人が高等教育を受けた。そのほとんどは国立大学ではなく私立大学だったが、それでも朝鮮のどの大学よりも質が高かった。

戦争の機運が高まるにつれ、内鮮一体はさらに喧伝されるようになった。日本が一九三五年後半に全朝鮮人に神社参拝を強制すると、緊張が高まった。ピョンヤンの長老派の指導者たちは、教徒たちに拒否するよう促した。カトリックとメソジスト派は世俗的な儀式を容認していたが、一八世紀の清朝におけるかの因果な典礼問題を連想させるような対立が起きた。南次郎総督の経歴はクリスチャンたちを不安に陥れた。朝鮮軍司令官、駐満州国駐劄特命全権大使を歴任した南次郎は、朝鮮の臨戦態勢を強化するためにやってきた。南は欧米人宣教師の追放を決定した。警察は朝鮮人およびその他の外国人を脅迫し、逮捕するための大きな権限を行使した。

こうして、一九三八年だけで日本は一二万六六二六人もの非日本人を勾留した。一九三八年三月からは、すでに日本語を話していた朝鮮人の若者すべてに日本語使用を強要し、年配者たちへの日本語教育も強化した〔このとき公布された第三次朝鮮教育令では、朝鮮語が必須科目から随意科目に変更された〕。一九三九年一一月にはすべての朝鮮人に不名誉な日本風の名前を強制した。一九四〇年に新聞には廃刊措置がとられ、厳格な検閲のためにニュースは届きにくくなった。

は東アジア的な連帯責任制が復活し、規則と規制を強制するため、一〇家族からなる隣組〔愛国班〕が組織された。外国人の味方と疑われた人々、とくにキリスト教徒に対するスパイと告発が奨励された。とはいえ、すでに一九三九年末までには、欧米人のほとんどが朝鮮を去っていた。

一九四二年には鉱山や工場への徴用が始まり、数千名が日本の工場での戦時労働に駆り出された〔朝鮮人に対する国民徴用令の発動は一九四四年だったが、戦時労働動員は一九三九年に始まった〕。一九三八年二月から一九四三年にかけて、約一万七五〇〇人が日本の陸軍兵志願者訓練所に入所した。警察官などの役人になった朝鮮人は、後に対日協力者として大きな批判を受けることになった。学徒兵志願や「慰安婦」となることを強要された朝鮮人もいた。一九四四、五年には前年の一〇倍もの人々が強制徴用され、さらに一五万人が戦争関連の肉体労働に駆り出された。

戦時には誰もが耐えることを要請された。一九四二年六月のミッドウェイ海戦後に米国が日本の皇軍を次々と打ち破るようになると、日本人たちは大きな苦難を耐え忍んだ。だがそれと比例して、日本人による朝鮮「同胞」への暴虐は激しくなった。連合軍による爆撃は免れたものの、朝鮮半島はひどく苦しんだ。日本の戦争のために物資が徴発された。灌漑の改善と肥料使用の増加によって一九三〇年代初めに上昇したコメの生産量は、一九四二年には約三〇〇万トンにまで減少した。日本へのコメ輸出の増加につれ、朝鮮人は大麦やキビを食べることを余儀なくされた。暖房用燃料も不足していた。「慰安婦」〔売春を強要された若い女性たちを婉曲的に指す表現。日本人がよく知っていた妓生《キセン》と誤解されることもあった〕たちの苦難はぞっとするほど酷いもので、かのじょたちは恥の感情のためにその虐待の真実を約五〇年もの間、つまり世紀末まで隠しておかざるをえなかった。

一九四二年に、米国の宣教師エーテル・アンダーウッドは次のように書いている。「朝鮮人はその支配者を憎みひどく軽蔑している。ここ数年、刑務所に投獄された学校や教会、新聞社や農場の数千もの朝鮮人指導者たちによると、警察官の話題といえば酒、旅館やカフェの女給の卑猥な話、政府公認の売春宿についてだという。日増しに残忍で非人間的になっていく警察官たちを朝鮮人たちは憎み、軽蔑している」。

生存競争と芸術

両者の密接な関係を示すために歴史を再解釈すること、日本語、日本名の使用や日本の国家宗教を強制すること、有望な朝鮮人青年に日本の大学で教育を受けさせること、多岐にわたる出版物を禁止すること。「内鮮一体」は、こんにちの用語でいうと「文化浄化《カルチュラル・クレンジング》」である。だが少なくとも朝鮮古代史に関しては、二〇世紀初めに日本の人類学者や考古学者たちが労を厭わずに行った研究は、おべっかという形を取っていた。この時期には記念碑、石碑、古代の建物などの美しい写真が出版されたが、それらは解放後も長らく研究者たちに影響を与えることになった。

関野貞《ただし》は一九〇二年に朝鮮の古建築を初めて調査し、その後柳宗悦、浅川伯教《のりたか》・巧《たくみ》兄弟、今西龍は、楽浪《ナンナン》時代の詳細な史料を出版した。柳宗悦による朝鮮芸術への共感とその地の人々の苦難に対する同情は、朝鮮陶磁器への情熱に火を灯し、日本の民芸運動を刺激した。南満州鉄道の満鉄調査部は、北東アジアにおける重要な歴史的発見に貢献した。一九一六年には朝鮮古蹟調査委員会が結成され、その後二〇年間にわたって大量の遺跡や記念碑が仔細かつ綿密に報告された。

一見すると、日本人は単に欧米の考古学者が中国で行っていたのと同じことを朝鮮で行ったようにみえるが、その根底にある動機は異なっていた。イギリス、スウェーデン、フランスの場合は、ヨーロッパの博物館の展示ケースを埋めると同時に、東洋世界の黎明期の生活を発掘するという、より私心の少ない関心を持っていた。対する日本は、朝鮮との民族的共通性を証明するためにそれを行った。つまり、朝鮮統治を正当化するために行っていたのだった。朝鮮の考古学上の発見物は、一九一六年に総督府が朝鮮総督府博物館（後の国立博物館および国立中央博物館）を設立するまで、日本の博物館へと送られた。その最初の有名なものは、一九〇四年に僧侶で探検家の大谷光瑞《こうずい》が発見した、敦煌で制作された木製仮面や藁の籠などだった（二〇〇二年一二月に中国の考古学者が発見した同種の仮面や籠により、大谷の発見物が唐／新羅時代のものだということが確認された）。

日本人は個人的にも朝鮮文化遺物の収集を始めたが、これは収集の習慣において中国と日本に後れを取っていた裕福な朝鮮人たちの手本となった。地主で古書蔵書家の全鎣弼《チョンヒョンピル》（一九〇六－六二年）は、独立宣言に署名した天道教徒で書家呉世昌《オセチャン》（一八六四－一九五三年）の作品の購入手引きを受けた。全鎣弼は自らの宝物のために私立美術館〔宝華閣〕を建てた。これは後に澗松《カンソン》美術館（一九三八年）となった。京城紡績会社を経営していた金性洙は、美術よりも民俗資料に関心を持っていた。一九三二年に経営難に陥っていた普成《ポソン》専門学校を引き受けた際に自身の収集品をそこに展示し、その民族意識を示した。金性洙が献身的に構築した女性の生活に関する資料は、地主の女性安咸平《アンハムピョン》から同校に大量に遺贈された。一九四五年に高麗大学校へと改編された際には、これらの資料のおかげで朝鮮で最も優れた大学博物館の基礎が築かれた。

一九三八年に本編刊行が終了した朝鮮史編集会編『朝鮮史』（全三七巻）では、日本への「依存」が強調された。日本は、朝鮮と大日本帝国を結びつける手段として文化を捉えていたが、占領下の朝鮮人たちの見方は異なっていた。自らを取り巻く憂鬱な世界における気晴らしとして芸術を捉えた者もいた。「芸術のための芸術」が叶わなかった批評家たちは、それを現実逃避だと批判した。だが、朝鮮王朝《チョソン》時代の長きにわたり慣れ親しんだ伝統的な様式を保存し、それに立脚することによって、かれらなりに国のために貢献していたということもできよう。欧米の優れた伝統を学び、抽象美術などの新しい実験を通して独自の美的感覚を発展させ、朝鮮芸術の特性を広げることを追求した者もいた。その一方でラディカルな民族主義者たちは、絵画、音楽、文学のすべてが、国土奪還のため陰に陽に抵抗するのに役立つことに気づいていた。

絵画

一九一一年に図画署《トファソ》を引き継ぎ、一流の芸術家たちによって結成された京城書画美術院は、一九一九年に日本によって閉鎖された。美術院出身者の一人に、最後の朝鮮王の肖像画を描いた金殷鎬《キムウンホ》（一八九二－一九七九年）がいる。一九二五年に日本へ渡り、結城素明《ゆうきそめい》〔日本画家。後に大日美術院を創立〕の門下で学んだ金殷鎬は、朝鮮に戻り一九三〇年に絡青軒《ナクチョンホン》を開いた。植民地期朝鮮には芸術専門学校は存在せず、若手が技術を学べたのはこのような私塾でのみだった。ここからは金基昶《キムギチャン》（一九一三－二〇〇一年）、北宋文人画の再解釈で有名な張遇聖《チャンウソン》（一九一二－二〇〇五年）が輩出した。画家たちは、一九二三年に李象範《イサンボム》（一八九七－一九七二年）らが設立した同硯社などの美術団体に加盟し、古代から現代までの美術を学んだ。伝統的な風景画や人物画は、儒学者たちから予想通りの激しい批判が巻き起こった女性裸体画の登場によって、変容を遂げた。政治的動機から、朝鮮プロレタリア芸術同盟（一九二五年結成）に参加し、中国における木版画運動を思わせる社会主義リアリズムの手法を用いて、漫画や版画を制作した者もいる。抽象画の先駆者、山口長雄《たけお》（一九〇二－八三年）は、油彩などの西洋の技法を朝鮮学生たちに紹介し、近代美術への関心を育んだ人物である。朝鮮人たちは、日本で東洋画や西洋画を学ぶことができた。

日本人画家たちは一九三〇年代、膨張主義の政治的雰囲気に触発された愛国的潮流に押し流された。一方、朝鮮人の民族主義者たちは、白牛会《ペグフェ》〔日本当局が在東京美術協会と改称させた〕という象徴的な名称の美術団体に参加し、解散させられるまで何度か展覧会を開催した。金煥基《キムファンギ》（樹話《スファ》、一九一三－七四年）のように、西洋モダニズムの擁護者でさえも日本で名を成すことができた。かれは、進歩的な美術家集団である自由芸術家協会が開催する、美術展の出展作家にも選ばれた。とはいえ、日本人画家は朝鮮人画家よりも個々人の実験に対する関心が薄かった。日本の美術界は、進化しつつある自分たちの世界の中に、無害で無難な朝鮮人画家を喜んで吸収していった。だが植民地当局は、朝鮮独立を確信させるための手段として朝鮮人が受け取りうるような、美術改革を通した発展の萌芽をすべて摘み取ろうとした。近代美術の概念を広めるため、高羲東《コフィドン》が一九一八年に創設した書画協会《ソフェヒョプフェ》が、年次美術展である協展を一九二一年に開催すると、総督府はすぐさまこれに対抗して「鮮展」を開いた。

後に朝鮮美術展覧会（朝鮮美展）と呼ばれた「鮮展」は一九二二年から四四年まで続いたが、協展は南次郎の着任から八年後に終焉を迎えた。一九三〇年代には、出展者の大半と審査員全員が日本人だったとはいえ、朝鮮美展は規模と質の面で協展を上回った。作品を通じて植民地支配への異議を表明することを嫌ったわけではなかったが、画家たちの民族主義的信念は、全体的に見ればラディカルというよりは穏健なものだった（*Picture Essay 26*）。人物画の金殷鎬や、風景画家の李象範は、朝鮮美展の東洋画部門に出品しながらも、新たな朝鮮の様式を作り出そうと試みた。書画協会に所属していた李象範は、一九二一年に初めて協展に出品したが、翌年には朝鮮美展の東洋画部門に参加し、一九二四年から一九三四年にかけて毎年特選を受賞した。その革新性は「一つの定点」の導入などにある。

音　楽

国楽《クガク》と呼ばれる朝鮮の伝統音楽は、朝鮮王朝後期の近代化運動の影響を受けた。このとき西洋式の国歌の概念も導入された。高宗が一九〇二年に国歌の歌詞作成を命じ、一八八八年以来日本の宮廷音楽部門に勤務していたドイツ人の楽団指揮者、フランツ・エッケルトによって曲がつけられた（皮肉なことにかれは日本の国歌、君が代の作曲も行った）。一九〇四年からは朝鮮の全学校で国歌が歌われたが、出だしの「上帝は我が大韓を助け」という部分が日本の不興を買い、一九〇五年には禁止された。

こんにちの大韓民国国歌「愛国歌《エグクカ》」の歌詞は一八九〇年代に尹致昊が作詞し、一九三六年に安益泰《アンイクテ》によって作曲され、韓国幻想曲（一九三八年初演）に編入されたという。出だし部分では、この地が「東海《トンヘ》と白頭山《ペクトゥサン》が干上がり磨耗するまで」繁栄すると感動的に語られ、リフレイン部分では「無窮花《ムグンファ》、三千里、華麗な山河」と、国花であるムクゲが歌われる。

一九一〇年以降、朝鮮人は日本やドイツで音楽を勉強するようになり、国楽は古いものとみなされた。日本による朝鮮の国楽史研究は不十分であり、単に朝鮮が「中国と日本の高尚文化の架け橋にすぎないことを示そうとしている」（韓晩容《ハンマンヨン》）という主張もある。とはいえ、一九三〇年代に国楽は民族音楽とともに京城放送局で放送された。一九三三年に朝鮮語のみの放送が始まったことで、パンソリを含む伝統的な文化公演活動も活発化した。

日本は、朝鮮で西洋音楽の普及も始めた。朝鮮近代絵画の場合と同様、おそらく古来の伝統への郷愁を忘れさせようと期待してのことだろう。演奏者は西洋の楽器を用いた。少数ではあるがヨーロッパ、アメリカ、日本の音楽学校で学んだ者もいたのだった。現代的な作風で書いた作曲家のうちで著名なのは、尹伊桑《ユンイサン》（一九一七－九五年）である。批判もあるが、尹伊桑の音楽はその後、本能的な朝鮮精神を体現していると形容されるようになった。一方、新しい大衆音楽としては、一九世紀後半の賛美歌から派生し、欧米と日本の曲調を借用した唱歌《チャンガ》がある。日本から入ったトロットは、朝鮮の民族感情を反映するまでに成長した。

では以上のような新たな現象は、伝統的な朝鮮文化の栄光の一つである宮廷音楽の終焉を意味したのだろうか。幸いにもそれは否である。朝鮮雅楽は李王職雅楽部《イワンジクアアクプ》で生き続けた。絶滅を免れたのは、おそらく日本が自国の雅楽への敬意を保っていたためだろう。指揮者でコムンゴ演奏者でもある咸和鎭《ハムファジン》（一八八四－一九四九年）は、朝鮮音楽の研究に多大な貢献をし、その成果を四冊の本にまとめた。宮廷儀式の大半は廃止されたが、孔子廟や宗廟では依然として雅楽が演奏された。雅楽部《アアクプ》と呼ばれる王立音楽院の規模は大幅に縮小された。世襲は正式に廃止された。雅楽部には三〇名しかおらず、一九二二年から一九四五年の間に演奏者の募集は六回しか行われなかった。

雅楽部のレベルは低下したが、アメリカの技術協力によって、ビクターなどの日本のレコード会社は朝鮮伝統音楽のレコードを発売した。雅楽部は一九二八年にレコード「朝鮮雅楽」〔一九四二年版のタイトルは「雅楽精粋」〕を制作した。名唱李東伯《イドンベク》（一八七七－一九五〇年）のパンソリも録音された。一九三七年の「春香歌《チュニャンガ》」録音後に撮影された写真には、伝統衣装を身に着けた六名編成のグループが写っている。馬毛の帽子をかぶった丁貞烈《チョンジョンニョル》と、当時二〇歳の金素姫《キムソヒ》の二人は、世代間を橋渡しした。丁貞烈は、朝鮮が日本の保護国下にあった時分に、朝鮮初の西洋式劇場円覚社《ウォンガクサ》で演奏した男性歌手の一人であり、金素姫は後に韓国で最も愛された、卓越したパンソリと民謡の歌手となった。

朝鮮人には音楽の才がある。そして他民族と同じように、戦争や占領の時代には音楽が慰めにもなれば、抵抗心を高めるものにもなりうることを知っていた。ただし雅楽は異なった。その王政主義の伝統のために旧両班たちからは高く評価されたかもしれないが、大多数にとって雅楽はあまりに階級と結びついており、かつ難解なものだった。土着の民族音楽を器楽組曲である散調《サンジョ》として編曲したものすら、大衆には受け入れられなかった。

だが民謡は別だった。数多くの地方民謡が、農民や労働者の日々の仕事と社会生活を活性化した。日本は民謡が愛国主義と結びつくことを抑えつけようとしただろうが、朝鮮語を話さない日本の役人たちにはなす術がなかった。歌唱と地方の民謡はひじょうに人気があり、一九三五年には朝鮮声楽研究会が、一九三七年には朝鮮音楽舞踊研究会がそれぞれ結成された。尹伊桑は一九三五年に日本へ留学し、朝鮮民謡を外に持ち出した。日本は、伝統民俗舞踊の第一人者である韓成俊《ハンソンジュン》（一九四一年没）を称えすらした。

朝鮮の楽曲中で最も知られているアリランは、朝鮮王朝時代のものだ。一九三〇年代には、峠で別れた恋人たちの話、朝鮮王朝末期に故郷を後にして景福宮《キョンボックン》の再建に関わった労働者たちの話など、すでに多くのバリエーションが生まれていた。離れ離れになった悲しみのほかに、日本の植民地支配や一九五三年の朝鮮戦争休戦で失った故郷を悲嘆する、朝鮮人の嘆きも生まれた。ありふれた感情を表す心地よく軽快な音律から、朝鮮の民族主義のアイコンへとこの歌を変えたのは、一九二六年に羅雲奎《ナウンギュ》が無声映画の題名に「アリラン」を選んだことだった。それは朝鮮初の映画登場からわずか七年、初の長編映画「国境《クッキョン》」の完成から四年後のことだった。当局は「アリラン」の上映を禁じた。だが、羅雲奎の無声映画によって朝鮮映画産業への期待が膨らむと、日本の商業界は利益追求のため、「朝鮮の無声映画の黄金時代」（マイケル・ロビンソン）に資金提供を行うようになる。

一九二六年から一九三五年の間に公開された映画は一六〇本にも上った。映画「アリラン」

の主人公は、羅自身が演じたヨンジンである。三一運動の学生リーダーだが、警察に逮捕され、拷問によって気が狂ってしまう。家に帰る途上で、警察に通報した日本人地主を殺し、ヨンジンは再逮捕される。この映画の成功はひとえにその政治的メッセージのおかげだったが、その芸術的な質は高く、映画史の中で確固たる地位を得た。

文学

中国における一九一一年の王朝終焉は、文人文化と古典言語に不可避的に組み込まれていた排他性についての徹底的な反省を促した。一九一五年頃に始まった新文化運動の一環として、学者で外交官の胡適《こてき》は、口語を用いて文章を書くという西洋諸国の先進性を踏襲し、白話運動を開始した。白話運動が最終的に成功を収めたのは当然の帰結だったが、学者たちの反対が根強く、その動きはゆっくりとしたものになった。それが儒教規範の基盤を損なうものだったからだ。

これまで見てきたように、朝鮮の学者たちも古典を学び漢字使用に習熟していた。多くの学者たちは心よりの愛着からそれらに固執したのだが、この抵抗勢力は深くは定着しなかった。効率的な固有文字が存在し、朝鮮文学の文体が漢文の厳格な構文から隔絶したところで進化したからだ。このように、朝鮮の民族主義者たちが独自の新文化運動を開始したとき、説得力はさほどなかったものの少々異議にぶつかった。

こんにちの朝鮮人がいかにハングルの功績に対して誇りを抱いているかをみると、植民地支配勢力の日本が、できるだけそれを許容すべきだったのにしなかったことは驚くべきことだ。日本の朝鮮人留学生たちによる『創造《チャンジョ》』全九巻の創刊号は、一九一九年二月に発行された。一九二〇年初めの文化規制が比較的緩やかだった時期には、朝鮮の文学雑誌はハングルを使用できた。そのあからさまな民族主義を日本から咎められる恐れがあったので、処分を避けるためメソジスト宣教師の名で『白潮《ペクチョ》』が三巻まで発行された。

　文学革命はその数年前に始まった。一九〇七年に早稲田大学から朝鮮に戻った崔南善は、革新的な雑誌『少年』を創刊し、新体詩を紹介した。四・四調と賛美歌のような唱歌の、元気づけるような歌の内容は新鮮なものだった。若い世代の近代化と愛国的本能に訴えるような文体もしかりだった。金素月《キムソウォル》（一九〇三―三四年）の「つつじの花」と、一九一九年に独立宣言に署名した僧侶、韓龍雲《ハンヨンウン》（一八七九―一九四四年）の「ニムの沈黙」の二編の詩は、どこか切なく大衆の喪失感に呼応した。一九二〇年六月の『開闢』誌で李相和《イサンファ》（一九〇〇―四三年）が発表した詩は、「いまは他人の土地――奪われた野にも春は来るか」と始まる、大胆なものだった。

　作家たちも詩人に後れを取ってはいなかった。李人稙《イインシク》（一八六二―一九一六年）と李海朝《イヘジョ》（一八六九―一九二七年）は、古い説話を一般の人々が理解できる言葉で書き直し、一九〇八年から一九一〇年の間にソウルの円覚社でそのいくつかを上演した。だが植民地期の抑圧が深まるにつれ、作家たちは英知と批判力を研ぎ澄ました。そしてそれらを朝鮮の衰退と日本の抑圧に反発するために用い、同時代のリアリズム小説と歴史小説の中に民族主義の新たな領域を見出していった。

　多作で知られる李光洙の「女の一生」と「端宗《タンジョン》哀史」。一九二八年から一九三九年にかけて

『朝鮮日報』に連載された、洪命憙《ホンミョンヒ》（一八八八－一九六八年）の『林巨正《イムコッチョン》』。この作品は中国の叙事詩「水滸伝」に倣って、上流階級の題材から離れて庶民の英雄である義賊、林巨正を描いた斬新な物語である。廉想渉《ヨムサンソプ》（一八九七－一九六三年）の小説『三代《サムデ》』が激しい非難を受けなかったのは幸運だった。一九二一年に『朝鮮日報』で連載が始まったこの小説は、日本の支配下でソウルの一般の人々が経験した抑圧を赤裸々に描写したものだ。

対立を避け、ただ書くためだけに書くことを望んだ作家たちも当然ながらいた。その一人が悲劇の詩人李箱《イサン》（一九一〇－三七年）である。この時代への嫌悪感から、李箱はごく退廃的な行動を取った。妻が売春をして稼いだ収入で生活する男を描いた半自伝的小説「翼《ナルゲ》」を発表したかれは、強いイデオロギー色を持たず、短命に終わった作家グループ九人会《クインフェ》（一九三三－三七年）結成メンバーの一人だった。文学が階級闘争を推し進める手段だと主張するラディカルな作家たちは、朝鮮プロレタリア芸術家同盟を結成した。一九三五年に日本が同会を解散するまでの一〇年間に、二〇〇名のメンバーを擁したといわれる。その中には、韓雪野《ハンソリャ》（一九〇〇年）のように後の朝鮮民主主義人民共和国で活発に文化活動を行った者もいた。戦時という環境は、いやがおうにも悲しみや怒りの表現を増大させた。獄死した詩人の李陸史《イユクサ》（一九〇四－四四年）と尹東柱《ユンドンジュ》（一九一七－四五年）は、その民族主義を曲げることなく象徴的な言葉の形で表したために犠牲となった。

圧迫される朝鮮人たち――英雄と悪者

精神と知性は逆境の中で栄え、芸術性は抑圧に対して独創性とともに応答する。文化ナショナリストたちは、斎藤実総督が文化統治で部分的に開いた扉から、朝鮮の明るい未来へとつながる通路を垣間見た。その後、宇垣、南の両総督がその扉をバタンと閉める前に、人々は危険を冒して何歩か歩を進めていた。そこで、日本の支配からも両班文化からも自由で、アジア文化がいかに西洋文明に屈従することなく、そこから恩恵を引き出しえるかという難問に、幸福にもまだ気づいていない世界――これは後に黄用燁《ファンヨンヨプ》（一九三一年生）の絵画で知られるようになる――を見出した。とはいえ両班文化の根っこは伝統的な朝鮮社会に広く深く張り巡らされており、すぐに掘り返されることはなかった。それらのうち、儒教が偏愛する勧善懲悪の図式の維持は民族精神に深く根差していたし、いまでも根差している。

一九二六年四月二五日に純宗が死去したことで、朝鮮人たちは王も軍部も存在しないという状況に歴史上初めておかれた。かれらがいなければ、いったい誰にインスピレーションと指導を求めるべきなのか？　外国の占領期には英雄と悪者に不足することはない。だが、現代または近年の代弁者《チャンピオン》たちばかりでなく、なんと最古の朝鮮の建国者たちもまた、日本による朝鮮との民族的政治的関係についての主張に対抗するために甦らされた。箕子が中国から朝鮮半島へと文明を広め、また広開土王《クァンゲトワン》の碑が初期日本による統治を証明したとの主張に対し、申采浩《シンチェホ》と崔南善は最初の王朝の創始者として檀君の歴史性を語り、初期国家の形成においては中国よりも衛満《ウィマン》朝鮮が重要であるとした。この二人は「朝鮮民族主義」概念の起源とされている。かれらは、階層制度の下位の地位に甘んじた儒教文化主義といった、両班的な思考はしなかった。

社会進化論者の申采浩の主張は、儒教文化が土着の朝鮮の主導権と価値観とを骨抜きにしてしまったというものだ。乙支文徳《ウルチムンドク》は偉大な英雄ではあったが、中国の援助に依存していた新羅は中華思想の腐食を助長した、民衆主義《ポピュリズム》はナショナリズムに帰属させられるべきだ、というのが申の主な主張だ。アナーキストの申采浩は、一九二三年に「朝鮮革命宣言」〔義烈団宣言〕を書いたが、後の政治的な意味での「民衆《ミンジュン》」という用語を初めて使用したとされる。植民地期には「民族主義《ミンジョクチュウィ》」は反日感情の源泉だった。そして、その往年の失地回復主義者によるマンチュリアの領土についての主張や、神の介在による国家創造という奇妙な物語は、朝鮮外からの評価はともかく、現代においても朝鮮統一を求める基盤となり続けている。

だが人々は、自らを導いてくれる英雄と悪者を必要とする。一九四五年の解放直後、群衆たちは、朝鮮に帰還した李承晩を、主権の未来と期待するものへ導く者として歓迎すると同時に、親日派つまり過去の対日協力者たちへの攻撃を始めた。感情主義が噴出する中、「親日派」を批判する者たちが明確な親日派の定義を持っていたか否かについての議論は、現在まで続いている。善悪の境界線があいまいなこともあり、個人の動機や行動の解釈は、後から判断するという利点をもってしても不明なことがある。

安重根《アンジュングン》は、韓国の国立戦争記念館で受勲した殉国者のうちで最も古い人々の一人だ。一九〇九年一〇月二六日に伊藤博文を暗殺し、従弟の安明根〔寺内総督の暗殺未遂事件に関与したとして一〇五人事件で逮捕された〕にも影響を与えた。

他のナショナリストたちの抗議行動は、ここまで劇的なものではなかった。一八七三〜一九三五年の李東輝《イドンフィ》の履歴書は、抗日活動の業績としては非の打ちどころがないものだった。新民会メンバーで、一九〇七年まで江華島《カンファド》の駐屯隊隊長だった李東輝は、間島に避難して義兵の援助を行う以前に二度投獄されている。一九一八年にはハバロフスクで韓人社会党を創設し、抗日工作員を朝鮮に送った。その後上海に移って大韓民国臨時政府の国務総理に就任後、高麗共産党を設立した。一九二〇年に間島で起きた反日闘争の背後には、同党のパルチザンたちがいた。李東輝自身はまもなくソ連に戻り、ウラジオストクで残りの人生を送った。

安昌浩《アンチャンホ》（一八七八－一九三八年）の経歴は、李東輝のそれとさして変わらなかった。かれは新民会の創設メンバーで、二年かけて世界各地を訪れ、海外同胞に併合反対を訴えた。一九一九年には上海の臨時政府にも参加したが、すぐに内部での諍いにうんざりしてソウルに戻った。一九二五年にアメリカに戻り、その翌年にはマンチュリアで義兵たちとともに戦い、一九二八年に上海で日本当局に逮捕された。そこから朝鮮に戻って余生をほぼ刑務所で過ごした。

解放後すぐの朝鮮人同士の権力闘争期、朝鮮の政治活動家たちは日本のように実行部隊を駆使するのではなく、ギャングさながらの殺人劇を繰り広げた。呂運亨《ヨウニョン》（一八八五－一九四七年）と金九（一八七六－一九四九年）は、暴漢に襲われて死んだ愛国者たちだ。両者とも李東輝や安昌浩と同じく臨時政府の初期メンバーだった。

呂運亨は上海から朝鮮に帰国して三年間刑務所で服役し、釈放後に『朝鮮中央日報』編集を行った穏健派の左翼だった。解放後は朝鮮政界全体をまとめようと尽力したが、一九四七年七月、金九が差し向けたとみられる刺客により殺害された。

金九は東学にいた青年時代からの根気強い独立闘士だった。閔妃《ミンビ》殺害の復讐のため日本人将校を殺害したとして、死刑判決を受けもした。伊藤博文の殺人にも関係しており、一九一二年の一〇五人事件でも投獄された。一九二六年に大韓民国臨時政府幹部となり、上海で反日テロ運動を扇動、その後自ら韓人愛国団を組織し、一九四〇年には臨時政府を重慶に移して一九四四年に主席を務めた。そして一九四五年、中道右派の実績ある英雄としてソウルに帰還した。だがその地にはかれ自身の破滅の種が撒かれていた。一九四八年に南北統一のために努力をするもそれに失敗した。その後金九は、ライバル李承晩が作った政府の要職に就くことができなかった。金九をかれの自宅で銃殺した安斗熙《アンドゥヒ》は、李承晩の放った刺客だった。暴力の影で人生を歩んだ者にとって、因果応報だったといえよう。

かれらとは対照的に、名声がいかなる暴力とも無関係だった英雄は、金メダルを獲得したマラソン選手の孫基禎である。一九一二年生まれで、明治大学を卒業した人物である。孫基禎はベルリンオリンピックで日本名ソンキテイの名で出場することを余儀なくされたが、会場で書類に記入する際には本名を使った。そしてサインとともに朝鮮の地図を描いた。解放後、かれの写真は愛国主義の象徴として使われ、一九八八年のソウルオリンピックの開会式では聖火ランナーとしてスタジアムに入場した。

抵抗運動で名高い李東輝、安昌浩、呂運亨、金九らは、マンチュリア、中国、極東ソビエト、北米、さらには日本にまで移住した人物たちだが、これをどう考えるべきだろうか。一九四四年には、三五〇万人の朝鮮人が海外に住んでいた。祖国と同胞を置いて逃げたことを批判する者もいる。かれらは本当に反朝鮮的行為をしたと非難されなくてはならないのか。あるいは海外にいたからこそ国のために奉仕しえたのか。李承晩は一八九六年の独立協会の創立者で、併合後に短期間刑務所に入り、上海の臨時政府では不在のまま大統領に選出されたという華々しい経歴を誇ったが、その人生のほとんどを米国で過ごした。

李承晩の強烈な右派ナショナリズムは米国連邦議会でもよく知られており、一九四五年に朝鮮地域を運営するにあたり、米国は逡巡したものの、李承晩に手伝わせるのが最も有益だと判断した。その後、かれは一五年も経たないうちに英雄から悪者へと変身し、大統領の職を追われた。現在に至るまで李承晩はひじょうに悪評を持つ人物である〔政治的評価が予測できるものかについては誰にも分からないものだが〕。

一九六三年から一九七九年にかけての朴正煕大統領への人々の憎悪は、その対抗勢力への無慈悲な弾圧と、第二次世界大戦中の親日的行為からきている。軍事独裁に続く一九八八年以降の民主主義の出現後、朴正煕《パクチョンヒ》の復権は不可能なようにみえた。しかし、かれが腐敗によって私腹を肥やしたことを非難する者はおらず、二〇〇四年に韓国が財政スキャンダルの泥沼に陥ると、朴正煕の経済政策の成功とその愛国心への感謝が説かれ、朴正煕の娘がハンナラ党の議長に選ばれた〔朴槿恵《パククネ》は二〇一三年に第一八代大統領に就任したが、二〇一七年に大統領弾劾によって任期半ばで辞任〕。歴史修正主義の観点からすれば、これは近代朝鮮の歴史における親日派といういわゆる悪者の行為とその動機を評価、あるいは再評価するための、脱構築主義的〔著者は相対主義の意でこの表現を用いている〕な取り組みだといえる。旧両班の多くは、それが意図的な対日協力によるものか否かにかかわらず植民地支配下で快適に過ごした。二〇〇二年秋の「近代韓国史における過去清算問題」と題された『コリア・ジャーナル（*Korea Journal*）』をみると、この議論が全く清算されていないことが分かる。

二〇〇四年八月に盧武鉉《ノムヒョン》大統領は、植民地期の親日反民族行為と一九八七年以前の韓国政府による人権侵害を調査するための委員会設立を発表した。中国の文化大革命で使われた身も凍るような言葉〔反撃右傾翻案風〕のように、以前の評価が逆転する可能性はまだある。善は過去の栄光にしがみつくことはできない。そして悪は、いまも理解を求めているのかもしれない。

尹致昊は八一歳で毒をあおって死んだ。その後長い間、人々は尹の初期のナショナリストとしての経歴を否定し、かれを裏切り者とみなした。尹致昊は人を無能にしてしまう中国と儒教の影響を拒絶し、日本の近代性と決断に感銘を受け、西洋文明の進歩をキリスト教と結びつけた。かれ自身、敬虔なキリスト教徒だった。自国の後進性を憎み恥じていた尹は、米国との愛憎関係を続けることになる。米国で学んで多くの友人を作ったのだった。かれは一〇五人事件の再審後、四年間の刑務所生活に耐えた。とりわけ内鮮一体政策下で徐々に日本の弾圧が激しくなると、尹致昊は「戦う被植民者」（クーン・デ・ケステール Koen de Ceuster）となり、もし真の意味で同化が実現するなら、朝鮮と日本相互の譲歩が必要だと記した。穏健派ナショナリストという、誤解を招きがちで不正確な名前が尹致昊に付された。

現在このように分類されている人々は、穏健派だという理由によって、そのナショナリズムをないがしろにされるべきではない。実際のところは、ラディカル・ナショナリストとは対照的に、穏健派はただ朝鮮独立の回復を長い目で見ていただけだったのだ。朝鮮への日本の締めつけが強すぎて直ちに日本を追い出すことができないことを認め、その中で生き延びる術と漸次的な変化を追求したのだ。つまり日本のプレゼンスを受け入れ、やむを得ない状況の中、朝鮮をより良くするために日本人に協力するということだったのだ。だが、ラディカルなナショナリストや、一九四五年以後の審判を急いで下そうとする人々にとって、穏健派は異端者だった。

李光洙、崔南善ら、朝鮮で最も重要な文化人たちは批判を受けたが、それを訂正するのには数十年もかかった。どう少なく見積もっても、この二人は対日協力者という悪口ではなく、「自強」の手段としての近代口語文学を朝鮮に紹介したことにより称賛されるに値する人物たちだ（崔南善は伝統的な詩形式の時調《シジョ》を近代的文体と概念に発展させ、朝鮮人の民族意識を破壊しようとした日本を前に、朝鮮性の表現としてこれを高みに引き上げた）。

政治的偏見によって評価を減じられた文化人は他にもいる。「近代朝鮮で最も優れた詩人」（リチャード・リュット Richard Rutt）、鄭芝溶《チョンジヨン》（一九〇二－五〇年）である。かれの作品は一九五〇年から一九八八年まで韓国で禁止されていた。作曲家の尹伊桑は植民地期に日本人に拷問されたが、朝鮮戦争中に朝鮮民主主義人民共和国軍に捕らえられ対日協力者として裁判にかけられた。金殷鎬や李象範といった優れた画家たちは、作品が美展で展示されたことを批判された。

また、全鎣弼、金性洙ら地主や大物実業家は、敵である日本と協力して巨額の利益を得たとして批判された。澗松《カンソン》美術館の訪問者たちは、多くの貴重な芸術作品が日本の「祖国」へ流出するのを防いでくれたことに感謝し、全鎣弼の「過去の過ち」を大目に見るかもしれない。金性洙については、かれがその設立に関わった『東亜日報』で大胆にも述べた主張〔金性洙が主筆を務めた創刊当初の社是は、民族主義、民主主義、文化主義だった〕と、普成専門学校の博物館と図書館の設立が、その真の立場を雄弁に物語っている。

一線を越えてしまって復権が不可能とみられるのは、一九〇五年に保護条約を受け入れた七名の裏切り者といわれる人々だ。参政大臣〔首相〕の韓圭卨《ハンキュソル》以下、学部、軍部、法部、内部、農商工部、度支部〔財務〕大臣である〔韓国と日本では、一九〇五年の第二次日韓協約における「乙巳五賊」として、上記のうち、参政大臣の職を追われた韓圭卨、法部大臣、度支部大臣を除く五名の大臣を指すことが多い〕。

学部大臣だった李完用は、一九〇七年の第三次日韓協約にも同意し、その後一九一〇年まで内閣総理大臣を務め、同年の併合条約に署名したことから、「売国奴」という撤回されることのない名がつけられた。李完用はその後、朝鮮総督府中枢院副議長となり、一九二〇年代には朝鮮で最も裕福な人の一人となった。近年、李完用の伝記を著したユン・ドクハンは、「私利のために現状を受け入れた、まさに無気力で意志の弱い知識人であり機会主義者の姿」とかれを描写している。李完用は裏切り者だったのか、それともかれ自身が主張したように事大主義型のナショナリストだったのだろうか。李完用は一八九六年の反日政権で外部大臣になり、独立協会の長も務めた。

他の人はともかく、孟子なら李完用の自己防衛の正当化を認めたことだろう。だが朝鮮の歴史を通じて中国、日本、欧米のいずれであれ「偉大な者に仕える〔事大〕」ことが、長期的な国益を促すことと相容れないものではないと議論するか、経験的に主張する人々は存在した。新羅が中国を称え、自信のある相対的に自立した立場から中国を模倣することと、後の時代に政治的な便宜主義としばしば表現されるようなものを区別することはできるだろうか。

実学を擁護する人々にとって、事大はどのような意味を持っていたのだろうか。高宗と開化派の指導者たちの政策は、事大の近代版だったのだろうか。日本の植民地主義者との協力は、日本文化の称賛すべき特徴を認めつつ、朝鮮を守るために近代的に解釈したものとして弁明できるものだったのか。世界における植民地化の過程とは、強者にやむを得ないおべっかを使うことで生き延びて学び、成長する、弱者の事例しかないのだろうか。朝鮮解放後に暗躍したような暗殺者たちが法を我がものにするのは、それはときに政府が原則を守ることよりも政治的利益を重視するからだ。

一九四八年九月、李承晩政権は親日派の逮捕につながる法律〔反民族行為処罰法〕を急いで可決したが、直ちに撤回された〔公訴時効の短縮で四九年に機能停止になった〕。これは裏切り行為の証拠がいかに繊細な問題かを表している。日本の場合、戦争犯罪者として裁判にかけられた日本人はごくわずかだった。ダグラス・マッカーサー将軍率いる米国が、太平洋へと拡大するソ連の脅威の防波堤として、早急に日本を復活させる必要があったからだ。しかし、サイモン・ヴィーゼンタール・センターのナチス党員追及者たちのように、決して諦めない朝鮮人たちもいる。そして二一世紀初め、韓国の民族精気議員の会は、植民地期の親日派七〇八名の予備リストを発表した。いまだ晴らされていない恨みが積もっているのだろう。

Picture Essay 25　ソウルの旧朝鮮総督府庁舎

日本の政策は、朝鮮の近い過去の歴史への郷愁を根絶やしにし、旧式で非効率的かつ迷信的なものから脱却させるというものだった。景福宮《キョンボックン》内のいくつもの建物は、朝鮮王朝《チョソン》時代の遺産を象徴的に洗い流すように破壊され、その前に立っていた光化門は撤去された。

新しいネオ・ルネサンス式の総督府の建物は、ドイツの建築家ゲオルグ・デ・ラランデ(George de Lalande)から日本人建築家が引き継いで建てられた。その建物は、正殿である勤政殿の目の前に挑発するかのように建設されたが、これにより勤政殿を不可視化させるばかりでなく、北漢山《プッカンサン》から南山《ナムサン》へと向かう南北幹線道路、光化門通り〔いまの世宗路〕の風水エネルギーの流れを断絶した。

一九一五年着工、一九二六年完成の総督府の建物は見事な大建造物だった(ソウル駅、市庁、中央郵便局など、日本がその新しい領土に建設したものも同様に素晴らしかったが、朝鮮人の多くは伝統的な一階建ての藁葺きの建物に愛着を抱いており、それらを歓迎しなかった)。白い大理石の大ホールが巨大で壮大な玄関を飾った。その湾曲した天井はコリント式の柱で支えられ、ヨーロッパで修行した美術家の和田三造(一八八三－一九六八年)の壁画〔「羽衣」〕で飾られた。長い廊下には、タイルと鋳造されたレリーフが施されていた。幅の広い階段が二階につながり、ステンドグラスのドームで覆われた。地下には警察が使用した尋問と拷問用の部屋があった。

一九四五年の植民地解放と朝鮮分断後、この建物は米軍政庁によって接収され、非公式のキャピタルホール〔議事堂〕として使われた。一九六二年になってから韓国政府が中央

旧朝鮮総督府庁舎

庁として使用するようになったが、民族主義が高まり、日本に起源を持つこの建物は不適切なものと考えられた。そして一九八六年に、しぶしぶとではあるが国立中央博物館として生まれ変わることになった。そのうちにまた、博物館専用の建物が必要だと考えられ、朝鮮における最も優れた現代建築物の一つである総督府の建物は〔解放五〇年後の一九九五年八月一五日に〕取り壊された。

一九三〇年代には、「鮮展」に出展して日本人審査員から認められた朝鮮人画家の数は増えていった。これらの画家は対日協力をしたのだろうか。それとも民族感情の表現に目覚めたのだろうか？

朝鮮の伝統的な絵の具よりも明るくて多様な、日本の美術学校で好んで使われていた絵の具を使った画家がいた一方で、鄭歓《チョンソン》の「真景」を思わせるような、朝鮮の風景、地勢、衣服にまつわる色を使った画家もいた。後者にみられる「地方色」について、後の批評家たちは美術の西洋化への解毒剤として評価したり、日本に追従した「汎アジア主義」の一種だと論じたりした。その主題や様式は時代遅れのものだったかもしれないが、「地方色」は、二〇世紀末まで続くことになる朝鮮芸術の定義をめぐって高まった論争の一つであった。

「日本人の多くにとっての朝鮮のイメージは、近代化の兆候の見当たらない、荒涼とした牧歌的な風景だ」（金英那《キムヨンナ》 Kim Youngna）という批評は、植民者側による朝鮮の軽視を甘受するものというよりは、後進的な地方＝「外地」に対する中心＝「内地」の近代的優越性を指摘したものである。

金英那によれば、この時代で最も成功した画家は李仁星《イインソン》（一九一二－五〇年）である。日本の人々は、一九三四年作の「秋のある日」の胸をはだけた裸の農婦を見て、禁断の果実の地としての朝鮮のイメージを固めたことだろう。他方、朝鮮人は農婦の顔に不敵な表情を認め、かのじょと女児が立っている畑の朝鮮特有の赤土が、異常なほどに肥沃だという楽観的表現に気づいたかもしれない。

李仁星「秋のある日」、1943年、油彩、96×162センチメートル

第8章　分断と戦争（一九四五–五三年）

——再びの分裂

解放後朝鮮に対する連合国の戦略の欠如と、国際連合の無理解や対応の失敗は、冷戦世界に沿って分断された国を生み出した。一九五〇年には激しい戦争が起こり、朝鮮は破滅し、世界を核危機の寸前にまで追い込んだ。

解放の蜃気楼

平和の到来と待ち望んだ解放は期待外れに終わることがある。パリの人々は一九四四年八月に、ナチスの占領者たちが出ていくのを通りで小躍りしながら見ていたが、じきにわずかな食糧や、栄誉に異議を唱えられるなど、あらゆることをめぐって争いはじめた。一九四五年に夜間爆撃から解放されたロンドンの人々は、爆撃によって生まれた仲間意識が消えてしまったことを惜しんだ。

同じ年の夏、朝鮮人たちはそれよりも悪い経験をすることになった。実際それは酷いものだった。約四〇年にわたる占領と抑圧、生存のための苦闘に苛まれていた朝鮮人たちは、八月一四日〔朝鮮時間の一五日〕に突然訪れた大日本帝国崩壊以後の準備ができていなかった。混乱と社会の分裂により、すぐに混沌状態に陥る危機に瀕した。李舜臣《イスンシン》の母の実家のある忠清北道牙山では、大急ぎで李舜臣を祀ろうとした。だが、百万人といわれる日本在住の朝鮮人たちが、滅ぼし尽くされた朝鮮に帰還しようと押し寄せ、やり場のない落胆にかられた。解放による高揚は、画家の朴栖甫《パクソボ》のいう「絶望と悲惨の時代、まったくの絶望の時」へと瞬時に変わり、対日協力を疑われた人々に対する厳しい報復が始まった。

政治的にみれば、既成の計画がなかったことも悲惨なことだった。日本の降伏があまりに急だったため、ソ連軍の朝鮮民主主義人民共和国への素早い侵入が全土へと及ぶのを防ごうと、米国は米ソの管轄の境界を明示するために分割線を編み出すことになった。一時しのぎの措置として、八月一四日の夜にワシントンで急遽考えられ、『ナショナル・ジオグラフィック』誌の地図に基づいて三八度線が選ばれた。二月のヤルタ合意では、朝鮮の地に外国軍が永久に駐留することはないと明記されたが、迅速な行動が求められていたため長期的な影響を考慮する時間はなかった。

ジョン・R・ホッジ中将と第二四師団は、九月八日〔朝鮮時間の九日〕に沖縄から仁川《インチョン》に上陸

主な出来事（一九四五年二月〜五〇年五月）　＊日時は原文のまま、〔　〕内は朝鮮時間

一九四五年

二月三－一一日　ヤルタ会議〔出席者はチャーチル、ローズヴェルト、スターリン〕
七月一六日－八月二日　ポツダム会議〔チャーチル、トルーマン、スターリン〕
八月八日　ソ連参戦
八月一四日　日本が無条件降伏を発表
〔朝鮮時間一五日〕
九月六日　朝鮮人民共和国が宣言される
一二月二七日　米英ソ三国外相会議でモスクワ宣言発表
〔二八日〕

一九四六年

九月二三日　南朝鮮でゼネスト起きる
一〇月一日　秋の収穫蜂起〔大邱《テグ》蜂起／大邱一〇月抗争〕が起きる

一九四七年

三月〔一二日〕　トルーマン・ドクトリン発表。欧州における冷戦開始を宣言
一一月五日　国連総会で臨時朝鮮委員団（ＵＮＴＣＯＫ）創設を承認〔南朝鮮での単独選挙を事実上認める〕

一九四八年

四月三日　済州島四・三蜂起が起きる
五月一〇日　大韓民国建国のための南朝鮮での選挙実施
八月二五日　朝鮮民主主義人民共和国建国のための北朝鮮での選挙実施
一〇月一八日　麗水《ヨス》・順天《スンチョン》蜂起の発生
〔一九日〕
一二月一二日　国連、韓国を朝鮮唯一の合法政府として承認

一二月一日　韓国で国家保安法成立
一二月　国連臨時朝鮮委員団から「臨時」が外され国連朝鮮委員団（UNCOK）になる。
一二月二六日　ソ連軍、共和国から撤収完了

一九四九年

二月二六日　韓国から米軍撤収

三月五日　金日成、モスクワを訪問しスターリンと会談

一九四九－五〇年

一二月－二月　毛沢東、モスクワを訪問。中ソ友好同盟相互援助条約調印

一九五〇年

一月一二日　米国防長官のディーン・アチソン国務長官による「アチソン・ライン」発言（中国革命の不干渉と朝鮮、台湾の放棄を示唆）
三月〔三〇日〕　金日成、モスクワを秘密裡に訪問
五月〔三〇日〕　金日成、北京を訪問し毛沢東と会談
五月三〇日　韓国で総選挙実施

した。ピョンヤンの人々もソウルの人々も、夢見ていた自由の代わりに、通りを行進する外国軍の軍靴の音にまたもや気づいた。今回やってきたのはソ連と米国だった。

「朝鮮人は、日本人のように猫みたいな民族だ」と発言したとして悪評高いホッジは、朝鮮の事実上の支配者として直ちに配置された。何らの政治的な訓練も受けておらず、この地域の知識もなければ支配願望すらなかった。ホッジがまず行ったのは、信託統治の実施を待つ米軍政庁の設立だった。これは一九四三年のテヘラン会議で合意されたもので、米国の影響力を太平洋全域に及ばせるという、晩年のローズヴェルト大統領が第二次世界大戦後の世界について抱

いていた展望の一端だった。それは、旧植民地諸国においては解放されてすぐには完全独立を遂げる準備が整っていないため、当分の間、後見を必要とするという前提に基づいていた。その期間は不確定とされた。

だが朝鮮人自身の考えは異なっていた。急ごしらえの朝鮮建国準備委員会は、後に朝鮮勤労人民党党首となる呂運亨《ヨウニョン》が率いていた。ホッジ南朝鮮駐屯米軍司令官は、米軍政庁と連携した臨時韓国行政府の設立を検討していたが、呂運亨を説得できなかった。建国準備委員会は、許《ホ》憲《ホン》を国務総理とした朝鮮人民共和国をすでに宣言していた。朝鮮人民共和国は、地方の秩序を守り、旧日本人所有地の朝鮮人農民への再配分を監督するため、人民委員会にその権限を委任した。だが、ホッジは人民共和国による統一戦線を作ると明言したにもかかわらず、このような左派の動きを信用しなかった。

一〇月には、マッカーサー将軍が手配した飛行機で李《イ》承晩《スンマン》が朝鮮に帰国した。李承晩は上海の大韓民国臨時政府の元大統領だが、一九二五年に弾劾されて排除されており、その存在には疑問符がつけられた。すでに米国政府は李承晩の性格を知悉しており、その極右ナショナリズムに嫌気がさしていた。長い間、統一朝鮮を率いることを夢見ていた李承晩は、これをかれにとっておそらく最善で最後の好機と捉えた。米国の行政官たちはかれが邪悪な人物であると明確に判断し、その強情な性向を抑えられるか心配したが、やむなく共同作業を行った。

ソビエトは呂運亨と許憲の左翼的傾向に賛同し、北朝鮮で人民委員会を承認した。クリスチャンのナショナリストで、〔ソビエト民政部と協力関係にあった〕曺晩植《チョマンシク》（一八八二－一九五〇年）が、以北五道行政局の委員長に据えられた。人工的な分割線、左右の指導者による南北各権力の掌握は、朝鮮の現状を反映したものでは全くなかった。北部よりも南部の方が共産主義者が多く、北部には南部の二倍の数のクリスチャンがおり、文化人はばらばらに散らばっていた。

だがその状況はすぐに調整された。北部ではキリスト教徒の迫害が激しくなっていき、南に向かう六五万人の避難民の中にはクリスチャンが多く含まれた。長老派の平信徒で、人気の高かった曺晩植も逮捕された。ピョンヤンはその代わりに、南部の社会主義者たちを引きつけた。一九四五年九月にソウルで朝鮮共産党を再編した朴憲永《パクホニョン》（一九五一年死亡）は、一九四六年九月にピョンヤンへ逃げた。

金日成《キムイルソン》（一九一二―九四年）は、抗日運動指導者として人もうらやむ名前とともに、マンチュリアの奥深くから現れた。金日成は、「中国とソ連という二つの共産軍に加わりながらも、愛国心と朝鮮の同志たちへの忠誠を保ち続けた数少ない朝鮮人の一人」（ブルース・カミングス Bruce Cumings）である。一九四六年七月、金日成と朴憲永はモスクワを訪問した。スターリンは金日成を指導者として、朴憲永を副指導者として承認した。しかし後年、金日成がしきりに南への侵略を主張するようになると、老いて体調も優れなかったスターリンは、米国の李承晩に対する見方と同じように、左派ナショナリズムが強すぎる金日成を扱いにくいと考えるようになった。

このような不安定な政治的状況の中で、何が起きているかを見極めるのは難しかった。ソウルで朝鮮人民共和国は、重慶から帰国した大韓民国臨時政府との協力を目指していた。李承晩が大統領に、呂運亨が副大統領になる予定だったが、李承晩に続いて一一月に金九《キムグ》と金奎植《キムギュシク》（一八八一―一九五〇年）が帰国した際、許憲はかれらの協力を得ることができなかった。朝鮮半島全体が共産主義者に支配されるのを何としても避けたかった米国は、金性洙《キムソンス》らが九月に結党したばかりのさらに右寄りの韓国民主党の支持に傾いた。だが、かつて協力関係にあった金奎植以外には、ホッジが国政にあたらせられる人材を見つけられなかったので、米軍政庁は助言を得るために元独立闘士の徐載弼《ソジェピル》を米国から連れてきた。

米軍政庁は朝鮮人民委員会を認めないどころか、不可欠な官公庁業務を維持するために日本人官僚を再任し、さらには新たな準軍事組織である韓国憲兵の核として日本統治期の警官を再任しさえもした。軍政庁は左右双方が引き起こす問題に対処せねばならず、多くの独立運動家を投獄するなど過度に反応した。朝鮮人同士での対立により、呂運亨は一九四七年七月一八日に（金九の指令）、金九は一九四九年八月二六日（おそらく李承晩の指令）でそれぞれ暗殺された。

一九四八年一二月のモスクワ協定により、米ソ共同委員会が設立された。全朝鮮を網羅する暫定政府が設置されるまでの間、朝鮮の政党や社会組織と協議し、米国、ソ連、英国、中国の監督下で信託統治を行うというものだった。これが発表されるや朝鮮中に怒りが巻き起こり、委員会は無力化した。両陣営の不一致もあまりに大きく、一九四六年一月と一九四七年五月の二回しか会談は行われなかった。その二回目の会談で効果なしと見たアメリカは、国連への支援を求めた。国連は選挙を監督するため、臨時朝鮮委員会を設立した。九か国から集まった顧問チームが一九四八年一月一四日にソウル入りしたが、ソ連の拒否により北側には入れなかった。

米国による朝鮮半島南半部のみでの選挙の提案は、朝鮮委員会自体と朝鮮人たちの反対を覆して国連総会の臨時朝鮮委員会に提出され、承認された。このようにして一九四八年五月一〇日、朝鮮で初めてとなる選挙が行われた。三二三人の死者と何千人もの左派人士の逮捕、さらに大勢の人々の選挙資格剝奪、李承晩の政敵たちの棄権があったが、結果は一九八議席のうち無所属が八三議席、李承晩の大韓独立促成国民会議は五四議席を獲得した。一〇〇議席は北朝鮮のために空けられていた。

このような状況だったにもかかわらず国連はこの議会を正統な政府と認め、李承晩が大統領に選出された。このようにして大韓民国（韓国）が正式に誕生した。一八九七年建国の大韓帝国を思い起こさせる名前の使用により、正統性を確保しようとしたのだった。これに負けじと、共産主義者たちも独自の選挙を行った。南北双方の選挙民のために最高人民会議の議席五七二議席を埋め、檀君《タングン》、高句麗《コグリョ》、抗日運動の地であるマンチュリアの中心地帯への近さを正統性の根拠として、一九四八年九月九日に朝鮮民主主義人民共和国を樹立した。国連による統一政府樹立の道は行き詰まり、ナショナリズムを強調しすぎた人々は北では反革命家分子として、南では共産主義者として批判された。

復興を成し遂げつつあることを示さねばならなかったので、ソウルの朝鮮総督府博物館は国立博物館と改称され、旧国会議事堂で一九四五年九月に一般公開された。一方ピョンヤンでは朝鮮中央歴史博物館が設立された。このような明るいニュースは歓迎されたが、その実例はごく少なかった。

一九四五年冬から四六年初めにかけての北朝鮮からの避難民、および日本からの帰還者の流入により、南部の食糧不足と失業は悪化した。くすぶる不満は、腐敗、地主制度、抑圧的な取り締まりによって油を注がれ、一九四六年の秋に全面的なストライキと広範な農民の反乱という形で爆発した。米軍政庁はこれを共産主義者が扇動し、ソ連の支援を受けたものと非難した。

米軍と嫌われ者の韓国警察は、抗議運動を容赦無く弾圧した。右派の権限が強化されたために人民委員会も弾圧された。この暴力的弾圧に関わった警察官の一人に、貧農の息子で一九四〇年代初頭に新京（長春）、マンチュリア、東京の日本軍士官学校に通った優秀な学生がいた。朴正熙である。

この「秋の収穫蜂起」〔大邱蜂起／大邱一〇月抗争〕の弾圧では共産主義の残り火を消すことができず、一九四八年四月に済州島《チェジュド》で再び爆発した（済州四・三蜂起）。その反乱は一年間荒れ狂った。米国の鎮圧命令に従った韓国軍によって一六〇以上の村が破壊され、島の人口の三分の一にあたる三万人もの農民が死亡したといわれる。李承晩の第一四連隊の兵士たちは済州島への出動命令に反旗を翻し、全羅南道の麗水《ヨス》と順天《スンチョン》周辺で蜂起を煽った。光州から鎮圧のために派遣された第四連隊が到着するまでに何千人もの人々が死に、その後数千人の反政府勢力が逮捕され、再教育収容所に送られた。

このとき第四連隊に叛いて勾留された朴正熙は、連隊の仲間に不利な証言をしてかれらを裏切った。それ以前と以後の経歴からは奇妙に見えるかもしれないが、朴正熙《パクチョンヒ》がもと共産党員だったという話はずっとついて回った。大統領時代の朴正熙の極端な反共産主義は、おのれの初期の足跡を覆い隠そうとしたためだ、にわか心理学者たちはこう考えたがるが、いずれの疑惑にも証拠はない。

解放からほぼ五年間、政治情勢は混乱状態にあった。食糧不足に激しいインフレ、三八度線をはさんで対峙する両陣営の境界線上の争いはピリピリしたものだった。誰が、そして何がこの状態から救い出してくれるのだろうか。詩人の徐廷柱《ソジョンジュ》（一九一五年生）は、「革命」という詩で多くの同胞の気持ちを代弁した。

「革命」　徐廷柱

貝殻の赤や青のまだら模様は
何千年もの間一人で波立ってきた
海の　海の希望でしょう

枝裂けるほど咲き乱れる花は
毎日ここへ来てささやく
風の　風の希望でしょう

ああ！　血の色をした懲役の地に
洪水のように押し寄せる革命は
長年の　天の希望でしょう

希望は多くの朝鮮人たちの支えになってきた。だが一九五〇年の後半に起きた出来事は、その希望すらも砕いてしまった。六月二五日午前四時、朝鮮民主主義人民共和国の砲兵隊は、韓国軍の不意を突き三八度線をまたいで弾幕を張った。数時間後、機甲部隊が境界を越えて南に進撃した。二個部隊が東西の海岸と中央にそれぞれ進み、そして別の二個部隊がソウルに直接向かった。

朝鮮戦争とその犠牲者たち

戦争の経過とその影響

韓国の戦争記念館はその名が示す以上のものだ。ソウルにある米軍第八軍の旧龍山《ヨンサン》基地近くにある、先史時代から二〇世紀にかけての朝鮮半島における戦争の歴史を網羅した立派な博物館である。その正門には、六・二五メートルの高さの青銅時代のV字の切り込みが入った短剣のレプリカがあり、東門の近くには四一四年の広開土王《クァンゲトワン》碑の写しがある。だが展示物の大半は、朝鮮戦争に関連するものだ。

一九五〇年六月二七日、国連安全保障理事会は朝鮮民主主義人民共和国の侵略を非難する米国の決議を支持した。西門近くの掩蔽壕《えんぺいごう》のレプリカの内部には、韓国の援軍にやってきた国連加盟国の国旗が掲げられている。米国（戦争全体を通して見ると、関与した人数は二四〇万人にも及ぶ。ただし一度に三二万五〇〇〇人を超えることはなかったといわれる）、英国（八万七千人）から、ベルギーとルクセンブルク（歩兵大隊一隊）、エチオピア（歩兵大隊一隊）、フィリピン（歩兵大隊一隊と戦車）、南アフリカ（飛行部隊一隊）、キューバ（歩兵中隊一隊）まで、三年間に一六か国が派兵した。デンマーク、イタリア、インド、ノルウェー、スウェーデンの五か国は医療部隊を派遺した。

戦争記念館の敷地内には戦闘機、戦車、銃が並べられており、朝鮮の三年間の不協和音を無言で物語る。建物の中には、戦争の経過と、戦闘員から無辜の民まで朝鮮半島の人すべてを陥れた恐怖を視覚的に描いた軍物資、映画、文書などの圧倒的なコレクションがある。

この戦争は、予期せぬ広がりと複雑さを帯びた。二〇世紀には別の地域でも同じような事柄が起きたが、朝鮮戦争の三年間は最も世界秩序を変えた時期といえよう。破壊的な規模で外国が介入したことにより、想像を絶するこの酷い内戦は第三次世界大戦の代理戦争へと変わった。一九五〇年四月二五日にトルーマン米大統領が国防費を増額したことで軍拡競争が始まったとはいえ、スターリンとトルーマンは第三次世界大戦を必死で避けようとしていた。

だが、一九五〇年一月一二日のナショナル・プレスクラブでのディーン・アチソン米国務長官の演説を聴くと、米国が朝鮮のために防御するという、自然に湧き上がるような責任など感じていなかったことは明らかだ。朝鮮は自力で収拾をつけなければならない。トルーマンが意図していたのは、それがどこであれソビエト共産主義の進入を防ぎ、牽制することだった。朝鮮の陥落は日本ひいては米国を危険にさらすが、米軍基地の受け入れ準備が整っている民主国家日本は、多額の費用をかけずに朝鮮への介入を果たすために役立つはずだ。米国に有利な条件で締結された日本との平和条約は、トルーマンによる太平洋安全保障のビジョンの中核にあった。もちろんこれは、李承晩による朝鮮統一によってシベリアと朝鮮が国境を接することを懸念するスターリンの視点と、対をなすものだ。

皮肉なことだが、中国はソ連のようにはトルーマンを警戒していなかった。毛沢東は中米関係の改善を見越して、起こりうるべき台湾崩壊についても耐えるつもりだった。長年にわたる高額な支援を行ったにもかかわらず、最終的に蔣介石は米国を深く失望させた。毛沢東はモスクワを訪問し、中華人民共和国が現実のものとなったいま、自分を再評価する機会をスターリンに与えた。ソ連にとっては、兄弟国かどうかよりも、スターリンの世界共産主義運動が批判されないことが絶対不可欠で、かつ中国政府が米国と良好な関係を保たないことをきわめて重要視した。スターリンは、南半部侵攻の許可を求める金日成の一九四九年九月の要請を、この時点では拒否した。一九四九年にソ連軍と米軍は朝鮮から撤退したが、これはそれぞれの政治的指導者に対する南と北の依存を弱めることはなかった。撤退によって、三八度線の両側からの突発行動に対する保険が取り除かれた。だが、今やスターリンは、自らの統一キャンペーンを行いたがっていた李承晩が、北への攻撃を独力で行おうとするかもしれないことを恐れた。

李承晩の軍隊は北の軍勢に比べるとずっと劣っており、米軍が残していった武器があったとはいえ装備は不十分だった。だが李承晩は思い詰めており、その行動は予測不可能だった。スターリンは、李承晩に対する先制攻撃の方が防衛よりもたやすいかもしれないと判断した。一九五〇年一月にはソ連が原爆を完成させ、西側はＮＡＴＯを結成したことから、西側に警告をするにはちょうどいい頃合いだった。そのためスターリンは中国の承認を得て、金日成にゴーサインを出した。毛沢東は乗り気ではなかった。中国の革命はまだ台湾とチベット問題を残したままで、中国本土の一部でもまだ抵抗に遭っていたからだ。だが毛沢東は、スターリンと同じく李承晩政権下における朝鮮の脅威を心配したので、それを承認した。一九五〇年三月に金日成がモスクワ訪問をした褒美として、六月には航空機、戦車、装甲車、銃が北に送られた。賽は投げられた。

ひとたび戦争が始まると、スターリン、毛沢東、トルーマンが主役となり、金日成と李承晩は脇に追いやられた。共産軍側はスターリンが最終的な権限を持っていたが、主要な指令決定権は毛沢東にあった。ソ連軍は戦闘に関わらなかったが、国連軍から捕獲したもの以外の兵器はすべてソ連製だった。

韓国政権の方は、国連の指示を受け入れる以外に選択肢がなかった。米国の防衛圏内に韓国が暗黙のうちに含まれているかどうかはともかく、ここでは「武装少数派や、外圧によって従属させられることに抵抗する国民」を支持するトルーマンドクトリンが明確に適用された。スターリン支持者たちが、侵略したことに対する罰を逃れることができるとするなら、西独とヨーロッパの将来は不吉なものとなる。かくしてアメリカは直ちに介入した。ダグラス・マッカーサー将軍に、戦略とフィールドコマンドの資格がまず与えられた。

マッカーサーは太平洋戦争における優れた指揮官であり、戦後日本における米国政権のトップとして、日本経済の再建と米国型民主主義への転換にあたって最高の政治的地位を謳歌した。天皇ヒロヒトの戦争犯罪の処罰を食い止め、日本の君主制の見直しを図ったことで、マッカーサーの生来の虚栄心は満たされたが、再び軍の司令官というなじんだ元の役割に戻ったのだった。意気地なしの大統領とみなしたトルーマンや、自らの共同参謀長たちの命令を聞いたりそれに従ったりする気はなかった。

だがこの「日本の総督」は、東京司令部から朝鮮を訪れたことはめったになく、これまで歴史家たちはマッカーサーのキャリアにおけるこの衰退期を厳しく評価してきた。自惚れ、傲慢、危険人物、見当違い、奇矯（はては精神障害）、偏執狂的（共産主義への憎悪と同じくらいのヨーロッパへの軽蔑）、誇大妄想といった形容がマッカーサーになされた。その輝かしい過去の実績がもしなかったら、トルーマンは一九五一年四月まで待たずにマッカーサーを退任させただろう。

それ以前の数十年の政治的複雑さ、つまり戦争とその世界的広がりという特徴を持つ混乱と激しさに比べると、朝鮮戦争のパターンはかなり単純なものだった。奇襲と優秀な軍隊という有利な条件を生かし、朝鮮民主主義人民共和国はすぐに韓米の防御隊を南方へと掃討した。連合軍は三か月もせずに、釜山《プサン》周辺に絶体絶命の最後の砦を築くことを余儀なくされた。このときになってようやく他の国連加盟国からの援軍が到着して押し戻し、天秤は傾きはじめた。

マッカーサーが考えた真の報復は、初期の共産主義勢力の進撃と同じくらい劇的で果敢なものだった。一九五〇年九月、大胆不敵な仁川への上陸作戦によってソウルを奪還し、米国の支援を受けた韓国軍は共和国内へ北上しそこを席捲した。鴨緑江《アムノクカン》への進軍は中国「義勇軍」参入の引き金となるとともに、この戦争の規模と性質を変化させた。共産軍は南に四〇マイル（約六四キロメートル）の守備ラインを確保した後、国連軍を押し戻してソウルを再占領した。一九五一年一月、開戦からわずか六か月を過ぎたばかりの時点での出来事だった。

国連軍の反撃によってソウルは三月一五日に再び奪還されたが、開戦後九か月未満の間に四回も形勢が変わり、町は破壊され、餓えた浮浪者であふれた。米軍／国連軍は再び三八度線を越えたが、このときの狙いは鴨緑江を越えて戦争を拡大するのではなく、三八度線上に防衛ラインを確立することだった。マッカーサーは鴨緑江を越えたがっていたが、この反抗的な司令官に対するトルーマン大統領の忍耐は限界に達した。

朝鮮戦争においては河川と国境は決定的に重要だった。漢江《ハンガン》は最初の共産軍の侵攻を持ちこたえるのに役立ち、学生志願部隊によって雄々しく――その勇敢さが絶望を伴っていたとしても――防衛された。洛東江《ナクトンガン》は、韓国軍／国連軍の最後の砦である釜山橋頭堡の形成に役立った。何よりも、三八度線と鴨緑江という二つの政治的に分割された線は、両陣営ともに戦略計画の中心を占めていた。

先制攻撃に対して行った米軍の朝鮮民主主義人民共和国爆撃は、許容されるべきなのか。仁川上陸後、米軍は国境線を越えるべきだったのか。米国は鴨緑江のどれほど近くまで侵攻すべきだったのか。中国の共産主義基地まで攻撃すべきだったのか（一〇月二四日、マッカーサーは参謀本部の出した指令を撤回し、国境地帯に赴くよう指示した）。二度目の侵攻後、共産軍は三八度線を防衛するべきだったのか。全くそうは考えていなかったマッカーサーは、一九五一年三月二四日には自らの職権を超え、朝鮮から手を引き韓国による統一を認めるよう中国を脅した。マッカーサーとジョン・フォスター・ダレス国務長官顧問は、必要であれば中国へと戦争を拡大させるつもりだった。

しかしトルーマン大統領は、それによって第三次世界大戦が避けられないものになることを懸念した。国連軍による二度目の三八度線越えは、大規模な共産軍の反撃を誘発することだろう。双方ともに被害は甚大だった。一九五一年四月二二日から三〇日にかけての臨津江《イムジンガン》沿いでの激しい戦闘で、英国のグロスタシャー連隊は多くの犠牲を出した。その勇敢な抵抗により同隊は永遠の名声を得た。一方で、中国軍は数の優位を生かせず疲弊し、士気をくじかれた。

両陣営ともに和平の用意が整った。休戦交渉は一九五一年七月に始まったが、李承晩はただ

朝鮮戦争——主な出来事　＊日付は原文のまま

一九五〇年

四月	韓国のゲリラ指導者が作戦会議のためピョンヤン訪問
六月一二日	朝鮮民主主義人民共和国（DPRK）が戦闘部隊を三八度線に向かって移動
六月二五日	午前四時、DPRKが韓国へと侵攻
六月二七日	米国が介入を宣告。国連安全保障理事会が韓国への援助を承認する決議案を可決
六月二九日〔朝鮮時間で二八日〕	DPRKがソウル攻略
七月一日	米第八軍の最初の部隊が到着
七月三日	米国による深刻な爆撃に対処するため、金日成がソ連のさらなる援助を求める
七月五日	米軍部隊がDPRKと初めて戦闘を行い、烏山《オサン》北部から退却
七月一四日	韓国軍の作戦指揮権を国連軍が引き継ぐ
八月一日	国連軍が洛東江にかかる最後の橋を爆破し、「釜山防御線」を分離
八月一〇日	モロトフが北京の毛沢東と会談し、国連軍が再び三八度線を越えた場合、ソ連製の装備で中国兵が朝鮮入りすることで合意
八月二八日	二〇〇〇人の英国軍が香港から到着。米軍以外で朝鮮入りした初の国連軍旅団
九月一五日	仁川上陸。DPRKは日本が参戦したと誤認〔日本は仁川の掃海作業に参加した〕
九月二〇－二八日	ソウルが奪還される
九月三〇日	金日成が中国等、外部の援助を求めてスターリンに嘆願書を送る。ソ連政府が毛沢東に介入するよう圧力をかける
一〇月一日	韓国軍が三八度線を越える。毛沢東がしぶしぶ参戦
一〇月九日	米第八軍が三八度線を越える
一〇月一四日	中国軍が秘密裡に鴨緑江を越える
一〇月一九日	米第八軍がピョンヤンを掌握

一〇月二五日	中国人民志願軍参戦
一一月一日	米国と中国軍の間での最初の戦闘が起きる
一一月二七日	米軍の一斉退却が始まる
一九五一年	
一月四日	共産主義勢力がソウルを再奪取
一月一五日	米軍の反撃開始
三月一四日－一六日	ソウルが再奪取される
三月末	国連軍、三八度線を越える
四月一一日	マッカーサー解任
四月二二日－二五日	共産軍による春の攻勢開始
四月二五日	臨津江《イムジンガン》の戦闘開始
五月一八日	アチソンが交渉の用意があることをソ連政府に通知
六月一二日	金日成と高崗がモスクワを訪問、スターリンが休戦協定に同意
七月一〇日	開城《ケソン》で交渉開始。毛沢東が休戦ラインに沿った和平を望む。スターリンは戦闘継続を主張
七月三〇日	国連軍／米軍のピョンヤン爆撃
八月二二日	米国が開城会談の会場付近を攻撃し、交渉を中断させる
九月八日	サンフランシスコ講和条約調印。米国の日本占領が正式に終結
一〇月二五日	板門店《パンムンジョム》で協議再開
一九五二年	
六月二三日	米軍航空機が鴨緑江の発電所を空爆
七月一一日	国連軍航空機がピョンヤンを空爆
八月二九日	国連軍がピョンヤンを再空爆
一〇月八日	和平交渉の無期限停止
一一月四日	アイゼンハワーが米大統領に選出される

一九五三年
三月五日　スターリン死去。二週間後にソ連閣僚会議が毛沢東と金日成に和平の模索を指令
四月二六日　板門店で和平交渉再開
七月二七日　休戦協定締結
八月五日　戦争捕虜の帰還開始

一人参加を拒否した。開城《ケソン》に続いてピョンヤンで行われた交渉は、ほぼ二年にもわたった。その間にさらに一万二三〇〇人以上の米軍兵士が殺された。交渉の主な争点は、戦争捕虜の本国帰還をめぐるものだった。共産軍が発表したわずか一万一五〇〇人の捕虜に対し、国連軍は九万五千五〇〇人の朝鮮民主主義人民共和国人、二万七〇〇〇人の中国人、一万六二〇〇人の韓国人共産主義者の合わせて約一三万二四〇〇人の捕虜を抱えていた。

米国はこの不均衡な数の人質を機械的に交換することを拒否した。もし戦争が再開された場合、それらの人質たちが敵軍を強化することを恐れたからだ。その代わりに米国は、韓国人には故郷に戻るチャンスを、中国人には中国本土か台湾かの選択肢を与えるという提案をした。一九五三年五月に達した最終合意では、それぞれの政府に対し、自国の兵士の帰還を説得するための九〇日の猶予が与えられた。

だがここで二つの障害が立ちふさがった。朝鮮統一の実現可能性が低くなりつつあることに不満を覚えた李承晩大統領が、選抜開始前の六月一七日から一八日にかけて二万五〇〇〇人の共和国反共捕虜たちを解放し、和平プロセスを妨害しようとしたのだ。一方の共産軍は、捕虜

のうち帰還を選んだ者が七万人だけだと知り反共プロパガンダの一撃を受けた。元国民党兵士やそのシンパのうち、一万四〇〇〇人以上が台湾行きを選んだ。

だが大多数の兵士は、戦闘を再開するにはあまりにも疲れ果てていた。八月には共産軍が一万三〇〇〇人の捕虜の解放を始めた。そのほとんどが韓国人で、米国人の数は三五〇〇人だった。二一人の米国人は中国での解放を選び、ニュースの見出しを飾った。大半の朝鮮民主主義人民共和国人は帰還したが、中国に戻った五六四〇人は、死ぬまで戦わずに降伏したということで除け者扱いされ、ひどく苦しんだ。とくに一九五七年の反右派闘争と文化大革命の際には、むごい扱いを受けた。

犠牲者たち

戦争初期に戦闘員と援軍の数は急増した。当初は一三万五〇〇〇人の共和国兵士と九万八〇〇〇人の韓国人兵士が睨み合っていた。一九五〇年一一月末には死傷者によりすでに六万五〇〇〇人にまで減った共産軍は、三四万人ほどの中国兵で補強されると推測された。これに対峙したのは、四四万人の韓国軍、国連軍の混成部隊だった。

現場が拮抗した膠着状態に陥ったとき、マッカーサーの判断力欠如を懸念した米国総合参謀本部は、かれの七万五〇〇〇人以上の米軍／国連軍、および台湾からの五、六万人の国民党員の援軍要請を拒否した。だが共産軍兵士の数は増え続け、一九五一年四月には推定約七〇万人となった。休戦交渉の効果がなかったことを反映して、一九五二年後半には共産軍一〇〇万人に対し、韓国・国連軍は約七六万八〇〇〇人にまで増えた。それぞれ三〇万人前後の兵士が国境線上とその付近に配置されていた。韓国のナショナリスト側の情報によれば、金日成あるいは李承晩に敵対するゲリラ軍は二万人に上ったという。

数字は誤った印象を与えることがある。兵士の数といったものは職業意識、無慈悲さ、全員一致の目的といったイメージを作る。自陣営のこのような印象が誤解ではないことを、戦時にはだれもが願うものだ。だが真実は決まっててんでんばらばらなものだ。一九五〇年六月時点の朝鮮民主主義人民共和国兵士はソ連式の訓練を受け、決然としていて、自信に満ちていた。その多くは中国国共内戦の退役軍人たちだった。たった一週間の戦闘後、「李承晩の軍隊は五万四〇〇〇人しかおらず、残りの四万四〇〇〇人は姿を消してしまい、その多くは二度と戻ってこなかった」（ヘイスティングス Hastings）。

だが南を席捲した北の人々は、増え続ける死傷者を、「解放区」から強制的に徴収した成人男性と少年で代置した。かれらの士気は低く、訓練も不十分だった。こんにち私たちは、アフガニスタン、シエラレオネ、ハイチなどの機関銃で武装した少年兵たちのテレビ映像に衝撃を受ける。忘れられがちだが、子どもたちの戦争への関与と搾取には長い歴史があるのだ。第一次世界大戦では一四歳の少年たちが年齢を偽って戦った。米軍第八軍は少年たちを捕らえ、銃撃すら行ったが、これは全く前例のないことではなかった。朝鮮の少年たちはひどく不幸だった。

だが不幸だったのはかれらだけではなかった。朝鮮にやってきた中国軍は、志願兵と呼ばれた。それは実態とはかけ離れていたが、たとえ米国帝国主義から自国を守護するため（とかれらは信じた）に戦う戦闘のプロたちだったとしても、外国の領土で命を落とすのはちっとも嬉しいことではなかった。新しく宣言された中華人民共和国の国旗をはためかせることを誇らしく思っていたのは疑いないが、かれらは何年も続いた内戦によって疲弊していた。そして朝鮮での戦闘は、中国の革命に抵抗する最後の地を掃討するのとはわけが違った。中国人兵士たちは後にした家の状況を気にかけ、その多くは静かな生活を欲していた。それは米国人たちも同じだった。

先の太平洋戦争で大打撃を受けた米第八軍は資金不足で設備も整っておらず、徴兵された若者ばかりの米軍将卒たちは日本占領しか経験しておらず、その日本では終わらぬ戦闘の恐怖をほのめかされることも、それに備えることもしていなかった。筆者が釜山にある国連軍墓地を初めて訪れたとき、米軍入隊者の平均年齢の低さに驚いたものだ。それに対して、対日戦争の退役軍人など上級将校の年齢は比較的高い。これら上級将校たちは、真珠湾攻撃で初めて引っ張り出されたときにはすでに通常の召集年齢を過ぎていた。捕虜として死んだ米兵の割合が高いことからうかがえるように、米兵の士気は韓国兵のそれよりもたいてい低かった。より訓練されたトルコ人や英国人部隊の捕虜たちの生存率は、もっと高かった。

両陣営とも兵士、捕虜、民間人への残虐行為を行った。李承晩は一九五〇年七月から八月にかけ、共産主義者と疑われる人々の大量殺害を全国的に命令した〔保導連盟事件〕。集団処刑により最大七〇〇〇人が大田《テジョン》近くで死亡し、後に南京大虐殺に比されるようになった事件だ。一九五一年二月に居昌《コチャン》で起きた韓国軍による村民虐殺は、金源一《キムウォニル》の小説「冬の谷」のテーマとなった。

「ヨーロッパ占領期のナチスぐらいしか匹敵するものがないような規模の恐怖だった」、一九五二年に国際民主女性同盟が派遣した真相調査団の一員として朝鮮民主主義人民共和国を訪れた英国人女性モニカ・フェルトン（Monica Felton）は、このように記した。戦争終結後に出てきた、米国人による朝鮮人への惨い仕打ちについての証言の数々は、長い間鬱積していた反米感情を呼び起こした。米兵には朝鮮人の敵と味方を区別することが難しく、また時にはその時間もなければ見分ける気もなかった。一九五〇年七月、忠清北道の老斤里《ノグンニ》で起きた三〇〇～四〇〇人の民間人と避難民（主に女性と子ども）の虐殺〔老斤里虐殺／老斤里事件〕は、後になって〔一九九四年〕知られるようになった。

戦争初年の一九五〇年は、両陣営とも捕虜収容所の環境がことさら厳しく、多くの自殺者が出た。食糧と医療用品は乏しく病気が蔓延した。当然生じる緊張と重圧に加え、捕虜間の政治的および国籍別の分断、中国兵による精神的、肉体的拷問は世界中で広く非難された。

しかし、国連軍／韓国軍の捕虜収容所では、中国人捕虜たちも厳しい責め苦にあった。中国内戦における国民党の退役軍人を含む、親台湾派の収容者たちには責任あるポストが与えられ、共産主義者たちは手ひどく扱われた。とくに残酷だったのは、一九五一年中盤に行われた、反共スローガンの入れ墨を収容者たちに施すというもので、これによって自傷や自殺をする人々が出た。南東の海岸から離れた巨済島《コジェド》は、国連軍の主な捕虜収容所の一つだった。共産主義者の捕虜が一九五二年二月に巨済島収容所で暴動を起こし、五月七日に米国人司令官を人質に取った。米軍が秩序を回復するために派兵された際には死傷者も出た。

冬の寒さは厳しく、ある英国人将校によれば「壕を掘るためには、ガソリンを地面に置いてそれを点灯させ、燃え尽きたときに柔らかくなった土を少し掘るというのを繰り返すしかなかった」という。朝鮮中の浮浪民たちは、飢えと病気と悪天候に苦しんだ。家族は分裂させられた。たまたま通りかかった側の軍に武器を渡され戦わされもした。血縁と戦わなくてはならなかった人々もいた。戦争記念館に置かれた彫刻は、実際に兄弟が敵味方として戦場で対峙したことを想起させる。あれほど大事にしていた、血縁やつながりのある人々への精神的影響は砕け散った。一方では苦しみ死んでいく敵側の友人や親族に共感せずにはいられなかったが、他方では敵とそのイデオロギーへの強烈な憎悪が友人や親族を敵に変え、相互不信と裏切りを引き起こした。このような混乱とパニックの中で、自己防衛本能によって機会主義的な変節をしたとしても驚くにはあたらないだろう。

米国の爆撃機は、第二次世界大戦中に使用されたよりも多くの榴弾と、後にベトナムで使用されることになるよりも多くのナパーム弾を朝鮮に落とした。解任される直前、マッカーサーは中国との国境に原子爆弾を落とそうとしていた。一五九〇年代以降にはありえなかった規模で、両陣営によって朝鮮の歴史的な文化財産が破壊された。

韓国政府当局は、国家遺産を保護するために、できるだけのことをした。王立音楽学校は旧王宮楽府として一九四五年に改編され、一九五〇年一月に釜山で国立国楽院として再開し、一九五一年四月に初公演を行った。ソウルの国立劇場は一九五〇年四月に設立された。一九五二年に制定された文化保護法は、芸術家の地位を向上させ、芸術的表現の自由を保障することで民族文化を復興させた。

だが画家たちはまだ懐疑的だった。一九四九年に始まった政府による年一回開催の美術展である国展は、かつての「鮮展」の味気ない保守的傾向を惰性で続けており、朴栖甫のような前衛的な芸術家たちはこれを敬遠した。朝鮮の画家たちは、絵画を通して自らの感情を表現する方法を学ぶ機会をほとんど持たなかった。後にその独創的なスタイルで知られるようになった朴寿根《パクスグン》と黄用燁《ファンヨンヨプ》は、解放直後には米兵の肖像画を描いてかろうじて生計を立てていた。抽象主義運動は魅力的だったが、それに効果的に加わるためには時間と経験が必要だったし、すぐに始まった戦争が障害となった。

一九四七年以降、北に引き寄せられて行った左派の芸術同盟のメンバーたちは、すぐにそこが南よりも自己表現をしうる環境でないことに気づいた。一九五三年以後の南では、押さえつけられた怒りを非定型芸術《アンフォルメル》で放出することができた。とはいえ、一九八〇年代に出現した「民衆」芸術家らを含む画家たちが、朝鮮戦争という主題にじっくり取り組むようになるには何十年もの歳月を要した。

解放後には、それ以前の社会政治と結びついた、イデオロギー的な党派主義の色濃い文学組織が次々と立ち上がった。むろん技法《テクニック》は内容《メッセージ》に従属させられていたので、自己批判の傾向が明らかに現れた。苦渋、恨み、精神的混乱を表現した作品が戦争によって生まれた。徐之文《ソジムン》（Suh Jimoon）は、朝鮮戦争を題材にした詩における、兄弟愛と衝突する愛国心の分析をしたが、そこでは毛允淑《モユンスク》（一九一〇－九〇年）の詩も論じられている。

「国軍は死して語る——私は黄州の山谷を彷徨っているときに、ふと一人死んで倒れている国軍兵士に出会った——」

〔前略〕祖国のためならば　私の身を隠す墓も　私の亡骸を収めるちっぽけな棺も辞そう
やがて強風が私の体を掃き出し
濡れた地面の虫が私の体をむしり取っても
私は喜んで虫たちと友になり
祖国が幸福になる日を待ちながら
この谷間　我が国土に　一握りの土になることを願おう

〔詩集『風浪』収録、一九五一年刊〕

詩人たちは、芸術家たちよりも先に人々の痛みや苦しみを表す「恨《ハン》」との邂逅を刻んだが、小説家たちが戦争の苦悩と格闘するにはもっと時間が必要だった。朴婉緒《パクワンソ》の「裸の樹」（一九七〇年）は、日本占領下の朝鮮での社会的結束の終焉として朝鮮戦争を解釈した。洪盛原《ホンソンウォン》の「南と北」（一九八七年）はこの戦争を、信頼、尊重、礼儀正しさに基づいた儒教社会の価値観から、物質主義と目先の利益への転換点として位置づけた。李文烈《イムニョル》は、*Picture Essay 27* で取り上げる李仲燮《イジュンソプ》と同じく、かれが大事にする家族という単位とその価値観の崩壊の理由を、朝鮮人たちが外国のイデオロギーに対して卑屈だったせいだと考えた。李文烈は「英雄時代」（一九八四年）で父親の人生と哲学を分析した。儒者から社会主義革命家に転身した父は越北し、残された妻と子どもは貧困に陥った。分裂させられたすべての家族たちの精神的苦悩を李文烈は代弁したのだった。

戦後

外国勢力はまたもや、朝鮮の政治的経験の不足と分裂を利己的に利用した。しかし今回の利害関係は甚大なもので、混乱はさらに深まり、朝鮮人の苦しみは一九〇四年や一八九四年のそれよりもはるかに大きなものとなった。八年間と短いとはいえ、一九四五年から一九五三年までの期間は朝鮮史において最も錯綜した時期の一つである。

この時期の解釈は、イデオロギー的な主張と理論にまみれている。その主なものは、この戦争を引き起こしたのは朝鮮内部の問題なのか、つまり一九五〇年六月に勃発したのは内戦だったのか、あるいはソ連とアメリカとの間の敵対関係が高じたものなのか、という問いだ。戦争期間のことですら、両国それぞれの政治、軍事的な目的による敵対的な解釈のせいで明らかでないことが多い。一つだけ確かなのは、その戦争の遺産と、正式に戦争を終結させるという未完の事業を、朝鮮人みながつねに意識しているということだ。

カンボジア、バルカン半島、ルワンダ、その他多くの地域等での脱植民地化にともなう苦しみについては、いまではよく知られるところになって人々を愕然とさせている。政治的混乱と精神的外傷《トラウマ》はたいてい、民族間抗争や占領の恩恵を受けた疑いのある人々への報復によって深まっていった。朝鮮の解放は、この種のものとしては近代以降初めてのものだった。朝鮮人たちは当初は民族対立の恐怖を免れた。しかし、善による悪からの防衛（と信じたもの）のために闘おうとしていた冷戦世界のイデオロギー的な無邪気さが、朝鮮人たちの苦痛を利用したのだった。

三年間の集中的な破壊後、世界はすぐに朝鮮について忘却し、ベトナムへと関心を振り向けた。粉々にされた二つに割れた国で苦悩し続けた当の朝鮮には、記憶喪失といった救済は与えられるはずもなかった。まずは、物理的被害からの回復と経済復興に取りかからねばならなかった。外国、とくにソ連、中国、米国からの支援を受け、両国は一九六〇年代までには順調に進歩していった。それにひきかえ、トラウマには何十年もの段階的なリハビリが必要だった。

戦争の悲劇の最終的な犠牲数は計り知れなかった。戦争記念館には、一五二万二九五人の南北の戦闘員と民間人が死亡し、五三万五二七四人以上が負傷、四二万一一〇三人が行方不明になったと書かれている。数字が詳しすぎて信じがたいかもしれないが、これは欧米の歴史家が引用するおよその数とだいたい一致する。三百万人近く、つまり人口の約一〇パーセントが死亡、負傷、行方不明となった。五百万人が家を追われた。数十万の家族が分裂させられ、多くの避難民が「間違った」方の国にたどり着いた（四百万人の北朝鮮出身者が南に渡ったという説はさすがに誇張だが、人々の往来の大半はたしかにこの向きで行われた）。四〇パーセント以上の韓国兵、つまり四万人が戦争勃発の週に死傷したとみられる。

戦争記念館によれば中国人の死者数は一四五万五七九七人だが、欧米諸国は五〇万人以上が死亡しただろうとみている。五万四二四六人の米国人が戦場や捕虜収容所、怪我、爆発で命を失った。一〇万五七八五人が負傷したが、五八六六人については説明がされていない。その他の国連軍兵士のうちでは三一九四人が死亡、一万一二九七人が負傷し、二七六九人が捕虜あるいは行方不明になった。

統計とは恐ろしいものだ。私たちはその数字にしばしショックを受け、そして何か他の事件の統計を見るとそれを忘れてしまう。写真に比べると、事実と数字はそれほど心に留まることはない。ベトナムの戦場の道の真ん中を裸で泣きながら走る少女を覚えていない者はいるだろうか。一九八九年に天安門の外で英雄的に戦車と対峙する丸腰の男性は？ 朝鮮でも写真は言葉よりも雄弁にこの恐怖を語っている。泥、雪、木っ端みじんになった建物、めちゃくちゃに壊れた橋、絶望した避難民の群れ、銃剣で刺された死体、ナパーム弾を浴びた市民、意気消沈した兵士、病気の捕虜、人々を載せパニックとなった船、そして増水した川を渡る人々のごくわずかな荷物（*Picture Essay 28*）。人々は文字通りどちら側につけばいいか分からなかった。どちらの側からも虐待と攻撃を受ける可能性があったからだ。

朝鮮人すべてが敗者だったことは間違いない。戦争前の権力の分裂はそのまま維持された。南北二つの「共和国」（両者ともに実態と乖離しているが）間の国境は、休戦により幅四キロメートル、長さ二四八キロメートルの非武装地帯に凍結された。それは北緯三八度線に沿って恣意的に引かれた分割線とほぼ同じものだった。北と南それぞれの左右の指導部間の政治的分裂は、さらに揺るぎないものとなった。

一九五三年三月五日のスターリン死去によってその有害な抑制が取り除かれ、金日成は自分なりの共産主義、社会主義革命、ユートピア主義の解釈を、チュチェ（主体）思想というすべてを含んだ概念へと発展させることになった。一九五三年八月に開催された中央委員会の総会で、金日成は「朝鮮民主主義人民共和国英雄」と称えられた。しかし、北の市民はすぐに階級闘争、集団農場化、達成不能な経済的目標の追求に縛られるようになった。

韓国の第一共和国が軍事的、経済的、政治的に米国への依存を深めていくにつれ、李承晩もまた人々の希望とニーズからどんどん遠ざかっていった。李承晩は一九四八年の国家保安法を改定、強化し、一九五八年一二月には、それまで緩やかに定義されていた大統領批判や「虚偽情報」拡散等を取り締まるため、同法を拡大した。

正当化できなかったとはいえ、南北双方が戦争の勝利を主張した。しかし、それ以外の国々には達成しえたものが何一つなかった。たしかに米国は「共産主義の封じ込め」を行ったが、ひどい損失を出したわりには、統一朝鮮で親米的民主主義を根付かせるというローズヴェルト大統領の構想は実現できなかった。マッカーシズムは今や、米国人の首に鉛の重りのようにぶら下がっていた。一方で、ヨーロッパへの勢力拡大に集中している間、ソ連東部の裏庭を安定させておこうというスターリンの望みは叶えられなかった。新しく樹立した中国政府は、その軍隊の勇気に対してしぶしぶ敬意を表したが、台湾海峡での予期せぬ抵抗に直面した。国内革命も予想外に長引いた。

朝鮮戦争の結果、救われた唯一の国は、戦闘に加わらなかった日本だろう〔実際には日本人の掃海部隊が「国連軍」側で参戦している〕。朝鮮戦争は、日本の米国との平和条約締結および国際舞台での復権にはずみをつけた。天皇ヒロヒトの戦争犯罪は、二次的な問題に降格された。これはマッカーサーの個人的な策略によるところが大きいが、日本人たちは概ねそれに感謝した。

だが、勝利者がいないということは、この戦争における大きな意味を軽減するものではない。それは将来の米国、ソ連、中国の政策の方向性を決定し、新しい世界秩序を形成するものだったのだ。スターリンは、ヨーロッパの膨張主義や第三次世界大戦について検討するのを思いとどまったが、今や分断状態にあるのは朝鮮ばかりではなく、ドイツも中国もまた同様だった。

ドイツは、一九五〇年六月の朝鮮戦争勃発の準備段階において、ソ連と米国双方の指導者の考えに大きな影響を与えた。欧米諸国は、朝鮮戦争勃発がソ連による西独攻撃の試行となるかもしれないと考えた。東独の政治家ウォルター・ウルブリヒトは、朝鮮民主主義人民共和国の侵攻をドイツ統一の方策の一例として公然と称賛した(一方、西独のアデナウアー首相は攻撃に備えており、オフィスに二〇〇丁のピストルを持っていた)。朝鮮戦争後すぐの一九五四年一〇月に西独はNATOに承認され、ヨーロッパの骨組みは固まっていった。

何年も続いた惨たらしい破壊、反日闘争、内戦によってダメージを負っていた中国経済は、朝鮮戦争によってさらに打撃を受けることになった。米国を潜在的なパートナーと見定めていた中国の新共産主義政権は、国連と世界貿易から除外され、ピョンヤンと東欧諸国との無益な同盟を強いられることになった。中ソの亀裂が深化し、一枚岩的な世界共産主義秩序が解体されていくと、金日成の条件反射的なモスクワへの忠誠は弱まった。蔣介石の台湾統治を支持しないという方針をトルーマン大統領が覆したことで、一九七〇年代まで、「東」(共産主義)と「西」(非共産主義)の二つのブロックに分割された新しい提携関係が生まれた。

米国は朝鮮戦争で敗北したと広く認識されている。米国はアジアの政治に否応なしに引き込まれていったが、朝鮮戦争から何らの教訓も得なかったことをすぐにベトナムで証明することになった。

Picture Essay 27　李仲燮「家族」

李仲燮《イジュンソプ》の日本との関係は多義的なものだった。一〇代の頃には朝鮮人の民族性を抑圧する日本に憤慨しつつも、一九三七年に東京文化学院の西洋絵画学科に通った。そこで広い芸術的視野を持つ金煥基《キムファンギ》らと交友し、後に妻となる日本女性とも出会った。かれは日本でプロとしての名声と称賛を初めて経験した。

李仲燮はゴーギャン、マティス、ピカソなどのアヴァンギャルド画家の作品から刺激を受けキュビズムの実験を行い、その後大胆で素早い曲線の動きを特徴とする、典型的な朝鮮式表現主義のスタイルに落ち着いた。その動きは高句麗壁画の力強い単純さと、ゴッホのダイナミックな描写とになぞらえられる。

李仲燮は一九四三年に朝鮮に戻り、四五年に日本人女性と結婚した。だが皮肉なことに、朝鮮解放によりその私生活は悲劇的に崩壊した。朝鮮戦争中、李仲燮とその家族は飢えに苦しみながら釜山《プサン》周辺を彷徨った末、妻と二人の子どもを日本に帰した。妻と子どもたちは二度と朝鮮に戻ってこなかった。

その後は情熱的に、そしてエロティシズムなどとは全く無縁に絵を量産した。朝鮮への外国の干渉に対する怒りを、力強い雄鶏や闘牛で表し、わが子とすべての子どもへの懸命の愛を表現した。裸の子どもたちも描いたが、それはその開けっ広げの生命力とその脆い素朴さに対する称賛の表れである。

「牡牛」（一九五四年作）は、最もよく知られている絵の一つだ。朝鮮人たちにとって、休みなく土を耕す役牛〔去勢された牡牛〕は自己犠牲を意味する。李仲燮は精力的に研究を続け、占領と戦争という苦境に置かれた民族の不屈の精神を象徴するものとして、牡牛を選んだ。

一九五五年に李仲燮の絵画展が開催された。画家としての評価は高まっていたが、その絵の多くが不道徳だという理由で禁止された。李仲燮は苦しみ、拒絶反応を起こし、統合失調症を悪化させて貧しさのうちに四〇歳で死んだ。かれは正真正銘の天才だった。現在では、二〇世紀の朝鮮人たちの感情を吐き出すため、伝統の束縛から他の芸術家たちを解き放つのに影響を与えた民族主義者と呼ばれている。

李仲燮「家族」1950年、油彩、紙、27×37センチメートル

Picture Essay 28　大同江、一九五〇年一二月

1950年12月、爆撃された大同江の橋を渡ってピョンヤンを脱出しようとする避難民たち。ピューリッツァー賞を受賞したマックス・デスフォー撮影の写真

第9章　戦後朝鮮
——伝統と変化

一九五三年、朝鮮半島は現代史の新たな好ましくない局面に直面した。またもや半島は敵対する二つの国家に分断されたのである。当時、誰しもが休戦後ではなく「戦後」であってほしいと望んだし、いまもそうだ。だが、朝鮮統一および国政選挙についての当初の計画は明らかに失敗だった。板門店《パンムンジョム》での協議は長引き、無意味なものとなった。北も南も和平条約に署名しなかった。両者間の緊張は高まったり低まったりを繰り返し、朝鮮半島は激しい紛争がいつでも勃発しうる、世界の引火点の一つとなり続けた。一九四五年以降、とくに一九五三年以降に二つに割れた国がたどった道は、全く異なる方向へとそれぞれを導いた。だが、非武装地帯をはさんだ両側の人々とも、民族と文化の一体感を強く持っており、いずれも最終的な統一の展望を放棄しようとはしなかった。

政治の概要

大韓民国

韓国が独裁から民主主義へと移行する道は険しいものだった。皮肉にも「第一共和国」と呼ばれる、腐敗した李承晩《イスンマン》独裁政権は、一九六〇年四月一九日、不正選挙による大統領再選に抗議して起きた学生主導の反乱によって終結した〔四月学生蜂起／四・一九学生革命〕。韓国軍は約一一五人のデモ参加者を殺害したが、大学教授たちが李承晩退陣の呼びかけに合流し、またウォルター・P・マコノヒー米国大使とマグルーダー将軍も圧力をかけたため、最終的に李承晩は亡命に追い込まれた。

「第二共和国」と呼ばれる短命の「民主化ごっこ」も不成功に終わった。選挙実施により共産主義が勝利するのを恐れた右派の将校たちが張勉首相へのクーデタを起こし、すぐさま陸軍大将となる朴正熙《パクチョンヒ》を権力の座につかせたのだった〔一九六一年の五・一六軍事クーデタ〕。軍の幹部で最も影響力があったのは、韓国中央情報部（ＫＣＩＡ）の創設者であり、民主共和党設立の際に朴正熙に協力した金鍾泌《キムジョンピル》だった。

朴正熙は「韓国式の民主主義」を主張したが、何千人もの政治家、官僚、軍人たちの追放や公人としての生活の禁止、共産主義の違法化、新聞廃刊、農村市場の禁止など、人々の自由に厳しい制限を課した。それにもかかわらず、朴正熙は一九六三年一〇月の大統領選挙に辛くも勝利し、敵を黙らせたり脅したりした結果、一九六七年にも過半数の票を得て再選された。第三共和国の始まりである。弁護士でハーバード大学勤務のルパート・エマソンの監督下で中央情報部の委員会が起草した、新憲法に準じて政治を行った。教育システムは急速に拡大したものの、日本の植民地時代を連想させる軍隊式の制服と規律が依然として取り入れられた。強制的な徴兵は政府当局の強化に役立った。財閥は名目上は独立していたが、実際は政府と強固に結びついていた。政府の実質的な財政援助を受けて急成長した財閥は、労働者をさらに厳しく管理下においた。社会的自由の制限の対価は、せいぜいが一〇年間の経済的進歩だった。

豊かな鉱物資源とソ連の援助により、朝鮮民主主義人民共和国の産業生産高は一九五〇年代には韓国を上回ったが、朴正熙は鋼材、化学品、工作機械を最優先し、北側と張り合う工業化計画に着手した。一九六五年には、強い批判を受けながらもベトナム派兵を行った。そこでの韓国兵たちの功績により、韓国は同盟国からの称賛ばかりでなく貿易取引も得ることができた。輸出の増加がもたらした安定と富を、韓国は慣れない手つきで享受した。民主主義的権利についての確実な約束はなかったものの、安定や富により朴正熙を善意に解釈する動きもあった。

だが、国民感情はまた別問題だった。朴正熙は日本との関係改善を追求したが、これは韓国民とりわけ学生たちの反感を買うことになった。一九六五年六月に署名された韓日基本条約は、韓国産業界への独立祝い金と借款をもたらしたが、朝鮮に対して行った過去のあらゆる犯罪への適切な謝罪や賠償を日本は行わなかった。朴正熙が日本と大急ぎで関係改善をしようとしたことは、一見すると驚くべきことのようにみえる。だが、共産主義化に対抗しうるだけの、東アジアにおける強力な緩衝地帯の構築を焦慮していた米国政権は、韓日の関係改善を重要視していた。そして、朴正熙のような狂信的軍国主義者にとっては、近代日本史には称賛すべきものが多くあった。一九三〇年代の「満州国」における経済発展の効率性もかれは評価していた。

朝鮮民主主義人民共和国が鉱物埋蔵量に恵まれていたのに対し、韓国は農地と労働力において優位にあった。当時の農村は、朴正熙が一九七一年に開始した「セマウル運動」で復興と近代化を目指すまで――結局はこの運動のために苦しむのだが――、陰鬱で保守的だった。ようやく豊かさと健全さが地方の町や山の村々にまで行き渡るようになった。銀行業務、衛生、医療サービスが改善され、新しい学校が建設された。けばけばしい赤や青や緑のトタン屋根が、魅力的だが燃えやすく虫だらけの茅葺きの屋根に取って代わった。朴正熙は経済発展を民主化のための不可欠な前提と考えた。町や村の格差問題に取り組むにあたって、かれはじきじきにセマウル運動に関わり、自らの傲慢さや権威主義への批判を厳しく取り締まった。

朴正熙は一九七一年の大統領選挙の際、金大中《キムデジュン》に危うく敗北しそうになったことに衝撃を受けた。そして一九七二年一〇月一七日、それまでの憲法を停止して改憲した。一八八九年の明治憲法と同じく「維新」憲法と命名し、戒厳令を施行した。旧憲法の下では大統領再選はもう不可能だったが、こうして六年任期を無制限に延長できるようになった。この第四共和国の始動後、独裁政権への民衆の反感が広がった。重工業や財閥が着実に発展する一方で、国の急速な経済成長で生まれた利益が政府・財閥同盟の懐に入りすぎていると批判された。夜間外出禁止令が課され、憲法批判は犯罪とされ、政党－政治への反対――旧憲法の下では一度も効力はなかった――は、国家安全企画部（ＫＣＩＡ）による大統領の敵対者の投獄、拷問により骨抜きにされた。

朴正煕を「韓国式の民主主義」の道から遠ざけたものは三つあった。まずは、朝鮮民主主義人民共和国の持続的な脅威である。中国との緊張緩和とベトナム戦争敗北の結果、米国が駐韓米軍の兵数を六万二〇〇〇から四万二〇〇〇に減らしたことに起因するものだ。二番目は、産業の財務と労働に対するより厳しい政府の統制を大統領が熱望したこと、三番目は、大統領夫人が殺害された、一九七四年の大統領暗殺未遂事件の心理的な影響である。一九七九年一〇月には、朴正煕が野党のリーダーだった金泳三《キムヨンサム》を国会から除名したことにより、大規模な暴動が起きた。その数週間後の一〇月二六日、朴正煕は中央情報部部長金載圭《キムジェギュ》の銃弾に倒れた。

陸軍本部保安司令官だった全斗煥《チョンドゥファン》は速やかにKCIAを掌握した。そして憲法を停止し、大学を閉鎖し、政治集会を禁止し、金大中や金泳三ら政治指導者を逮捕した。武力によるデモ鎮圧が続き、一九八〇年五月に山場に達した〔光州事件、光州虐殺、五・一八民主化運動などと呼ばれる〕。特殊部隊が全羅南道の光州で一〇〇〇人以上〔五・一八民主遺功者遺族会と負傷者会、五・一八記念財団などの四団体が公式に発表した統計資料では、死亡者は六〇六人とされている〕のデモ隊員と市民を殺害したのである。これは、中国でその九年後に起きた天安門広場の虐殺と同じくらい悪名高い事件である。光州事件は、火薬庫に到達するまでに七年かかったジリジリと燃える導火線に火をつけた。

この急進的な時代の学生たちは、一九六〇年代に生まれ、一九八〇年代に政治運動をし、重大事件が起きた一九九〇年代に三〇代だったことから「三八六世代」と後に称されるようになった。かれらは独裁者の米国式民主主義に対抗して、マルクス主義を学びはじめた。当時の三八六世代たちは、一般の学生の関心事であるセックスやポップミュージックなどではなく、政治や社会の変化、さらには毛沢東主義などについて話していたという。

一九八〇年八月、大統領権限代行に就いていた崔圭夏《チェギュハ》が辞任した。全斗煥は一時的に権力を掌握し、その後一九八一年二月に大統領として承認されると、軍事政権が終結する見通しは立たなくなった。

全斗煥大統領時代は暴動、ストライキ、政治的抑圧といった不幸なニュースばかりだった。米国は全斗煥を制御できていないと批判され、韓国人の反米主義は光州で行われた虐殺と結びついていった。朝鮮民主主義人民共和国との交渉は効果が上がらず、一九八三年のラングーン事件では、全斗煥自身は難を逃れたものの、共和国が仕掛けた爆弾により韓国の閣僚たちが殺害された。韓国の国際イメージを高めるための世界行脚や、一九八三年の日本との間での経済援助と融資の合意取り付けなども行ったが、全斗煥大統領時代において最も評価された二つの点は、皮肉にもその任期終了時のものだった。すなわち、後継者の選挙と、全斗煥政権が誘致し準備を開始したソウルオリンピックである。

それまでの韓国では、選挙で選ばれた大統領はいなかった。全斗煥は自らと同じ元将軍の盧《ノ》泰愚《テウ》に大統領職を譲ろうとした。盧泰愚は全斗煥が権力の座に就くために大きな役割を果たし、自身は第五共和国の下で重要なポストに就いていた。しかし、全斗煥のこの提案に国民は激怒し、警察の弾圧に対しても怒りが溜まりに溜まっていたことから、一九八七年六月一〇日から二週間にわたって全国的なデモが起きた。このいわゆる「六月抗争」により、盧泰愚は一二月の選挙実施を約束せざるを得なかった。そして盧泰愚は得票率三六・六パーセントで大統領に当選した。

もしも、金泳三と金大中の二人の金（そして三番目の金である金鐘泌も立候補し、八パーセントの票を得た）が、当初計画していた通りに候補者を一本化できていたなら、盧泰愚は敗北していただろう。反対票は金泳三と金大中の間でほぼ均等に分かれた。これは朝鮮の政治党派主義の変奏だったが、韓国が民主化を学ぶにあたっての貴重な教訓となった。

第六共和国を率いた盧大統領は、政党政治と報道の自由に対して以前よりもリベラルな態度を取った。一九八八年から一九九三年までの盧泰愚大統領の任期は、民主主義の誕生を記すものとして称賛された。だが、国家保安法による大量逮捕は続き、労働者たちは依然として労働差別反対を掲げてストライキを行った。盧泰愚大統領自身も不正に手を染めていた。

一九九六年にその後を引き継いだ金泳三大統領は、贈収賄、腐敗、反乱、反逆の容疑で盧泰愚と全斗煥を裁判にかけた。全斗煥は金銭にひじょうに節操がなく、二二〇五億ウォンの賄賂を受け取ったという話をみな信じた。当初は全斗煥には死刑判決が、盧泰愚には二二年の懲役刑がそれぞれ言い渡されたが、金泳三大統領とその次期大統領となる金大中による赦免の建議により、二人は一九九七年後半に釈放された。全斗煥とその妻は、裁判前に身を潜めていた寺〔白潭寺〕に戻った。

金泳三は軍人出身ではなかった。新たな社会政治状況の主導者である三八六世代は、民主化とコスモポリタン主義の機運の高まりを受け、韓国をグローバリゼーションの最前線に押し出すための施策を支持した。一九九七年には、世界貿易ですでに果たしていた役割を認められ、経済開発協力機構（ＯＥＣＤ）への加盟が許可された。大きな進歩ではあったが、金泳三は一点の曇りないまま任期を全うすることはできなかった。市民たちの粗削りな正義を政権はいまだに恐れていた。一九九三年から一九九八年の間に、国家保安法の下で三四三八人の逮捕が行われ、集会とデモを取り締まる集示法違反によって一万三三五七人が逮捕された。政府と財閥の危うい密通は、一九九七年秋、大手鉄鋼会社の韓宝《ハンボ》と起亜《キア》自動車が倒産した後に陥った経済危機で浮かび上がった。金融スキャンダル事件が金泳三の家族を襲った。後任となる金大中の選挙を妨害し、中傷的な告発を行いそれを広めたという違法行為を批判されもした。

金大中が一九九八年に大統領官邸である青瓦台に足を踏み入れたとき、かれは七四歳だった。金大中は青瓦台のかつての住人すべてと敵対していた。誘拐され、投獄され、死刑を宣告され、亡命し、二回の暗殺計画を生き延びたのだ。その大統領選挙は型破りのもので(かれは初の全羅道南西部出身の大統領でもあった)、在任中のエピソードはかれの未来志向への断固たる姿勢を示している。金大中は古くからの仇敵であり、当初は同じ大統領候補だった金鍾泌を国務総理に任命した。二〇〇〇年に制定した名誉回復法により、それまでの政権下で苦しんでいた民主化運動の活動家――その大部分は学生と教師だった――に補償が行われ、二〇〇一年には国家人権委員会が設立された。女性家族部も創設され、韓国社会で家父長主義廃止の議論が始まった。金大中大統領は就任と同時に経済危機に直面し、国際通貨基金(IMF)の救済措置を受け入れ――他に選択肢はなかった――、銀行や財閥など競争のない組織の解体に同意した。

金大中は朝鮮民主主義人民共和国との緊張緩和に熱意を示し、二〇〇〇年にピョンヤンを訪問して金正日《キムジョンイル》総書記と初めて首脳会談を持ち、同年その「太陽政策」によってノーベル平和賞を受賞した。チョウセントラは自信を取り戻した。とはいえ、名誉回復法と疑問死真相究明委員会(二〇〇〇年)は、遺族団体による長い運動の末にようやく設置されたものである。

金大中が離任した二〇〇三年の時点でも、まだ金融、製造システムの根本的な改革が必要だった。朝鮮民主主義人民共和国との間にはいまだに協力関係がなく、不信に満ちたままだ。金大中の二人の息子が収賄で逮捕され、不正事件の疑いも生じた。ほぼ全家庭がブロードバンド受信をし、地下鉄の乗客がみな携帯電話を持ってはいても、社会基盤を変えるには長い時間がかかる。二〇〇四年三月、ドイツ・ミュンスター大学の宋斗律《ソンドゥヨル》教授は、親北的な主張を公然と行ったとして、「スパイ」容疑により国家保安法違反で懲役七年を宣告された。二〇〇二年に選出された盧武鉉《ノムヒョン》大統領は、有権者たちにこの法律の廃止を個人的に願うと語ったが、反対勢力からの激しい抵抗が続いた。

歴代大統領たちは、政治的な説明責任を果たしていない。その抑圧的行為に対する批判に対し、朝鮮民主主義人民共和国の差し迫った危機に対処するための毅然たる権威、継続的な米国政府の支援、目覚ましい経済的進歩といった実証的事実を主張できたからだ。その間には、近代の西洋（と近年の韓国）の概念に照らすとあまりにも多くの人権侵害があったが、一九五三年から韓国の人々はこの国をここまで持ってきた。だが、「眠れる森の美女」に登場するパーティーに招待されなかった悪い妖精のように、北の政権はソウルでの勝利をすべて台無しにしようとした。

朝鮮民主主義人民共和国

休戦後の朝鮮民主主義人民共和国の歴史は、よくいえば統一を望む朝鮮の民族主義者たちに深い失望を与えるもの、悪くいえばそこの住人の権利と幸福を望む者にとっての政治的、人道的な災難だった。金日成《キムイルソン》はスターリンが選んだ指導者だった。当初は、天然資源と大衆の支持という二点で、李承晩政権よりも優勢にあった。一九六〇年代にかけてはソ連圏と中国が援助を行い、アジアで最も進んだ工業国である日本を追い上げる手助けをした。だがこうした援助は、朝鮮労働党と金日成個人の指令によって損なわれた。一九四〇年代の人民委員会は、金「王朝」という疑似帝国の独裁政権のせいで、一般大衆の意見を代表する有効な手段に切り替えることはできなかった。最高人民会議は表向きのもので、中央人民委員会、政務院、国防委員会を通して運営された権力集中制が、政治活動をがっちりと握っていた。朝鮮労働党（総書記－金日成）、朝鮮人民軍（司令官－金日成）、金日成指導下の秘密警察が、政策決定とその管理を掌握していた。朝鮮労働党中央委員会の開催は不定期で、大半の人々が所属する大衆組織は朝鮮労働党の統制下にあった。民主女性同盟、民主青年同盟、科学者、工場労働者、農業労働者、芸術家、作家、その他の職業団体である。

地方では一九五四年の農村協同組合の組織が中国の土地改革を模倣したが、中国で一九五八年に始まった人民公社のようにはいかなかった。協同組合は富農にとっては何の得にもならなかったが、貧農にとっては利益をもたらしたとみられる。これは、朝鮮労働党のもう一つの指令ツールとなった。

金日成の政策、行為、発言は、中国の毛沢東が享受したのと同等の称賛を受けるようになった。そびえたつ台座に「偉大な指導者」を戴く個人崇拝である。南北双方で最も人気の高かった共産主義者は、金日成に次ぐ副首相で外相だった朴憲永《パクホニョン》だろう。金日成は一九五五年（一九五六年一二月一五日か一九日との説もあり〕に、未来の政敵たちへの警告として朴憲永を処刑した。それ以後は突出した人物は現れなかったが、さらなるパージが行われた。

一九六二年の第三次最高人民会議選挙で姿を消した人々のうちの一人は韓雪野《ハンソリャ》〔一九〇〇年生〕である。朝鮮民主主義人民共和国人民委員会教育部長〔一九五七年からは内閣教育文化相〕で、一九四八年から一九六二年まで朝鮮文学家総同盟の委員長を務めたベテランの共産主義作家である。同時期には、著名な舞台俳優の沈影《シムヨン》や崔承喜《チェスンヒ》らも失脚した。

一九七二年、金日成は新しく制定された社会主義憲法下で主席となった。また朝鮮労働党委員長の地位を維持し、中国皇帝に倣って自らの息子を後継者に選んだ。一九六〇年に中ソ論争により両者の関係が破綻した後、金日成は細心の注意を払いつつ、この二人の偉大な指導者に対する忠誠のバランスを取った。同時に、あらゆるものを含むスローガンとして独自の政治哲学「チュチェ」を掲げた。チュチェ思想の重要性が初めて強調されたのは一九五五年一二月だが、その後半世紀もの間、すべてのものの背後にあるインスピレーションの源泉として引かれることになった。それは鉄鋼生産、音楽制作、思想形成から、水準の向上のためにたゆまず努力するよう促したり、個人を組織に従属させたりすることにまで及んだ。チュチェは事大主義へのアンチテーゼだった。古い思想である事大主義は、今や事大根性と批判されるようになった。

ピョンヤンが偉大な指導者の業績について宣伝を続け、他方で韓国の援護を受けた米国がベトナム戦争によってその評判に傷をつけると、周囲はしだいに用心深く深くなっていった。分断された朝鮮半島についての問題をめぐって国連総会で投票する際、一九七五年まで南北はほぼ同数の得票を得ていた。朝鮮民主主義人民共和国は巨額の費用をかけてアフリカ全土に大使館を置き、ギニアからジンバブエまで、建設、農業といった明らかに有用なものから、軍事訓練、彫像建造などのひじょうに疑わしいものに至るまで、さまざまな支援プロジェクトに財政援助を行った。

だがその後、世界経済の方がイデオロギーよりも重要だということが、世界の外交において認識されはじめたように、五年計画、六年計画が連続して失敗すると、朝鮮民主主義人民共和国経済は転落した。一九七五年に二九・四パーセントだったGNPに占める対外貿易の割合は、一九九四年には一〇パーセントにまで落ち込んだ。朝鮮民主主義人民共和国は世界からどんどん孤立していった。一九八九年に共産主義が崩壊すると、さらにその傾向は加速した。「チュチェ」は、強い経済力があれば自信を示せたかもしれない。

しだいに弱点が大きくなると指導部は捨て身となり、欺瞞を後押しした。目的達成のために政権は破壊、脅迫、犯罪行為に転じた。韓国人たち、とくに学生の間で韓国大統領の独裁に対する憤りや怒りを煽ることは、秘密工作員たちにとっては難しいことではなかった。一九八三年一〇月に北の工作員たちは、ラングーンの観閲台で韓国の内閣のメンバーを数多く暗殺した。一九八七年一一月二九日には、テロリストがイラクからソウルへ向かう大韓航空機を爆破した。貧困に苦しむ自国の過重な支出を補填するため、世界各地の共和国外交官が薬物取引に関わったという証拠も積み上がった。何よりも優先されたのは、寧辺《ヨンビョン》の実験炉を使った核計画だった。ソ連が一九六二年にそれを設置したとき、四〇年以上後にもこの原子炉が世界平和の最大の脅威の一つとなっているだろうと考えた者はほとんどいなかっただろう。

金正日（一九四二―二〇一一年）は、一九九四年の父、金日成死去後の試練に立ち向かうことを表明し、海外の専門家たちを驚かせた。金正日自身は主席となることを避けた。この新たな最高指導者の称号は、後に国家最高位となる国防委員会委員長だった。大方が予測したような金正日への軍事クーデタが実現しなかったばかりか、「親愛なる指導者」はまもなく対外関係の策略家であることを示してみせた。朝鮮民主主義人民共和国は一九八五年に核不拡散条約に調印したが、IAEAは一九九二年には同国が核兵器製造施設を開発したと疑うようになった。一九九四年、ピョンヤンは米国と国連からの譲歩を得るため、国際的な危惧を利用し、核兵器開発を凍結する代わりに軽水炉二基と経済援助を得る約束を取り付けた。一九九八年八月三一日には、三段式ミサイルの発射実験を日本上空を越えて実施してプレッシャーをかけ、その直後に重工業に経済的重点を置くという声明を発表した。

だが、農業への比重が減じるにつれ、飢餓に苦しむ一般市民を懸念する声が世界中で高まっていった。一九九九年五月一七日、政府は過去四年間に二二万人が餓死したことを認め（ブルース・カミングスによれば六〇万人、ある激情型の評論家は四〇〇万人と推定した）、このとき世界保健機関（WHO）とユニセフは、首都ピョンヤンに初めて事務所を置いた。二〇〇一年の九・一一の後、ピョンヤンはテロを非難し、国連大使の李亨哲《リヒョンチョル》が対テロに関する二つの国際条約に署名した。それにもかかわらずブッシュ大統領は、朝鮮民主主義人民共和国政府の核使用に対し、クリントン前大統領よりもはるかに厳しい路線を取った。ピョンヤンはウラン濃縮工場を再開してこれに報復した。

考察　未来志向か過去志向か

朝鮮戦争休戦以来の朝鮮史の万華鏡には、これまでに本書で各時期の政治を見ていく中で出てきた、四つのパターンの再現がみられる。大衆による政治的な意見表明の制限、外国が後ろ盾する期間、政治的自立性の誇示、権威を支えるための文化の利用である。これらはいずれも統一への強い衝動を示している。

統一を実現できないでいることへの不満

一九七二年八月二九日の正午ごろ、ソウルの街から人気がなくなった。待避施設に逃げ込む――たいてい中途で放棄するが――、いつもの空襲避難訓練のためではない。国際赤十字のチームが、朝鮮民主主義人民共和国から初のテレビ生中継をするからだった。ソウル市民は、欧米人たちが一九六九年七月二〇日に月から送信された映像を初めて見たときのように、朝鮮戦争後のピョンヤンを初めてみられると興奮した。

広開《クァンゲ》土王《トワン》時代、金庾信《キムギョンシン》、妙清《ミョチョン》、李成桂《イソンゲ》、そして朝鮮半島の人々は、朝鮮が統一されるべきだとつねに考えた。なるほど「朝鮮半島は、現代の朝鮮半島に暮らす人々が想像するような統一体であったことは一度もなかった」（ジーナ・バーンズ Gina Barnes）かもしれない。だが、分断されていることへ罪悪感は、現代の朝鮮、少なくとも韓国側では明らかにみられるし、赤十字のピョンヤン訪問は統一へ歩を進める前兆と思われた。だが板門店での休戦協議が長引き、赤十字訪問後にも南北の住民間での手紙のやり取りすら行われなかったことから、希望は再びしぼんだ。

一九八〇年、朝鮮民主主義人民共和国はそれぞれのイデオロギーを認め合う過渡的な二体制国家である「高麗《コリョ》民主連邦共和国」を提案した。その準備段階として、韓国の反共法廃止と米軍撤去を要求したが、この時期の韓国の困難な政治的状況からして、これはどう考えても非現実的だった。その後、南はどんどん豊かに、逆に北は貧しくなり、八〇年代末に突然ドイツの分裂が終焉を迎えた後に生じた経済的、社会的問題を見た韓国人たちは用心深くなっていった。

一九九一年、韓国がそれまで提案し続けていた国連への二国家同時加盟に朝鮮民主主義人民共和国がついに合意したとき、南北の枠組みはこれまで以上に堅固なものになったように見えた。それにもかかわらず諦める者はなく、一九九二年には和解、不可侵、交流、協力について南北が合意した。だが、一九九四年の金日成死去の際にはその効果はみられなかった。金泳三大統領が北の指導部に何らの哀悼の意も表明しなかったため、非武装地帯の北側だけではなく南側も陰鬱な空気で覆われた。

少なくとも南北関係を和らげようという金大中大統領の決断は、一九九七年の選挙で情緒的な支持を得た。北はこれを疑わしいものと受け取った。一九九八年四月の北京での協議では北が主導権を握っていたにもかかわらず、離散家族たちが会える恒久的な場所を設けるという南の要求を拒否した。だが金正日は、国連を通じた報道発表では南北関係改善の必要性を強調した。

その背後ではさまざまな動きが起きていた。現代《ヒュンダイ》グループの創設者で北朝鮮出身の鄭周永《チョンジュヨン》は、金大中の私的な勧めに従ってピョンヤンを訪問した。金正日はその見返りを期待して、現代と観光提携を結ぶことを許可した。韓国企業による非武装地帯以北の小規模製造企業への投資も許可された。朝鮮半島の端から端を結ぶ鉄道再建作業も始まった。韓国は、飢餓に苦しむ隣人への人道支援の最大の担い手となった。性急な統一よりむしろ両国間の互恵関係の開放を望み、また、長期にわたり離散状態にある家族の再会の機会が増えることを期待する、楽観的な韓国の人々もいる。

政治的見解の表明

激しく破壊的な内戦からの回復は決してたやすくはない。一九五三年以降の朝鮮のように、両者がそれぞれ勝利を主張してはいても平和が訪れず、戦争も終結していない場合、復旧は長い道のりとなるだろう。植民地時代と混乱した日本敗戦後すぐの朝鮮復興は、原状回復を意味するものとはなりえなかった。朝鮮は近代において自治を行った経験がなかった。朝鮮人は一九三〇年代から一九四五年まで、自らの言葉や名前を使用することすら許されていなかったのだ。

韓国は、米国という大国の後見のもとで、新しい政治技術を学ぶことを要請された。このとき米国自体も、冷戦と原子力時代、マッカーシー時代、人種と民族、性の解放の問題との格闘を通した、伝統的な態度や行動の根本的再評価のただ中にあった。はじめはソ連の、次に中国の恩義を受けた朝鮮民主主義人民共和国は、自治の技術を学ぶ機会が少なかった。南北ともに、伝統的な正統化の概念に基づいた権威主義的支配と、ヒエラルキーと優位者の尊重を唱える新儒教といった、なじみのあるパターンに逃げ込んだ。

中国では一九一九年の五・四運動で儒教批判が行われ、その後も一九五〇年代初期に思想改造運動、一九六六年から七六年にかけては文化大革命、一九七三年には反儒教運動〔批孔批林運動〕が起きた。それは親族間の忠誠心や関係性に対する責任と、年長者および慣例の尊重といった強い感情に関わるものだった。二〇世紀の日本では、厳格なヒエラルキー、軍隊の遺産としての義務と自己犠牲の精神、大財閥の労働者に対する包括的なケアという形で儒教の伝統は生き長らえた。

南北朝鮮で儒教は、社会と経済においてみられる。朴正熙のセマウル運動、金日成の一九七四年の三大革命小組運動（青年活動家のチームを工場などの職場に派遣し、歌や金正日の著作の学習を通して革命的熱情を促すもの）といった「奨励」キャンペーン、一九八八年のソウルオリンピックと二〇〇二年のワールドカップという世界規模の事業への、高度に統制された大人数の参加、模範の役割と古代および現代の英雄の誇大な称賛などだ。なおブルース・カミングスは、金日成の個人崇拝をスターリン主義ではなく道教に基づくものとみなしている。

朝鮮半島におけるもう一つの中華帝国式のものといえば、法の執行を補助する軍隊や秘密機関だった。儒教原則とは正反対に位置するものだ。韓国では名誉回復法制定後、政府による弾圧の犠牲者一万八〇七人が認定された。多くの自殺者を含む軍事政権期の五〇七人の死は、政府による不適切な圧力の結果だろう。また、疑問死真相究明委員会による調査の結果、疑問死八〇件も認定された。一方、朝鮮民主主義人民共和国の党と軍による犠牲者数は分かっていない。

朝鮮民主主義人民共和国の政府組織は、王朝時代の一枚岩的なピラミッド構造と同じものだった。地方では朝鮮労働党が朝鮮人民軍によって支えられ、兵士は毛沢東時代の中国のように農地で農民とともに働いた。それは両国における「党指揮槍（党が銃を指揮する）」の例であり、政権、監察、軍隊の三位一体の指令体制にある帝国の伝統の延長だった。儒臣は「同輩中の首席」だった。日本の徳川家はその幕政期に、規律の重視を卓越した軍事力へと転換させ、一九三〇年代の軍部の台頭への道を拓くことになったが、このような儒教解釈とは対照的なものだ。

この北東アジア三国は、選挙なしでの寡頭政治が国家または特定の人々の利益に沿う決定を下す、という伝統的な認識を持っていた。天の人々に対する帝国の責任という儒教理論にぎこちないながらも調和しているが、これは説明責任の不在につながった。それはまた、協定や条約の遵守において、原則に基づいた尊重の代わりにその場しのぎの態度を取らせた。中国や朝鮮民主主義人民共和国では、中国人民代表大会や朝鮮労働党党大会での政策立案で本音をいうことはないが、そのために朝鮮民主主義人民共和国の指導部は国際問題において信頼できないという評判を得ることになった。その例として、一九九二年のＩＡＥＡとの合意無視や、休戦以来、事実上の南北境界線だった北方限界線を一九七三年一二月に拒否したことを例に挙げる者もいるだろう。一九九九年六月と二〇〇二年七月には、朝鮮民主主義人民共和国が新たに引いた境界線を越えた場所で武力衝突が起きた。

公平のためにいうなら、どの国であっても条約遵守において一方だけが善や悪だということはあり得ないし、約束を破ったと他国を批判する際に「聖人ぶった」態度を取ることもできない。忘れてはならないのは、北の外交政策への批判のほとんどは、その敵たちによって行われているということだ。当時米国は、朝鮮戦争に対する長年の手厳しい批判を、朝鮮民主主義人民共和国と朝鮮労働党のせいして和らげてきた。韓国政府ですら、ブッシュ大統領が「悪の枢軸」の一つとして同国を名指しで非難したときには、行き過ぎだとの見解を示したほどだ。

韓国にしても、自国の独立をどうにか維持するためには米国の支援に依存しきるのはいまだに不安だった。民主化への移行はのろのろとしたもので、そこには一貫した説得力もなかった。最初の三人の大統領はそれぞれ不幸な形でその任期を終え、最も大衆的に選ばれ民主主義的傾向があった次の二人ですら、スキャンダルによってその評判が損なわれた。第六共和国までのすべての政党は、大統領の不公正かつ違法な妨害と闘わなければならなかった。このように、朝鮮王朝の党派主義を思い起こさせるような形で、韓国は自国とその原則を形成、あるいは再形成していったのだった。

民主主義は東アジアの伝統としては確立されていなかった。戦後日本の指導者たちは「国民の意志ではなく、『天皇の意志』を尊重する」（ハーバート・ブリックス Herbert Blix）システムを巧みに作った。韓国では、朴正熙の「韓国式の民主主義」は金日成と同様に軍事政権頼みだったが、国家保安法はいまでも機動隊の存在を正当化している。

群衆支配とその操作は、南北朝鮮の芸術にも持ち込まれた。韓国が世界に印象づけたいのは、一九八八年のオリンピックの開幕式と閉幕式での複雑な振り付けや、二〇〇二年のワールドカップで韓国チームが勝ち進んだ際、歓喜する群衆で市庁前が埋め尽くされた図だ。逆に、一九八七年六月一〇日に全斗煥大統領司令下の武装警察が、抗議する学生たちの群れに催涙ガスを打ち込んだ光景は、忘却されることを望んでいる。

朝鮮民主主義人民共和国の人々も、折に触れて祝い、デモンストレーションを行う。一九九四年七月八日に「偉大な指導者」が死去したとき、通りで泣き叫んだ数千名の嘆きは間違いなく本物だった。だが西側の人々は、それらの集会すべてが政治的に命令されたものだと決めつける傾向があったようだ。

朝鮮では、公に感情を表すことが昔から行われてきた。一九一九年三月一日や一九六〇年四月一九日に街を行進した人々とは対照的に、一八九七年一一月二一日に閔妃《ミンビ》の棺台が通り過ぎるのを見送るために沿道に並んだ人々は、感情を沈黙で隠した。いまも昔も権力というものは、それが不適切とみなした動機からくる人々の感情の表出を抑えようとするものだ。だが孟子が認めたように、最後の手段として不満を暴力で表現する権利を人間は持つ。もし、苦しみが単なる苦難を超えて真に耐え難いものになった場合、天は政策ひいては支配者までも変えようとする人々の要求を後押しするだろう。

朝鮮民主主義人民共和国において金「王朝」は、正当な反乱の可能性すらも超越して、人々の身体や精神を押しつぶしてきたようにみえる。しかし韓国では、「正当性をめぐる闘争」（ケネス・ウェルズ Kenneth Wells）である民衆運動は、権力層の政策に無頓着なポピュリスト・ナショナリズムの表現となっていった。朴正煕のセマウル運動については、一九七六年以降に政府の指導が強まり、腐敗が広がり、農村部の人々が声を上げることを学んでいくにつれ、それに人々が魅了されることはなくなっていった。平和的な群衆支配はむごい結果をともなって失われ、光州事件へのカウントダウンが加速していった。

外国による援助への依存

ここまで読み進めてきた読者たちは、ここで外交関係の重要性について繰り返しても、もう驚かないだろう。今度は二〇世紀後半の、尊厳と国際的地位の回復を切望する南北朝鮮についてである。休戦後、韓国は米国と日本に、朝鮮民主主義人民共和国はソ連と中国にというように、外国の大国に依存し続けた。必然的だったという認識はあっても、「大国に仕える」という恥ずべき結果は払拭できなかった。「自強」（洋務運動）は一九世紀の中国の政治家たちが掲げた目標だった。ほぼ一世紀後の朝鮮人たちは現実的で、外国からの援助の必要性を否定しなかった。だが、両朝鮮ともに政治的自決権である「自主」を迅速に実現することを切望しており、これはおそらく自国の近代化の課題として追求されていた。それは明治時代の日本ではうまくいった。金日成も朴正煕も、「チュチェ」を使って人々を駆り立てた。金日成はさらにそれを思想統制の武器にした。

米ソは、休戦後の朝鮮も含め冷戦後の世界を二極化した。もともと根深い情熱などなかったにもかかわらず、南北朝鮮はイデオロギー競争に巻き込まれ、ワシントンとモスクワの列に連なることになった。朝鮮《チョソン》王朝後期に欧米諸国がもたらした恩恵があったとしても、そのときでさえ、西洋諸国自体への政治的な反感は、すでに昔からの中－日対立に巻き込まれていた朝鮮をさらに苛立たせるものとなった。皮肉にも、欧米覇権主義とそれに対する東アジアの本能的な嫌悪感が、中国という「東側」の昔ながらのチームリーダーを復活させることになった。

中国は休戦直後、同盟国である朝鮮民主主義人民共和国の戦争債務を帳消しにし、経済支援を行った。ソ連が中国への借入金の返済を拒否したことを考えれば、これは特別な意味を持つ行動である。この二つの巨大な共産主義国家は、激化する競争の中で朝鮮民主主義人民共和国における重工業の産業基盤の再建を支援することで影響力を競い合い、金日成はその双方から利益を得た。歴史的、文化的、民族的なつながりは中国の強みとなった。ソ連の影響力が減少すると、中国が共和国の国際問題における一番の支援者となったが、金日成はそのどちらとも関わりあうことを注意深く避けた。

冷戦と朝鮮戦争により、韓国は台湾と否応なしに連携関係を結んだ。両国とも抑圧的な政権で、海外に向けて良いイメージを作り出すのに苦心していた。ソウルオリンピック成功によって、その経済的な「奇跡」が無視できないものだということを世界に知らしめた韓国は、日本、米国、台湾への外交的な依存を振り払いはじめた。ロシアとの関係は改善され、中国との関係はそれよりもさらに良好になった。盧泰愚大統領は、一九八九年の天安門事件後の中国に対する国際的な制裁に加わることを拒否した。中国の国際貿易促進委員会と韓国貿易振興公社は、一九九〇年のアジア大会開催中にソウルと北京に常設の貿易代表部を開設し、さらに関係を深めた。中国の大学寮では、学費を支払う経済力のある韓国の留学生が、朝鮮民主主義人民共和国からの学生に取って代わった。そして一九九二年、韓国は台湾と断交して中国に国家承認を与えた。

中国が利己的にも南北朝鮮に同程度の比重をかけたことにより、朝鮮民主主義人民共和国との緊張関係が生じたのは、当然の帰結だった。金日成のチュチェ思想の理論的支柱だった高官黄　長燁《ファンジャンヨプ》が一九九七年に北京とフィリピンを経由して韓国に脱出すると、共和国はとりわけ不快感を募らせた。その一方で、中国政府が二〇〇三年後半に朝米関係の緊張を和らげるために仲介役を果たしたことで、ひそかに胸をなでおろしたことだろう。

　朴正熙による日本との関係改善は韓国に経済的利益をもたらしたとはいえ、国民からの支持はほとんど得られず、両国の不和も癒せなかった。李舜臣《イスンシン》と閔妃の記念碑を建立しても、一九六五年の韓日基本条約に含まれた、朝鮮への過去の加虐行為に対する日本側の謝罪〔条約文中には「謝罪」に当たる文言はない〕が不十分だという韓国国民の不満は和らげられなかった。条約で定められた在日朝鮮人の日本居住権の保証等も、在日朝鮮人差別を解決できなかった。

　かつて合意された独島《トクト》〔竹島〕の一二マイルの漁業ラインは漠然としすぎていたため、領有権をめぐる争いは未解決のまま残され、一九九七年と二〇〇一年に再び勃発した。一九九八年と二〇〇一年の小渕恵三首相と小泉純一郎首相による過去に対する謝罪も、まだ不充分とみなされた。一九九〇年には、盧泰愚大統領が壬辰倭乱後に友好関係がすぐに回復し、それが長く続いたことに言及して和平を申し出たにもかかわらず、韓日関係は引き続きジェットコースター状態だった。一九九六年の金泳三大統領と橋本龍太郎首相との首脳会談では、地域の平和を強化するためにスポーツと文化で連携することが約束された。

　しかし二〇〇一年、韓国政府は日本の学校教科書の第二次世界大戦に関する記述と、戦死者を祀る日本国家主義の中枢である靖国神社に小泉首相が参拝したことに反発した。大方の予想に反して、二〇〇二年のワールドカップ共催は憎しみ合うことなく行われたが、二〇〇三年、韓国の外交部は、複数の国々に囲まれた海域に一国の名前をつけるのは不適切だとして、「日本海」という名称と、より古くから国際的に呼び習わされてきた「東海《トンヘ》（East Sea）」という名称を併記すべきだと主張する小冊子を発行した。小泉首相が靖国神社を二〇〇四年の新年に参拝し、「すがすがしい気持ちがします」と述べて韓国と中国を再び憤激させた二週間後、韓国は独島の郵便切手の発行を発表して波風を立たせ、両国の論争には再び火がついた。

中国と同様に、日本は韓国との経済的関係から利益を得つつ、朝鮮民主主義人民共和国に外交と商業の門戸を開放しようとした。米国は、日本を米朝間の連絡に役立つ仲介者とみなした。日本の大規模な在日朝鮮人コミュニティには共産主義体制を支持する人々がおり、朝鮮民主主義人民共和国はそれらの人々による親族宛の送金に依存するようになっていった。だが一九九八年八月に日本列島を越えてテポドン一号が発射されると、南北朝鮮間の紛争から距離を取ろうとする日本独自の取り組みは極めて緊迫したものになった。その後、二〇〇二年九月にピョンヤンを訪問した小泉純一郎首相は、金正日総書記のミサイル発射停止の約束を取り付けた。

文化の堆積物

政府と芸術

南北朝鮮はともに、国家意識を高めて自らの正統性を確固としたものにするために芸術と文化を政治利用した。北がほぼ絶え間なく芸術家たちを制限してきたのに対し、南では軍事独裁政権時代の間じゅう、そして民主化時代に入ってからも進化と発展を遂げた。

韓国では一九五九年に地域文化祭が各地方で導入され、毎年開催されるようになったが、正統性が公演の良しあしを決めるのではないことはじきに明らかになった。たとえば仮面劇は毒を抜かれ、支配層を風刺する場面を切り捨てて社会批判を逸らそうとした。朴正煕は文化復興が経済復興に不可欠だとして、国民たちを意のままに操ろうとしたが、一連の措置により自らが文化に関心を抱いているかのような印象操作をした。それらの措置は社会集団、伝統的活動、経済的の未来についての政府の見解を誘導する手段となった。

一九六二年には文化財保護法が制定された。これにより韓国政府は、国の文化財を有形文化財、無形文化財、民俗文化財、記念物（*Picture Essay 29*）に分類し、その保護を訴えた。この制度を受け、ジャーナリストのイ・ヨンへらによって先駆的な調査とロビー活動が行われた（日本の国会は一九五〇年に同様の法令を導入しているが、ここにも朴正煕の日本モデルへの称賛が見て取れる）。その四年後、韓国政府は総督府が持ち去った朝鮮の文化財を返還するよう、日本政府に対して求めた。一九六八年には韓国文化情報院が創設された。

初の長期戦略である一九七二年の文化芸術振興法は、より大きな経済計画の一環となる文化発展のための五か年計画と併せて制定された。その計画とは、一九七三年の韓国文化芸術財団発足、文化芸術振興基金の導入、韓国映画振興委員会結成などである。朝鮮古典文学を漢字からハングルに翻訳する作業が急いで行われ、一九七九年には韓国学中央研究院が開設された。これらの措置はみな肯定的な意味を持つものだったが、逆に民衆運動に参与した愛国者たちのプライドを硬化させ、政府による芸術検閲だという批判を強めることにもなった。

北でも南でも遺跡や文化遺産が保護され、新しい記念碑や廟が建立された。檀君《タングン》聖殿、李舜臣将軍や金日成の生家など、政治的に有利となりうるものが、意図的な特定の方法で作り替えるために選び出された。北では考古学的研究が奨励され、一九七七年には朝鮮中央歴史博物館が建設された。南は大学での考古学研究を奨励し、博物館はその成果を展示した。

一九七二年には、景福宮《キョンボックン》の敷地内に建てられた伝統的なパゴダを戴く韓国国立中央博物館が〔再移転して〕建てられた。一九七五年以降には、韓国第一共和国時代の六つの地方分館に代わる建物が建設された。イメージに振り回された文化政策に則ったものではなく、地域的、歴史的な性格を反映した個性的で想像力のあるデザインだった。だがこの博物館をめぐってソウル市では論争が起こった。それ専用の建物としては拡大しすぎたために、一九八六年に国立民俗博物館としてこの建物は引き渡され、近くの旧朝鮮総督府に移転したのだ。ここは広々として見栄えは良かったものの、理想的な博物館の要件には適していなかった。とはいえ、金泳三政権が一九九七年にナショナリズムを露わにしてそれを取り壊したときには、多くの人々、とくに海外の擁護者たちから反対の声が上がった。その後、韓国の建築会社がデザインコンペで勝って建てた新しい建物は、世界トップクラスの博物館となった（二〇〇五年一〇月に新設された国立中央博物館は、世界で六番目の大きさといわれている）。

南北両体制ともに、文化を社会的統制のための正当な手段とみなして芸術的自由を制限し、そこからはみ出した人々を迫害した。北では、芸術において社会主義リアリズムにひじょうな重点が置かれ、笑顔の製鉄所労働者、自己犠牲的な兵士、偉大な指導者に挨拶する農民たちの光景など、中国人芸術家が制作したようなものを複製した。南では、朝鮮日報社が一九五七年に現代作家招待美術展を開催した際、人々の苦悩を表現した絵が大量に展示されたことに政府が危機感を募らせ、一九六一年に政府主催の大韓民国美術展覧会シリーズを立ち上げた。これは、芸術家たちによる個人の感情の表現を押さえつけるため、痛みを和らげて気を逸らすような題材と方法を奨励するという、朝鮮総督府の実を結ぶことのなかった政策の延長だった。

韓国の前衛運動はこの頃盛り上がりをみせており、二〇世紀の経験に対する怒りを力強く表現していた。たとえば黄用燁《ファンヨンヨプ》の「人間」シリーズは、植民地主義、戦争、近代のテクノロジー(*Picture Essay 30*)の足鎖を象徴するものだった。

黄用燁は報復を免れたが、他の芸術家はそうではなかった。作曲家の金順男《キムスンナム》(一九一七―一九八三年)は一九四八年に北へ、尹伊桑《ユンイサン》は一九五六年にパリへ渡り、どちらも南に戻ることはなかった(実は、尹伊桑は韓国に戻った。一九六七年にKCIAに拉致されてベルリンからソウルへ連行され、スパイ容疑で裁判にかけられ投獄されたのだった〔東ベルリン事件〕。その後、国際的な抗議を受けて釈放され、西ドイツへ帰国しドイツに帰化した。後にソウルに招待されたが拒否した)。朝鮮戦争で死んだとされる優れた詩人趙基天《チョギチョン》(一九〇三年生)の作品は、一九五〇年から一九八八年まで韓国で禁じられていた。かれの罪状は、植民地期に朝鮮プロレタリア芸術家同盟に所属していたことだった。

韓国の第五共和国(一九八一―八年)は、近現代芸術を取り入れるため、文化の公的な定義を拡大した。放送から寺院の保護に至るまでの幅広いテーマを網羅し、一九八二年に改正された文化財保護法を含む一一の法令を制定した。同年には、地方文化振興のための五か年計画が発表された。それは進歩ではあったが、「健全な」文化を奨励し、「有害」「ポルノ的」「低俗」な文化を非難することで、この過保護な政策を取る国家は倫理的考察よりも政治的な正しさに縛られた。一九八八年には、従来の演劇伝統を打ち破ることを目指した学生たちによる、民衆マダン劇運動の一環として上演した演劇「売春」を機動隊が中止させた。

芸術の国家統制は、盧泰愚が大統領に就任した第六共和国の始まりまで厳しかった。そして一九九〇年、韓国初の文化大臣に李御寧《イオニョン》が指名された。哲学からフィクションまで数多くの題材を扱う著名作家の李御寧は、世界的な価値観の変化の中で、朝鮮の伝統芸術の位置づけを強化することに努めた。その年の一〇月には、一度だけ開かれたピョンヤンでの汎民族統一祝典に、韓国人音楽家グループの参加が許可された。一二月には、今度は朝鮮民主主義人民共和国の音楽家たちがソウルを訪問した。

金泳三は、国民文化と地方文化の社会的、経済的価値を強調した。政府の文化五か年計画（一九九三年）は、地方自治体と民間組織に文化政策への自主性を与え、芸術団体への制限を排し、国際文化交流を奨励した。金泳三体制下で公的支援の基準となったのは、政府機関ではなく消費者側が優れていると判断したものだった。若者文化と生涯学習が重視され、韓国国立芸術大学校が設立された。一九九四年には大学入試制度が改定され、初めて丸暗記よりも解釈能力に価値が置かれるようになり、若い世代には自己の意見を表明することが奨励された。一九九六年の文化福祉中長期実践計画では、社会の急速な経済発展の結果生じた問題に対処するため、文化（スポーツを含む）施設に政府資金を多く配分した。

一九九八年二月二五日の大統領就任演説で、金大中は文化政策に関して四つのテーマを掲げた。民族文化と芸術の発展、民族文化のグローバル化、文化産業の育成、朝鮮民主主義人民共和国との文化交流である。金大中は、朴正煕と同じように文化と経済を一続きのものとみなした。また、金泳三の芸術全般に対する楽観的な見方を再確認しつつ、一九九七年の経済危機後に韓国を立ち直らせるにあたって芸術の果たす役割をとくに強調した。

最終的な朝鮮統一という全朝鮮人の目標が、それほど遠くには霞んでいないことを察し、民族主義者の金大中は北側との緊張緩和が果たせるかもしれないと判断した（いわゆる「太陽政策」）。金大中は文化観光部に助言を行い、娯楽産業のうち映画、アニメーション、漫画、ITゲーム、ポップミュージックの発展を促進するため、文化政策部のシンクタンク、韓国文化コンテンツ振興院（二〇〇一年）を設立した。日本映画の輸入も初めて許可された。一年のうち一四六日間は韓国映画を上映しなければならないという、一九六六年に朴正煕が制定した法律について、自由貿易を持ち出して苦情をいう米国に対しては、慎重に動いた。

先に概観したように、朴正煕以降すべての大統領は、国の文化の価値を国自体の――そして大統領自身の――財産とみなし、それに基づいて行動した。全年間予算における文化的経費の割合は、一九七〇年代には〇・二パーセントに満たなかったが、政府支出は一九八六年に〇・三八パーセント、一九九四年には〇・五パーセント、二〇〇〇年には一・〇一パーセントに上昇した。

だがもちろん、芸術にお金を払うということは、必ずしも芸術家への尊敬やその愛好家への関心を意味しない。朴正煕は一九七三年一〇月一七日にソウルの南山《ナムサン》に、巨大な国立劇場を建設し、全斗煥は一九八四年に「芸術の殿堂」を開設した（*Picture Essay 31*）。大統領たちは国家の誇り《ナショナル・プライド》のシンボル作りにご満悦だったが、そんな話など相談すらされていなかった一般の人々にはあまり腑に落ちないものだった。南山は公共交通機関を利用する人にとっては不便だったし、江南に建てられた「芸術の殿堂」は、他の劇場のある場所からずっと南にあり、行き方が分からない人も多かった。朝鮮民主主義人民共和国でも、同じような官僚主義の誇示のために金がつぎ込まれた。ピョンヤンには、中国式の革命歌劇《オペラ》を上演する芸術団「万寿台《マンスデ》芸術劇場」〔劇場と同名〕を擁する、壮大な万寿台芸術劇場が一九七七年に開設された。だがこの複合施設は、文化イベントよりも政治集会に多く使われた。

南北の軍事独裁政権は、大仰な建築計画と特定の音楽、舞踊、演劇の豪華な展示に文化関連支出の多くを投資した。だが、真に活気ある民族文化について話せるようになったのは、一九九〇年代の韓国の民主化過程においてだった。その後、芸術の自由は歓迎されたが、民衆文化という用語は若者たちのポップカルチャーという新しい意味に取って代わられ、深刻なジェネレーションギャップが生じた。洗練された年長の知識人の芸術がどんどん脇に追いやられたこと、日増しに豊かになる新しい社会の中ではもはや全員が中流で、畑で歌われた農村部の民謡のような古い民衆文化や、村の広場《マダン》で楽しまれた人気の娯楽、共同体の切実な必要に応えて執り行われたシャーマニズムの儀式が、コンサートホール版へと変化していったことを危惧する人々も多い。

軍事境界線を挟んだ南北両政府とも文化の政治的役割を強調したため、政府以外には芸術スポンサーシップの機会はほとんどなかったが、韓国ではユネスコ韓国委員会（ＫＮＣＵ）という大きな例外があった。一九五四年に設立され、韓国で最も古い芸術団体の一つといわれるユネスコ韓国委員会は、国際的な助成機関として独自の地位と独立性を築いた。政治的でないそこの専門家たちは、政治家たちには望めなかった専門知識を発展させ、どんなに権威主義的な体制のときでさえ、恐れずに政府との意見の相違を表明した。ユネスコ韓国委員会は、教育や科学の分野における政府の努力を概ね支持しつつ、財政難に陥った学校や病院に償還可能な財政支援を行った。最も力を入れたのは伝統文化の保存と奨励だった。一九八八年以降の韓国における文化機関の発達は、ユネスコの世界的アピールとともにある。一九五五年に登録されたソウルの宗廟、慶州《キョンジュ》の仏国寺《プルグクサ》と石窟庵、それに海印寺に所蔵されている高麗大蔵経板の三つが、初めて世界遺産に加えられた。

　第六共和国においては、芸術の法人スポンサーの中で主導的役割を果たしたのは大財閥だった。一九九七年の経済破綻後に手を引いた財閥もあり、金大中政権が新たな支援を促進する政策を取ったとはいえ、財閥からお金を引き出すのが容易だったことはないと文化団体は口を揃える。最も活発な支援を行ったのはサムスン、現代《ヒュンダイ》、大宇《デウ》だった。一九八二年にサムスンは、創設者李秉喆《イビョンチョル》のコレクションにある貴重な芸術品を展示するために、龍仁《ヨンイン》に湖巌《ホアム》美術館をオープンした。一〇年後、サムスンはソウルの中心のギャラリーと、ロンドンのヴィクトリア・アルバート美術館のコリアンギャラリーを設置した。一九九三年には文学賞と伝統音楽賞を開設した。湖巌美術館は二〇〇四年、三人の外国人建築家の革新的なデザインでソウルの龍山地域に建設された、サムスン美術館リウムとして生まれ変わった。現代の牙山《アサン》社会福祉事業財団は年一回の孝行賞（一九九一年）を設置し、大宇〔現在はPOSCO大宇〕は『伝統と近代性』という知識人向け雑誌の財政支援をするという、やや風変りな文化貢献を行った。環境問題も等閑視されなかった。諸外国と同じく、韓国は政府とともに環境保全に努めることを私企業に奨励している。渡り鳥の生息地や、歴史的重要性を持つ建物などがその対象だ。一九九九年に発足した韓国ナショナルトラストの最初のプロジェクトは、国立中央博物館の元館長である崔淳雨《チェスンウ》の、伝統的な瓦葺の家の復元だった。

政府と宗教

本書に通底するテーマは、国家形成において仏教、シャーマニズム、新儒教、キリスト教、マルクス主義などの宗教やイデオロギーが果たした役割についてである。国家は代々、宗教やイデオロギー、およびその関連機関を庇護してきた。それらは政府の政策に異議申し立てや抵抗をする可能性を持ちはするが、国家を保護し強化する力も同時に持っていることを理解しているからである。賢明な読者は、それらを特徴づけるものが近現代朝鮮の物語の中でどこにあるのか、疑問に思うかもしれない。

朝鮮民主主義人民共和国では一九五三年以降、仏教団体もキリスト教団体も名目上は許容されたが、信者は迫害され地下に追いやられた。キリスト教徒たちは、戦争の勝利に泥を塗ったと批判された。「チュチェ」の無神論は、あらゆる人々の精神的、物質的な欲求に応えるものとされた。その唯一の正統な崇拝対象は金日成とその息子だった。一方、忠誠、孝行、自己犠牲といった美徳を、国家への奉仕のために呼び覚まさせようとする朴正熙の試みは、儒教を復活させようとして失敗した、一九三四年の蔣介石による新生活運動を連想させる。

韓国の教会は、勇敢にも腐敗と弾圧に反対する声を上げた。教会は人権問題を取り上げたが、

「民衆神学」が知れ渡ったおかげで急成長を遂げた。一九八四年にヨハネ・パウロ二世が韓国を訪問し、朝鮮王朝末の殉教者一〇三名を列聖すると、カトリックが勢いづいた。金寿煥《キムスファン》枢機卿（一九二二－二〇〇九年）が、権勢を誇った独裁政権に対してひるまずに民主主義を守ろうとしたことを考えると、この出来事はとりわけ重要なものだった。

プロテスタントの信徒たちによれば、教会員数は一九九二年頃のピーク時で一二〇〇万人、つまり韓国の全人口の約四分の一を占めるというが、客観的にみると八～九百万人とみられる。信者たちの多くは、とくに貧しい地域で広がった新興宗教とつながっていた。一九九〇年代には体制批判の必要性が低下したため、正統派の教会の多くはエコロジーや人道的な目的を代弁するようになった。二〇〇五年、四五〇万人の信者を擁する韓国ローマ・カトリック教会は、朝鮮民主主義人民共和国の咸鏡北道羅先《ラソン》に病院を開設した。その年の一二月、同教会は、韓国の死刑制度反対のキャンペーンに着手した。

「チュチェ」に対抗しうる固有のイデオロギーを模索していた韓国の指導者たちは、支持者数がほぼ同じで、ともに国外に強力な支援者を擁するキリスト教と仏教に対して、平等にアプローチをせざるをえなかった。古代にルーツを持ち、町や農村部でまだまだ根強い支持を集めていたシャーマニズムもその候補の一つだった。朝鮮民主主義人民共和国では禁止されたものの、韓国では依然としてシャーマンの数は多かった（一九六六年には一〇万人と推計された）。旧式の迷信を永続させようとしていると表向きには批判されたが、シャーマニズムを朝鮮起源の新たな普遍的宇宙哲学へと変化させる試みがなされた。

だが韓国人の多くにとっては、新しいペンテコステ教会の方が、同種のサービスをより最新の形で提供しているように見えた。キリスト教会の主流は警戒したが、一九九〇年代半ばにペンテコステは国際的な注目を集めた。

韓国の知識人たちは、儒教への関心の復活と、ますます自由になっていく時代に向けた儒教の応用に議論の焦点を当てた。孝行、職業倫理、義務感、企業と社会的な責任などの深く染み込んだ伝統は、韓国の資本主義の成功を説明するものとして流布された。中国も日本も強力なモラルや精神システムを公式的には採用していなかったし、チュチェ哲学も明らかに失敗したので、倫理政治においては韓国が東アジアのリーダーシップを握っているかのように見えた。

だがその後、一九九七年秋の経済危機、ＩＭＦによる厳格な救済措置、制度的腐敗の暴露、財閥の崩壊が起こった。世界からの気まぐれな称賛は、一時は軽蔑に変わった。だが皮肉なことに、韓国が急速に復興へと向かったのは、まさにその自己犠牲と決断という儒教的な美徳によるものだった。二〇〇二年に高まりを見せた有力者による腐敗の告発は、儒教の精神に深く根差したものだった。

文化の進化と応用

絵　画

韓国の画家たちは、あたかも一九五三年に箱から出てきた芸術家が、その荒廃したありさまと国の外を照らす明るい光を見回し、数十年の間押さえつけられてきた感情を放出するために絵筆を握ったかのようだった。黄用燁は、「近代的」であること以外では、油彩と抽象美術こそが近過去の苦難を表現するのに最適な媒体だと考えた。かれは強烈なナショナリズムを持っていたが、生涯を通して油彩にこだわり続けた。一九七〇年代以降に伝統的な朝鮮の題材を多く描いた後でもそれは変わらなかった。日本で訓練を受けた黄用燁の師の金煥基《キムファンギ》は、他の画家たちと同じように朝鮮戦争後にパリに渡り、その後米国に移った。金煥基の初期の抽象画には、西洋のアヴァンギャルドへの傾倒がみられるが、ソウルに戻って滞在している間（一九五九－六三年）、かれは東洋文化への強い愛を表現することに集中した。金基昶《キムギチャン》作品の決意と怒りの源はもっと私的なものだった。それは自らの聴覚障害への怒りだった。朴政権が朝鮮伝統文化への関与を強めていくと、金基昶ら朝鮮史に強い愛着を持つ画家たちは安堵し、かつて日本に否定された土着の伝統の探求という贅沢を堪能した。

一九七〇年代には、土着文化の深度を測り、朝鮮の紙、筆、墨への愛を表現するのにはミニマリストスタイルが適していると考えた画家もいた。人間界と自然界の統一のための疑似道教の探求、李禹煥《リーウファン》（一九三六年生）と朴栖甫《パクソボ》（一九三一年生）による書道の線の特性研究、宋秀南《ソンスナム》（一九三八－二〇一三年）と徐世鈺《ソセオク》（一九二九年生）の水墨での実験は、ごく内省的で学問的な雰囲気の典型だった。

だが、朴正熙殺害と光州大虐殺の混乱のさなかでそれらは変化した。水墨画が玄人たちをより精神的な世界へいざない、伝統的な韓紙が朴栖甫らに影響を与えている間に、新たな道が開かれつつあった。一九八〇年代の、民衆を優先させる傾向の芽生えは、「民衆美術」を生み出した。これは文人ではなく大衆に人気のある伝統的主題の現代的な解釈だった。かつての素晴らしい風俗画に導かれ、爽快な色彩、とくに五方色の丹青《タンチョン》の明るさを再発見したのだ。朴寿根《パクスグン》（一九一四－六五年）による家族の肖像の色合いは抑制されたもので、ほとんど堅苦しいものだったが、朴生光《パクセングヮン》（一九〇四－八五年）のシャーマンの色彩は華麗で、モノクロ絵画の優位を押しのけた。

一九九〇年代の特徴は、芸術的実験というよりは無政府状態の広がりだ。若い「オレンジ族」世代はポップアート、パフォーマンスアートを用い、急速に変化する社会、文化的環境への批判を表明した。韓紙への魅了は、美術家たちの手で精巧なコラージュやパピエマシュ作品へと発展した。きわめて創意に富んだインスタレーション〔設置型作品〕とビデオアートを先導したのは、ナムジュン・パイク（白南準、一九三二－二〇〇六年）だ。日本とドイツで勉強した後に米国へ移住し、当初は音楽の訓練を受け美学で博士号を取得した。そして一九六〇年代にメディアとパフォーマンス・アーティストとして名を成した。パイクは黄用燁とは正反対に、技術と電子媒体に人間性を与えるための方法を模索していた。ビデオカメラの撮像管、テレビ、プレキシガラス、箱、ビニール紐、加減抵抗器、フットスイッチ、ケーブル、銅線、チェロの集合体である「生ける彫刻のためのTVブラ」（一九六九年）では、チェロ奏者のシャルロッテ・モーマンが胸に小さなテレビをつけて演奏して大きな注目を集めた。「私のファウスト－経済学（My Faust-Economics）」（一九九二年）は、紙幣で作られた新ゴシック様式の寺院を構成し、各国貨記号が絶えず変化する二四のテレビ画面でそれを覆い、その正面の地面にコインを散らした作品だ。パイクの死亡記事を書いたロンドンタイムズの記者は、かれを「二〇世紀の芸術の道筋と色調をたった一人で変えた、数少ない芸術家の一人」と呼んだ。

キム・ミンとチェ・ムンの「Tourist Project（ツーリスト・プロジェクト）」（二〇〇三年）も、時代を変えた美術作品だ。これは世界の有名な観光地のスライド、白い羽のスクリーン、扇風機、「熊蜂の飛行」の音楽テープを使った、想像力豊かで愉快な動くモンタージュだ。

文化的な混乱の中で、海外に居住したりそこで活動したりする若い韓国人アーティストたちは、伝統的な民族ルーツのパワーを示し続けた。一〇歳のときにニューヨークに移住したトム・リー（一九六九年生）は、作品「Reverberating Bell（こだまする鐘）」で、朝鮮の鐘に特徴的な音響管を通して逃げていく音を解釈した。二〇〇一年九月一一日にニューヨークで起きた世界貿易センター攻撃後、トラウマを負った自分自身の心的状態を鎮静させるため、トム・リーは「Arcanum Series（神秘シリーズ）」でこれと類似したテーマに取りかかった。これはリネンの上に描かれたもので、石窟庵と朝鮮の鐘を抽象化しながら探求したものだ。

戦後初めて世界の舞台で展示を行ったのは、一九六一年の第二回パリ・ビエンナーレに出展した朴栖甫だ。一九六九年に創設された韓国国立現代美術館は、韓国美術に自前の国際フォーラムを提供し、海外に作品を送り出したり、優れた海外作品の展示会を主催したりするのに主導的な役割を果たしている。韓国の美術作品は、一九九五年のヴェニスビエンナーレで初めて登場した。このとき全《チョン》寿《ス》千《チョン》（一九四七年）が作品「彷徨う惑星の中の土偶」で、三国時代のテラコッタ製の小立像と、英国の彫刻家アンソニー・ゴームリーの「フィールド」（一九九一年）を彷彿とさせる作品を発表した。

同じ年には光州ビエンナーレも始まった。一九八九年創立の居《コ》昌《チャン》国際演劇祭は地方で評判を呼び、釜山《プサン》国際映画祭（一九九六年－）はすぐに世界で最も権威のある映画イベントの一つになった。このように政府による文化組織の委任によって、数多くのフェスティバルが開催されるようになった。二〇〇四年には朝鮮民主主義人民共和国の映画も上映された。

伝統的な特色や成果を誇るのも意義深いが、国内外で活動する韓国人アーティストから毎月毎月溢れ出てくる、新たな文化意識をどう評価するかを知るのも重要だ。「韓国のアーティストたちは、ローカルな伝統を維持するのと同時に、グローバリゼーションの動向にも応答しようともがいている」とリ・ドゥシク（Lee Doo-shik）は述べる。韓国の現代美術運動が西洋的思考に依存し過ぎで、アプローチ法も均一的に過ぎるというのだ。ここまで極端ではないにせよ、キム・ヨンウク（Kim Young-uk）は「韓国人だということの意味を考えなければならない。つまり、現代韓国美術は何かということを突き止める必要がある」と主張する。

では、朝鮮美術を朝鮮たらしめているものは何か。パク・ヨンスク（Pak Yong-suk）は、紀元前六世紀に謝赫が唱えた中国伝統画の最も有名な原則「気韻生動」は、高句麗壁画古墳に最初に表れたと論じる。朴は朝鮮の絵筆の美学が、自然の超越性と文人を結びつけた墨の伝統と、人間世界とその日常的活動を描いた色彩の伝統の二つに分かれているという。絵を生き生きとしたものにするエネルギーを生み出すのは、高句麗の人々がその方法を熟知していた馬を飼いならすのと似ているというのだ。

音楽

韓国における一九五三年以降の古典音楽の運命は、絵画とはまた異なる上向きの曲線を描いた。宗廟における年間儀式の音楽は、一九六四年にパンソリ、四つの仮面劇、女性の歌舞とともに、初めての無形文化財に指定された。一九七〇年代には国立古典音楽研究所（現在はソウル・アーツ・センターの中に入っており、国立舞台芸術センターと改称された）の研究者と芸術家たちは、宮廷音楽と宮廷舞踊の公演の完成度を高め、訪韓した政府高官たちの前で演奏した。カヤグム奏者の黄秉冀《ファンビョンギ》（一九三六－二〇一八年）、テグム奏者の李相奎《イサンギュ》（一九四四年生）、民謡歌手の金素姫《キムソヒ》といった音楽家たちが抜群の評価を得、政府は海外公演旅行を後援した。

一九七六年から一九八二年の間にダラム・オリエンタル音楽祭シリーズに参加した音楽家たちは、外国人好みに音楽を変えないよう主催者から要請された。欧米でよく知られていた韓国リトルエンジェルスの「扇の舞」しか知らなかった観客たちは、聞いたことのない音楽に驚いた――不快だという意味ではない――が、まもなくＢＢＣプロムスとエディンバラ・フェスティバルでそれらが紹介された。

朝鮮古典音楽は、中国や日本、その他の国のいずれのものとも全く異なる。指ではじいたり弓で弾いたりする弦楽器、笛、リード、太鼓を奏でるアンサンブルで演奏されるもので、複雑な音の響き、テンポ、モードの複雑さを持ち、それが独特な豊かな質感と色彩を与えている。ソロ演奏にはモノクロの絵画に似たミニマリズムがある。とくに弦楽器のコムンゴは、書道家が運筆の終わりのかすれた墨汁と余白をダイナミックな緊張の中で結びつけるように、消えゆく音と沈黙を活かす。奏者は自らを周囲から隔離して「道」を探す。それは決して大衆のための音楽ではないし、それが意図されてもいない。だからこそ、筆者が初めの頃に韓国を訪れたときに気づいたように、地方にまで息づく田舎の農業の習慣と結びついた、にぎやかで人を虜にさせるような不協和音とは異なり、伝統音楽は広くは評価されてこなかった。

民衆運動においては、学者たちによる古典音楽よりも農楽、仮面劇、パンソリのマダン劇を大衆化させようとする傾向がずっとあった。農楽は、一九七八年に結成された打楽器のグループ「サムルノリ」の民族主義的アピールと結びつき、リズミカルな暴力性を組み込んで世界的に認められた。二〇〇二年のエディンバラ・フェスティバルでは、朝鮮打楽器集団トッケビ・ストームも人気を博した。

だが黄秉冀は、高尚音楽を近代化する機会はあったと主張する。若い頃の記憶と昔の朝鮮の栄華物語からインスピレーションを得た黄秉冀は、一九六〇年代に因習を打ち破って伝統的なスタイルで新たな作品を作りはじめた。朝鮮の地にしっかりと根づきながらも、後にはジョン・ケージやエヴリン・グレニーと共演もした。そして、かれと志を同じくする作曲家とともに「現代版古典音楽」が花開きはじめた。一九五〇年代にはカヤグムは毎年およそ二〇台しか製造されていなかったと黄秉冀は回想するが、五〇年後にはその数は三〇〇〇から四〇〇〇にもなった。一九七〇年代初めの韓国には、古典音楽の楽団が二つしかなかったが、三〇年後には二〇以上にもなった。古典音楽を教える大学の数はそれにとともに増加し、新入生の水準もこれまで以上に高くなった。

一九八一年、李建鏞《イゴンヨン》（一九四七年生）らの作曲家集団は、西洋人ではなく朝鮮同胞のために民謡を用いた作曲をしたという。「第三世代」と名乗ったかれらは、この刷新された古典音楽が、一般の韓国人に身近なものになることを目指していた。

幅広い多様性の一〇年と黄がいう一九九〇年代には、さらに大きな変容が起きた。この折衷の時代は横断的音楽《クロスオーバー・ミュージック》をもたらしもした。朝鮮音楽が西洋の楽器で、西洋音楽が朝鮮の楽器で演奏されたのだ。ある二二時間ラジオ放送局が、伝統音楽の放送に充てられた。伝統的な旋律は西洋の調律法と調和し、西洋風に作り変えられた。これは朝鮮民主主義人民共和国の影響を受けたものだ。韓国へと亡命した北の音楽家たちはソウルで多額の金を稼いだ。ソウルの音楽徒たちにとって、かれらの演奏法は習得しやすいものだった。一九九〇年代の終わりには朝鮮民主主義人民共和国音楽の演奏禁止措置も解除された。

キース・ハワード（Keith Howard）は次のように述べている。「朝鮮民主主義人民共和国では、国家機関以外での一般あるいは専門家レベルでの音楽制作は不可能だ。主題から構成、演奏スタイルに至るまで、音楽的創造性のすべては、「チュチェ」で定められたものだ。そのことが個性を損なったとしても、それでも高い音楽的水準が求められており、聴衆たちは「革命的」な「人民の歌劇」をとりわけ喜ぶ。そのあらすじは、大衆音楽の主題がそうであるように、金日成と金正日の素晴らしさとその業績に関わるものばかりではあるが、作曲を担当する集団は、よく知られている民謡や伝統的な曲も取り入れている」。

文学

現代の韓国人作家が探求した繊細でときに挑発的なテーマには、女性の従属といった朝鮮王朝時代の伝統からの解放、植民地占領下での経験や朝鮮解放がもたらした苦悩と可能性、分断が引き起こした社会的、精神的な影響、急激な経済成長により生じた歪み、政治的自由と人権擁護のための闘いなどがある。四月一九日の「反乱」（一九六〇年の四月革命）後の自由の縮小と、一九六〇年代から七〇年代にかけての表立った政治活動の禁止により、文学作品は危惧を表明するオルタナティブな討論の場となった。個人的主権と国家的主権の問題は強迫観念のようになり、国内問題について書くことに集中したために英語への翻訳が遅れた。韓国文学自体も、外の世界にはほとんど関心を持たなかった。

詩人たちは伝統的な形式を保ちつつ、同時にモダニズムの実験も行った。長年韓国に住んだ、アイルランド出身で慶熙《キョンヒ》大学校文学部教授のケヴィン・オローク（Kevin O'Rourke）は、韓国の詩人たちが抽象的で道徳的で知的すぎるとして、李奎報《イギュボ》の情熱とその身体性への注目を見直すべきだと論じた。

抵抗詩人の金芝河《キムジハ》（一九四一年生）は、そこに足を踏み入れたように見える。父親が共産主義者ということで拷問され、金芝河自身も支配層の熾烈な風刺である「五賊」（一九七〇年）等を書いたために刑務所に六年間入れられ、獄内でノーベル賞候補となった。

個人的経験の深淵から詩を書いたもう一人の詩人に、千祥炳《チョンサンビョン》（一九三〇－九三年）がいる。一九六七年に東ベルリン事件の連累でＫＣＩＡに拷問され、痛めつけられたこの詩人は、精神病に苦しみ、「子どもの心と子どもの脆さ」（ブラザー・アンソニー Brother Anthony）を持つようになった。妻の睦順玉《モクスンオク》は、酒を飲み続け肝臓を蝕まれていく夫を、「帰天」と名付けた小さな喫茶店の収入で支えた。一九八八年に医者に見放されたが、千祥炳はその後五年生きた。なるほど千祥炳は自然への愛と、簡潔さへの指向、そして生への感謝において情熱的ではあった。だが千祥炳のスタイルは、オロークが望んだような「感情」ではなく、おそらく率直さといえよう。

「帰天」

私は空に帰ろう
夜明けの光で壊れてしまう
朝露と手に手を取って

私は空に帰ろう
夕日と二人きりで山すそで遊んでいて
雲が手招きしたら

私は空へ帰ろう
美しいこの世への外出を終えた日

家に戻って「美しかったよ」と話すだろう

文学はかつての朝鮮、それにその伝統の最良の部分に対する新たな誇りを表現した。作家たちは「朝鮮人の精神と決意を練磨するために格闘した」(キム・ビョンイク Kim Byong-ik)。優れた小説家としては、二五年もの歳月をかけて大河小説『土地』を書いた朴景利《パクキョンニ》(一九二六年生)、梨花女子大学校文学部教授〔当時〕の李御寧(一九三四年生)等が挙げられる。李御寧の小説「将軍の髭」(一九六七年)では、異なる文化の相互作用が描かれた。一九八八年のソウルオリンピックの開会式と閉会式での華麗な文化パフォーマンスで、李御寧はいくつもの異なる文化を視覚的に融合させる技術を認められ、国際的な評価を得ることになる。

趙廷来《チョジョンネ》(一九四三年生)は、一九四五年から五〇年までの全羅南道を舞台にした一〇巻本の『太白山脈』(一九八六)で、イデオロギーと個人の対立の問題に取り組んだ。李文烈《イムニョル》の『詩人』(一九九二年)は、一九世紀の詩人金笠《キムサッカッ》を小説化したもので、朝鮮の伝統と近代化をめぐる深遠な問題を提起した。二人化《イインファ》(一九六六年生)の小説『私が誰なのかをいえる者は誰か?』は、一九九二年に第一回世界文学作家賞を受賞した。九〇年代末になると、韓国の若い作家たちは過去の苦しみは昔の話だと公言するようになり、フェミニズム、性、エコロジーといった普遍的問題に関心を向けた。かれらの作品は「新世代の文学」だった。

韓国の作家たちに課されたあらゆる苦労に比べると、北の同胞たちが直面した課題はそれほど大きくはなかった。朝鮮民主主義人民共和国においては、書くことはもはや娯楽のためではなかった。なぜならチュチェ思想は、芸術がイデオロギーに奉仕することを要求したからだ。金日成の有名な格言の一つによると、作家は個人の無限の多様性と才能を映す鏡ではなく、「人間の魂の技師」だ。作家たちが創造しようとしたのは、偉大な指導者に忠実で、金日成の社会革命観に奉じた人だった。

カン・ヨンジュ（Kang Young-Zu）が「朝鮮随一の歴史小説家」と評する洪命熹《ホンミョンヒ》は、すでに創造的野心を抱く時期を通り越していた。洪の政治的忠誠心は、一九四八年九月に副首相に任命されることで報われた。忠誠度を測るテストで失敗したのは、金日成の伝記作家である韓雪野《ハンソリャ》（一九〇〇年生）だった。韓雪野は一九六二年に追放されたが、その後も金日成とその息子への称揚が減じることはなかった。現在では、匿名の創作集団が視覚芸術や映画でかれらを描いている。

韓国の作家たちと同種の主題について描いた朝鮮民主主義人民共和国の短編、長編、戯曲、歌劇の作者たちもまた、朝鮮の二〇世紀の苦難にこだわった。だが、すべてのストーリーに英雄主義、自己犠牲、愛国主義の具体例でもって肯定的な要素を加えた。その読者や聴衆たちは、創作にあたっての制約を意識していたか否かはともかく、それらに満足と楽しみを見出した。

スティーブン・エプスタイン（Stephen Epstein）は、「南の文学とは対照的な北の文学の最も顕著な特徴は、永遠の楽観主義だ」と結論づけたが、これはキース・ハワードのポップソング観と一致する。自主によって困難に勝利するといった義務的な描写が、性格描写を否定し現実を完全に隠ぺいするといった、よくいわれるような見解にこの二人は反対する。一九九〇年代の短編や大衆音楽の隠れた傾向として、心理的な心地よさをそれらが提供していることから、逆にこの十年の試練が明らかになっていることを、両者ともに指摘する。

映画

一九七八年一月、崔銀姫《チェウニ》が香港で朝鮮民主主義人民共和国の工作員に拉致された（これは驚くにあたらない。拉致は現代朝鮮史の大きな特徴をなしている。南北の実行隊の犠牲者には、一九七三年七月に日本で拉致された野党政治家の金大中、前衛画家の李応魯《イウンノ》、作曲家の尹伊桑、そして軍事境界線の両側には、反政府と疑われた数百名の無名の人々がいる。二〇〇二年、金正日が一九七〇、八〇年代に日本の一般市民を拉致し、スパイ候補生に日本語と日本文化を教えるためピョンヤンに連れて来たことを認めた際、一人の十代の少女がニュースを飾った。当時一三歳だったその少女、横田めぐみを含めたほとんどの人々が、その後亡くなった〔と言われる〕）。崔銀姫は、当時すでに五〇もの受賞歴のあった韓国の代表的映画監督辛相玉《シンサンオク》（一九二六－二〇〇六年）の前妻で、素晴らしい女優だった。

「偉大なる首領」の息子で映画愛好家でもある金正日の「収集家」本能を満たし、元夫をおびき寄せる餌として、崔銀姫はピョンヤンに連れていかれた。六月には辛監督も捕らえられ、結局二人は朝鮮映画撮影所で働くことになった。金正日は、自らがすでに唱えたことを実践に移そうとしたのだろう。その五年前に金正日は『映画芸術論』を出版し、毛沢東の有名な「延安文芸座談会での講話」と同じくらいの礼賛を共和国内で集めていた。この本の中で金正日は、映画業界で働く人々に向け、労働者階級の経験を理解し自主の原則を心に留めるよう強調している。この場合の自主とは、既製の監督と俳優を調達することを意味していたのだった。

次の八年間に、辛相玉は社会主義リアリズムの手法で七本の映画を制作し、モスクワとプラハで賞を受賞した。辛相玉と崔銀姫は、金日成と金正日の信頼のおけるお気に入りとなった。二人には高価なプレゼントが続々と贈られ、東欧への出張も許可された。だがその後一九八六年三月一三日、二人はウィーンでボディーガードを巻いて米国大使館に逃げ込んだ。朝鮮映画のストーリーで、崔銀姫の現実のドラマを超えるほどのものはないだろう。

南北両国とも映画のプロパガンダ的価値を認識し、一九五三年以降は映画制作におけるナショナリズム的な社会的価値が、芸術的、経済的事項よりも優先された。その主な筋は、日本の侵略者への抵抗、朝鮮戦争の恐怖、共産主義者や米国に抑圧された人々の苦しみ、そして適切な正しい政権下で統一されねばならない、といったものだった。

北の共和国映画では、革命闘争における女性の役割を強調した。階級ヒエラルキーは南北双方で正しく適切なものとして扱われた。だが映画制作者たちは、自らのスポンサーである政府のメッセージばかりでなく、勇敢にも反政府的なそれも伝えた。一九五五年、韓国の李圭煥《イギュファン》監督は「春香伝」を制作した。見方によっては、ヒロインの春香は親孝行と忠誠の模範にみえるかもしれないが、「民衆」的文脈では階級および女性抑圧の象徴となる。辛相玉監督は韓国と共和国の両方で「春香伝《チュニャンジョン》」を撮影したが、共和国版では大胆にも儒教的美徳の力を描いた。韓国で最初の全編カラー「洪吉童」（一九六七年）でも、観客は政治的社会的な不公平という、この大衆小説の隠れたテーマを読み取った。そして共和国では、曺敬順《チョキョンスン》の「トラジの花」（一九八七年）が、その限界と権力の乱用を巧みに暴露しつつ、この体制の社会階層システムを擁護した。

一九九〇年代までには、朝鮮戦争（「スプリング・イン・ホームタウン」や「太白山脈」）、慰安婦（「ナヌムの家」）、朝鮮民主主義人民共和国の打倒（「シュリ」）など、扱う共通のテーマは、少し前の朝鮮の苦難という決まった文脈の中で引き続き設定されていたとはいえ、韓国映画は国際的評価を得るようになっていた。

羅雲奎《ナウンギュ》作のごく民族主義的な古典映画である一九二六年版「アリラン」は一度ならず甦り、二〇〇三年にはソウルとピョンヤン両方の観客に新版が披露された。韓国映画は一九九〇年代後半以降に東アジアと東南アジアを席捲し、二〇〇四年には米国にも達した、いわゆる「韓流」の第一の構成要素だ。この目を見張るような現象は、テレビドラマ、ポップミュージック、漫画、電子ゲーム、ファッションなども取り込んだ。

Picture Essay 29　竹の茎での長キセル作り

文化財保護法（一九六二年）は、伝統的技術が取り入れられた民芸品を復活させ、その振興を行うものだ。そこには全国的な習慣もみられるし、地域文化の諸相もみられる。こんにちでは、大量生産、画一的嗜好、近代的ツール、製造技術の使用を避けることはできない。

　最近では、長いキセルを吸う人はめったにみられないが、蒐集家用あるいは観光みやげとしていまでも製造され、販売されている。

　朝鮮《チョソン》王朝時代には三種類のキセルが吸われていた。一番長いもの（おそらく八〇センチほど）はその社会の年長者が、一番短いものは最年少の人々が吸った。キセルは腰紐に挿されたが、そこに火をつけるための火打石と干し草が入った煙草入れも括り付けられた。キセルの質はそれを所有する男性の富と地位の表れだった。胴体部分は磨いた竹でできており、その端には吸口が、もう一方の端には火皿が取り付けられていた。キセルに使われた金属とその装飾の複雑さは、所有者の富の印だった。最高級品は粗銅と白銅で、金、銀、磁器、翡翠、七宝などがはめ込まれた。安いパイプの場合、吸口と火皿は貴金属ではなく滑石《ソープストーン》でできており、彫刻、絵、焼き付けが装飾として用いられた。

Picture Essay 30　黄用燁「人間」

黄用燁《ファンヨンヨプ》は一九三一年一一月一八日にピョンヤンで生まれ、朝鮮戦争が勃発した一九五〇年に美術大学に入学した。その青年期は次々と起きた植民地主義、共産主義、軍事的な残虐行為に跡づけられているが、その作品にはかれの精神に刻まれた傷跡が反映されている。

黄はソウルの弘益《ホンイク》大学で金煥基《キムファンギ》のもとで学び、一九五七年に卒業した。金煥基作品における ピカソの造形的な影響は、黄用燁の抽象絵画にも明白にみられる。明らかに同胞たちの姿ではあるが大雑把に描かれており、ぼんやりした色の膜で覆われた生地から逃れようと、つねにもがいているような絵には、朴《パク》寿根《スグン》の影響もみられる。

黄は一九六〇年代に因習からの脱却を狙った、アンガージュマン・グループという六人の少数のグループに所属してはいたが、朴寿根と同様「孤高のアーティスト」と表現されてきた。独特な線、モノクロやそれに準ずる色の使用が、朝鮮の伝統を保とうとする黄用燁のスタイルでは注目される。

初期の絵では、朴寿根が描いたような人物の象徴的な形が、抑えられた色の掛物の下に半分隠れていた。一九七〇年代初めのモノクロームの可視性の中に逃れた頃には、幾何学的な形や網の目の内に囚われていた。それは、残りの二〇世紀中を通じて苦悩する人間存在の本質を表すものだ。このとき、黄用燁は抑圧的な朴正熙《パクチョンヒ》政権と対峙し、北の同胞たちへの共感を表明した。そして、たとえ孤立する恐れがあったとしても、芸術は現実を批判しなければならないと述べた。

黄用燁は自らの職業的使命を、絶え間ない逆境に立ち向かい、人間の尊厳を確認するものだとする。芸術を通して、シャーマンのように過去の絶望と束縛を追い払おうとするのだ。

三〇年以上も続けられた「人間」シリーズは、自らを縛る政治的、軍事的、経済的、技術的な足枷を破壊しようとする人間の闘いを

黄用燁「人間」、1974年、油彩、90.5×72.5センチメートル

実証するものだ。このようなテーマに伝統的な墨や水彩はあまり適していないので、黄は原則的に油彩を使う。このシリーズの主題は普遍的なものであり、個性も個人的特性も描かれていない。「私の村」や「巫堂《ムダン》」などといった後年の絵は、強い朝鮮ナショナリズムを反映しているとはいえ、ここでは独特の朝鮮（韓国）芸術というジャンルを模索してはいない。

狭義の原理主義に反対し、韓国の民衆ポピュリズムに対しては「朝鮮民主主義人民共和国のチュチェ思想の限定的な見解と類似している」とさえいうが、スタイルと主題の両方においてかれの作品は朝鮮性《コリアンネス》に満ちている。

Picture Essay 31　芸術の殿堂と煥基美術館

韓国の現代建築には、文化的特性と技術力への誇りが輝いている。たとえば芸術の殿堂（写真上）の敷地には、全斗煥《チョンドゥファン》のために建てられ一九八八年に完成した、扇の形をした立派なコンサートホールが建てられた。その背後には、それよりも大きなオペラハウスが鎮座している。オペラハウスは盧泰愚《ノテウ》が命じて一九九三年に完成させたもので、円錐形の昔の帽子の形をしている。一方、マリオ・ボッタ（Mario Botta）設計の背の高い（二一八メートル）教保タワー（二〇〇三年）は、江南《カンナム》のスカイラインを占める。

だが重要なのは大きさばかりではない。質素な煥基《ファンギ》美術館（一九九二年、写真下）を設計したコリアン・アメリカンの建築家、禹圭昇《ウギュスン》（Kyu Sung Woo）は伝統と近代の精神、つまり風水の感覚と、朝鮮を代表する抽象画家である金煥基が好んだ造形を結びつけた。この斬新かつ繊細な建物は、田舎の農家の家屋がかつて丘の小さな谷に囲まれていたように、北岳山《プガクサン》にぴったり収まっており、この建物が所蔵する有名な美術品を補完し、それらの価値を高めている。陰陽、自然と人工、丸みと直線、抽象と物質が組み合わされている。

端壁にかかる二つの丸い屋根は、梅瓶《メビョン》の花瓶の肩を思い起こさせる（*Picture Essay 12* を参照）が、これは金煥基にとっての朝鮮文化遺産の凝縮であり、かれの初期作品の中心を占めていた形である。丸い屋根の庇の下には小さな窓が並んでおり、それらの窓の下には明るいタイルと暗いタイルが配されている。これは一九七〇年代初め、金煥基が点と正方形の可能性を探求していた頃に創作したパターンを彷彿とさせるものだ。内部には明かり、

芸術の殿堂

煥基美術館

空間、調和の素晴らしいコンビネーションが見られ、階段、ギャラリー、展示室が中央のメイン展示場の周りを囲んでいる。

効果的に配置された開口部にそれぞれ光が差し込むよう、自然光が巧妙に使用されている。空間は注意深く設計されており、その壁は大小の作品を展示するのにふさわしいものだ。そこだけ独立した展示室の床は、一九六〇年代後半から一九七〇年代初めにかけて制作された、パピエマシェ〔紙張り子〕の作品でできている。

金煥基が前衛と色の使い方に魅惑されたのは、かれが日本で勉強していたときだった。一九三七年に朝鮮に戻った後、抽象美術家グループである新写実派の結成に関わった。一九五〇年代の作品は半具象主義的で、人物、自然、静物画が描かれた。パリで一九五六年から一九五九年の間学び、ソウルに戻った後は、朝鮮人が昔から愛してきたシンボル――月、鶴、雲、山、そして金煥基が美に初めて目覚めた頃を彷彿とさせる陶器の花瓶――を集中的に描いた。一九六三年にニューヨークに移り、死去するまで住み着いた。

ニューヨークで制作された作品はさらに実験的で抽象的なものとなった。新聞紙、後には布の上にグァッシュ〔不透明な水彩絵の具〕や油絵具で描いた。中期には青色へ没頭したが、そこからとりどりの色へと関心が移っていった。そして徐々に正方形の中に入れた小さな点に夢中になり、後の絵の大半を占めていくことになる。一つ一つ考え抜かれて描かれた点は、金煥基によれば夜空の星に比されるもので、それぞれに古代オリエントの宇宙のシンボル、すなわち四角い天を背景にした丸い地球が閉じ込められているという。色の豊かさと質感の深さが作品を際立たせており、それらは美術館のレイアウトと装飾の簡素さに対し誇示されている。

Picture Essay 32　ソン・ショプ「創造の音」

朝鮮民主主義人民共和国の美術は、一九四二年に延安で行われた毛沢東の文芸講話が聖典的地位を確立した、中国（それ以前はソ連）で採用された原則に従った。人々が決して理解し損ねたり従い損ねたりしえない政治的メッセージを自国に持ち帰り、そこになじみのある場面や活動を反映することで、人民とその主人たちに奉仕しなければならなかったのだ。

巨大な彫像から小さな紙切れに至るまで、共和国公民たちは自己犠牲、絶え間ない努力、明るさ、障害に立ち向かう楽観主義を称賛した。芸術的な記念碑の制作においては、一般労働者たちはスターリン、毛沢東、金日成と同列に並べられた。

西側はこの社会主義リアリズムの様式が冴えないもので、ワンパターンで、非生産的だと考えた。その範囲は閉じ込められたせまいもので、伝えられるメッセージは容易に予測可能で素朴に映った。

中国と朝鮮民主主義人民共和国の人々はそれほどこの様式に批判的ではなく、むしろ称賛した。トップクラスの芸術家たちは、歌劇の舞台であれ陶工の工房であれ、個人主義が当分の間は体制順応に道を譲らねばならなかったとしても、いきなりその技術を失ったわけではないことを示すことができた。

かつての東洋画家たちは、西洋とは異なり、自然や社会といった幅広いテーマを描くことはなかった。二〇世紀初頭に中国と朝鮮が屈辱を経験した後、欧米と日本によって導入された自己表現主義を、うわべ上のものだったとしても、自分たちが現在指導者たちから払われている敬意と引き換えに、喜んで犠牲に

ソン・シヨプ「創造の音」、1998年頃

することができた芸術家たちもいた。

ナショナリズムもまた、普遍的な社会主義思想とされるものの中でまばらに偽装されただけだった。「チュチェ写実主義」と呼ばれる朝鮮民主主義人民共和国芸術においては、伝統的な墨が油彩よりも、シルク、楮紙がキャンバスよりも引き続き好まれた。女性たちは、青いダンガリー製の作業用ズボンだけでなく、朝鮮の民族衣装姿でも描かれた。風景画では、民族史において重要な場所である金《クム》剛山《ガンサン》の眺めと同時に、巨大な建設現場が描かれた。ジェーン・ポータル（Jane Portal）は、ここに一八世紀の鄭敾《チョンソン》らが追求した「真眼」とのパラレルな関係を見る。

結論

――朝鮮アイデンティティの追求

一九〇五年以来、朝鮮人たちほど自らの起源、アイデンティティ、特性についてこれほど長い間、公の場で議論してきた人々はいないだろう。朝鮮半島全土の支配権を正当化する必要から、一九五三年以降に南北で強化されてきた民族的および国家的プライドの結合は、ナショナルな強迫観念を育んできた。契《ケ》と呼ばれる地方組織にみられるような団結や、妻の貞節といった「春香伝《チュニャンジョン》」で大衆化された美徳への誇りは、割腹や名誉殺人といった旧来の朝鮮社会における負の習慣を強く否定することと、表裏一体の関係にある。過去や現在の朝鮮文化は、朝鮮とは何かを追求するために探索され、利用され、補強されてきた。

たとえば、ユネスコ韓国委員会編『コリアン思想の主潮』（一九八三年）では、朝鮮文化の真の特徴が探られており、二〇〇三年春号の『コリア・ジャーナル（*Korea Journal*）』は、「コリアの文化はいかにコリア的か？——ナショナル・アイデンティティの探求」という特集を組んでいる。この問いに対する韓国、中国、欧米、アフリカの視点からの回答を読んだ後も、読者にはまだよく分からないかもしれない。文化というものがあまりにも漠然としすぎているために、単純化することができないという問題点はもちろんあろう。本書では、新石器時代の不可解な埋葬行為から、現代の音楽や舞踊の政治的操作に至るまで、論争の的になりがちな広範囲にわたる話題を扱った。

本書ではまた、個々の芸術家や職人による個別の作品と、大きな社会的激変を反映した芸術家たちの運動を見てきた。それでもまだ表面をなぞったにすぎない。朝鮮文化を称える人々は、洗練された木製家具、飾り結び、僧舞《スンム》、あるいは山登りや食べ物への愛はどこに行ったのか、と不満に思うかもしれない。

現代の韓国人は、朝鮮がこれまで耐えてきた心理的、肉体的苦痛に起因する特別な人間形成についてよく語る。「恨《ハン》」と呼ばれるものだ。ケヴィン・オローク（Kevin O'Rourke）ならば、間違いなく自己分析を止めさせて、もっと自然にのびのびと表現させたがるだろうが、韓国人たちは美しさを認識し、それに応答する固有の能力である「粋《モッ》」の力を誇る。「モッ」は普遍的なものだ。朝鮮の「モッ」と他地域の「モッ」の違いは、朝鮮人たちの美に対する姿勢の違いにある。「朝鮮の芸術家は［中略］物質的な美よりも道徳をみる。特殊なものよりも普遍的なものに関心を寄せる。このアプローチは概念的なもので、道徳に重きが置かれる」。これは、儒教的伝統に帰することができよう。千祥炳《チョンサンビョン》の人生はまさに「恨」の化身のようだが、かれが自然界に見出す喜びはモッとしか表現できないのだ。

朴正熙《パクチョンヒ》の最初の文化五か年計画では、植民地期の文化を一掃した後、臆面もなく、いやむしろ誇りを持って「大韓民国史についての民族主義的な認識を確立することで、新しい民族文化と文化的アイデンティティを創造する」と述べられている。朴正熙も金日成《キムイルソン》も、東アジア文明間の楔子《けっし》としての過去の朝鮮の役割を理解しつつ自立を語った。もし「チュチェ」が朝鮮半島の北部を焼き尽くさなかったら、儒教思想の痕跡はその地に残っていたことだろう。儒教は韓国で再興しかけた。キム・クァンゴクは、「儒教は若い世代にますます広まっている」と一九九一年に述べており、一九九六年に韓国の『東亜日報』と中国の『北京人民日報』は、「進化する地域的枠組み」における儒教と政治的発展をテーマにした会議を開催した。とくに韓国の財閥企業体は、伝統的儒教の資本主義的構造の現代版として喝采を浴びた。

だが、ソウルの明洞ショッピングセンターのネオンライトの下で熱狂した若者たちのばか騒ぎから夜明けが始まり、会社のスキャンダルで追い回された現代《ヒュンダイ》グループの鄭夢憲《チョンモンホン》会長が二〇〇三年八月に自殺し、ソウルの労働組合の組合員たちが抑圧的な労働法に反対した三か月後、武装警察が火炎瓶攻撃の的になったという具合に、二一世紀の冷たい夜明けはもっと不確実なものだ。それでもリ・ジェヒョクは二〇〇三年夏に「儒教精神は、明確な教育的内容ではないにしても、現代韓国社会の中でまだ生きている」と書いている。

朴正熙による一九五三年以降のハングル奨励と普通教育化への動きは、エリート主義である両班文化の後退を意味し、仮面劇、農楽、パンソリといった大衆的な伝統芸能こそが真の民族文化だというメッセージを伝えた。しかし政治的な文脈では、文化は教化でなく批判の手段として機能した。ただし韓国人が自ら世界の文化を発見し、ラディカルな実験を行う自由を真に経験したのは、一九九〇年代以降のことだった。

一方の朝鮮民主主義人民共和国では、教育が絶え間ないイデオロギー的圧力となり、その際に芸術が活用された。芸術は社会主義リアリズムで染められた。「慶祝大会」(一九八八年)のようなドラマティックな作品では、革命的なテーマが押し出されている。金正日《キムジョンイル》の『映画芸術論』では、「作家や俳優たちは、反動の本性と本来の脆弱性を明確に描写するために、敵の性格における階級の役割をしっかりと理解していなければならない。敵たちの姿は正確に表現されなければならない」と述べられた。「芸術のための芸術」の棺に、最後の釘が打ち込まれたのだ。

個人レベルであれ国家レベルであれ、朝鮮のアイデンティティとその特徴の指標を探る人々は、三八度線越しで失った親族との再会や、地図製作者に「日本海」ではなく「東海」という言葉を使用させようという韓国政府のこだわりに溢れ出るような、特別に強い感情にそれを見出すかもしれない。だが、姜友邦《カンウバン》はより鋭くこのように指摘する。「朝鮮の芸術作品は、中国や日本のそれのようには完璧ではない。だが私は完璧さよりもユーモア、自由、魅力的な無邪気さを感じることができるから、朝鮮の芸術をより好むのだ」。これは、柳宗悦が後に「自然の美」と再評価することになる、朝鮮陶磁器に「孤独の美」を見出したのと共鳴している。

金炳律《キムビョンユル》は「〝即興の美〟が朝鮮伝統芸術の根底にある」とし、音楽や文人画における意図的な非対称性と、建築様式における柔軟性の類似性を指摘する。ゴドフリー・ゴムパーツ(Godfrey Gompertz)もまた、高麗青磁の香炉の蓋に載っている獅子が故意に正確さを欠いている点を、以下のように高く評価する。「誇り高い中国の獅子は中心に堂々と座っているが、朝鮮のそれはいわれた通りにするのを拒む、むら気のある獣だ。上から見ると、獅子は蓋の片側にかたよって座っているように見えるが、その場所は疑いなく非－正統であることがそうであるように快適なのだ！」。

したがって、朝鮮性《コリアンネス》の定義とその特徴は、中国か日本かというどちらかの型にはめられることとの不信感と関係がありそうだ。おそらくその一方で、それは朝鮮人だけが理解できると考えており、朝鮮にシンパシーを抱く外国人が朝鮮社会と文化を分析しようとして全体像をつかみ損ねたら、その人が朝鮮を見下しているように思うのだろう。そうだとしたら、だから李恵求は一九七二年に筆者を庭園の小道に導いてくれたのだ。そして本来かれは、そのようなことをする人間では明らかになかった。分別を失わずにいるという条件で、私たちはまず試してみなければならないのだ。

作家の二人化《イインファ》や李文烈《イムニョル》は、一八世紀と一九世紀の雰囲気を彷彿とさせるのにどれだけ成功したのだろうか。朝鮮は、ヴィクトリア朝時代のイザベラ・バードや、長老派教会宣教師のリリアス・アンダーウッドといった女性の目を通して見た、その姿のままなのだろうか。日本の人類学者たちが、自分たちのイメージの中で作り上げた近代朝鮮像は正しいのか。それは分からない。

『千本の栗の木（*A Thousand Chestnut Trees*）』が一九九七年に出版されたとき、韓国人といわゆる韓国専門家たちは、そこに描かれた詳細な状況の正確性をめぐって激しく議論を戦わせた。だが、著者のミラ・スタウト（Mira Stout）がその生きた記憶の中の朝鮮を正しく書いたのかどうかは、私たちには判別できない。もちろんたしかなこともある。たとえば、ジェームズ・ボンドの映画「ダイ・アナザーデイ」（二〇〇二年）で描かれた朝鮮民主主義人民共和国が自国民を餓死させ、世界で最も強大な国を核兵器で脅迫することができるようなリーダーシップを持っていたとしても、その国は架空のものにすぎない。また、韓国の武装警察が、自らの国土に駐留し続ける米国に抗議する学生たちを排除しようと催涙ガスを発射したのは事実だが、映画「M＊A＊S＊H」〔朝鮮戦争を背景にした一九七〇年制作の米国映画。三人の米軍医をコメディータッチで描いた作品〕がフィクションだということを私たちは知っている。二〇〇二年のワールドカップの開会式と閉会式での華麗なショー、敬愛する首領に忠実に歌う笑顔の少年少女の密集隊列とれっきとした大衆文化とが、統一教会の文鮮明の合同結婚式と仏教やキリスト教の伝統的な儀式と同じくらい連関するものだということも然りだ。たとえ見世物、色彩、音楽、舞踊が、過去と現在の朝鮮の世界観における必須要素だったとしても。

それが意味するところは、歴史家、小説家、詩人、政治家など誰であれ、長く変化に富む歴史を持つ、誇り高い国の精神を言葉の内に閉じ込めることは、池の水面に映った月を釣り上げようとするようなものだということだ。「老子」曰く、「言葉を用いて言い表せるような道は真の道ではない」。

謝辞

研究資金を助成して下さったブリティッシュアカデミーおよび韓国国際交流財団に感謝を捧げる。惜しみなく、辛抱強く協力してくれた方々、とくにBrother Anthony of Taizé（アン・ソンジェ）、Bill Callahan 教授、Choi Eunju、Chu Sangon、Pastor Hahn Manyoung、Dr.James Hoare、Kwon Huh、Hwang Byungki 教授、Khayoung Kim、Yersu Kim、Youngna Kim 教授、Lee Chae-suk 教授、Lee Chul Soon、Ms Green Lee、Lim Ju-Youn、Sang-Oh Lim 教授、議員のPark Jin 博士、Jane Portal、Shin Bok-ryong 教授、Son Kyung Nyun、Chang-kee Sung、Yim Hak Soon、Yeoik Yun の各氏に感謝を捧げたい。Donald Baker 教授とDonald Clark 教授は全文に目を通して貴重なコメントとおよび訂正をして下さった。Keith Howard、Hyunsook Lee 博士、James Lewis 博士、Richard Rutt 博士、Peter Dent 博士の各氏からも、草稿の各節でコメントと訂正をいただいた。もしまだ何か間違いがあったとしたら、それはすべて筆者の責任である。Keith Howard 氏にはディスコグラフィーを提供していただいた。

以下のページの引用は、以下の出版社および／または著作権者からのものである。

Peter H. Lee, *Anthology of Korean Literature: From Early Times to the Nineteenth Century* (© University of Hawai'i Press, 1981)〔一一六頁〕、Peter H. Lee, ed., *Sourcebook of Korean Civilization*, vol. 1 (© Columbia

University Press, 1981)〔一四〇、一五〇頁〕、Richard Rutt, *A Biography of James Scarth Gale and His History of the Korean People* (© Royal Asiatic Society, Korea Branch, Seoul, 1972)〔一六一頁〕、Brother Anthony of Taizé, Midang: *The Early Lyrics of So Chong Ju* (Forest/UNESCO, 1993)〔三六一頁〕、Philip West and Suh Ji-moon, eds, *Remembering the 'Forgotten War': The Korean War through Literature and Art* (M. E. Sharpe, 2001)〔三七六〜三七七頁〕、Brother Anthony of Taizé and Young-moo Kim, *Back to Heaven: Selected Poems of Ch'ŏn Sang Pyŏng* (Cornell/UNESCO Publishing,1995)〔四二八〜四二九頁〕。

できる限りの努力をしたが、著者および著作権者とみられる方々との連絡がどうしても取れなかったものもいくつかある。あらかじめお詫び申し上げる。

著者および出版社は以下のとおり図版の掲載あるいは転載の許可をいただいた。記して感謝の意を表したい。C. H. Ahn〔一三〇頁写真〕、撮影者のご好意による〔二二七頁、二五〇頁、二九五頁、四三八頁下／写真〕、British Museum, London〔二五四頁、四四一頁〕、the Design and Imaging Unit, Durham University のご好意による〔二〇〜二一頁／地図〕、澗松美術館（ソウル）〔一七四頁／国宝六八号〕、写真 T. B. Kim〔一六九頁〕、Korean Overseas Information Service〔一七二頁、二三〇頁、二九三頁、三四九頁、四三四頁、四三八頁上〕、サムソン美術館リウム（旧湖巌美術館）（ソウル）〔三五一頁、三八四頁〕、National Museum of Denmark, Copenhagen (Ethnographic Collections)〔三〇一頁〕、国立中央博物館（ソウル）〔八八頁／国宝一九五号、九一頁／国宝九一号、九四頁／国宝一五四号、一二三頁、一二五頁、一六六頁、二一五頁、二五三頁／宝物五二七号、二五七頁〕、ソウル大学校博物館〔二二二頁〕、Yonhap News Agency〔三八五頁／写真〕、黄用燁〔四三六頁／写真〕。

訳者解説

本書（英文の原題は『エバーラスティングフラワー――朝鮮の歴史』、エバーラスティングフラワーとは、大韓民国［以下、韓国］の国花でもある無窮花《むくげ》の意）は、「近現代朝鮮の国家とその精神の形成、発展」（著者）を文化から解き明かすことを意図して書かれた朝鮮通史である。同時代の朝鮮人の「ナショナリズムの強烈さ」がどのような記憶に根ざしたものなのか、一九五三年の朝鮮戦争休戦以降もずっと対峙し続けてきたにもかかわらず、なぜ南北朝鮮は統一を諦めないのか、といった疑問から出発し、朝鮮性《コリアンネス》とは何かが一貫して探られている。原著は、二〇〇六年にリアクション・ブックスから刊行された。

著者のキース・プラット氏は、イングランド北東部に位置するダラム大学（映画「ハリー・ポッター」で魔法学校として目にしている方も多いだろう）を拠点に、一九六〇年代から中国と朝鮮の美術、音楽の研究教育活動に携わってこられた。民主化を求めるデモ隊に放たれた催涙弾を吸いこみながら、一九七二年韓国での現地調査を開始したという。一九七二年といえば、七・四南北共同声明により和解への期待が高まったのもつかの間、朴正熙《パクチョンヒ》が非常戒厳令を出して維新体制を確立し、一方の金日成《キムイルソン》も社会主義憲法への憲法改正を行った激動の年である。氏はコリアン・スタディーズ草創期における、そう多くはない「西洋人」研究者の一人だ。机上での研究に留まらず、韓国の音楽史研究者李恵求《イヘグ》（一九〇九―二〇一〇年）を直接訪ねて学び、カヤグム（琴）やピリ（笛）といった民族楽器を習い、一九七九年には中国、韓国の古典音楽の奏者をイギリスに招いて、ダラム・オリエンタル音楽祭を開催するといった活動を通して、朝鮮文化への理解を深めてきた人物である。

イギリスでは、韓国製のテレビ、家電、車、携帯電話などが日本製のそれに取って代わって久しいが、朝鮮半島にどのような文化があるのか、なぜ南北に分かれていて両国はどう異なるのか、中国や日本と何が違うのかを正確に知る人は今も少ない。そもそも「アジア」と聞いて多くの人がまず連想するのはインドである。テニス四大国際大会の一つが開かれるロンドン、ウィンブルドン近くのニュー・モルデンにあるコリアタウンの規模も、米ロサンゼルスや大阪の鶴橋、東京の新大久保のそれと比べると格段に小さなものだ。これは、イギリスと朝鮮半島が地理的に遠く、植民地化／被植民地化や移民といった、大規模な人々の接触につながるような歴史的な結びつきもさほどないことの反映である。

そのような研究環境の中で、朝鮮になじみのない幅広い英語圏の読者に向け、中国文化についての専門知識を駆使しつつ、朝鮮文化の特性を紹介したのが本書である。著者の韓国滞在経験や写真付きのコラムを随所に織り込み、読みやすさを心がけた入門書、著者の言を借りるなら「個人的な印象記」として書かれた。朝鮮文化を通史的にとらえたこのような本は英語では初めてのもので、英語圏の朝鮮研究者たちからの高い評価を受けた。日本語の世界では、朝鮮半島の文化が、韓国でも日本でもない場所でどう語られているかを知る機会はなかなかない。そんな日本語読者の方々に新鮮な視点を提供できるのではないかと考え、本書の翻訳を行った次第である。

著者は「西洋的な先入見と偏見」を排することの難しさを自覚しつつ、「できる限り公正で、客観的に」朝鮮とその文化を定義し、評価しようとしたと『はじめに』で述べている。その筆致は、異文化の尊重が基底となった愛着に満ちたものだ。また、本書の最終章では、現代の南北朝鮮の文化が等距離から観察、分析されているが、このような視点は日本ではなかなか見られないものではないだろうか。英語圏では、客観的事実に基づいた朝鮮民主主義人民共和国関連の学術書は二〇〇〇年代に入るまで稀だったこともあり、この箇所を本書の最大の功績とする英語圏研究者もいるほどだ。原著刊行は十年以上前のことだが、その記述内容は、二〇一八年前半に文在寅《ムンジェイン》－金正恩《キムジョンウン》の南北首脳会談、金正恩－トランプ会談が立て続けに実現し、朝鮮分断以来の大激変期のさなかにある今現在も充分に耐えうるものだ。

本書を刊行するにあたり、著者に日本語版のための序文を新たに加筆していただいた。これにより、日本でもすっかりお馴染みとなった韓流や、金正恩時代の朝鮮民主主義人民共和国の文化の変化なども含め、朝鮮文化史を最新の情報にアップデートすることが出来た。現在、日本語で得られる情報との比較してみるのも、本書の愉しみの一つとなろう。

＊

本書は、先史時代から一八世紀まで、一九世紀、二〇世紀の三部で構成されており、全部で九章からなる。全体を通して、著者の専門分野である音楽、美術のほか、陶芸、舞踊、演劇、文学、宗教や信仰等がふんだんに取り上げられている。さまざまな説を紹介しながら、断定的表現を避けつつ記述されているため要約は困難だが、以下にごく簡潔に各章で書かれている内容を紹介したい。

第Ⅰ部「ナショナル・アイデンティティの形成」では、先史時代から朝鮮王朝の最盛期までの長い期間が論じられる。

第1章「歴史の幕開けから六六八年まで——文化様式の変動」では、先史時代から高句麗《コグリョ》、百済《ペクチェ》、新羅《シルラ》の三国時代の終焉までが扱われる。新石器時代、支石墓（ドルメン）が世界一多く存在したという青銅器時代、今も議論の種となることの多い檀君《タングン》朝鮮、箕子《キジャ》朝鮮を経て、前二世紀初に朝鮮半島北部で衛満《ウィマン》（衛氏）朝鮮が古朝鮮を引き継ぐ。前一〇八年に中国の漢がその衛満朝鮮に攻め入り、楽浪郡《ナンナングン》等を置いて郡県制を敷くが、朱蒙《チュモン》が建国したとされる高句麗が、しだいに楽浪郡を脅かすようになる。「二〇〇〇年以上にわたる、中国‐朝鮮間の愛憎劇」の始まりである。一方南部では、一‐三世紀に形成された馬韓《マハン》、辰韓《チンハン》、弁韓《ピョンハン》の三韓から、新羅、百済、伽耶が興る。四世紀初めに中国が退き、その後高句麗《フコグリョ》の広開土王《クァンゲトワン》、百済の武寧王《ムニョンワン》、新羅の法《ポッ》興王《プンワン》らの下で朝鮮三国時代の文化が花開く。

三国は強大な隋唐帝国との朝貢体制を強化し、儒教と仏教を受容しながら自らの文化を発展させた。三国間での技工や学者たちの交流も盛んに起きた。三国それぞれの墓とその内部で見つかった副葬品や壁画、王、女王たちの残した詩歌、中国や中央アジアとも共通するさまざまな楽器等が、この時代の文化を象徴するものとして挙げられる。

第2章「統一新羅《トンイルシルラ》（六六八‐九三六年）——自信の構築」は、唐の力を借りて高句麗を滅ぼした後に訪れた、統一新羅時代の約二七〇年を扱う。新羅は黄海（西海）周辺における国際交流に采配を振るい、中国本土から日本列島へと文化を伝達するのに重要な役割を果たした。一方、朝鮮半島北部と中国東北部は、渤海《パレ》が新羅滅亡の直前まで約二三〇年間支配しており、韓国ではこの時期を「南北国時代」と位置づけることもある。

慶州《キョンジュ》を首都とする統一新羅は、「中国の文学、音楽、舞踊、建築、彫刻を真に享受した、唐のもっとも従順な朝貢国」で、仏国寺、海印寺、石窟庵の仏像、多宝塔、釈迦塔など、優れた仏教文化が栄えた。この時期の朝鮮文化の独自性は、石塔と青銅製の寺鐘に表れているとし、三国統一の最大の功労者とされる金庾信《キムユシン》将軍の墓に置かれた十二支の動物のレリーフの他、仏《プル》国寺《グクサ》の塔、上院寺《サンウォンサ》の銅鐘、宮廷や寺で用いられた装飾瓦が紹介される。

つづく第3章「高麗《コリョ》（九一八―一三九二年）――独立のための闘争」では、新羅、後百済《フベクチェ》、後高句麗という後三国時代を経て、王建（太祖）が打ち立てて以来、四七〇年ほど続いた高麗時代（首都開京《ケギョン》［いまの開城《ケソン》］）が扱われる。一〇世紀から一三世紀は高麗、宋、遼という三つの新興勢力がせめぎあう、北東アジアの長い不安定期である。高麗国内では門閥貴族が強大な政治権力を握り、一二世紀の李資謙《イジャギョム》の乱、僧侶妙清《ミョチョン》の乱などは王権を揺るがした。その後、今度は文臣優遇に不満を抱えていた武臣たちが乱を起こし、一一九六年からは四代にわたる「崔氏独裁」期が続く。この頃には度重なるモンゴル（のちの元）の侵入にも苦慮し、武人政権期の三別抄の兵士たちが抵抗を続けるも、その厳しい干渉下に置かれた。一四世紀後半に元が衰退し明が建国されてまもなくして、高麗は新興武将の李成桂《イソンゲ》（太祖《テジョ》）により崩壊する。

高麗時代は仏教文化の発展が目覚ましかった。前半期は宋との文化交流の「黄金時代」で、元の影響下に入った後も高麗は引き続き中国の書道家、画家、技工たちと文化を共有した。内外で混乱が続く中、金属活字、高麗八万大蔵経、高品質の陶磁器（青磁、白磁、鉄絵青磁、辰砂青磁、象嵌陶器など）等が生まれた。現在でも朝鮮古代史研究に欠かせない基礎文献となっている金富軾《キムブシク》『三国史記』、仏教関連の説話等を集めた一然《イリョン》の『三国遺事』が書かれたのは、王朝の正統性が内外から脅かされていたこの時代のことである。

第4章「初期から中期朝鮮（一三九二－一八〇〇年）――妥当な正統性を求めて」では、朝鮮王朝（首都漢城《ハンソン》［ソウル］）の始まりからの約四〇〇年間が扱われる。高麗時代に形成された特権支配階級の両班《ヤンバン》が、ひきつづき官吏の地位を独占した。朝鮮王朝は新儒教（朱子学）を正統なものと位置づけたが、しだいにそれは社会、政治、経済、文化の面で仏教の影響力を凌駕していくようになる。建国者李成桂の孫で、名君との誉れ高い世宗《セジョン》の治世で、一五世紀前半に朝鮮王朝は最初の繁栄期を迎えた。

だが一六世紀以降になると、官人の党派争いが深刻化していった。一五九二年、一五九七年には、豊臣秀吉の軍による二度にわたる朝鮮侵略（壬申倭乱／文禄、慶長の役）が起き、続いて女真族の後金からも侵攻を受ける。その後、一八世紀前半から後半にかけての第二一、二二代王の英祖《ヨンジョ》、正祖《チョンジョ》の治世に、朝鮮王朝の文化が開花する。

朝鮮王朝期の文化は、中国文化を手本とする両班たちによって牽引された。だが、李舜臣将軍の水軍が活躍した壬申倭乱以降、人々は朝鮮土着の伝統やヨーロッパ文化にも関心を広げるようになっていった。朝鮮の詩歌形式である時調《シジョ》や、市場の発展による新たな工芸品等も生まれた。この時期に特徴的な文化的人工物として、世宗大王《セジョンテワン》が創製したハングル、李舜臣《イスンシン》が使用した亀甲船、正祖の指揮で建造された水原華城《スウォンファソン》、宮廷の図画署から外の世界に出た朝鮮随一の画家鄭敾《チョンソン》、風俗画で名高い金弘道《キムホンド》の絵が挙げられる。

第Ⅱ部「Ⅱ 不安定な世紀」では、朝鮮王朝がほころびをみせ、日本の保護国となるまでの一九世紀の約百年が描写される。

第5章「隠者の王国（一八〇〇－六四年）――伝統の制作現場」は、正祖の次の王である純祖《スンジョ》治世下でのキリスト教徒の大迫害から始まる。宮廷内では、王と縁続きの外戚家門が絶大な権力を握る「勢道政治《セドチョンチ》」によって王権の去勢が進み、宮廷の外では洪景来《ホンギョンネ》の乱をはじめ、社会システムへの不満、地方行政の腐敗、農民たちの窮乏等により反乱が頻発した。農民たちの間では、儒教、仏教、シャーマニズム、カトリックの混交物である東学《トンハク》（のちの天道教）が広がっていく。東学の教祖である崔済愚《チェジェウ》の処刑、および哲宗《チョルチョン》の死の年である一八六四年以後は、内外からのさらなる脅威が王朝を強襲することになる。

一九世紀には絵画、音楽、舞踊などが両班と庶民の階級分断を超え、朝鮮独自の文化が豊富に生まれた。チェクコリ（文房図）に代表される民画、土着や外来の民謡を組み込んだ器楽合奏のシナウィ、器楽独奏の散調《サンジョ》、歌やセリフなどを口演するパンソリがその例である。実学（空論を排した社会改革論）に影響され、朝鮮固有文化へ誇りを持つようになった両班が新しい文化を支えた。同時代の華やかな中国や日本とは異なる白磁や粉青《プンチョン》沙器も、この時期を特徴づけるものだ。

つづく第6章「侵略、近代化、改革（一八六四－一九〇五年）――追い詰められる伝統」では、高宗《コジョン》の実父である興宣大院君《テウォングン》が摂政として権力を握った年から、一八九七年の「大韓帝国」への国号変更を経て、日本の保護国化へと至る四一年間が扱われる。大院君《テウォングン》と高宗《コジョン》の妻閔妃《ミンビ》およびその一族の争いに加え、朝鮮に干渉する清、日本、ロシア、米、英、フランスなど列強による力づくの開国要求と不平等条約締結、さらには朝鮮をめぐる列強同士の対立によって、朝鮮の王権の自明性や統治システムが揺らぐ時期である。

一八九四年、平等や外国の排斥を求めて南西部の全羅道で起きた東学の乱（甲午農民戦争）は日清戦争を誘発し、勝利した日本は朝鮮侵略への野望を高めていく。閔妃が暗殺されたのはこのときである。一九〇四年、五年の日露戦争にも勝利した日本は、一九〇五年に大韓帝国との間で保護条約（第二次日韓協約）を結び、朝鮮での絶大な特権を獲得する。

文化に関しては、油絵、新聞、賛美歌など新しい欧米の概念が朝鮮にもたらされた時期となった。ただし、朝鮮の芸術家たちは相変わらず中国の伝統的主題や様式を好んだ。一方、この頃やってきた朝鮮居住外国人たちは民芸品、工芸品収集や写真撮影を行っており、それらは今日欧米の博物館で見られる朝鮮関連の展示の土台となった。ここでは、一九〇〇年設立のイギリスおよびアイルランド王立アジア学会朝鮮支部が作成した「ソウル地図」、欧米人に好まれた民俗画家箕山《キサン》の「将棋」等が紹介される。

第Ⅲ部「苦難の世紀」では、日本による保護国化から始まる二〇世紀が記述される。

第7章「危機に瀕する文化（一九〇五－四五年）――植民地時代」が扱うのは、朝鮮全土が外国占領下におかれた唯一の時期となった三五年間である。一九一〇年の韓国併合条約によって、大きな抵抗運動が起こることもなく朝鮮は完全に日本の植民地下に置かれた。だがその九年後の一九一九年、三・一独立運動が起こり、朝鮮人のナショナリズムは爆発的に噴出する。申采《シンチェ》浩《ホ》や崔南善《チェナムソン》といった史家たちは檀君を朝鮮の始祖と主張し、「朝鮮民族主義」の概念を作り出していった。日本の朝鮮総督府は三・一運動後、部分的に朝鮮人の自由と権利を認める文化政治に統治方法を切り替えるが、一九三一年の「満州事変」を手始めに日本が中国大陸の侵略を開始すると、兵站基地化した朝鮮の労働力、兵力、物資の収奪はより苛烈になる。その後、対米戦争を経て一九四五年八月に日本が連合国に降伏したのに伴い、朝鮮は解放される。

日本による文化浄化《カルチュラル・クレンジング》の渦の中、朝鮮の芸術家は迎合、現実逃避、抵抗などさまざまな反応を起こした。その一方で、抽象美術や西洋音楽など欧米の芸術の受容、欧米や日本への留学などの現象が新たに起こり、朝鮮芸術の幅が拡大されもした。今も朝鮮民族主義のアイコンとなっている民謡「アリラン」は、一九二六年作の同名の抗日映画によって再解釈された。植民地期でもっとも成功した朝鮮人画家といわれる李仁星《イインソン》と、その絵の評価の両義性についてもここで考察される。

第8章「分断と戦争（一九四五－五三年）――再びの分裂」では、「連合国の戦略の欠如と、国際連合による無理解や対応の失敗」により冷戦構造に組み込まれた朝鮮半島が、朝鮮戦争を経て南北に分断される八年を描く。北緯三八度線以南では米軍政庁が設立されて、朝鮮人自身による新朝鮮建設の動きが早々と潰され、ソ連は以北地域への影響力を維持しようとする。そのような中で一九四八年八月に大韓民国が、九月には朝鮮民主主義人民共和国がそれぞれ樹立される。その二年後に勃発した朝鮮戦争では、中国、ソ連が北側に、米国を中心とする多国籍の国連軍が南側について戦った。朝鮮全土が三年の間に破壊し尽くされ、「朝鮮人すべてが敗者」となった。

大勢が巻き込まれたこの悲劇を象徴する画家として、日本人の妻と、二人の間の子どもたちと引き裂かれた後、まもなく早逝した画家李仲燮《イジュンソプ》が紹介される。

最終章となる第9章「戦後朝鮮――伝統と変化」では、朝鮮戦争休戦後からの約五〇年が描かれる。朝鮮戦争後、南北朝鮮は国と日本、ソ連と中国にそれぞれ依存しながら、権威主義や新儒教を利用したかつての統治パターンを踏襲した。

南北ともに、自国の正統性を主張し、群衆を支配するための道具として、芸術と文化を政治利用された。北の朝鮮民主主義人民共和国では、金日成が一九五〇年代半ばに「事大主義へのアンチテーゼ」として朝鮮の自立を強調するチュチェ（主体）思想を掲げ、文化もこの思想の絶大な影響を受けた。北が社会主義リアリズムに重点を置いたのに対し、南の韓国は現実逃避的な題材と方法を奨励するという、日本の植民地政策の延長を行った。そうしながらも、韓国の芸術は軍事独裁政権期も一九八七年の民主化宣言以後も進化しつづけた。一九九〇年代以降の韓国では、民衆文化が突如として若者たちのポップカルチャーへと取って代わり、朝鮮の伝統文化との断絶を危惧する声も聞かれるようになっている。

＊

本書では、主に漢文で書かれた一次文献を除くと、英語文献が圧倒的に多く用いられており、日本語はもちろん、朝鮮語の論文や書籍もさほど参照されていない。英語世界から朝鮮半島がどのように見えているかが純粋にうかがえ、興味深い（ただし、米国等で学んだ韓国籍者、コリアン・アメリカン等の存在が、とくに近年の英語圏のアカデミアで大きいことも付け加えておく。この現象は、日本敗戦直後に米軍が三八度線以南を占領した事実を含む、主に二〇世紀の米国と朝鮮（韓国）の結びつきを反映したものだ）。地理的、言語的な遠さも多分に関係しているであろう俯瞰的視点が本書の魅力となっている一方で、研究者の層が圧倒的に厚い韓国や日本での研究動向や解釈との齟齬が、ところどころで見られるのも事実である。そのため、訳出の際には、記述内容を日本語、朝鮮語の文献とクロスチェックして確認しながら進めた。それをもとに、著者と相談して事実関係等の修正を行った箇所も少なくないことを付言しておく。

ここで、訳出過程で歴史記述と言語に関して気づいた点をいくつか記してみたい。まず当然のことながら、朝鮮史の中の同じ出来事でも、言語によってそれぞれ着目点、強調箇所がひじょうに異なるということである。また日本や韓国の場合は、歴史的出来事の多くが用語化され、読む方も漢字（漢字語）等から内容を推測できることもあるが、本書のように朝鮮に関する前提知識がほとんど共有されていない英語読者に向けて書く際には、これは通用しない。そのため原文では、それぞれの出来事が本質をとらえて端的に説明されている。このことは結果的には、暗記中心の教育を受けてきた日本語読者にとっても、実はより理解しやすいものになっているのではないだろうか。

地名、人名、出来事の名前等については、一九四五年以後、南北ともに漢字の使用頻度が圧倒的に少なくなった朝鮮語に訳したとしたら不要だったろうが、日本語に訳するにあたっては、漢字に置き換えた上で原音のルビを振るという作業（母音だけでも日本語の倍ほどあるため、そもそもこれにも限界があるが）を行う必要があった。だが、ここ五十年ほどの朝鮮の人名等の漢字については探し出せないことも多く、漢字を媒介とした日本語－朝鮮語間での意思疎通の機会が今後ますます減っていくだろうことが、容易に予想される。なお、原著でピンイン（中国語の発音記号）で示されている中国語を、著者の達筆な手書き文字で訳者がご教示いただくという、著者と訳者間での漢字によるコミュニケーションが一方では行われた。

呼称に関わる語は、英語のままの方がはるかに楽に使用できる場合が多かった。たとえば本書では、「コリア」「コリアン」という語を、南北にかかわらず全体を表す語として朝鮮、朝鮮人／朝鮮語と訳した。だが「朝鮮」という語は、日本ではかつても現在も差別感情を込めて使われる場合が多々あり、また朝鮮民主主義人民共和国とのみ（多くは差別的に）結びつけられてしまうこともある。また、「ノースコリア」、「サウスコリア」のように、南北を単純に区別するための呼称も日本語にはない。「北朝鮮」「南朝鮮」あるいは「北韓」「南韓」というように対応させようとすると、どうしても血なまぐさい政治性を帯びてしまうのだ。対象を中立的に名指しえない日本語の問題は、未だに解消できない日本と朝鮮半島の関係の複雑さを象徴している。

＊

本書で取り上げられた歴史的出来事や芸術、文化に関連する日本語で読める図書として、以下に比較的新しいものを中心にいくつか挙げたい。残念ながら日本語のインターネット世界では、こと朝鮮史関連の記述については、誤謬と悪意に対する自浄作用がほとんど働いていないので、良質な書籍で情報を得る方が確実だろう。

まず、最新の研究成果を踏まえた朝鮮半島の通史として、李成市・宮嶋博史・糟谷憲一編『朝鮮史』第一、二巻（山川出版社、二〇一七年）がある。韓国教員大学歴史教育科（吉田光男監訳）『韓国歴史地図』（平凡社、二〇〇六年）は、韓国での歴史観が視覚的に分かりやすく示されている。

古代、中世朝鮮については、礪波護・武田幸男『隋唐帝国と古代朝鮮（世界の歴史六）』（中公文庫、二〇〇八年）、岸本美緒・宮嶋博史『明清と李朝の時代（世界の歴史一二）』（中公文庫、二〇〇八年）のほか、日本と朝鮮半島の関係史として兪弘濬（橋本繁訳）『日本の中の朝鮮をゆく　九州篇、飛鳥・奈良篇』（岩波書店、二〇一五年）、社会、文化については宮嶋博史『両班――朝鮮社会の特権階層』（中公新書、一九九五年）、NHK取材班『朝鮮王朝「儀軌」百年の流転』（NHK出版、二〇一一年）などの良書がある。

朝鮮近現代史を扱った図書には、歴史教育者協議会・全国歴史教師の会編『向かいあう日本と韓国・朝鮮の歴史　近現代編』（大月書店、二〇一五年）、趙景達『植民地朝鮮と日本』（岩波新書、二〇一三年）、姜徳相『関東大震災・虐殺の記憶』（青丘文化社、二〇〇三年）、外村大『朝鮮人強制連行』（岩波新書、二〇一二年）、水野直樹『創氏改名』（岩波新書、二〇〇八年）等がある。

朝鮮民主主義人民共和国史としては、金聖甫ほか（韓興鉄訳）『写真と絵で見る北朝鮮現代史』（コモンズ、二〇一〇年）、和田春樹『北朝鮮現代史』（岩波新書、二〇一二年）、大韓民国史には徐仲錫（文京洙訳）『韓国現代史六〇年』（明石書店、二〇〇八年）、李泳采・韓興鉄『なるほど！これが韓国か――名言・流行語・造語で知る現代史』（朝日新聞社、二〇〇六年）があり、金東椿（金美恵ほか訳）『朝鮮戦争の社会史』（平凡社、二〇〇八年）、田中恒夫『図説朝鮮戦争』（河出書房新社、二〇一一年）等、朝鮮戦争を扱った書籍も多い。

また、本書ではあまり触れられていないが、朝鮮の女性については吉見義明『日本軍「慰安婦」制度とは何か』（岩波書店、二〇一〇年）、宋連玉『脱帝国のフェミニズムを求めて――朝鮮女性とフェミニズム』（有志舎、二〇〇九年）等が挙がる。

朝鮮文化に関しては、入手しやすい手軽なものがあまりないのが現状だ。そのような中、朝鮮の思想や文化を網羅的に論じた小倉紀蔵『朝鮮思想全史』（筑摩書房、二〇一七年［ちくま新書］）が新しく出た。美術関連では、世界的な現代美術家で日本在住の李禹煥『出会いを求めて――現代美術の始源』（みすず書房、二〇一六年）等のエッセイ集、金英那（神林恒道訳）『韓国近代美術の百年』（三元社、二〇一一年）、金哲央『朝鮮民族の美100点』（スペース伽耶、星雲社、二〇一七年）、吉川美佳『韓国の民衆美術――抵抗の美学と思想』（岩波書店、二〇一八年）が、音楽では尹伊桑（伊藤成彦編）『わが祖国、わが音楽』（影書房、一九九二年）、キム・ドクス（清水由希子訳）『世界を打ち鳴らせ―サムルノリ半生記』（岩波書店、二〇〇九年）等がある。映画については、キム・ミヒョン（根本理恵訳）『韓国映画史――開化期から開花期まで』（キネマ旬報社、二〇一〇年）、門間貴志『朝鮮民主主義人民共和国映画史』（現代書館、二〇一二年）等がある。

文学関連では、崔碩義『放浪の天才詩人金笠』（集英社新書、二〇〇一年）、大村益夫、長璋吉、三枝壽勝編訳『朝鮮短篇小説選』（岩波文庫、一九八四年）、『朝鮮近代文学選集』（平凡社、二〇〇五―一七年）、波多野節子『李光洙――韓国近代文学の祖と「親日」の烙印』（中公新書、二〇一五年）、伊吹郷訳『空と風と星と詩――尹東柱全詩集』（影書房、一九八四年）などがあり、同時代の韓国の人気作家による作品も近年では多く翻訳されている。最新の韓国書籍の翻訳事情については、K‐文学.comのｗｅｂサイトが参考になる。

その他、史劇と呼ばれる韓流歴史ドラマでは、本書に登場する女王、王妃、王を題材に取ったものが数多く制作されている。三八六世代の監督が牽引する映画界でも、古い時代から現代韓国に至るまでの朝鮮について学べる良質な映像作品が現在も続々と作られている。

*

本書の訳出にあたっては多くの方々のご協力を得た。以下に記して感謝の意を表したい。著者のプラット氏は、事実関係や訳出に関する多くの質問に根気強く答えて下さった。『韓国古代木簡の研究』（吉川弘文館、二〇一四年）等の著作のある朝鮮古代史研究者の橋本繁氏と、幅広い分野で数々の緻密な研究成果を積み上げて来られた朝鮮近現代史研究者の宮本正明氏には、訳文と訳語のチェックのみならず、韓国や日本での研究動向の教示、前記の参考文献選定上のアドバイスを引き受けていただいた。日本の朝鮮史研究の第一線に立たれているお二方の、豊かな学識と的確なご指摘に本書が負うところはひじょうに大きい。また本書で引用されている銘文、漢詩、詩歌、時調などは、漢文、朝鮮語の原文に当たって日本語に翻訳しなおしたが、その際には訳者の母から細やかな協力を得た。それでも訳出に不充分な点や誤りがあるとしたら、その責任はむろん私にある。正確な助言とともにいつも明るく励まして下さった人文書院の赤瀬智彦氏にも、心よりお礼を申し上げる。

宋恵媛

カミングス 著（横田安司、小林知子訳）『現代朝鮮の歴史——世界のなかの朝鮮』明石書店、二〇〇三年〕
Gills, Barry, *Korea versus Korea: A Case of Contested Legitimacy* (London, 1996)
Demick, Barabara, *Nothing to Envy: Ordinary Lives in North Korea* (New York, 2010)
Frank, Rüdiger (ed.), *Exploring North Korean Arts* (Vienna, 2011)
Hesselink, Nathan, ed., *Contemporary Directions: Korean Folk Music Engaging the Twentieth Century and Beyond* (Berkeley, CA, 2001)
Horlyck, Charlotte, *Korean Art, from the 19th Century to the Present* (London, 2017)
Howard, Keith, 'Juche and Culture: What's New?', in *North Korea in a New World Order*, ed. Hazel Smith et al. (Basingstoke, 1996), pp. 169-95
Kang U-bang, 'The Charm of Anomaly in Korean Art', *Koreana*, XII/3 (1998), pp. 16-21
Kang Young-Zu, 'Hong Myŏng-hŭi: Korea's Finest Historical Novelist', *Korea Journal*,XXIX/4 (1999), pp. 36-60
Kim Byong-ik, 'Modern Korean Literature: Its Past, Present and Future', *Koreana*, X/2 (1999), pp. 36-60
Kim Youngna, 'Korean Arts and Culture at the End of the Twentieth Century', in *Korea Briefing,1997-1999*, ed. Oh Kongdan (New York and London, 2000), pp. 101-22
—, *Modern and Contemporary Art in Korea* (Seoul, 2005)
Kim Young-uk, Lee Doo-shik and Yu June-sang, 'Korean Art on the World Stage: Where Does It Fit In?', *Koreana*, IX/2 (1995), pp. 34-41
Lee Hyangjin, 'Ch'unhyangjon: Cinematic Texts of the Era of Division', *Review of Korean Studies*, III/2 (2000), pp. 139-65
—, *Contemporary Korean Cinema: Culture, Identity and Politics* (Manchester, 2001)
Lee Jaehyuck, 'Rational Renderings of Confucian Relationships in Contemporary Korea',*Korea Journal*, XLIII/2 (2003), pp. 257-88
Lee, Sangjoon and Marcus Nones, *Hallyu 2.0: The Korean Wave in the Age of Social Media* (Michigan, 2015)
Oberdorfer, Don, *The Two Koreas: A Contemporary History* (New York, 1998)
O'Rourke, Kevin, 'Demythologizing Mŏt', *Koreana*, XII/3 (1998), pp. 34-41
Pak Yong-suk, 'What Makes Korean Paintings Korean?', *Koreana*, X/3 (1996), pp. 56-61
Petrov, Leonid, 'Restoring the Glorious Past: North Korean Juche Historiography and Goguryeo', *Review of Korean Studies*,VII/3 (2004), pp. 231-52
Portal, Jane, *Art under Control in North Korea* (London, 2004)
—, and Beth McKillop, eds, *North Korean Culture and Society* (London, 2004)
Rozman, Gilbert, ed., *The East Asian Region: Confucian Heritage and Its Modern Adaptation* (Princeton, NJ, 1991)
Seth, Michael, *North Korea, a History* (London and New York, 2018)
Wells, Kenneth, ed., *South Korea's Minjung Movement: The Culture and Politics of Dissidence* (Honolulu, HI, 1995)

Kang, Hilda, *Under the Black Umbrella: Voices from Colonial Korea, 1910-1945* (Ithaca, 2005)
Kim, Youngna, 'Artistic Trends in Korean Painting during the 1930s', in *War, Occupation and Creativity: Japan and East Asia, 1920-1960*, ed. M. J. Mayo and J. T. Rimer (Honolulu, HI, 2001), pp. 121-46
—, *20th Century Korean Art* (London, 2005)〔金英那（神林恒道監訳）『韓国近代美術の百年』（三元社、二〇一一年）〕
Robinson, Michael, 'Mass Media and Popular Control in 1930s Korea: Cultural Control, Identity and Colonial Hegemony', in Suh Daesook, *Korean Studies: New Pacific Currents* (Honolulu, HI, 1994), pp. 59-82
Shin, G. W., and Michael Robinson, *Colonial Modernity in Korea* (Cambridge, MA,1999)
Yŏm Sangsŏp, *Three Generations*, trans. Yu Young-nan (New York,2005)

〈第8章　分断と戦争(一九四五年―五三年)〉

Anthony of Taizé, Brother, *Midang: The Early Lyrics of So Chong Ju* (London, 1993)
Cumings, Bruce, *The Origins of the Korean War: Liberation and the Emergence of Separate Regimes, 1947-1950* (Princeton, NJ, 1981)〔ブルース・カミングス（鄭敬謨、林哲訳）『朝鮮戦争の起源 1』明石書店、二〇一二年〕
—, *The Origins of the Korean War: The Roaring of the Cataract, 1947-1950* (Princeton, NJ,1990)〔ブルース・カミングス（鄭敬謨、林哲、山岡由美訳）『朝鮮戦争の起源２上』明石書店、二〇一二年〕
Goncharov, S. N., J. W. Lewis and Xue Litai, *Uncertain Partners: Stalin, Mao and the Korean War* (Stanford, CA, 1993)
Hastings, Max, *The Korean War* (London, 1987)
Stueck, William, *Rethinking the Korean War: A New Diplomatic and Strategic History* (Princeton, NJ, 2002)
Wada,Haruki, *The Korean War* (Lanham, MA, 2018)〔和田春樹『朝鮮戦争全史』岩波書店、二〇〇二年〕
West, Philip, and Suh Jimoon, eds, *Remembering the 'Forgotten War': The Korean War through Literature and Art* (New York and London, 2001)
Whelan, Richard, *Drawing the Line: The Korean War*, 1950-1953 (London, 1990)

〈第9章　戦後朝鮮〉

Abelmann, Nancy, *Echoes of the Past, Epics of Discontent* (Berkeley, CA, 1996)
Anthony of Taizé, Brother, and Young-moo, trans., *Back to Heaven, Selected Poems of Ch'ŏn Sang Pyŏng* (New York and Paris, 1995)
Blix, Herbert, *Hirohito and the Making of Modern Japan* (New York, 2000)
Cumings, Bruce, *North Korea: Another Country* (New York, 2003)〔ブルース・カミングス（杉田米行監訳、古谷和仁、豊田英子訳）『北朝鮮とアメリカ確執の半世紀』明石書店、二〇〇四年〕
—, *Korea's Place in the Sun: a Modern History* (updated edition New York and London, 2005)〔ブルース・

1990), pp. 135-66

Bishop, Isabella Bird, *Korea and her Neighbours* (London, 1897, reprinted 1985)〔イザベラ・バード（時岡敬子訳）『朝鮮紀行――英国婦人の見た李朝末期』講談社、一九九八年〕

Chandra, Vipam, Imperialism, *Resistance and Reform in Late Nineteenth-Century Korea:Enlightenment and the Independence Club* (Berkeley, CA, 1988)

Choe, Ching Young, *The Rule of the Taewŏn'gun, 1864-1873* (Cambridge, MA, 1972)

Conroy, Hilary, *The Japanese Seizure of Korea, 1868-1910* (Philadelphia, 1960)

Harrington, F. H., *God Mammon and the Japanese* (Madison, WI, 1944, reprinted 1966)

Kim, K.-H., *The Last Phase of the East Asian World Order: Korea, Japan and the Chinese Empire, 1860-1882* (Berkeley and Los Angeles, 1980)

Kim, C. I. Eugene, and K.-H. Kim, *Korea and the Politics of Imperialism, 1876-1910* (Berkeley and Los Angeles, 1967)

Korea Branch Royal Asiatic Society, reprint, *The Korean Repository* (1892-8) (Seoul, 1975)

Ledyard, Gari, 'Cartography in Korea', in *The History of Cartography*: Vol. 2, Book 2: *Cartography in the Traditional East Asian and Southeast Asian Societies*, ed. J. B. Harley and David Woodword (Chicago, 1994)

Palais, James B., *Politics and Policy in Traditional Korea* (Cambridge, MA, 1975)

Park, J.P., *A New Middle Kingdom: Painting and Cultural Politics in Late Chosŏn Korea* (1700–1850) (Washington, 2018)

Pratt, Keith, *Old Seoul* (Hong Kong, 2002)

Sands, William, *At the Court of Korea: Undiplomatic Memories* (reprinted London, 1987)

Schmid, André, *Korea Between Empires*, 1985-1919 (New York, 2002)

Underwood, Peter, Samuel Moffett and Norman Sibley, eds, *First Encounters: Korea, 1888-1910* (Seoul, 1982) [a collection of early photographs]

〈第7章　危機に瀕する文化（一九〇五―四五年）〉

Ahn, Choong-sik, *The Story of Western Music in Korea: A Social History, 1885-1955* (eBookstand Books,2005)

An Jinsoo, *Parameters of Disavowal: Colonial Representation in South Korean Cinema* (Berkeley, CA, 2018)

Clark, Donald, *Living Dangerously in Korea: The Western Experience*, 1900-1950 (Norwalk, CT, 2003)

de Ceuster, Koen, 'Colonized Mind and Historical Consciousness in the Case of Yun Ch'iho', *Bochumer Jahrbuch zür Ostasienforschung*, XXVII, pp. 107-32

Gragert, Edwin, *Land Ownership under Colonial Rule: Korea's Japanese Experience,1900-1935* (Honolulu, HI, 1994)

Han, Manyoung, *Kugak: Studies in Korean Traditional Music* (Seoul, 1990)

Henry, Todd, *Assimilating Seoul: Japanese Rule and the Politics of Public Space in Colonial Korea, 1910-1945* (Berkeley, CA, 2016)

Hicks, George, *The Comfort Women: Sex Slaves of the Japanese Imperial Forces* (St Leonards, NSW, 1995)

Howard, Keith, ed., *True Stories of the Korean Comfort Women* (London, 1995)

—, *The Memoirs of Lady Hyegyŏng* (Berkeley, CA, 1996)
Kim Hongnam, ed., *Korean Arts of the Eighteenth Century: Splendour and Simplicity* (New York, 1997)
Kim-Renaud, Young-Key, ed., *King Sejong the Great: The Light of Fifteenth-Century Korea* (Washington, DC, 1997)
Ledyard, Gari, *The Korean Language Reform of 1446* (Seoul, 1998)
Lewis, James B., *Frontier Contact between Chosŏn Korea and Tokugawa Japan* (London, 2003)
Provine, Robert, *Essays on Sino-Korean Musicology: Early Sources for Korean Ritual Music* (Seoul, 1988)
Sohn Pokee, *Social History of the Early Chosŏn Dynasty* (Seoul, 2000)
Turnbull, Stephen, *Samurai Invasion: Japan's Korean War*, 1592-1598 (London, 2002)
Wagner, Edward, *The Literati Purges: Political Conflict in Early Yi Korea* (Cambridge, MA, 1974)
—, 'Social Stratification in Seventeenth-Century Korea: Some Observations from a 1663 Seoul Census Register', *Occasional Papers on Korea* (Cambridge, MA, April 1974)
Yi In-hwa, *Everlasting Empire*, trans. Yu Young-nan (New York, 2002)

〈第5章　隠者の王国(一八〇〇—六四年)〉

Various authors, 'Portraits in the Joseon Dynasty: Style and Function', *Korea Journal*, XLV/2 (Seoul, 2005), pp. 107-215
Deuchler, Martina, *The Confucian Transformation of Korea: A Study of Society and Ideology* (Cambridge, MA, 1992)
Haboush, Jahyun Kim, *The Great East Asian War and the Birth of the Korean Nation* (New York, 2016)
Janelli, Roger, and Dawnhee Janelli, *Ancestor Worship and Korean Society* (Stanford, CA,1982)
Kang Woobang, *The World of Nectar Ritual Painting* (Seoul,1995)
Karlsson, Anders, *The Hong Kyŏngnae Rebellion, 1811-1812: Conflict between Central Power and Local Society in 19th Century Korea* (Stockholm, 2000)
Kim Haboush, JaHyun, and Martina Deuchler, eds, *Culture and the State in Late Chosŏn Korea* (Cambridge, MA, 1999)
Lewis, James, *The East Asian War, 1592-1598: International Relations, Violence and Memory* (London and New York, 2017)
Robinson, Michael, 'Perceptions of Confucianism in Twentieth-Century Korea', in *The East Asian Region: Confucian Heritage and its Modern Adaptation*, ed. Gilbert Rozman (Princeton, NJ,1991), pp. 204-26
Setton, Mark, *Chong YagYong: Korea's Challenge to Orthodox Neo-Confucianism* (New York, 1997)
Underwood, Lillias, *Fifteen Years Among the Topknots* (New York, 1904)
Yi Mun-yŏl, *The Poet*, trans. Chong-hwa Chung and Brother Anthony (London 1995) Zo Za-yong', 'Symbolism in Korean Folk Paintings', in *Traditional Korean Painting*, ed. Korean National Commission for UNESCO (Seoul, 1983), pp. 96-120

〈第6章　侵略、近代化、改革(一八六四—一九〇五年)〉

Baker, Donald, 'Sirhak Medicine: Measles, Smallpox and Chŏng Tasan', *Korean Studies*,xiv (Honolulu, HI,

Nelson, Sarah, *Gyeongju: the Capital of Golden Silla* (London, 2017)
Lee Soyoung and Denise Leidy, *Silla, Korea's Golden Kingdom* (New York, 2013)
Washizuka Hiromitsu, Park Youngbok and Kang Woo-bang, *Transmitting the Forms of Divinity: Early Buddhist Art from Korea and Japan* (New York, 2003), pp. 154-67
Yang Han-sung and Jan Yun-hua, *The Hye Ch'o Diary: Memoir of the Pilgrimage to the Five Regions of India* (Seoul, n. d.)

〈第3章　高麗(九一八―一三九二年)〉

Breuker, Rembrandt, *Establishing a Pluralist Society in Medieval Korea, 918-1170* (Leiden, 2010)
Condit, Jonathan, *Music of the Korean Renaissance* (Cambridge, 1983)
Duncan, John, *The Origins of the Chosŏn Dynasty* (Seattle,2000)
Kim Kumja Paik et al., *Goryeo Dynasty: Korea's Age of Enlightenment* (San Francisco, 2003)
Kim Won-yong, *Art and Archaeology of Ancient Korea* (Seoul, 1986)
Rogers, Michael, 'National Consciousness in Medieval Korea', in *China Among Equals: The Middle Kingdom and Its Neighbors*, 10th-14th Centuries, ed. Morris Rossabi (Berkeley, CA, 1983), pp. 151-72
Shultz, Edward, Scholars and Generals: *Military Rule in Medieval Korea* (Honolulu, HI, 2000)
Vermeersch, Sem, *A Chinese Traveler in Medieval Korea: Xu Jing's Illustrated Account of the Xuanhe Embassy to Koryŏ* (Honolulu, 2016)
—, *The Power of the Buddhas: the Politics of Buddhism during the Koryŏ Dynasty (918-1392)* (Cambridge, Mass., 2005)

〈第4章　初期から中期朝鮮(一三九二―一八〇〇年)〉

Ch'oe Wan-su, Youngsook Pak and Roderick Whitfield, *Korean True-View Landscape: Paintings by Chŏng Sŏn* (1676-1759) (London, 2005)
Choi Byonghyon, trans., *The Book of Corrections: Reflections on the National Crisis during the Japanese Invasion of Korea, 1592-1598* (Berkeley, CA, 2002)
Chun Hae-jong, 'Sino-Korean Tributary Relations in the Ch'ing Period', in *The Chinese World Order*, ed. J. K. Fairbank (Cambridge, MA, 1968), pp. 90-111
Clark, Donald, 'Sino-Korean Tributay Relations under the Ming', in *The Cambridge History of China*, vol. VIII, pt 2 (Cambridge, 1988), pp. 272-300
de Bary, W. T., and JaHyun Kim Haboush, eds, *The Rise of Neo-Confucianism in Korea* (New York, 1985)
Ha Taehung, *Nanjung Ilgi: War Diary of Admiral Yi Sun-sin* (Seoul, 1977)
Jungmann, Berlind, *Painters as Envoys: Korean Inspiration in 18th Century Japanese Nanga* (Princeton, NJ, 2004)
—, *Pathways to Korean Culture: Paintings of the Joseon Dynasty 1392-1910* (London, 2014)
Kalton, Michael, *The Four-Seven Debate: An Annotated Translation of the Most Famous Controversy in Korean Neo-Confucian Thought* (New York, 1988)
Kim Haboush, JaHyun, *The Confucian Kingship in Korea* (New York, 1996)

Various authors, 'Korea', in *The Dictionary of Art*, ed. Jane Turner (London and New York,1996), vol. XVIII, pp. 245-385

〈序章〉

Hong, Wontack, *Paekche of Korea and the Origin of Yamato Japan* (Seoul, 1994)

Jin, Dal, *New Korean Wave: Transnational Cultural Power in the Age of Social Media*, Champaign, Illinois, 2016)

Kikuchi, Yuko, *Japanese Modernisation and Mingei Theory: Cultural Nationalism and Oriental Orientalism* (London, 2004)

Pai, Hyung Il, and T. Tangherlini, eds, *Nationalism and the Construction of Korean Identity* (Berkeley, CA, 1998)

Palais, James, 'Nationalism, Good or Bad?', in *Nationalism and the Construction of Korean Identity*, ed. Hyung Il Pai and T. Tangherlini (Berkeley, CA, 1998), pp. 214-28

Robinson, Michael, *Cultural Nationalism in Colonial Korea, 1920-1925* (Seattle, WA, and London, 1996)

Wells, Kenneth, *New God, New Nation: Protestants and Self-Reconstruction Nationalism in Korea, 1896-1937* (Sydney, 1990)

—, ed., *South Korea's Minjung Movement: The Culture and Politics of Dissidence* (Honolulu, HI, 1995)

〈第1章　歴史の幕開けから六六八年まで〉

Bailey, Lisa, 'Bronze Metalwork', in *The Dictionary of Art*, ed. Jane Turner (London and New York, 1996), vol. XVIII, pp. 344-7

Barnes, Gina, *Archaeology of East Asia: The Rise of Civilisation in China, Korea and Japan* (Oxford, 2017)

Barnes, Gina L., *State Formation in Korea* (Richmond, Surrey,2002)

Best, Jonathan, *A History of the Early Kingdom of Paekche, together with an annotated translation of The Paekche Annals of the Samguk Sagi* (Cambridge, Mass., 2007)

Holcombe, Charles, *The Genesis of East Asia*, 221 BC-AD 907 (Honolulu, HI, 2001) Kim Pusik and Edward Schultz, *The Silla Annals of the Samguk Sagi* (AKS Korea, 2012)

Kim Won-yong, *Art and Archaeology of Ancient Korea* (Seoul, 1986)

Nelson, Sarah, *The Archaeology of Korea* (Cambridge,1993)

Pai Hyungil, *Constructing 'Korean' Origins: A Critical Review of Archaeology, Historiography, and Racial Myth in Korean State-Formation Theories* (Cambridge, MA,2000)

〈第2章　統一新羅(六六八―九三六年)〉

Anon., *La Montagne de dix milles Bouddhas* (Paris, 2002)

Picken, Lawrence, *Music from the Tang Court* (Oxford,1985)

Steinhardt, Nancy, 'The Monastery Hōryūji: Architectural Forms of Early Buddhism in Japan', in Washizuka Hiromitsu, Park Youngbok and Kang Woo-bang, *Transmitting the Forms of Divinity: Early Buddhist Art from Korea and Japan* (New York, 2003)

出典と参考文献

〈全体および日本語版のための序文〉

Clive Oppenheimer and others, 'Multi-proxy dating the 'Millennium Eruption' of Changbaishan to late 946 CE', *Quaternary Science Reviews* volume 158, 15 February 2017, pp.164-171 (online)

Card, James, 'A Chronicle of Korea-Japanese 'Friendship'', online: *The Asia-Pacific Journal* (https://apjjf.org/) Vol.4 no.1, 4-1-06

Covell, Jon, *Japan's Hidden History: Korean Impact on Japanese Culture* (Seoul, 1984)

Goepper, Roger, and Roderick Whitfield, *Treasures from Korea* (London, 1970)

Howard, Keith, *SamulNori: Korean Percussion for a Contemporary World* (Farnham, 2015)

Hwang, Yun Mi and Stephen Epstein (eds.), *The Korean Wave: A Sourcebook* (AKS Korea, 2015)

Kim Donguk, *History of Korean Literature* (Tokyo, 1980)〔金東旭『朝鮮文学史』日本放送出版協会、一九七四年〕

Kranz, M., *Business Insider UK*, 'Experts say North Korea is incorporating free markets into its economy - and undergoing a 'social revolution' as a result', 28 October 2017 (http://uk.businessinsider.com/north-korean-economy-shopping-black-markets-2017-10?r=US&IR=T)

Lee Injae and Owen Miller, *Korean History in Maps: From Prehistory to the 21st Century* (Cambridge, 2014)

Lee Ki-Baik (Yi Kibaek), *A New History of Korea*, trans. Edward Wagner (Seoul, 1984)

Lee, Peter H., *Anthology of Korean Literature* (Honolulu, HI, 1981)

——, ed., *Sourcebook of Korean Civilization*, 2 vols (New York, 1993-6)

——, and Theodore de Bary, eds, *Sources of Korean Tradition*, vol. 1: *From Early Times through the Sixteenth Century* (New York, 1997)

Lee, Peter H. and Theodore de Bary, eds., *Sources of Korean Tradition*, Vol. 2: *From the Sixteenth to the Twentieth Centuries* (New York, 2000)

McKillop, Beth, *Korean Art and Design* (London, 1992)

Nahm, Andrew, *Korea: Tradition and Transformation* (Seoul, 1988)

Portal, Jane, *Korea: Art and Archaeology* (London, 2000)

Pratt, Keith, *Korean Music: Its History and Its Interpretation* (London, 1987)

——, and Richard Rutt, *Korea: A Historical and Cultural Dictionary* (Richmond, Surrey, 1999)

Rutt, Richard, *Korean Works and Days* (Seoul,1964)

——, *The Bamboo Grove: An Introduction to Sijo* (Berkeley, CA, 1970)

Song Bang-song, *Source Readings in Korean Music* (Seoul,1980)

Tennant, Roger, *A History of Korea* (London,1993)

Twitchett, D., and J. K. Fairbank, eds, *The Cambridge History of China* (Cambridge,1978-)

Udal, Martin, *Times Past in Korea* (London,2003)

ディスコグラフィ

Anthology of Korean Music 1-6 (1966) [Recordings of court and folk music by the Seoul Ensemble]. M People HPTD-0001-6

Anthology of Korean Traditional Folksongs (Han'guk minyo taejŏn) (2000) [12 compact discs; 336-page book, in Korean (213 pages, including song texts) and English (123 pages)]

The Deep-Rooted Tree Sanjo Collection (Ppuri kip'ŭn namu sanjo chŏnjip) (1989) [Wonderful recordings by senior musicians, many of whom have now died, of sanjo schools for kayagŭm (12-stringed zither), kŏmun'go (six-stringed zither), taegŭm (transverse flute), p'iri (oboe), ajaeng (bowed zither) and haegŭm (fiddle). Accompanied by a 256-page illustrated book containing complete musical transcriptions and introductory articles in both Korean and English]. Reissued on CD in 1994 and 1996, The Deep-Rooted Tree/King Records CDD-001-9

From Korea: P'ansori, the Art of the Cosmic Voice (1999). World Music Gallery L382 (CD)

Kayagŭm Masterpieces by Hwang Byung-ki (1993) [Hwang's compositions]. Originally issued on LP in 1978, 1979 and 1983. Sung Eum CS0034-7 (four CDs)

Kimsohee Chunghyangka (Kim Sohŭi Ch'unhyangga wanch'ang) (1995) [Reissues of LPSs of a complete repertory performance. Kim was the greatest female p'ansori singer of the twentieth century]. Seoul Records SRCD-123-8 (six CDs)

Korean Court Music (1969) [Recordings and notes by John Levy featuring musicians from the National Center]. Lyrichord LL7206. LP. Reissued as LYRCD7206 (CD)

Korean Social and Folk Music (1969) [Recordings and notes by John Levy]. Lyrichord LLST7211 (LP)

Korean Traditional Music (Han'guk ŭi chŏnt'ong ŭ mak) (1992 and 1994) [Subtitled 'Music for the 21st Century', assorted repertory including court, folk and new compositions]. Korean Broadcasting System KIFM-001-9 and Hae Dong 110–119 (19 CDs)

作成者：Keith Howard

つ

て

と

な

に

ね

の

は

ひ

ふ

き

く

け

こ

さ

し

事 項 索 引

＊地名および王宮名は朝鮮語読みをもとにして五十音順に並べた

り

る

わ

た

ち

て

と

な

の

は

く

け

こ

さ

し

す

せ

そ

人名索引

＊朝鮮人名は朝鮮語読みをもとにして五十音順に並べた

［著者紹介］

キース・プラット **Keith Pratt**

ダラム大学名誉教授。1938年生まれ。中国語を学んだ後、ダラム大学で中国古典、近代以前の中国史および芸術、中朝関係史等を教える。1976年、ダラム・オリエンタル音楽祭を共催。中国、韓国、日本および他の多くの国々の伝統音楽を初めて欧米に紹介し、世界的な注目を集める。ダラム大学教授（中国研究）、同大学東アジア研究科の学科長（北京人民大学、熊本大学と交換協定を締結）のほか、英国有識者会議議長、大学中国委員会（ロンドン）委員長、英国コリアンスタディーズ学会学会長を歴任。著書に『朝鮮音楽――歴史と解釈 *Korean Music: its History and its Interpretation*』（Faber Music／正音社, 1987年）、『朝鮮――歴史・文化辞典 *Korea: a Historical and Cultural Dictionary*（Curzon Press, 1999年［Richard Ruttとの共著］）』、『オールド・ソウル *Old Seoul*』（O.U.P Hong Kong, 2002年）、『エバーラスティングフラワー――朝鮮の歴史 *Everlasting Flower: a History of Korea*』（Reaktion Books, 2006年）〔本書〕、共著『中国アートブック *The Chinese Art Book*（Phaidon, 2013年）』等がある他、中国、朝鮮文化・芸術関連の論文多数。

［訳者紹介］

宋恵媛（ソン・ヘウォン）

博士（学術）。著書に『「在日朝鮮人文学史」のために――声なき声のポリフォニー』（岩波書店、2014年）、編著に『在日朝鮮女性作品集』（緑蔭書房、2014年）、『在日朝鮮人文学資料集』（緑蔭書房、2016年）等。

朝鮮文化史

——歴史の幕あけから現代まで

二〇一八年一二月二〇日　初版第一刷印刷
二〇一八年一二月三〇日　初版第一刷発行

著　者——キース・プラット
訳　者——宋恵媛
発行者——渡辺博史
発行所——人文書院
〒六一二-八四四七
京都市伏見区竹田西内畑町九
電話　〇七五（六〇三）一三四四
振替　〇一〇〇〇-八-一一〇三
装　丁——間村俊一
印　刷——創栄図書印刷株式会社

ISBN978-4-409-51079-7　C3022

好評既刊書

堀田江理著

1941　決意なき開戦　　3500円

——現代日本の起源

それがほぼ「勝ち目なき戦争」であることは、指導者たちも知っていた。にもかかわらず、政策決定責任は曖昧で、日本はみすみす対米緊張緩和の機会を逃していった。太平洋戦争の開戦決定に至った過程を克明に辿る、緊迫の歴史ドキュメント。

イアン・ブルマ著／堀田江理訳

暴力とエロスの現代史　　3400円

——戦争の記憶をめぐるエッセイ

米国リベラルの巨頭にして日本の政治・文化にも精通するイアン・ブルマ。ナチスによって父親を失いかけた過去をもつ著者が、ホロコースト・太平洋戦争を主題にした芸術から、福島原発事故後の報道、トランプの芸風までを射程に、歴史的真実に向き合う術を提示する。

和田洋一著／鶴見俊輔・保阪正康解説

灰色のユーモア　　2500円

——私の昭和史

1938年、京都の片隅で、その大学教員は治安維持法違反で逮捕された。クリスチャンながら共産主義を疑われ、特高の取り調べを受ける日々をコミカルに綴った表題作ほか、昭和史の核心を突くエッセイ群を収録。共謀罪成立の数年後を予兆する名著の新編。

池田浩士編

大東亜共栄圏の文化建設　　2800円

——近代はいかに超克されたか

文学、映画、教育、葬送儀礼、農業科学、学術調査といった固有の対象から、「大東亜戦争」の総括的理念が、まさに日本の近代そのものの問題であることを明らかにし、「近代の超克」という現在と未来をも見据える問題がもつ射程のもとに、とらえようとする野心的な試み。

山室信一著

アジアの思想史脈　　3400円

——空間思想学の試み

近代日本の国家デザインは、どのように描かれ国民国家形成がなされたのか？　戦争の世紀に抗して芽生え受け継がれてきた平和思想の水脈とは？　グローバルな視点のなかにアジアの思想と空間を問い直し、境界と想像を越えた思想のつながりを描き出す。

山室信一著

アジアの思想史脈　　3400円

——空間思想学の試み

近代日本の国家デザインは、どのように描かれ国民国家形成がなされたのか？　戦争の世紀に抗して芽生え受け継がれてきた平和思想の水脈とは？　グローバルな視点のなかにアジアの思想と空間を問い直し、境界と想像を越えた思想のつながりを描き出す。

表示価格（税抜）は 2018年12月現在